AF743342

Innovation pharmaceutique et distribution : un changement de paradigme

Lauréats - Prix scientifique L'Harmattan

La collection Lauréats - Prix scientifique L'Harmattan publie chaque année les thèses et mémoires de master primés en sciences humaines et sociales, droit, littérature et critique littéraire.

Dernières publications

Jérémy MALOIR, *Les ministres en révolution (1789-1794)*, 2021.
Laurence HENRY, *L'éthique à l'épreuve de la rencontre du corps handicapé*, 2021.
Magali Cécile BERTRAND, *L'enseignement du yiddish en France. Subjectivité et désirs de langue,* 2021.
Emilie PONCEAUD GOREAU, *La diffusion de la préscolarisation en Inde du sud*, 2021.
Julie LAVIELLE, *Sociologie des mobilisations pour la mémoire en Colombie,* 2021.
Cécile DENIS, *La résistance allemande et autrichienne en France*, 2021.
Pierre DASI, *Penser et représenter la nature à l'école sous la Troisième République,* 2021.
Anne BESSETTE, *Du vandalisme d'œuvres d'art. Destructions, dégradations et interventions dans les musées en Europe et en Amérique du Nord depuis 1970,* 2021.
Guillaume JAEHNERT, *Catherine Deneuve & Yves Saint Laurent, un style entre écran et podium*, 2020.
Charly VALLET, *La production d'énergie solaire par les personnes publiques locales*, 2020.
Johanna BENREDOUANE, *La renonciation en droit de l'aide sociale. Recherche sur l'effectivité des droits sociaux*, 2020.

Lara Cramer

Innovation pharmaceutique et distribution : un changement de paradigme

Analyse comparative des droits français, allemand et suisse

L'Harmattan

© 2021, L'Harmattan
5-7, rue de l'École-Polytechnique – 75005 Paris
www.editions-harmattan.fr
ISBN : 978-2-343-23752-7
EAN : 9782343237527

REMERCIEMENTS

Je tiens à exprimer ma plus grande gratitude à Monsieur le Professeur Jean-Christophe Galloux, pour m'avoir fait bénéficier de ses précieux conseils et pour avoir été à mon écoute. Ce fut un honneur de réaliser ce travail de recherche sous sa direction et un réel plaisir d'échanger avec lui tout au long du processus.

J'adresse mes meilleurs remerciements à Monsieur le Professeur Louis Vogel pour m'avoir donné l'opportunité initiale de me pencher sur le secteur pharmaceutique dans le cadre du Mémoire de Recherche de Master 2. Sans doute, ce fut l'une des impulsions pour l'orientation de mes recherches et pour l'enthousiasme que j'éprouve pour ce sujet.

J'adresse mes chaleureux remerciements à Monsieur Didier Géneau (alors délégué général chez France Biotech) et à Monsieur Dr. Antal Hajos (alors dirigeant chez Nuvisan), pour m'avoir accordé de leur précieux temps et pour avoir participé à ma compréhension du secteur en m'éclairant sur les enjeux et difficultés des entreprises dans la pratique. Ce fut certainement un élément déterminant de mon approche.

Finalement, je remercie profondément mes parents pour leur infaillible soutien, leur écoute et leurs encouragements.

PRINCIPALES ABRÉVIATIONS

aff.	affaire
Afssaps	Agence française de sécurité sanitaire des produits de santé
al.	alinéa
AMG	Arzneimittelgesetz, Loi fédérale sur les médicaments (allemande)
AMM	Autorisation de mise sur le marché
ANR	Agence nationale de la recherche
ANSM	Agence nationale de la sécurité du médicament et des produits de santé
AO	Abgabenordnung, Code fiscal allemand
art.	article
Az.	Aktenzeichen, numéro du dossier
BFH	Bundesfinanzhof, Cour des finances fédérale allemande
BG	Bundesgericht, Tribunal fédéral suisse
BGBl.	Bundesgesetzblatt, Journal officiel fédéral allemand
BGE	Bundesgerichtsentscheidungen, Recueil des décisions du Bundesgericht
BGH	Bundesgerichtshof, Cour fédérale allemande
BGS	Bereinigte Gesetzsammlung Solothurn, Recueil des lois du canton de Soleure
BHO	Bundeshaushaltsordnung, règlement financier fédéral (allemand)
BOI/BOFiP-Impôts	Bulletin officiel des impôts / Bulletin officiel des finances publiques-Impôts
BR-Drs.	Bundesregierungs-Drucksache
BT-Drs.	Bundestags-Drucksache
BVerfG	Bundesverfassungsgericht, Cour constitutionnelle fédérale allemande
BVerfGG	Bundesverfassungsgerichtsgesetz, Loi sur la Cour constitutionnelle fédérale allemande
BVerwG	Bundesverwaltungsgericht, Tribunal administratif fédéral allemand
c.	contre
CA	Cour d'appel
Cass. Com.	Cour de cassation, Chambre commerciale
C.com.	Code de commerce
C.const.	Conseil constitutionnel
CDU	Christlich-demokratische Union, Union chrétienne-démocrate
CE	Conseil d'État
CEE	Communauté économique européenne
CEPS	Comité économique des produits de santé
cf.	confer
cf. infra	confer en-dessous
cf. supra	confer au-dessus
CGCT	Code général des collectivités territoriales
C.G.E.I.E.T.	Conseil général de l'économie, de l'industrie, de l'énergie et des technologies
CGI	Code général des impôts
C.G.S.P.	Commissariat général à la stratégie et à la prospective
CII	Crédit d'impôt innovation
CIR	Crédit d'impôt recherche
CIS	Community innovation survey (données CIS)
CJCE	Cour de justice des Communautés européennes
CJUE	Cour de justice de l'Union européenne
CMF	Code monétaire et financier
CNAMTS	Caisse nationale d'assurance maladie des travailleurs salariés

CNRS	Centre national de la recherche scientifique
CO	Code des obligations suisse
CPER	Contrats de Plan État-Régions
CPI	Code de la propriété intellectuelle
CRM	Customer Relationship Management
CSP	Code de la santé publique
C.S.R.	Conseil stratégique de la recherche
CSS	Code de la sécurité sociale
C.S.S.	Conseil suisse de la science
Cst.	Constitution
CSU	Christlich-soziale Union Bayern, Union socialiste-démocrate en Bavière
DDHC	Déclaration des droits de l'Homme et du citoyen
DEFR	Département fédéral de l'économie, de la formation et de la recherche suisse
D.G.E.	Direction générale des entreprises
D.G.R.I.	Direction générale de la recherche et de l'innovation
EBITDA/BAIIDA	Bénéfice avant intérêts, impôts, dépréciation et amortissement
EEE	Espace économique européen
EFI	Expertenkommission Forschung und Innovation (Commission d'experts recherche et innovation)
EMA	European Medicines Agency, Agence européenne du médicament
ErbStG	Erbschafts- und Schenkungssteuergesetz, Loi sur l'impôt sur les successions (allemande)
ERP	European Recovery Program
EStG	Einkommensteuergesetz, Loi sur l'impôt sur le revenu (allemande)
etc.	et cetera
ETI	entreprises de taille intermédiaire
et s.	et suivants
fasc.	fascicule
FCPI	Fonds commun de placement dans l'innovation
FCPR	Fonds commun de placement à risques
FF	Feuille fédérale suisse
FIP	Fonds d'investissements de proximité
FNA	Fonds national d'amorçage
FNS	Fonds national suisse
fond.	fondateurs (Begründer)
FUI	Fonds unique interministériel
FZulG	Forschungszulagengesetz, Loi sur les primes fiscales pour la recherche (allemande)
GE	grandes entreprises
GEI	Groupement d'intérêt économique
GenG	Genossenschaftsgesetz, Loi sur les sociétés coopératives (allemande)
GewStG	Gewerbesteuergesetz, Loi sur la taxe professionnelle (allemande)
GOBVerfG	Geschäftsordnung des Bundesverfassungsgerichts, Règlement intérieur de la Cour constitutionnelle fédérale allemande
GPI	Grand plan d'investissement
GrStG	Grundsteuergesetz, Loi sur la taxe foncière (allemande)
Ibid.	Ibidem
ICH-GPC	Bonnes pratiques cliniques du Conseil international d'harmonisation des exigences techniques pour l'enregistrement des médicaments à usage humain
INSERM	Institut national de la santé et de la recherche médicale
IQWiG	Institut für Qualität und Wirtschaftlichkeit im Gesundheitswesen, Institut pour la qualité et pour l'efficacité dans la santé allemand
JEDI	Jeunes entreprises développant des innovations
JEI	Jeunes entreprises innovantes
JO	Journal officiel
JORF	Journal officiel de la République française
JStG	Jahressteuergesetz, Loi de finances (allemande)
KfW	Kreditanstalt für Wiederaufbau
KStG	Körperschaftsteuergesetz, Loi sur l'impôt sur les sociétés (allemande)
KWG	Kaiser-Wilhelm-Gesellschaft
LAMal	Loi fédérale sur l'assurance-maladie (suisse)

LBI	Loi fédérale sur les brevets d'invention (suisse)
LEEM	Les entreprises du médicament
LERI	Loi fédérale sur l'encouragement de la recherche et de l'innovation (suisse)
LF	Loi fondamentale allemande
LG	Landgericht, Tribunal « régional » allemand
LHID	Loi fédérale sur l'harmonisation des impôts directs des cantons et des communes (suisse)
LIFD	Loi fédérale sur l'impôt fédéral direct (suisse)
loc.cit.	renvoi à un article précédemment cité
LPTh	Loi sur les produits thérapeutiques (suisse)
LRH	Loi relative à la recherche sur l'être humain (suisse)
LS	Liste des spécialités (suisse)
LSE	Loi fédérale sur le service de l'emploi et la location de services (suisse)
MPI	Max-Planck-Institut
OASA	Ordonnance relative à l'admission, au séjour et à l'exercice d'une activité lucrative (suisse)
OCDE	Organisation de coopération et de développement économiques
OEV	Ordonnance sur l'entrée et l'octroi de visas (suisse)
OLCP	Ordonnance sur l'introduction de la libre circulation des personnes (suisse)
OLG	Oberlandesgericht, Cour d'appel « régionale » allemande
OPAS	Ordonnance sur les prestations de l'assurance des soins (suisse)
op.cit.	renvoi à un ouvrage précédemment cité
p.	page(s)
PatG	Patentgesetz, Loi fédérale sur les brevets (allemande)
PCG	Plan comptable général
PEA	Plan d'épargne en actions
p.ex.	par exemple
P.I.A.	Programme d'investissements d'avenir
PIAVE	Projets industriels d'avenir
PIB	Produit intérieur brut
PIIEC	Projet important d'intérêt européen commun
PME	Petites et moyennes entreprises
p. n°	pourvoi numéro
PSPC	Projets structurants pour la compétitivité
pt(s).	point(s)
RB	Rechtsbuch, Recueil des lois (au niveau cantonal)
R&D	Recherche et développement
RDI	Recherche, développement et innovation
réal.	réalisateur(s)
Rec.	Recueil
RGPD	Règlement général sur la protection des données
RS/SR	Recueil systématique suisse/systematische Rechtssammlung, Recueil des lois (au niveau cantonal)
SDEII	Schéma de développement économique, d'innovation et d'internationalisation
SGB V	Sozialgesetzbuch V, Code social V (allemand)
SGS	Systematische Gesetzessammlung (au niveau cantonal)
S.N.R.	Stratégie nationale de recherche
SPD	Sozialdemokratische Partei Deutschland, Parti social-démocrate
SRADDET	Schéma régional d'aménagement, de développement durable et d'égalité des territoires
StGB	Strafgesetzbuch, Code pénal allemand
TFR	Tarif forfaitaire de responsabilité
TFUE	Traité sur le fonctionnement de l'Union européenne
TPE	Très petites entreprises
TPICE	Tribunal de première instance des communautés européennes
UE	Union européenne
UStG	Umsatzsteuergesetz, Loi sur le chiffre d'affaires (allemande)
v.	voir
VV	Verwaltungsvorschrift, Directive administrative
VwVfG	Verwaltungsverfahrensgesetz, Loi sur les procédures administratives (allemande)

À mes chers parents

PRÉFACE

L'ouvrage de Mme Lara Cramer arrive à point nommé : ce travail engagé bien avant le début de la pandémie de la COVID 19, traite d'une thématique, *le changement de paradigme dans l'innovation pharmaceutique,* dont ces 20 derniers mois illustrent la pertinence. Afin de répondre à ce défi sanitaire mondial, les États ont été contraints de réviser leurs politiques publiques afin de mieux appréhender les ressorts de cette innovation, la stimuler, et d'accélérer la mise en marché de ses résultats.

Il reprend substantiellement et de manière actualisée, la thèse de doctorat de droit soutenue le 17 septembre 2020 à l'université de Paris 2, devant un jury composé des professeurs Emmanuelle CLAUDEL de l'université de Paris 2, Antoine LECA de l'université d'Aix-en-Povence, Jacques de WERRA de l'université de Genève, et du Docteur Marie-Christine BELLEVILLE de l'Académie de pharmacie.

Le sujet traité revêt une importance qui dépasse la seule actualité. Le contenu du droit positif évolue constamment ; aussi le travail des juristes consiste-t-il à décrire les changements qui l'affectent et à rechercher leur cohérence voire, à leur en conférer une. Au-delà de ces modifications continues, des transformations d'un autre type, plus profondes et substantielles, touchent le droit, sa structure interne et ses fonctions. Le paradigme s'annonce alors comme l'outil adéquat pour révéler, expliquer et comprendre ces transformations[1]. Forger un tel outil afin d'appréhender les évolutions du droit vis-à-vis du couple médicament – innovation : tel est le but que Mme Cramer s'est assigné. Il convient de saluer cette initiative : rares sont les travaux juridiques s'affrontant au domaine pharmaceutique et plus rares encore ceux qui l'envisagent dans sa globalité et se fondent sur une connaissance aussi intime de son fonctionnement.

L'histoire nous montre que le binôme médicament-innovation a connu des évolutions qui correspondent aux grands cycles historiques de l'industrie pharmaceutique : le passage de l'artisanat à l'industrie, l'âge d'or de l'industrie qui s'étend de la fin du XIXème siècle à la fin du XXème, puis

[1] Lise Binet. La thématique des transformations du droit et le paradigme du droit-phénomène social. *Les Cahiers de droit 1990, vol, 31*(3), 917–931.

les profondes mutations actuelles, décrites dans le travail de Mme Cramer. Les dépenses de recherche et développement ont plus que doublé dans les pays de l'OCDE depuis 2000. Elles ont été multipliées par 4 ou 5 en Chine pendant la même période. En revanche, le nombre d'homologations (AMM) par milliards de dollars a été divisé par 15[2]. L'industrialisation toujours plus poussée de l'activité pharmaceutique s'est accompagnée d'une modélisation de la recherche et du développement. Comme dans d'autres champs technologiques, l'innovation dans le domaine du médicament n'est pas une mais plurielle : les progrès thérapeutiques sont le fruit d'une série d'innovations qui peuvent être éclatées entre divers acteurs.

Afin de rendre compte de cette complexité, l'ouvrage s'organise autour de deux séquences : le *paradigme national en matière d'incitation à la recherche, au développement et à l'innovation ; le changement de paradigme le long de la chaîne de valeur du médicament innovan*t. Le cœur de la thèse est que l'innovation pharmaceutique est aujourd'hui soumise à un changement de paradigme de nature scientifique, économique et réglementaire. Il est sera notamment question de savoir si l'innovation doit être considérée comme une nouveauté ou comme un progrès. Au cours des dernières décennies, l'industrie est passée du médicament qui soigne au médicament qui guérit : ici réside un changement majeur. Quelle place occupe l'innovation dans ce nouveau paradigme ? La réponse est ambiguë : l'industrie pharmaceutique génère un flux continu de nouveautés mais celles-ci ne sont pas exploitées complètement. Le vrai défi des décennies qui viennent réside dans l'exploration de toutes les potentialités des médicaments existants, tout en conservant une innovation forte. Comment faire en sorte que l'industrie pharmaceutique se désintéresse moins des médicaments existants, l'inciter à ce qu'elle travaille moins sur ces nouveautés et davantage sur les potentialités de ce qui existe déjà ? L'ouvrage de Mme Cramer identifie et analyse avec clairvoyance certains changements induis par ce nouveau paradigme qui affecte l'innovation pharmaceutique, en évoquant la protection des données, notamment personnelles dans ce contexte. La révolution des données massives (big data) et de l'intelligence artificielle figure parmi les changements disruptifs susceptibles d'affecter l'industrie pharmaceutique à l'instar de nombre d'autres industries : l'industrie pharmaceutique tend en effet à devenir, elle aussi, une industrie des données,

Dans sa démarche, l'auteure a osé affronter trois systèmes juridiques différents –allemand, français et suisse- dans une comparaison ambitieuse et parfaitement maîtrisée. Ce qui constitue assurément un défi supplémentaire apporte des éclairages précieux. Cette approche, loin de paraître fragmentée, ne contredit pas une approche mondiale qu'elle permet de comprendre. La richesse et l'ampleur des sources qui sont le produit de cette analyse

---

[2] OCDE, Panorama de la santé 2020.

comparée, outre qu'elles témoignent d'une grande curiosité intellectuelle, font de ce travail un document de référence.

En parallèle à cette démarche de droit comparé, le travail de Mme Cramer se singularise aussi par la transversalité de sa thématique : elle couvre des sujets juridiques et non-juridiques – la thématique de l'innovation et de la promotion de cette dernière n'étant pas limitée au droit - d'une extrême variété et des domaines juridiques très divers s'étendant du droit fiscal au droit des aides d'Etat, en passant par le droit pharmaceutique et le droit constitutionnel. Les développements relevant de ce dernier, notamment en droit allemand et relatifs à la liberté de la recherche retiendront les lecteurs francophones peu familiers avec un contentieux abondant sur ces questions.

Faut-il comme l'auteure en suggère l'idée, développer la coopération interentreprise pour stimuler la recherche, le développement et l'innovation dans le domaine pharmaceutique ? Assurément. Mais les préconisations paraissent surtout concerner les États. S'agissant des entreprises, le chantier s'annonce plus délicat, politiquement autant que commercialement : cette question difficile mériterait en elle-même une étude ; les pistes proposées par Mme Cramer méritent d'être prolongées. Au-delà d'une coopération plus étroite entre les entreprises (ce que le « big data » encourage d'ailleurs), c'est la perméabilité entre les différents acteurs du secteur pharmaceutique qu'il faut stimuler afin d'engager une meilleure dynamique de nature à soutenir l'innovation à tous les stades (les personnels doivent pouvoir se mouvoir plus aisément entre l'industrie et l'administration, ou entre la recherche et l'industrie). Cette perméabilité permettrait à tous les acteurs de se mieux comprendre, de comprendre l'ensemble du processus dans lequel ils interviennent, et d'agir dans le même sens au bénéfice l'intérêt général de la santé, et de celui des patients. L'épidémie de la COVID aura-t-il pour seul effet bénéfique d'aider à retrouver les chemins d'une telle coopération et d'une telle mobilité.

En résumé, le travail de Mme Cramer constitue la remarquable analyse scientifique d'une thématique multidisciplinaire et multiterritoriale d'une grande complexité, d'une brûlante actualité, et à ce jour peu explorée. Elle a le mérite d'offrir des perspectives originales, sans toutefois épuiser les vastes sujets de la promotion, de l'innovation, et de l'évolution de l'industrie pharmaceutique. C'est tout l'intérêt d'une vraie thèse que de frayer la voie aux recherches futures.

Jean-Christophe Galloux
Professeur à l'université Panthéon-Assas (Paris II)
Membre de l'Académie nationale de pharmacie

INTRODUCTION

La recherche, le développement et l'innovation pharmaceutique constituent la promesse d'une amélioration de la qualité des soins grâce à la distribution de médicaments innovants mieux à même de traiter ou prévenir la survenance de pathologies. Bien qu'uniquement une faible part des principes actifs nouvellement mis sur le marché soient fréquemment utilisés dans la pratique médicale quotidienne[3], un grand nombre de maladies, tant rares que largement répandues[4], ne sont pas ou restent insuffisamment traitées par les spécialités pharmaceutiques existantes[5]. Ainsi, il n'existe aucun traitement efficace pour la maladie d'Alzheimer, alors que les traitements pour la dépression n'ont que des effets limités et pour la plupart des effets secondaires importants[6].

L'épidémie liée au coronavirus SARS-CoV-2 a replacé ces considérations dans un contexte d'urgence. Elle a non seulement éclairé sur certaines *« vulnérabilités »* des systèmes de santé nationaux[7], mais elle a également illustré dans un contexte particulier l'importance d'un fonctionnement efficace de la recherche et de l'innovation pharmaceutique. Le Programme 2021 de la Commission européenne met de ce fait l'accent sur l'importance de la santé et de la recherche en la matière en proposant de bâtir une Europe de la santé, ce qui passera, notamment, par la création

---

[3] À titre d'exemple, uniquement 400 contre 9000 principes actifs inscrits sur la liste rouge en Allemagne sont fréquemment utilisés dans la pratique médicale quotidienne (STAPFF, Manfred, STAPFF, Isabella, *Arzneimittelstudien*, München : Zuckschwerdt Verlag, 6e édition, 2012, p. 6).

[4] Voir : STAPFF, Manfred, STAPFF, Isabella, *op.cit.*, p. 6 et 7.

[5] V. notamment : EDLER, Fabrice, *L'organisation de la distribution du médicament en Europe*, thèse sciences pharmaceutiques et biologiques, Université Henri Poincaré – Nancy I, 2004, p. 72 et 73.

[6] MILLER, Greg, « Is Pharma Running Out of Brainy Ideas ? », *Science*, 2010, vol. 329, n°5991, p. 502 et s., p. 502.

[7] V. notamment : Conclusions communes du Parlement européen, du Conseil de l'Union européenne et de la Commission européenne, Objectifs et priorités stratégiques pour 2020-2024, 2021/C 451 I/02 JO C 451I du 29.12.2020, p. 4-5.

d'une nouvelle agence pour la recherche et le développement avancés dans le domaine biomédical[8].

Pour les entreprises pharmaceutiques, la recherche et l'innovation sont un facteur clef leur permettant de mettre continuellement et au moment adéquat de nouveaux produits sur le marché. Elles constituent dès lors un avantage concurrentiel majeur, dont l'importance est amplifiée suite à une concurrence nationale et internationale croissante et à un raccourcissement continuel du cycle de vie des produits pharmaceutiques.

Ce dernier est avant tout lié à l'expiration successive des *blockbusters*[9] depuis les années 2000[10], à la faveur donnée à la prescription et dispensation de médicaments génériques dans l'objectif d'une réduction des dépenses de santé[11], ainsi qu'à la relativité de la protection accordée par le droit des brevets en termes de territorialité[12] et du fait des exceptions attachées, dont l'exception Bolar pour les essais et actes à finalité commerciale[13], l'exception d'usage expérimental pour les actes à finalité expérimentale portant sur l'objet de l'invention brevetée[14] et les licences obligatoires dans l'intérêt de la santé publique ou de l'intérêt public[15].

Les entreprises pharmaceutiques devraient donc en principe toutes être incitées à investir en RDI et favoriser le processus inventif de leurs chercheurs par un environnement propice au développement de ces activités[16]. Toutefois, le coût, la durée et les incertitudes attachés au processus relativisent ce postulat, ce particulièrement compte tenu des changements affectant le processus de R&D pharmaceutique depuis quelques années, notamment, de par la prise d'importance continuelle des

---

[8] V. à cet égard : Commission européenne, Communiqué de Presse. Programme de travail de la Commission pour 2021 – de la stratégie à la mise en œuvre, 19.10.2020, consultable sur : https://ec.europa.eu/commission/presscorner/detail/fr/ip_20_1940.

[9] Les *blockbusters* sont des médicaments dont le chiffre d'affaires annuel mondial dépasse 1 milliard de dollars.

[10] Communication de la Commission – Synthèse du rapport d'enquête sur le secteur pharmaceutique. Enquête sectorielle de la Commission du 8.7.2009, p. 3.

[11] V. notamment : § 129 SGB V (obligation de substitution) ; article L.5125-23 du CSP et article L. 162-16, III et VI du CSS (obligation de proposer la substitution) ; article 52a de la LAMal ; Pour d'autres incitations en France, v. notamment : art. L. 162-16-7 al. 1 (pour les objectifs de délivrance), art. L. 162-5 al. 2, 19° (pour les objectifs de prescription) du CSS ; Pour d'autres incitations en Suisse v. : art. 38a OPAS (pour les conséquences financières d'un refus de substitution pour le patient), art. 8 Convention tarifaire RBP IV/1, n°20.500.1036Q, du 1er janvier 2016, concernant les prestations du pharmacien (art. 46 LAMal) (pour la rémunération du pharmacien en cas de substitution).

[12] V. à cet égard et pour les avantages d'une protection excédant le territoire national : LÉVY, Michel, « L'innovation et les brevets » *in* PROUX, Vanessa (dir.), *Biotechnologies. Les promesses du vivant*, FYP éditions, coll. Innovation, 2015, p. 240-241.

[13] article L. 613-5, d) du CPI, § 11 n°2b PatG, article 9 alinéa 1, c) de la LBI.

[14] article L. 613-5, b) du CPI, § 11 n°2 de la PatG, art. 9 al. 1, b) de la LBI.

[15] article L. 613-16 du CPI, § 24 alinéa 1 PatG, article 40 de la LBI.

[16] V. en ce sens : SEDLACEK, Hans-Harald, *Arzneimittelforschung. Durch Innovation zum Markterfolg*, Berlin : De Gruyter, 2015, p. 163.

produits biotechnologiques, l'évolution en faveur de la médecine personnalisée et, subséquemment, l'irruption du *Big Data* en innovation pharmaceutique. La phase de développement est en moyenne de 12 à 15 ans[17] et le coût moyen capitalisé d'un médicament avant mise sur le marché de 2558 millions de dollars en 2013[18]. La rentabilité du processus de RDI doit, en outre, être relativisée puisqu'uniquement 3 parmi 10 médicaments généreraient de revenus suffisants pour compenser l'effort financier de l'entreprise en RDI[19].

De surcroît, le nombre d'innovations majeures toutes classes thérapeutiques confondues aurait décru depuis 1960 au niveau mondial, passant de 60 innovations en 1960 à 10 innovations en 1966, puis à une innovation en 2000, alors que le nombre de principes actifs mis sur le marché au niveau mondial serait passé de 3,3 à 1 entre 1960 et les années 2000[20].

Si l'évolution récente d'un nombre croissant d'innovations majeures, avec 42 nouveaux principes actifs mis sur le marché européen en 2018, notamment dans le domaine de l'hépatite C, du cancer, de l'immunothérapie et des thérapies géniques[21], semble indiquer un renversement de la tendance et bien que ces éléments semblent avant tout critiques pour les petites et moyennes entreprises du secteur, les incertitudes et le coût associés au processus de R&D conduisent de nombreuses entreprises et groupes pharmaceutiques à favoriser une politique court-termiste tournée vers la prévisibilité[22], en réduisant leur effort financier en RDI en-dessous du niveau

---

[17] SEDLACEK, Hans-Harald, *op.cit.*, p. 201 ; D'autres avancent une moyenne entre 9 et 15 ans (v. ABECASSIS, Philippe, COUTINET, Nathalie, « Politique d'austérité et politique du médicament en France et au Royaume-Uni : une analyse de leurs répercussions sur le modèle de la production pharmaceutique », *La Revue de l'Ires,* 2017, vol. 91-92, n°1, p. 111 et s. (voir p. 119)).

[18] Le coût moyen non capitalisé s'élèverait à 1395 millions de dollar en 2013 (v. pour ces estimations : DIMASI, Joseph A., GRABOWSKI, Henry G., HANSEN, Ronald W., « Innovation in the pharmaceutical industry : New estimates of R&D costs », *Journal of Health Economics*, 2016, n°47, p. 20 et s. (voir p. 20) ; Pour une estimation du coût à environ un milliard d'euros : DION, Hervé, CHAMPAGNE, Xavier, *Droit pharmaceutique*, Paris : Gualino, coll. Master Pro, 2008, p. 194.

[19] V. GASSMANN, Oliver, REEPMEYER, Gerrit, ZEDTWITZ, Maximilian von, *Leading Pharmaceutical Innovation. Trends and Drivers for Growth in the Pharmaceutical Industry*, Berlin, Heidelberg etc. : Springer Verlag, 2004, p. 1.

[20] V. pour ces données : GASSMANN, Oliver, REEPMEYER, Gerrit, ZEDTWITZ, Maximilian von, *op.cit.*, p. 1; MIQUEL, Jean-François, DORE, Jean-Christophe, « L'industrie pharmaceutique et la recherche de nouveaux médicaments », *Revue d'économie industrielle*, 1981, n°18, p. 237 et s., Figure 1 p. 239, 241; European Medicines Agency, *Annual Report 2018. The European Medicines Agency's contribution to science, medicines and health in 2018,* 2018.

[21] Institut Montaigne, *Médicaments innovants : prévenir pour mieux guérir. Rapport 2019*, 2019, p. 5.

[22] V. sur ce constat : FRIEDEL, Jacques, « Quelles politiques de recherche ? Modes de financement et acteurs. Une politique de la recherche en crise ? Le cas de la France », *Revue*

optimal pour la société[23]. Il en serait particulièrement ainsi au vu d'une augmentation de capital ou d'une introduction en Bourse et, plus généralement, d'investisseurs nouveaux potentiels[24]. En effet, les profits importants réalisés par les entreprises grâce à leurs *blockbusters* auraient fait naître l'attente des actionnaires au maintien voire au dépassement de ces profits[25].

Du point de vue de l'entreprise, l'innovation pharmaceutique en tant que fonction stratégique est dès lors indissociable des activités commerciale et marketing[26]. Ces deux fonctions clefs se conditionnent l'une l'autre et se rapprochent dans un processus d'interaction continue[27], d'interdépendance circulaire et de corrélation positive[28]. Les possibilités de rentabilisation sont à cet égard un élément décisif non uniquement pour la décision initiale d'investissement en recherche et développement, mais pour le choix des projets de R&D[29] ainsi que pour l'éventuel abandon d'un projet qui se révélerait être moins prometteur qu'il ne le paraissait.

L'importance de la fonction marketing est d'ailleurs directement et indirectement renforcée dans un secteur où d'autres facteurs, tel que le prix

---

internationale et stratégique, 2004, vol. 55, n°3, p. 61 et s. (v. notamment p. 63) ; v. aussi : WILLMANN, Daniel, *Myopic Management and R&D Management in the Context of Corporate Financing : An Empirical Investigation of Manifestations and Consequences*, Aachen : Edition Wissenschaft Apprimus, 2017, p. 19-21.

[23] V. en ce sens : BROWN, James R., MARTINSSON, Gustav, PETERSEN, Bruce C., « What promotes R&D ? Comparative evidence from around the world », *Research Policy*, 2017, vol. 46, n°2, p. 447 et s. (voir p. 447).

[24] Voir pour de plus amples développements : WILLMANN, Daniel, *Myopic Management and R&D Management in the Context of Corporate Financing : An Empirical Investigation of Manifestations and Consequences*, Aachen : Edition Wissenschaft Apprimus, 2017, p. 54 et s.

[25] V. en ce sens : GASSMANN, Oliver, REEPMEYER, Gerrit, ZEDTWITZ, Maximilian von, *op.cit.*, p. 5

[26] EDLER, Fabrice, *op.cit.*, p. 11.

[27] Les avantages d'une interaction étroite entre départements marketing, R&D et médical avaient d'ores-et-déjà été identifiés par l'entreprise Bayer dans les années 1960/1970 avec la création d'un département *'Scientific Marketing'* se chargeant des études de marché, de l'information scientifique et du conseil sur les produits, et initiant une collaboration étroite entre ces fonctions stratégiques (THOMS, Ulrike, « Innovation, Life Cycles and Cybernetics in Marketing : Theoretical Concepts in the Scientific Marketing of Drugs and their Consequences » *in* GAUDILLIÈRE, Jean-Paul, THOMS, Ulrike (dir.), *The Development of Scientific Marketing in the Twentieth Century : Research for Sales in the Pharmaceutical Industry*, London : Pickering & Chatto, 2015, p. 39 et 40).

[28] Pour une appréciation plus différenciée de l'effet de la promotion sur l'entrée de nouveaux produits en phase d'essais cliniques : KWONG, Winghan Jacqueline, NORTON, Edward C., « The Effect of Advertising on Pharmaceutical Innovation », *Review of Industrial Organization*, 2007, vol. 31, n°3, p. 221 et s. (v. notamment p. 234, 235) : il y est suggéré qu'il existerait un effet positif significatif, bien que son effet sur le développement de produits innovants reste incertain et difficilement quantifiable.

[29] TARONDEAU, Jean-Claude, *op.cit.*, p. 189.

et les canaux de distribution[30], sont moins voire ne sont pas à la disposition de l'entreprise en raison de la réglementation applicable[31] et dans lequel la marge de manœuvre des entreprises est strictement encadrée, au sens d'un contrôle le plus complet des activités[32].

S'il peut de manière générale être affirmé que les entreprises économiques assurent aujourd'hui la majeure partie des dépenses et efforts en RDI[33] et ont été à l'origine d'environ 90% des nouveaux médicaments et de la plupart des découvertes notables ces dernières décennies[34], des divergences nationales existent. Ainsi, malgré un cadre général et juridique comparable entre la France, l'Allemagne et la Suisse de par l'insertion du médicament innovant dans le contexte européen et dans celui de la relation particulière entre la Suisse et l'Union européenne, le degré d'innovation et le niveau des investissements en R&D sont variables. L'industrie pharmaceutique allemande a investi 7,815 milliards d'euros en 2018, l'industrie pharmaceutique suisse 6,010 milliards d'euros, alors que le niveau des dépenses ne fut que de 4,451 milliards d'euros en France[35].

---

[30] Le prix des médicaments sur ordonnance est régulé en France, Allemagne et Suisse, bien que les contours de la régulation divergent (Pour une présentation succincte du processus v. : https://solidarites-sante.gouv.fr/soins-et-maladies/medicaments/le-circuit-du-medicament/article/la-fixation-des-prix-et-du-taux-de-remboursement ; Office fédéral de la santé publique, *Médicaments : fixation du prix des préparations originales*, Fiche d'information du 1.2.2017 ;
https://www.bundesgesundheitsministerium.de/arzneimittelpreise.html).
Par ailleurs, ils peuvent être dispensés au patient que par le pharmacien d'officine en raison du monopole officinal ou du monopole du pharmacien (art. L. 4211-1 du CSP (monopole officinal pour les médicaments soumis à prescription obligatoire ou facultative) ; art. 24 LPTh (monopole des pharmaciens sur prescription et personnes exerçant une profession médicale conformément aux dispositions sur la pro-pharmacie et à l'art. 1 al. 3, let c) pour les médicaments sur ordonnance) ; § 43 al. 3 AMG (monopole du pharmacien pour les médicaments sur ordonnance)).

[31] RIZZO, John A., « Advertising and Competition in the Ethical Pharmaceutical Industry : The Case of Antihypertensive Drugs », *The Journal of Law and Economics*, 1999, vol. 42, n°1, p. 89 et s. (voir p. 112-114).

[32] BONNEMAIN, Henri, BONNEMAIN, Bruno, « Les relations entre l'industrie pharmaceutique et les pouvoirs publics en France au cours des deux derniers siècles : de la liberté à la liberté surveillée », *Revue d'histoire de la pharmacie*, 2002, n°334 p. 239 et s. (voir pp. 240 et 248).

[33] De manière générale, la part assurée par l'industrie pharmaceutique s'accroît (JOUAN-FLAHAULT, Chrystel, ARNOUX, Pierre-Yves, DELATTRE, Isabelle, « Recherche, innovation et progrès thérapeutique dans le secteur du médicament : état des lieux, enjeux, perspectives » *in* FRISON-ROCHE, Marie-Anne (dir.), *Concurrence, santé publique, innovation et médicament*, Paris : LGDJ-Lextenso éditions, coll. Droit & Economie, 2010, p. 153), environ 48% des investissement au niveau mondial étant assurés par les entreprises, 44% par le secteur public et 8% par les fondations privées (SEDLACEK, Hans-Harald, *op.cit.*, p. 56, 57).

[34] V. sur ce constat : KESSEL, Nils, « Beyond Innovation : Pharmaceutical Marketing, Market Structure and the Importance of the "Old" in West Germany, 1950-70 » *in op.cit.*, p. 16.

[35] V. pour ces données :

Les défis nouveaux posés par les changements affectant les étapes successives du processus de R&D jusqu'à la mise sur le marché et la distribution du médicament innovant, l'importance de la RDI pour la société dans son ensemble ainsi que le rôle joué par ces activités en termes de compétitivité nationale[36], incitent à s'interroger sur l'origine des différences nationales mais encore sur un élément extérieur aux entreprises économiques et potentiellement bénéfique au développement de ces activités à moyen et long terme que sont les incitations à la recherche, au développement et à l'innovation.

En effet, les incitations à la RDI visent à corriger le manque de financements externes et internes et compenser, si ce n'est que partiellement, le coût important du processus de RDI, obstacles majeurs à l'innovation dans le secteur pharmaceutique pour les pays soumis à l'étude[37].

Notre étude se penchera sur les aides directes et indirectes bénéficiant aux entreprises pharmaceutiques actives en RDI et tentera, par une analyse approfondie des incitations françaises, allemandes et suisses, de parachever les études existantes relatives aux aides à la RDI en tenant compte des évolutions récentes, de compléter ou préciser les travaux existants par une analyse spécifique en termes de secteur et de bénéficiaire, et d'éclairer sur les systèmes incitatifs nationaux complexes et hétérogènes.

Dans un premier temps l'étude analysera les incitations à la RDI nationales (Partie 1) avant de les pondérer au changement de paradigme le long de la chaîne de valeur du médicament innovant, concept recouvrant l'ensemble des changements affectant aujourd'hui le processus de R&D ainsi que la commercialisation du médicament innovant (Partie 2).

---

https://de.statista.com/statistik/daten/studie/70872/umfrage/pharmaindustrie-ausgaben-fuer-forschung-und-entwicklung/.

[36] Philippe Lamoureux relève que les pays à fort potentiel de RDI seront ceux qui occuperont les places de grands pôles industriels à l'avenir (v. LAMOUREUX, Philippe, « L'industrie pharmaceutique. Propositions pour accompagner l'innovation », *ADSP*, 2016, n°97, p. 46).

[37] V. notamment en ce sens : ARVANITIS, Spyros et al., *Innovationsaktivitäten in der Schweizer Wirtschaft. Eine Analyse der Ergebnisse der Innovationserhebung 2011 : Studie im Auftrag des Staatssekretariats für Wirtschaft*, Berne, Seco, 2013, notamment p. 104 et s..

PARTIE 1

Le paradigme national en matière d'incitation à la recherche, au développement et à l'innovation

« On ne connaît pas complètement une science tant qu'on n'en sait pas l'histoire »
Auguste Comte

Au sens du Manuel Frascati de l'OCDE l'innovation ne fait pas *stricto sensu* partie de la R&D.

La R&D englobe *« les activités créatives et systématiques entreprises en vue d'accroître la somme des connaissances (...) et de concevoir de nouvelles applications à partir des connaissances disponibles »*[38].

L'innovation recouvre la mise sur le marché de produits nouveaux ou considérablement améliorés, ou la mise sur le marché de produits par des moyens plus efficaces[39]. La R&D peut ainsi faire partie de l'innovation avec d'autres activités telles que celles de marketing[40]. Autrement dit, *« la R&D est la transformation d'argent en savoir, l'innovation est la transformation du savoir en argent »*[41], les deux concepts étant distincts mais imbriqués.

---

[38] La R&D englobe, dès lors, la recherche fondamentale, la recherche appliquée et le développement expérimental (OCDE, *Manuel de Frascati 2015 : Lignes directrices pour le recueil et la communication des données sur la recherche et le développement expérimental. Mesurer les activités scientifiques, technologiques et d'innovation*, Paris : OECD Publishing, 2016, p. 47).

[39] V. sur ce point : HERBOLD, Sabine, *Steuerliche Anreize für Forschung und Entwicklung im internationalen Vergleich. Eine qualitative und quantitative Analyse für die EU-27-Mitgliedstaaten und die USA unter besonderer Berücksichtigung Deutschlands*, Lohmar, Köln : JOSEF EUL VERLAG, coll. Steuer, Wirtschaft und Recht, 2009, p. 92.

[40] *Ibid.*, p. 64.

[41] WARNECKE, Hans-Jürgen, « Mit Innovationen seine Position im internationalen Wettbewerb sichern » *in* SCHRAFT, Rolf Dieter (dir.), *Innovations- und Technologiemanagement. Fraunhofer-IPA-Innovationsforum, 2. Juli 2003, Stuttgart*, Stuttgart : FpF-Verein zur Förderung Produktionstechnischer Forschung, 2003, p. 32.

La recherche, le développement et l'innovation pharmaceutique. Une « découverte nouvelle » peut intervenir par le hasard des choses[42], mais encore résulter de la pratique médicale[43] dans quel cas l'observation élargit l'état des connaissances scientifiques[44]. La pénicilline fut le fruit d'une observation inattendue, alors que la découverte des sulfamides hypoglycémiants, un antidiabétique, résulta de la pratique médicale[45].

La naissance d'une « idée innovante » est traditionnellement associée à la créativité d'un chercheur qui, par la combinaison de différents types de savoirs[46] et face à un problème à résoudre, est en mesure de déceler un moyen pour y remédier[47]. Ce fut le cas des premières spécialités pharmaceutiques du XIXe siècle qui se nourrirent de connaissances thérapeutiques anciennes, tout en identifiant le problème du manque d'efficacité, de sécurité et de standardisation, (partiellement) résolu par les pharmaciens spécialistes grâce à la mise au point de procédés de fabrication industrielle[48], c'est-à-dire au moyen d'innovations de procédé[49].

Or, les entreprises pharmaceutiques assurent aujourd'hui la majeure partie des dépenses et efforts en RDI[50], tout en étant à l'origine d'environ

---

[42] DOUSSET, Jean-Claude, « La part de l'inattendu dans la recherche pharmaceutique », *Revue d'histoire de la pharmacie,* 2003, n°338, p. 191 et s. (voir p. 191).

[43] V. notamment : SEDLACEK, Hans-Harald, *Arzneimittelforschung. Durch[SEP]Markterfolg*, Berlin : De Gruyter, 2015, p. 17.

[44] DEBARRE, Jean-Michel, *Prescription de médicaments hors autorisation de mise sur le marché: fondements, limites, nécessités et responsabilités*, Bordeaux: LEH édition, coll. thèses, 2017, voir notamment p. 165 et s. (relatif aux prescriptions de médicaments hors AMM).

[45] V. sur ce point : DOUSSET, Jean-Claude, *loc. cit.*, p. 192.

[46] Il peut s'agir de savoir explicite (connaissances factuelles) ou implicite (savoir pratique, expérience) (POLANYI, Michael, *Implizites Wissen,* (trad. angl. par Horst Brühmann), Frankfurt am Main : Suhrkamp, coll. Suhrkamp Taschenbuch Wissenschaft, 1ère édition, 1985, v. notamment p. 15, 16 et 30 : l'auteur y qualifie l'expérience de pouvoir muet, « *stumme Macht* » qui, difficile à expliciter, participerait au « génie » en matière de recherche. Il correspondrait à la capacité du chercheur à reconnaître un problème, de se rapprocher intuitivement de la solution adéquate et d'anticiper convenablement les difficultés qu'il est susceptible de rencontrer).

[47] V. en ce sens : SEDLACEK, Hans-Harald, *op.cit.*, p. 37, 38.

[48] Si le contrôle de la sécurité et de l'innocuité ne fut alors pas aussi étendu qu'aujourd'hui, elles présentèrent néanmoins l'avantage d'un meilleur dosage, sécurité et standardisation aux yeux des professionnels de la santé (SUEUR, Nicolas, « Les spécialités pharmaceutiques au XIXe siècle : statuts et fondements de l'innovation », *Le Mouvement Social*, 2014, vol. 248, n°3 p. 27 et s. (v. notamment p. 29-30 et p. 45)).

[49] Selon le manuel d'Oslo, les innovations de procédé sont des innovations permettant notamment une amélioration des procédés de fabrication d'un produit (https://www.insee.fr/fr/metadonnees/definition/c1182).

[50] De manière générale, la part assurée par l'industrie pharmaceutique s'accroît (JOUAN-FLAHAULT, Chrystel, ARNOUX, Pierre-Yves, DELATTRE, Isabelle, « Recherche, innovation et progrès thérapeutique dans le secteur du médicament : état des lieux, enjeux, perspectives » *in* FRISON-ROCHE, Marie-Anne (dir.), *Concurrence, santé publique, innovation et médicament*, Paris : LGDJ-Lextenso éditions, coll. Droit & Economie, 2010, p.

90% des nouveaux médicaments et de la plupart des découvertes notables ces dernières décennies[51]. Les activités de recherche, développement et innovation sont, dès lors, souvent des activités programmées et reposent sur la coopération d'un groupe de chercheurs[52], l'utilisation de moyens techniques modernes et souvent sur la coopération interentreprises[53]. En effet, sous l'effet de l'évolution en faveur des biotechnologies et de la réorientation vers les *custombusters*, c'est-à-dire les médicaments non standardisés et adaptés aux besoins spécifiques des patients[54], on assiste à une complexification considérable et rapide du processus scientifique, origine d'un *« processus interactif, interdisciplinaire et collectif »*[55].

Un cadre en voie d'évolution. Cette évolution, tout autant que la variabilité des caractéristiques du secteur pharmaceutique ainsi que de la réglementation applicable à l'étape de la R&D et de la distribution d'un médicament innovant, placent les entreprises pharmaceutiques et biotechnologiques innovantes de toute taille face à des exigences croissantes. Les entreprises ne sont toutefois pas toujours en mesure d'y répondre efficacement. Si une divergence des niveaux d'investissement en innovation pharmaceutique entre entreprises au niveau national et par comparaison avec l'Allemagne et la Suisse pourrait, en principe, résulter des caractéristiques intrinsèques des entreprises ou du marché, c'est-à-dire d'un processus de sélection efficace des projets voire des entreprises les plus performants[56], elle

153), environ 48% des dépenses au niveau mondial étant assurées par les entreprises, 44% par le secteur public et 8% par les fondations privées (SEDLACEK, Hans-Harald, *op.cit.*, p. 56, 57).

[51] V. à cet égard : KESSEL, Nils, « Beyond Innovation : Pharmaceutical Marketing, Market Structure and the Importance of the "Old" in West Germany, 1950-70 » *in* GAUDILLIÈRE, Jean-Paul, THOMS, Ulrike (dir.), *The Development of Scientific Marketing in the Twentieth Century : Research for Sales in the Pharmaceutical Industry*, London : Pickering & Chatto, 2015, p. 16.

[52] V. notamment : SEDLACEK, Hans-Harald, *op.cit.*, p. 39 ; Ainsi, la R&D engendre des connaissances et du savoir-faire nouveau, participant à l'expérience commune du groupe de chercheurs et facilitant les recherches futures (TARONDEAU, Jean-Claude, *Recherche et développement,* Paris : Vuibert, coll. Gestion, 1994, p. 75).

[53] NUSSER, Michael, GAISSER, Sibylle, « Stärkung der internationalen Wettbewerbsfähigkeit des Investitionsstandortes Deutschland am Beispiel der pharmazeutischen Industrie », *PharmR,* 2005, n°10, p. 409 et s., v. p. 409, 410.

[54] V. notamment : SABATIER, Valérie, *Discontinuités technologiques et business models : Analyse des mécanismes de transformation de l'industrie du médicament*, thèse gestion et management, Université de Grenoble, 2011, p. 114.

[55] NUSSER, Michael, GAISSER, Sibylle, « Stärkung der internationalen Wettbewerbsfähigkeit des Investitionsstandortes Deutschland am Beispiel der pharmazeutischen Industrie », *PharmR,* 2005, n°10, p. 409 et s., voir p. 409 ; v. aussi : SABATIER, Valérie, *op.cit.*, p. 138.

[56] Sur l'absence de financement de projets en raison d'une information imparfaite et asymétrique sur le marché, qualifiée de défaillance de marché justifiant une intervention de l'État : Communication de la Commission – Encadrement des aides d'État à la recherche, au développement et à l'innovation, 2014/C 198/01, JO 198 du 27 juin 2014, pt. 49.

semble également résulter d'une indisponibilité de ressources financières, primairement pour les entreprises de petite et moyenne taille et les jeunes entreprises, et du coût du processus de RDI[57]. Un cadre réglementaire propice à la RDI, clair, flexible et ajusté aux besoins réels des entreprises innovantes et du marché dans son ensemble, ce qui recouvre notamment les incitations à la RDI, pourrait dès lors relativiser les effets néfastes d'un sous-investissement, voire les compenser[58].

La mise en place d'incitations à la RDI est toutefois considérée comme acceptable et justifiée d'un point de vue économique uniquement sous certaines conditions. Le marché « s'autorégulant », il devrait, en principe, atteindre son équilibre sans qu'une intervention de l'État ne soit nécessaire. Une intervention de l'État doit alors être justifiée par l'existence d'externalités positives[59] et par une mauvaise allocation des ressources des entreprises économiques[60].

Une telle allocation inefficiente des ressources peut résulter des imperfections du marché des capitaux ou d'un risque non négligeable pour les entreprises innovantes de voir des entreprises concurrentes profiter des investissements réalisés[61]. Tel en va-t-il du secteur pharmaceutique et biotechnologique en matière de RDI. En effet, ce secteur est, à certains égards, caractérisé par la difficulté d'accès à des moyens financiers externes

---

[57] V. en ce sens : VOßKAMP, Rainer, SCHMIDT-EHMCKE, Jens, « FuE in der Wirtschaft – Auswirkungen auf Produktivität und Wachstum » *in* LEGLER, Harald, GRENZMANN, Christoph (dir.), *FuE-Aktivitäten der deutschen Wirtschaft*, Essen : Edition Stifterverband, 2006, p. 7 et 14.

[58] En ce sens : HAUSBERG, Bernhard, « Mitwirkung von rahmensetzenden Akteuren » *in* BULLINGER, Hans-Jörg (dir.), *Beschleunigte Innovation mit regionalen und industrienahen Forschungsclustern. Konferenzschrift*, Stuttgart : Fraunhofer-IRB-Verlag, 2007, p. 110.

[59] KÖNIG, Beat Kunihiko, *Grundlagen der staatlichen Forschungsförderung*, Zürich, Basel, Genf : Schulthess Juristische Medien AG, coll. Züricher Studien zum öffentlichen Recht, 2007, p. 48, 49 : les externalités positives consistent notamment dans la découverte de nouvelles connaissances et inventions, profitant aux activités de RDI d'autres entreprises, et dans la migration de ressources humaines qualifiées.

[60] Pour la condition d'une mauvaise allocation des ressources par le libre jeu des forces du marché : Encadrement 2014/C 198/01, pt. 48 ; v. aussi : VOGEL, Thorsten, *Die Einflussnahme steuerlicher Lenkungsnormen auf Entscheidungen von Wirtschaftssubjekten : eine ökonomische Analyse am Beispiel der Zinsschranke, einer steuerlichen Förderung von Forschung und Entwicklung sowie einer Finanztransaktionssteuer*, Lohmar, Köln : JOSEF EUL VERLAG, coll. Steuer, Wirtschaft und Recht, 1e édition, 2015, p. 27 et LÖHR, Sebastian, *Steuerliche Förderung von Forschung und Entwicklung*, Bonn : IFSt, 2009, p. 4, 5.

[61] Encadrement 2014/C 198/01, *op.cit.*, pt. 4 ; v. aussi : FIER, Andreas, *Staatliche Förderung industrieller Forschung in Deutschland. Eine empirische Wirkungsanalyse der direkten Projektförderung des Bundes*, Baden-Baden : Nomos, 2002, p. 177. Plus généralement, les défaillances de marché peuvent se présenter sous forme d'asymétries d'information, de coûts de transaction, d'irrationalité des acteurs ou encore d'incomplétude du marché, dont l'absence de *venture capital* (v. KLEMENT, Bernhard, *Ökonomische Kriterien und Anreizmechanismen für eine effiziente Förderung von industrieller Forschung und Innovation*, Frankfurt am Main, Berlin etc. : Peter Lang GmbH, coll. Forschungsergebnisse der Wirtschaftsuniversität Wien, 2006, p. 58).

en raison du risque, de la durée et du coût important du processus d'innovation pharmaceutique et biotechnologique, ainsi que par le phénomène des *free-riders* avec, notamment, le développement de produits génériques ou biosimilaires. Au contraire du postulat de concurrence pure et parfaite, il est caractérisé par des défaillances compromettant une allocation efficiente des ressources par le libre jeu des forces du marché et justifie, dans certaines limites, l'intervention des États français, allemand et suisse, ce d'autant plus que la recherche avant tout fondamentale peut être considérée un bien collectif[62]. Seront à cet égard distinguées par la suite les aides directes (aides favorisant certains secteurs, institutions ou projets), les aides indirectes de type entrepreneurio-structurelles (aides visant à soutenir un certain type d'entreprises prometteuses pour renforcer le potentiel d'innovation national) et les aides indirectes de type économico-structurelles (aides promouvant les activités de RDI de manière générale afin de bénéficier des répercussions long-terme positives sur la structure de l'économie et la compétitivité nationale).

L'impact concret des incitations à la RDI est difficile à mettre en évidence du fait des facteurs divers et variés pris en compte dans la décision initiale et continue d'investissement d'une entreprise (e.a. la taille, les profits actuels et prévisionnels pour un projet donné, le lieu d'établissement de l'entreprise)[63]. Certaines études empiriques menées pour l'Europe ont toutefois montré l'effet positif général et non substitutif des incitations sur les dépenses en RDI[64]. Les incitations à la RDI complètent ainsi les facteurs de gestion stratégique des projets d'innovation, c'est-à-dire intègrent la planification des activités de l'entreprise et des moyens financiers assignés.

Or, les mesures incitatives à la RDI divergent sensiblement entre les pays soumis à l'étude (Chapitre 3). Leur comparaison exige de porter une attention particulière sur les variables en termes d'environnement général, de différences idéologiques et structurelles, tout autant que sur les acteurs intervenant le long du processus de prise de décision politique[65]. À cet égard, l'environnement général englobe outre celui national, dont l'effet de la répartition des compétences en matière d'incitation à la RDI (Chapitre 2), la superstructure européenne (Chapitre 1). L'ensemble des caractéristiques

[62] V. en ce sens : KÖNIG, Beat Kunihiko, *op.cit.*, p. 50-52.

[63] V. aussi : FIER, Andreas, *op.cit.*, p. 212, 213.

[64] Pour le constat d'un effet positif et non substitutif : FIER, Andreas, *op.cit.*, notamment p. 283-287 : les études relatives à l'effet des aides au niveau de l'entreprise en Europe ont relevé un effet complémentaire et non substitutif. Les résultats aux États-Unis différeraient, en revanche, selon le type d'étude considérée (micro- ou macroéconomique). Les secondes ont relevé une complémentarité entre aides et dépenses en RDI. Les premières ont davantage pointé un effet substitutif.

[65] SIMEON, Richard, « Studying Public Policy », *Canadian Journal of Political Science*, 1976, vol.9, n°4, p. 548 et s. (voir p. 556) : l'auteur relève que le premier volet est d'importance pour l'analyse générale des politiques publiques nationales et leur comparaison internationale alors que le second l'est davantage dans une perspective temporelle.

nationales auxquelles s'intègrent les incitations à la RDI et qui les conditionnent, forment le paradigme national ou la typicité nationale en matière d'incitation à la RDI pharmaceutique et biotechnologique.

CHAPITRE 1

La superstructure européenne

Le contexte juridique supranational des incitations à la RDI pharmaceutique commerciale est avant tout européen et se répercute sur les incitations mises en place au niveau national. Celui-ci se subdivise entre les aides d'État (I.), la libre circulation des services et la liberté d'établissement (II.). La Suisse se présente à cet égard comme un cas particulier.

I. LE DROIT EUROPÉEN DES AIDES D'ÉTAT

Le droit européen des aides d'État se forme autour de l'antagonisme entre intérêts des états membres de favoriser leur économie nationale et intérêts européens de réaliser le marché intérieur, c'est-à-dire de réduire voire éliminer les entraves aux échanges entre états membres[66]. Le régime des aides d'État limite la possibilité des états membres de porter une aide financière sélective aux entreprises nationales, du moins lorsque celle-ci affecte ou pourrait affecter la concurrence et les échanges entre états membres[67], et repose sur le constat que toute incitation fausse *in fine* la dynamique propre du marché[68].

---

[66] DURINKE, Corinna, *Der neue Gemeinschaftsrahmen für Forschungs-, Entwicklungs- und Innovationsbeihilfen : Inhalt, Bedeutung und Rechtsnatur*, Berlin : Duncker & Humblot, coll. Schriften zum europäischen Recht, 2010, p. 19 ; v. aussi dans le même sens : SABBADINI, Pierre-Marie, *Les Aides d'État : Aspects juridiques et économiques,* Bruxelles : Larcier, coll. Concurrence et pratiques du marché, 2015, p. 13.

[67] En effet, les états membres ont adhéré à un projet commun dont la réalisation doit être assurée (SABBADINI, Pierre-Marie, *op.cit.*, p. 13 ; v. aussi : Bundesministerium für Wirtschaft und Energie, *Handbuch über staatliche Beihilfen. Handreichung für die Praxis vom BMWi-EA6,* 2016, p. 8).

[68] V. de manière exemplative sur cet effet à terme sur la dynamique propre du marché: HEINRICH, Oliver, *Die rechtliche Systematik der Forschungsförderung in Deutschland und den Europäischen Gemeinschaften unter Beachtung von Wissenschaftsfreiheit und Wettbewerbsrecht*, Münster: LIT Verlag, coll. Kölner Schriften zum internationalen und europäischen Recht, 2003, p. 167.

La qualification d'une mesure d'aide d'État dépend de la réalisation de conditions cumulatives. La mesure doit être octroyée par l'État ou au moyen de ressources d'État, la mesure doit procurer un avantage quelconque à des entreprises ou productions déterminées et celle-ci doit fausser ou menacer de fausser la concurrence et affecter les échanges entre états membres[69]. Ce qui importe n'est, dès lors, pas la forme que revêt l'incitation, mais l'effet qu'elle aura ou est susceptible d'avoir[70].

L'origine de l'aide. L'aide doit en premier lieu être octroyée *« par les États ou au moyen de ressources d'État »*[71]. Ces deux critères cumulatifs[72] permettent de différencier les aides accordées par l'État et ses subdivisions de celles octroyées par une entité ou un investisseur privé[73]. La question de l'imputabilité se pose, en particulier, dans le cas d'aides accordées par l'intermédiaire d'organismes ou infrastructures de recherche bénéficiant d'un financement public, et dans le cadre de la recherche contractuelle réalisée pour le compte d'entreprises, dont l'importance ne cesse de croître le long du processus d'innovation pharmaceutique. La Commission a précisé à cet égard que de tels services ne constituent pas une aide d'État au sens de

[69] Si de manière générale on considère qu'il faut la réunion de quatre éléments pour qu'une mesure soit qualifiée d'aide d'État (1. Une intervention de l'État ou au moyen de ressources d'État ; 2. Qui confère un avantage à certaines entreprises ou productions déterminées ; 3. Qui fausse la concurrence ; 4. Qui affecte les échanges entre états membres) (VOGEL, Louis, *Droit européen des affaires,* Paris : Dalloz, coll. Précis Droit privé, 1e édition, 2012, p. 880 ; v. aussi : Bundesministerium für Wirtschaft und Energie, *Handbuch über ... op.cit.*, p. 10), nous les regrouperont dans le cadre de cette étude dans trois 'familles' de critères que sont l'origine, la sélectivité et l'effet de l'aide.

[70] V. à titre exemplatif : SABBADINI, Pierre-Marie, *op.cit.,* p. 30.

[71] Art. 107, § 1 du TFUE.

[72] L'interprétation de la portée de la conjonction de coordination « ou » n'a pas été constante au cours du temps. La Cour de justice avait dans un premier temps considéré que les deux critères étaient alternatifs (CJCE, 30 janvier 1985, *République française*, aff. 290/83, Rec. 1985, p.00439, v. notamment pts. 14, 15 des motifs de l'arrêt ; CJCE, 2 février 1988, *Kwekerij Gebroeders van der Kooy BV (SARL)*, aff. 67/85, Rec. 1988, p.00219, v. notamment pt. 35 et s. des motifs de l'arrêt, arrêts cités notamment par Louis Vogel : VOGEL, Louis, *Droit européen ..., op.cit.*, p. 879). Par la suite la Cour considéra que cette formulation vise à inclure uniquement les aides octroyées par l'État et celles octroyées par l'intermédiaire des organismes publics ou privés désignés ou institués par l'État (v. notamment : CJCE, 7 mai 1998, *Viscido*, aff. jtes. C-52/97, C-53/97, C-54/97, Rec. 1998, p. I-02629, pt. 13 ; v. aussi : CJCE, 24 janvier 1978, *Van Tiggele*, aff. 82/77, Rec. 1978, p.00025, pts. 24 et 25). Les deux conditions sont désormais considérées cumulatives (CJCE, 1er décembre 1998, *Ecotrade Srl c/ Altiforni e Ferriere di Servola SpA (AFS)*, aff. C-200/97, Rec. 1998, p. I-07907, pts. 35 et 36). Il est indifférent à cet égard que les ressources étatiques aient transité par une entité publique ou privée (v. de manière exemplative : SABBADINI, Pierre-Marie, *op.cit.*, p. 38).

[73] V. de manière exemplative : DURINKE, Corinna, *op.cit.*, p.181 ; Une aide accordée par une entité privée peut toutefois être considérée imputable à l'État (v. pour de plus amples développements : VOGEL, Louis, *Droit européen ..., op.cit.*, p. 881 ; v. aussi : SABBADINI, Pierre-Marie, *op.cit.*, p. 36 : l'auteur y fait référence aux conclusions de l'avocat général Wathelet dans l'affaire CJUE, 17 septembre 2014, *Commerz Nederland NV c. Havenbedrijf Rotterdam NV*, aff. C-242/13).

l'article 107, § 1 du Traité sur le fonctionnement de l'Union européenne (TFUE) pour autant que le service soit rémunéré de façon adéquate[74].

L'aide correspond donc à tout avantage économique accordé à une ou plusieurs entreprises ou secteurs de production déterminés, diminuant les ressources de l'État ou constituant une charge supplémentaire pour ce dernier, quel que soit le type d'intervention spécifique[75] et indépendamment du caractère actuel ou potentiel, temporaire ou permanent, total ou partiel[76], ainsi que de l'objectif de la mesure[77]. Il peut notamment s'agir de transferts de capitaux directs ou indirects[78] et de garanties[79]. Un test contrefactuel permettra de déterminer l'existence ou l'absence d'un tel avantage par rapport aux conditions normales de marché[80]. En reste-t-il que l'État puisse

---

[74] En va-t-il ainsi d'une rémunération au prix du marché ou, le cas échéant, à un prix qui *« prend en compte l'intégralité des coûts du service et inclut généralement une marge établie sur la base de celles généralement appliquées par les entreprises exerçant leurs activités dans le secteur du service concerné »* ou alors à un prix qui *« est le résultat de négociations menées dans des conditions de pleine concurrence (...) »* (Encadrement 2014/C 198/01, pt. 25, v. pour les citations pt. 25, b) ; v. pour les collaborations entre entreprise(s) et infrastructures ou organismes de recherche et les conditions de qualification d'une aide indirecte accordée aux entreprises par leur intermédiaire les pts. 27 à 30).

[75] Conclusions de l'avocat général M. Dámaso Ruiz-Jarabo Colomer présentées le 17.9.1998, sur l'affaire Italie c. Commission I-2983, notamment p. 2989, 2990 ; v. également le sommaire de l'arrêt CJCE, *Ecotrade Srl c/ Altiforni e Ferriere di Servola SpA (AFS)*, Rec. 1998, I-7907, p.7908 ; La Commission a très tôt considéré que la formulation large pouvait couvrir des mesures de nature diverse : prêts à des conditions préférentielles, participations publiques, bonification d'intérêts, aides financées par des ressources provenant de charges affectées, exonérations d'impôts, de taxes ou de taxes parafiscales, fournitures de biens à des conditions préférentielles ou encore couvertures de pertes d'exploitation (v. pour ces exemples : VOGEL, Louis, *Droit européen ..., op.cit.*, p. 879, citant Rép. QE, *JO* 125 du 17 août 1963, 2235).

[76] V. sur ce point : VOGEL, Louis, *Droit européen ..., op.cit.*, p. 883.

[77] CJCE, 26 septembre 1996, *France c. Commission*, aff. C-241/94, Rec. 1996, p. I-04551, pts. 20, 21 ; V. également : CJCE, 17 juin 1999, *Belgique c. Commission*, aff. C-75/97, Rec. 1999, p. I-03671, pt. 25.

[78] V. notamment : SABBADINI, Pierre-Marie, *op.cit.*, p. 41.

[79] Pour les garanties, v. : Conclusions de l'avocat général M. Georges Cosmas présentées le 11.5.1999, sur l'affaire Allemagne c. Commission, I-8241, notamment p. 8245.

[80] CJCE, 2 juillet 1974, *République italienne c. Commission*, aff. C-173/73, Rec. 1974, p.00709, pts. 23 et s. ; Pour prendre l'exemple de l'emprunt, la Commission évaluera si un investisseur privé aurait accordé le même emprunt dans les mêmes conditions. Puisque l'État peut mener des politiques structurelles globales ou sectorielles et prendre en compte des intérêts long-termistes, l'analyse se basera sur le « long term investor » (CJCE, 21 mars 1991, *République italienne c. Commission*, aff. C-305/89, Rec. 1991, p. I-01603, notamment pts. 20 et 21 ; BULLA, Simon, LORENZMEIER, Stefan, *Kommunale Beihilfen für Forschung, Entwicklung und Innovation: europarechtliche Anforderungen an die Förderung von Technologie- und Gründerzentren*, Baden-Baden : Nomos, 2013, p. 33, 34). L'avantage procuré ne doit, en outre, pas être justifié par une contreprestation fournie par l'entreprise (pour l'exemple de l'exécution d'un service public : CJCE, 24 juillet 2003, *Altmark Trans GmbH / Nahverkehrsgesellschaft Altmark GmbH*, aff. C-280/00, Rec. 2003, p. I-07747, pts. 89 et s. et CJUE, 8 mars 2017, *Viasat Broadcasting UK c. Commission*, aff. C-660/15 P, pts. 25, 26).

agir légitimement en tant que régulateur sans que toute mesure tombe automatiquement sous le coup de l'article 107, § 1 du TFUE, du moins pourvu qu'il existe un lien étroit entre l'objectif poursuivi par l'État-régulateur et l'instrument de régulation choisi, et que le principe de non-discrimination soit respecté[81]. La poursuite d'un objectif de santé publique ne serait toutefois pas suffisante pour écarter la qualification d'aide d'État[82].

La sélectivité de l'aide. La sélectivité peut être matérielle ou régionale et dépendra soit des conditions auxquelles une ou plusieurs entreprises peuvent en bénéficier, soit du pouvoir discrétionnaire de l'autorité publique dans l'attribution de l'aide. Sont tout particulièrement pertinentes les aides sélectives en termes de secteur (biotechnologique et pharmaceutique), de taille de l'entreprise (petites et moyennes entreprises) et en termes de date de création (jeunes entreprises innovantes)[83].

Il en va différemment des mesures pour lesquelles la sélectivité découle de la nature ou de l'économie générale du système dans lequel elle s'insère[84]. Ainsi, pour ce qui est du cas particulier des incitations fiscales à la RDI, celles-ci profitent davantage aux entreprises actives en recherche, développement et innovation. Pourtant, elles ne sont pas sélectives au sens du droit européen en ce qu'elles ne différencient pas entre les entreprises, mais s'appliquent indistinctement à toute entreprise réalisant des activités de RDI[85].

L'effet de l'aide. La mesure, bien qu'elle soit sélective et d'origine étatique, ne peut être qualifiée d'aide d'État que lorsqu'elle fausse ou menace de fausser la concurrence[86] et affecte les échanges entre états membres. Une situation de concurrence effective doit dès lors exister sur le marché[87], ce qui est bien le cas pour le secteur pharmaceutique caractérisé par une forte concurrence nationale et internationale.

---

[81] VOGEL, Louis, *Contrôle des aides ..., op.cit.*, p. 15.

[82] CJUE, 30 juin 2016, *Belgique c. Commission*, aff. C-270/15 P, v. pt. 40 ; v. aussi : VOGEL, Louis, *Contrôle des aides d'État,* Paris : LawLex Bruxelles Bruylant, coll. JuriStrateg, 2017, p. 38.

[83] Pour plus de précisions et des exemples jurisprudentiels : VOGEL, Louis, *Droit européen ..., op.cit.*, p. 888.

[84] CJCE 6 septembre 2006, *République portugaise*, aff. C-88/03, Rec. 2006, p. I-07115, pt. 52, l'arrêt faisant référence aux arrêts CJCE, 2 juillet 1974, *République italienne c. Commission,* aff. 173/73, Rec. 1974, p. 00709, pt. 33 et CJCE, 15 décembre 2005, *Unicredito Italiano,* aff. C-148/04, pt. 51 ; v. aussi : VOGEL, Louis, *Droit européen ..., op.cit.*, p. 889 ; Certains avancent que la dérogation justifiée par la logique interne du système est un critère assez vague (v. de manière exemplative : DAJ-MINEFE, *Vade-mecum des aides d'État*, Paris : La documentation française, 2010, p. 20).

[85] V. notamment en ce sens : DAJ-MINEFE, *Vade-mecum des aides d'État*, 2016, p. 254.

[86] Une restriction de concurrence potentielle est donc suffisante (CJCE, 29 avril 2004, *République italienne*, aff. C-372/97, Rec. 2004, p. I-03679, v. notamment pt. 46 ; v. aussi : VOGEL, Louis, *Droit européen ..., op.cit.*, p. 890).

[87] V. sur ce point notamment : DURINKE, Corinna, *op.cit.*, p. 184.

À cet égard, la Commission et la Cour de justice se contentent souvent de relever la réalisation des autres conditions cumulatives pour en conclure à l'existence d'une distorsion de concurrence[88]. Or, l'axiome d'une distorsion de marché immanente à toute aide, ne devrait être qu'un indice. Il n'est certes pas imposé à la Commission de procéder à une analyse du marché, de sa structure et des flux commerciaux[89], une caractérisation de la distorsion au cas concret semble néanmoins nécessaire, la Commission ne devant d'ailleurs se limiter aux conditions de concurrence sur le marché au moment de la décision, mais prévoir leur évolution probable conséquemment à la mise en œuvre de la mesure[90]. La restriction de concurrence doit alors être suffisamment sensible pour que la condition puisse être considérée comme remplie et dépasser les plafonds *de minimis* fixés par le règlement (UE) n°1407/2013[91] [92].

Lorsque l'étape de la détermination d'une distorsion de concurrence est passée, l'affectation des échanges entre états membres ne demande plus autant d'efforts en raison de l'intégration croissante des marchés nationaux. Cela est d'autant plus vrai dans un secteur comme le secteur pharmaceutique où une limitation exclusive au territoire national est peu probable, voire exclue [93]. Il s'agit de l'effet de la mesure sur les importations et exportations [94], sa sensibilité devant être établie par voie de faisceau d'indices[95]. Cette affectation ne comporte aucun jugement de valeur et peut

---

[88] V. pour ce constat de manière exemplative : HEINRICH, Oliver, *op.cit.*, p. 172.

[89] CJCE, 13 mars 1985, *Royaume de Pays-Bas et Leeuwarder Papierwarenfabriek BV c. Commission,* aff. jtes 296/82, 318/82, Rec. 1985, p. 00809, pt. 22 ; v. également : DURINKE, Corinna, *op.cit.*, p. 185.

[90] VOGEL, Louis, *Droit européen ..., op.cit.*, p. 890.

[91] Règlement (UE) n°1407/2013 de la Commission du 18.12.2013 relatif à l'application des articles 107 et 108 du traité sur le fonctionnement de l'Union européenne aux aides de minimis, JO L 352 du 24.12.2013, p. 1-8.

[92] Le plafond s'élève à 200.000 euros pour une entreprise unique sur une période de trois ans pourvu que l'aide considérée soit transparente, c'est-à-dire son montant précisément déterminable à l'avance. Ce plafond n'est pas lié à un projet de RDI spécifique et concerne le total des aides *de minimis* du bénéficiaire quelque soit leur source (v. Bundesministerium für Wirtschaft und Energie, *Handbuch über ... op.cit.*, p. 36, 37 : il est précisé à cet égard qu'une aide *de minimis* ne peut être accordée pour des dépenses qui sont d'ores-et-déjà prises en compte dans le cadre d'une aide notifiée à la Commission ou d'une aide bénéficiant d'une exemption, si cela conduirait à dépasser en somme les intensités maximales d'aide considérées compatibles avec le marché intérieur. En revanche, une aide *de minimis* peut être accordée pour d'autres dépenses de l'entreprise).

[93] V. de manière exemplative : HEINRICH, Oliver, *op.cit.*, p. 173, 174.

[94] CJUE, 5 mars 2015, *Banco Privado Português et Massa Insolvente do Banco Privado Português*, aff. C-667/13, pt. 51 ; v. également : CJCE, 10 janvier 2006, *Cassa di Risparmio di Firenze*, aff. C-222/04, Rec. 2006, p. I-00289, pts. 141 et s. ; v. par ailleurs : DURINKE, Corinna, *op.cit.*, p. 186.

[95] Pour plus de précisions et des exemples jurisprudentiels : VOGEL, Louis, *Droit européen ..., op.cit.*, p. 892.

revêtir tant la forme d'une affectation positive que négative des échanges entre états membres[96]. Elle ne doit, en outre, être que potentielle[97] [98].

Les effets sur la marge de manœuvre des états membres en matière d'incitation à la RDI pharmaceutique. Une fois les conditions cumulatives remplies, une mesure promouvant la RDI et bénéficiant aux entreprises pharmaceutiques, biotechnologiques et aux *Clinical Research Organizations*, est qualifiée d'aide d'État. Avant de décider de l'instauration d'un régime d'aide spécifique, les états membres doivent alors asseoir les risques potentiels afférents. Le Ministère fédéral de l'Économie et de l'Énergie allemand a résumé ces considérations par la liste de questionnements suivante:

L'aide envisagée est-elle substantielle en termes d'effet et d'ampleur ? Quel est l'effet potentiel de l'aide sur les échanges entre états membres ? Existe-t-il un risque sérieux de distorsion de concurrence ? Quelle est la situation de concurrence dans le secteur ? La concurrence est-elle vive ? Les indices relatifs à l'éventuelle conformité ou non-conformité de la mesure avec le marché intérieur sont-ils convaincants et fiables ? Quels secteurs sont précisément concernés par l'aide ? Les secteurs peuvent-ils être considérés comme sensibles ? L'absence de notification de la mesure à la Commission pourrait-elle déstabiliser les bénéficiaires de l'aide jusqu'à compromettre l'effet positif souhaité ? Quel serait l'effet d'une décision négative de la Commission, de la suspension, voire du remboursement de l'aide sur la réalisation et la crédibilité de la mesure décidée ?[99]

La marge de manœuvre des États français et allemand s'en voit en tout état de cause limitée, considération renforcée par le risque de remise en cause du régime d'aide institué. En effet, l'efficacité d'une aide est susceptible d'être relativisée en pratique par l'éventuelle crainte des entreprises d'un remboursement des fonds alloués. Cette incertitude du côté entreprise se présente alors comme le corrélat d'une marge de manœuvre limitée côté État. Or, les incitations à la recherche, au développement et à

---

[96] V. de manière exemplative : HEINRICH, Oliver, *op.cit.*, p. 173, 174.

[97] TPICE, 15 juin 2000, *Alzetta*, T-298/97, Rec. 2000, p. II-02319, voir notamment pt. 79 : la Cour y fait référence à une jurisprudence établie considérant que la Commission ne doit pas établir une affectation réelle des échanges entre états membres, une affectation potentielle étant suffisante, et particulièrement aux arrêts CJCE, 14 février 1990, *France c. Commission*, aff. C-301/87, pts. 32 et 33 et TPICE, 30 avril 1998, *Vlaams Gewest c. Commission*, T-214/95, pt. 67).

[98] Bien qu'une trop ample généralisation de ce principe conduirait, selon certains, à vider la condition d'affectation du commerce de toute portée (v. notamment : VOGEL, Louis, *Droit européen ..., op.cit.*, p. 892).

[99] V. pour cette liste de questions traduite de l'allemand par l'auteure : Bundesministerium für Wirtschaft und Energie, *Handbuch über ... op.cit.*, p. 18.

l'innovation sont empreintes d'une certaine dualité puisqu'elles améliorent concomitamment la compétitivité nationale et européenne[100].

Ainsi, une mesure de prime abord incompatible avec le marché intérieur, peut être considérée comme nécessaire et indispensable, du moins temporairement,[101] et dès lors compatible lorsque le marché est incapable de produire des résultats efficients, dans quel cas une aide à la RDI peut être un instrument efficace pour compenser l'inefficience et atteindre l'objectif d'intérêt commun[102]. Le principe d'incompatibilité des aides d'État (article 107, § 1 du TFUE) est par conséquent assorti de dérogations[103].

Les exceptions de compatibilité du TFUE. L'article 107, §§ 2 et 3 du TFUE énumèrent un certain nombre d'aides qui peuvent être considérées comme compatibles avec le marché intérieur, respectivement de manière impérative et facultative. En va-t-il ainsi des aides destinées à promouvoir la réalisation d'un projet important d'intérêt européen commun (PIIEC) ou à remédier à une perturbation grave de l'économie d'un état membre (article 107, § 3, b) et des aides destinées à faciliter le développement de certaines activités ou régions économiques, pourvu qu'elles n'altèrent pas les conditions des échanges dans une mesure contraire à l'intérêt commun (article 107, § 3, c).

Les implications pour les aides à la RDI. Les aides à la RDI peuvent alors être considérées comme compatibles avec le marché intérieur lorsqu'elles permettent de faciliter le développement de ces activités sans pour autant altérer les conditions des échanges et de la concurrence d'une manière contraire à l'intérêt commun[104] et dans un objectif précisément

[100] V. sur cette dualité, notamment : DURINKE, Corinna, *op.cit.*, p. 20, 21 ; v. aussi : Communication de la Commission, « Europe 2020. Une stratégie pour une croissance intelligente, durable et inclusive », COM(2010) 2020 final du 3 mars 2010, p. 3, 4 : dans l'objectif d'une amélioration de la compétitivité de l'économie européenne suite à la crise et face aux défis de notre temps, ont été proposées sept initiatives phares dont « Une Union pour l'innovation » qui vise à améliorer le contexte dans lequel les activités de RDI sont menées. Plus précisément, il s'agit d'inciter les entreprises à investir dans les technologies innovantes, efficientes et respectueuses de l'environnement, en facilitant l'accès de ces entreprises aux subventions étatiques (v. par ailleurs : BULLA, Simon, LORENZMEIER, Stefan, *op.cit.*, p. 21) ; v. en outre : Encadrement 2014/C 198/01, pts. 2 et 3.

[101] Il peut notamment en être ainsi lorsqu'une aide d'État incite à l'adaptation des entreprises aux changements des conditions de concurrence sur le marché, le développement d'un secteur particulier, la lutte contre le chômage ou un développement régional équilibré (v. de manière exemplative sur ce point et ces exemples : VOGEL, Louis, *Droit européen ...*, *op.cit.*, p. 875).

[102] Encadrement 2014/C 198/01, pt. 48.

[103] V. notamment : VOGEL, Louis, *Droit européen ...*, *op.cit.*, p. 876 : l'auteur oppose, d'une part, les ententes et abus de position dominante et, d'autre part, les aides d'État. Les premiers posent un principe d'interdiction et une exception légale, les secondes un principe d'incompatibilité avec le marché intérieur assorti de dérogations.

[104] Encadrement 2014/C 198/01, pt. 40.

défini[105], mais encore lorsque ces aides visent à promouvoir la réalisation d'un PIIEC, dont les projets apportant une contribution significative aux objectifs de l'Union et, notamment, à « l'Union de l'innovation »[106].

L'Encadrement des aides d'État à la recherche, au développement et à l'innovation précise à cet égard les conditions (générales et supplémentaires pour les aides individuelles[107]) qui doivent être remplies aux côtés de l'objectif d'intérêt commun précisément défini, pour qu'une mesure sélective transparente visant à promouvoir un projet de R&D, d'étude de faisabilité, de construction et de modernisation d'infrastructures de recherche, d'activités d'innovation ou pôles d'innovation, puisse être déclarée compatible avec le marché intérieur sur la base de l'article 107, § 3, c)[108]. Il est une tentative de concrétisation et d'équilibrage visant à mettre en balance les effets positifs de la réalisation du projet de RDI, c'est-à-dire d'un objectif d'intérêt commun, et les effets négatifs potentiels pour les échanges entre états membres et pour la concurrence[109]. L'Encadrement 2006/C 323/01[110] a été remplacé en 2014 par l'Encadrement 2014/C 198/01, s'inscrivant en cela dans la stratégie « Europe 2020 » qui définit la RDI comme l'élément central et essentiel permettant d'assurer une *« croissance intelligente, durable et inclusive »*[111] en Europe[112] et, notamment, une

---

[105] Encadrement 2014/C 198/01, pt. 43 : en effet, les États doivent définir précisément l'objectif poursuivi par l'instauration de l'aide et comment l'aide envisagée permet de promouvoir la RDI.

[106] Voir : Communication de la Commission – Critères relatifs à l'analyse de la compatibilité avec le marché intérieur des aides d'État destinées à promouvoir la réalisation de projets importants d'intérêt européen commun, n°2014/C 188/02, JO 188 du 20.6.2014, pt. 15, v. également les pts. 21 et 22 : la Commission y précise que les projets de RDI doivent revêtir un caractère novateur majeur ou apporter une valeur ajoutée importante compte tenu de l'état de la technique. Pour ceux comprenant un déploiement industriel, ils doivent permettre d'aboutir à de produits à forte intensité de recherche et d'innovation et/ou à des produits mis au point par un processus de production fondamentalement innovant.

[107] Lorsqu'est appréciée la contribution du projet à la réalisation d'un objectif d'intérêt commun seront pris en compte, notamment, l'objectif général de promotion de la RDI dans l'Union, la définition précise de l'objectif et la détermination de la manière dont la mesure y contribue. Pour les aides individuelles seront, en outre, pris en compte l'augmentation de la taille ou de la portée du projet grâce au financement, le rythme ou le montant total dépensé, afin de démontrer que la mesure étatique renforce effectivement les activités de RDI et puisse être déclarée compatible (Encadrement 2014/C 198/01, pts. 42-47).

[108] Pour les mesures d'aide concernées par l'encadrement des aides d'État à la RDI, v. le pt. 12.

[109] V. sur cette mise en balance : Encadrement 2014/C 198/01, pt. 35.

[110] Encadrement communautaire des aides d'État à la recherche, au développement et à l'innovation 2006/C 323/01, JO 323 du 30.12.2006, p. 1-26.

[111] V. Encadrement n°2014/C 198/01, pt. 3.

[112] L'une des initiatives phares de la stratégie « Europe 2020 » est l'initiative « Une Union de l'innovation » précédemment évoquée, dont l'objectif est d'améliorer, en particulier, le cadre financier de la RDI par un meilleur accès au financement, en vue de convertir des idées novatrices en produits générateurs de croissance (Encadrement n°2014/C 198/01, pt. 3) ; Déjà la Communication de la Commission au Conseil européen de Printemps, « Travaillons

meilleure qualité de vie[113], c'est-à-dire plus largement dans les objectifs de l'Union des articles 179 et s. du Traité[114].

L'intervention de l'État doit être nécessaire et appropriée, l'aide doit être incitative et proportionnée, les effets négatifs non désirés sur la concurrence et les échanges doivent être prévenus[115] et, finalement, la liste des dépenses éligibles et des intensités maximales respectée. Ces mêmes conditions de proportionnalité de l'aide, de transparence, de prévention des distorsions indues et de mise en balance se retrouvent d'ailleurs dans la Communication de la Commission relative aux aides appréciées pour l'application de l'article 107, § 3, b) du TFUE[116].

Les intensités maximales. Puisque l'intervention étatique doit être strictement nécessaire et proportionnée[117], l'Encadrement prévoit pour les aides à la RDI des intensités maximales. Celles-ci varient en fonction de la catégorie d'aide considérée. Elles sont établies selon trois critères par la Commission que sont la proximité de l'aide avec le marché, la taille du bénéficiaire et la gravité de la défaillance[118]. Pour les aides individuelles s'en ajoutent d'autres que sont, notamment, le taux de référence ou de rendement minimal du secteur ou de l'entreprise. L'ensemble des coûts et bénéfices escomptés seront pris en compte, dont ceux découlant de l'activité de RDI pharmaceutique sur l'ensemble de la durée de vie du projet[119].

Les projets de recherche industrielle et de développement expérimental ne peuvent être que partiellement financés par une aide, si celle-ci souhaite échapper à la qualification d'aide d'État incompatible avec le marché intérieur[120]. D'ailleurs, l'aide devra uniquement compenser les surcoûts nets,

---

ensemble pour la croissance et l'emploi. Un nouvel élan pour la stratégie de Lisbonne », COM(2005) 24 final du 2.2.2005 a mis en exergue le point clef d'une réduction du niveau général des aides d'État avec un recentrage sur des domaines particuliers, dont la recherche et l'innovation (v. notamment p. 21). Ces objectifs ont d'ailleurs conduit à la révision du règlement sur l'application des articles 87 et 88 TFUE aux aides *de minimis* de 2006 et de l'Encadrement communautaire sur les aides d'État à la RDI de 2006 (pour plus de précisions : SABBADINI, Pierre-Marie, *op.cit.*, p. 17, 18).

[113] V. notamment la Préface de José Manuel Barroso à la Communication de la Commission, « Europe 2020 – Une stratégie pour une croissance intelligente, durable et inclusive », COM(2010) 2020 final du 3.3.2010.

[114] Le soutien de la RDI est un objectif de l'Union, car elle permet de renforcer les connaissances et bases scientifiques et technologiques, c'est-à-dire la compétitivité de l'Union et la croissance économique, tout en participant à la création d'emplois (art. 179 TFUE, v. aussi : VOGEL, Louis, *Contrôle des aides ..., op.cit.*, p. 130).

[115] V. sur ce point : Encadrement 2014/C 198/01, pt. 36.

[116] Communication de la Commission, 2014/C 188/02, pts. 28 et s.

[117] Encadrement 2014/C 198/01, pt. 72.

[118] Encadrement 2014/C 198/01, pt. 74.

[119] V. Encadrement 2014/C 198/01, pt. 87.

[120] V. aussi : SPENGEL, Christoph *et al.*, *Steuerliche Förderung von Forschung und Entwicklung (FuE) in Deutschland : ökonomische Begründung, Handlungsbedarf und Reformbedarf*, Berlin, Heidelberg : Springer-Verlag, 2009, p. 63.

lorsqu'une entreprise a le choix entre plusieurs projets dont certains bénéficieraient d'une aide[121].

Les intensités d'aide maximales s'élèvent à 100% pour la recherche fondamentale, respectivement 70%, 60% et 50% pour les petites, moyennes et grandes entreprises pour la recherche industrielle avec possibilité de majoration de respectivement 10% pour les petites et 15% pour les moyennes et grandes entreprises sous réserve de collaboration effective entre entreprises ou entre une entreprise et un organisme de recherche ou sous réserve d'une large diffusion des résultats, de respectivement 45%, 35% et 25% pour le développement expérimental avec possibilité de majoration de 15% sous les mêmes réserves. Pour les aides à l'innovation en faveur des PME les intensités s'élèvent à 50%, pour les aides en faveur des innovations de procédé et d'organisation à 50% pour les PME et à 15% pour les grandes entreprises. En ce qui concerne les aides à la construction et modernisation d'infrastructures de recherche, les intensités maximales s'élèvent à 50% pour toute entreprise. Pour les aides aux études de faisabilité elles sont respectivement de 70%, 60% et 50% pour les petites, moyennes et grandes entreprises.[122]

Le rehaussement des intensités maximales. Pour le secteur pharmaceutique, caractérisé par une internationalisation et concurrence croissante, un autre aspect est d'importance. Il s'agit du rehaussement des intensités d'aide maximales considérées comme compatibles avec le marché intérieur lorsque des concurrents de pays tiers ont au cours d'un certain nombre d'années reçu ou vont recevoir des aides d'une intensité équivalente pour des projets comparables[123]. La durée alors prise en compte dépend des spécificités du secteur, pouvant s'élever à 3 ans ou plus[124].

Finalement, lorsque la Commission est en mesure d'établir que l'aide concernée est limitée au strict minimum nécessaire, les intensités d'aide maximales susvisées peuvent être rehaussées et s'élever à 100% pour toute entreprise en cas de recherche fondamentale, à respectivement 80%, 70% et 60% pour une petite, moyenne ou grande entreprise en cas de recherche appliquée, avec possibilité de majoration de 10% en cas de collaboration effective entre entreprises ou entre une entreprise et un organisme de recherche, ou sous réserve d'une large diffusion des résultats, et à 60% pour les aides à la construction et à la modernisation d'infrastructures de recherche quelle que soit la taille de l'entreprise[125].

---

[121] Voir sur ce point : Encadrement n°2014/C 198/01, pt. 88.

[122] Pour le tableau relatif aux intensités d'aides maximales, v. : Encadrement n°2014/C 198/01, Annexe II.

[123] Cette possibilité est ouverte en vue de compenser une distorsion réelle ou potentielle, directe ou indirecte, induite par les échanges internationaux (Encadrement n°2014/C 198/01, pt. 92).

[124] Encadrement n°2014/C 198/01, pt. 92.

[125] Encadrement 2014/C 198/01, pt. 89.

L'exemption de l'obligation de notification préalable des aides à la Commission. En complément aux exceptions de compatibilité susmentionnées, la Commission a fait usage de la possibilité ouverte par l'article 108, § 4 du TFUE[126], en instituant le règlement relatif à certaines catégories d'aides exemptées de l'obligation de notification et considérées comme compatibles avec le marché intérieur, dont les aides aux projets de R&D[127] [128]. Ce règlement s'applique à tous les secteurs de l'économie[129]. Il vise notamment les aides à la RDI, dont les aides aux jeunes entreprises innovantes, les aides en faveur des PME prenant la forme d'aides à l'investissement, d'aides au fonctionnement et d'aides en faveur de l'accès des PME au financement[130], particulièrement pertinentes pour les besoins de notre étude.

Les intensités maximales. Les intensités d'aide maximales jouent également un rôle pour l'exemption de notification. En effet, si en principe les mesures constituant des aides d'État au sens de l'article 107, § 1 du Traité doivent être notifiées à la Commission en application de l'article 108, § 3, l'article 109 ouvre au Conseil la possibilité d'exempter certaines catégories d'aides de la notification. Il en va ainsi des aides à la R&D en application du règlement (UE) n°651/2014, lorsque les conditions générales et spécifiques à la catégorie d'aide considérée sont remplies[131]. Pour ce qui

---

[126] Art. 108, § 4 du TFUE : *« La Commission peut adopter des règlements concernant les catégories d'aides d'État que le Conseil a déterminé, conformément à l'article 109, comme pouvant être dispensées de la procédure prévue au paragraphe 3 du présent article. »* ; Art. 109 du TFUE : *« Le Conseil, sur proposition de la Commission et après consultation du Parlement européen, peut prendre tous règlements utiles en vue de l'application des articles 107 et 108 et fixer notamment les conditions d'application de l'article 108, paragraphe 3, et les catégories d'aides qui sont dispensées de cette procédure. »* ; v. également : Art. 1, § 1, a), ii) du Règlement (UE) n°2015/1588 du Conseil du 13 juillet 2015 sur l'application des articles 107 et 108 du traité sur le fonctionnement de l'Union européenne à certaines catégories d'aides d'État horizontales, JO L 248 du 24.9.2015, p. 1-8.

[127] Règlement (CE) n°800/2008 de la Commission du 6 août 2008 déclarant certaines catégories d'aides compatibles avec le marché commun en application des articles 87 et 88 du traité (Règlement général d'exemption par catégorie), JO L 214, 9.8.2008, p. 3-47, désormais abrogé par le Règlement (UE) n°651/2014 de la Commission du 17 juin 2014 déclarant certaines catégories d'aides compatibles avec le marché commun en application des articles 107 et 108 du traité, JO L 187, 26.6.2014, p. 1-78, après avoir été prolongé du 31 décembre 2013 jusqu'au 30 juin 2014 par le règlement (UE) n°1224/2013 de la Commission du 29.11.2013.

[128] Ce règlement général d'exemption couvre ainsi, aux côtés des aides générales, accordées aux entreprises indépendamment de leur secteur d'activité et de leur lieu d'implantation, une autre catégorie d'aides que sont les aides horizontales, c'est-à-dire celles qui ne sont ni générales ni sectorielles (v. sur ce point: VOGEL, Louis, *Droit européen ..., op.cit.*, p. 898, 899).

[129] Sauf exceptions énumérées à l'art. 1 § 3 du règlement.

[130] Art. 1, § 1, b) et d) Règlement (UE) n°651/2014 ; anciennement : Art. 1, § 1, b), e), f), g) du Règlement (CE) n°800/2008.

[131] Art. 3 du règlement : les *« régimes d'aides, les aides individuelles octroyées au titre de régimes d'aides et les aides ad hoc sont compatibles avec le marché intérieur (...) pour autant*

est des conditions spécifiques pour les aides à la R&D, le volet subventionné du projet doit relever d'une ou plusieurs catégories déterminées[132], alors que l'intensité de l'aide ne doit pas dépasser certains seuils[133], les coûts admissibles étant ceux énumérés limitativement par l'article 25, § 3 du Règlement.

Les aides d'État dans la relation Union européenne – Suisse. Les aides directes et indirectes à la RDI pharmaceutique s'inscrivent ainsi dans le contexte particulier des aides d'État, tout en recevant une certaine faveur. Ce contexte pose des limites et encadre l'intervention des états membres. La relation entre l'Union européenne et la Suisse n'est d'ailleurs pas entièrement imperméable au droit des aides d'État.

Bien que la Suisse ne soit pas membre de l'Union et ne se voie, dès lors, pas appliquer le droit des aides d'État de manière générale, leurs relations sont étroites. Au-delà des dispositions exceptionnelles en matière d'aide d'État de l'accord sur le libre-échange et sur le transport aérien[134], la question d'une application générale s'était posée récemment dans le cadre des négociations sur un accord institutionnel et sur un accord sur l'électricité[135].

---

que ces régimes et ces aides remplissent toutes les conditions prévues au chapitre I du présent règlement, ainsi que les conditions spécifiques prévues à son chapitre III pour la catégorie d'aide concernée » ; Les seuils à partir desquels l'obligation de notification résurgit sont en principe de 15, 20 et 40 millions d'euros respectivement pour le développement expérimental, la recherche industrielle et la recherche fondamentale (Art. 4, § 1, i) du règlement ; v. aussi : Bundesministerium für Wirtschaft und Energie, *Handbuch über … op.cit.,* p. 56).

132 Il s'agit de la recherche fondamentale, de la recherche industrielle, du développement expérimental et des études de faisabilté (art. 25, § 2 du règlement).

133 Le règlement fixe les intensités maximales pour chaque catégorie d'aides déterminée, en prenant en compte le type d'aide tout autant que l'effet probable de l'aide sur les échanges entre états membres, et au-delà desquelles l'aide ne pourra bénéficier de l'exemption de notification (Règlement (UE) n°651/2014, pt. 16). Pour les aides à la R&D les seuils d'intensités maximales sont de : 100% des coûts admissibles pour la recherche fondamentale, 50% pour la recherche industrielle, 25% pour le développement expérimental et 50% pour les études de faisabilité (art. 25 § 5). Le § 6 ajoute que l'intensité de l'aide pour la recherche industrielle et le développement expérimental peut être majorée de 10 points de pourcentage pour les moyennes entreprises et de 20 points de pourcentage pour les petites entreprises pourvu qu'elle ne dépasse 80% des coûts admissibles. S'y ajoute une possibilité de majoration de 15 points de pourcentage pour certains types de collaborations (art. 25, § 6, b) i)) ou lorsque les résultats sont largement diffusés (art. 25, § 6, b), ii)).

134 V. notamment : art. 23 de l'accord sur le libre-échange et art. 13 et 14 de l'accord sur le transport aérien.

135 Les négociations en vue de la conclusion d'un accord sur l'électricité ont débuté en 2007, le mandat de négociation ayant été étendu en 2010 (https://www.eda.admin.ch/dam/dea/fr/documents/fs/02-FS-Strom_fr.pdf) pour tenir compte des développements législatifs européens, parmi lesquels le troisième volet de mesures sur le marché intérieur de l'énergie et la directive sur la promotion de l'utilisation de l'énergie produite à partir de sources renouvelables (http://www.bfe.admin.ch/themen/00612/00618/index.html?lang=fr).

Les relations entre l'Union et la Suisse. Les relations UE-Suisse ont de tout temps été étroites, ne serait-ce qu'en raison de la proximité géographique. Toutefois, celles-ci ne se sont jamais concrétisées par une adhésion de la Suisse à l'Espace économique européen (EEE) ou à l'UE[136]. Elles se sont développées sur la base d'une multitude d'accords[137], garantissant à la Suisse l'accès à certains secteurs du marché intérieur, organisant la coopération des partenaires sur le long terme[138] et assurant leur égalité[139]. La majeure partie de l'accord EEE a donc été reprise par les accords bilatéraux, tout en ayant fait l'objet d'une adaptation à la situation spécifique des parties, notamment par l'intégration d'une clause de sauvegarde rendant les accords distincts indissociables[140]. La coopération en

---

136 Le peuple suisse et les cantons avaient décidé contre une adhésion de la Suisse à l'EEE le 6.12.1992 à hauteur de 50,3% des votes. Cette décision référendaire fut caractérisée par l'existence d'un clivage important entre Suisse alémanique (contre une adhésion) et Suisse romane (pour une adhésion) et une différence entre votations côté urbain et rural. Ce clivage est qualifié par certains, dont Fontanellaz, de véritable traumatisme national (FONTANELLAZ, Blaise, « Les partis helvétiques et l'Europe : de l'intégration à la désintégration », *Relations internationales*, 2018, vol. 175, n°3, p. 137 et s. (voir p. 139, 141)). Les raisons peuvent en être trouvées dans le contexte particulier des débats politiques entourant la votation (v. en ce sens : CHRISTEN, Hervé de, *Suisse – Communauté européenne : l'illusion*, Genève : Editions GVA SA, 1992, coll. Connaissance de la Suisse, particulièrement p. 8 et s.).

137 Ainsi, la Suisse a conclu avec la CEE en 1972 l'accord sur le libre-échange, de même que 16 accords bilatéraux secteur-spécifiques dans le cadre des :
Accords bilatéraux I de 1999, comportant sept accords sectoriels conclus le 21.6.1999 et entrés en vigueur le 1.6.2002 : l'accord sur la libre circulation des personnes (RS 0.142.112.681), l'accord sur les marchés publics (RS 0.172.052.68), l'accord de coopération scientifique et technologique (RS 0.420.513.1), l'accord sur le transport de marchandises et de voyageurs par rail et par route (RS 0.740.72), l'accord sur le transport aérien (RS 0.748.127.192.68), l'accord sur le commerce de produits agricoles (RS 0.916.026.81) et l'accord relatif à la reconnaissance mutuelle en matière d'évaluation de la conformité (RS 0.946.526/81) ;
Accords bilatéraux II de 2004, comportant neuf accords conclus le 26.10.2004 : l'accord sur la lutte contre la fraude (RS 0.351.926.81), l'accord d'association à Dublin (RS 0.142.392.68), l'accord d'association à Shengen (RS 0.360.268.1), l'accord sur la coopération statistique (RS 0.431.026.81), l'accord portant modification à l'ALE (RS 0.632.401.23), l'accord sur la fiscalité des revenus de l'épargne (RS 0.641.926.81), l'accord fiscal (RS 0.672.26.81), l'accord sur les médias (RS 0.784.405.226.8), l'accord sur l'environnement (RS 0.814.092.681).

138 V. en ce sens notamment : Direction des affaires européennes, « Questions institutionnelles », octobre 2018, p. 1 (https://www.eda.admin.ch/dam/dea/fr/documents/fs/11-FS-Institutionelle-Fragen_fr.pdf); V. également : THÜRER, Daniel, « Gutachten über mögliche Formen der Umsetzung und Anwendung der Bilateralen Abkommen », 2011, zuhanden des Bundesrates, https://www.eda.admin.ch/dam/dea/de/documents/studien/Gutachten-ueber-moegliche-Formen-Umsetzung-u-Anwendung-BA_de.pdf, p. 6.

139 THÜRER, Daniel, « Gutachten über mögliche Formen … », *op.cit.*, p. 38.

140 V. LAUTENBERG, Alexis P., « Les accords bilatéraux vus de Bruxelles » *in* FELDER, Daniel, KADDOUS, Christine (dir.), *Accords bilatéraux Suisse – UE : (commentaires)*, Bâle, Genève : Helbing & Lichtenhahn, Bruxelles : Bruylant, coll. Dossier de droit européen, 2001,

matière de RDI fut quant à elle rendue possible par l'ouverture de la politique de recherche aux pays non membres depuis 1969[141], poursuivie par les programmes-cadres pour la R&D depuis 1987[142] et renforcée par la Bilatérale I, insérant les entreprises suisses dans le système scientifique européen[143].

Les contours du cadre institutionnel. Les rapports établis par voie bilatérale présentent certaines particularités. Ne s'opère aucun transfert de compétences législative ou décisionnelle à une entité supranationale nouvellement créée. Les accords reposent, au contraire, sur le principe de l'équivalence des législations (ou de reprise de l'acquis communautaire pour ce qui est du transport aérien)[144]. Les parties peuvent modifier de façon

---

p. 21, 22 : bien qu'une grande partie de l'accord EEE se retrouve dans les accords bilatéraux sectoriels, il ne s'agit pas pour autant d'un accord EEE *« en forme réduite »,* mais bien d'accords distincts et interdépendants.

[141] V. de manière exemplative : CHRISTEN, Hervé de, *op.cit.*, p. 19.

[142] Accord cadre du 8.1.1986 de coopération scientifique et technique entre la Confédération suisse et les Communautés européennes, RS 0.420.518, entré en vigueur le 17.7.1987 ; v. aussi: LEVRAT, Nicolas, SCHWOK, René, *Les accords bilatéraux entre l'Union européenne et la Suisse : conséquences pour la région franco-genevoise,* Genève : Georg Editeur, Publications de l'Institut européen de l'Université de Genève, coll. Euryopa, 2000, p. 22.

[143] V. notamment : LEVRAT, Nicolas, SCHWOK, René, *op.cit.*, p. 2, 22 et 23 ; Il convient de préciser à cet égard que l'accord sur la recherche avait pour objet le 5e programme-cadre de recherche et de développement (1998-2002), l'accord sectoriel prévoyant une possibilité de renouvellement lorsque de nouveaux programmes-cadres seraient adoptés par l'Union européenne. Il a été fait usage de cette possibilité à plusieurs reprises. Les conditions de la coopération en matière de recherche ont ainsi été améliorées par rapport à la situation préexistante, tant pour ce qui est de la possibilité pour une entité ou un chercheur suisse de revêtir la fonction de coordinateur, de décider de ne collaborer plus qu'avec un partenaire d'un pays de l'EEE au lieu de 2 partenaires auparavant et la possibilité d'accéder à l'ensemble des résultats de projets de recherche européens, même ceux auxquels la Suisse n'aurait pas participé. Toutefois, pour ce qui est de la stratégie européenne « Horizon 2020 », la situation suisse n'a pas été la même avant et après 2017. L'acceptation de l'initiative contre l'immigration de masse par le peuple suisse en 2014 qui avait considérablement retardé la signature du protocole d'extension de la libre circulation des personnes à la Croatie, avait eu pour effet de placer la Suisse dans la position d'un pays partiellement associé mais non intégralement associé, situation qui ne changea qu'après 2017 avec la signature du protocole d'extension le 1er janvier 2017 (https://www.sbfi.admin.ch/sbfi/fr/home/recherche-et-innovation/cooperation-internationale-r-et-i/programmes-cadres-de-recherche-de-l-ue/horizon-2020/statut-ch-horizon-2020.html ; v. également : https://www.sbfi.admin.ch/sbfi/fr/home/recherche-et-innovation/cooperation-internationale-r-et-i/programmes-cadres-de-recherche-de-l-ue.html).

[144] Le refus du peuple et des cantons d'adhérer à l'EEE et à la CEE a façonné la position de la Suisse dans les négociations des accords bilatéraux, notamment pour ce qui est de l'absence d'application du droit européen à la Suisse et de l'absence de création d'institutions supranationales visant à contrôler et développer les accords (v. de manière exemplative et pour l'exception de l'accord sur le transport aérien : SPINNER, Bruno, « Rechtliche Grundlagen und Grenzen für bilaterale Abkommen » *in* FELDER, Daniel, KADDOUS, Christine (dir.), *Accords bilatéraux Suisse – UE : (commentaires)*, Bâle, Genève : Helbing & Lichtenhahn, Bruxelles : Bruylant, coll. Dossier de droit européen, 2001, p. 13 et s.).

autonome leur législation, dans les matières couvertes par les accords de libéralisation et d'intégration pour autant que le principe de non-discrimination et les dispositions de l'accord soient respectés[145]. Bien que la Suisse ne soit, dès lors, pas tenue par une clause d'homogénéité comparable à celle de l'accord EEE, elle peut décider de reprendre les développements du droit européen en toute indépendance[146].

La jurisprudence de la Cour de justice de l'Union européenne reçoit à cet égard un traitement particulier. Si en principe uniquement la jurisprudence antérieure à la signature des accords est à prendre en compte[147], tant la Cour de justice que le Tribunal fédéral suisse ont estimé à de multiples reprises qu'une obligation de prise en compte de la jurisprudence postérieure existerait en l'absence de raisons sérieuses et concrètes de ne pas y procéder[148]. S'agencent ainsi une obligation d'application de la jurisprudence antérieure et une obligation de « prise en compte » de la jurisprudence postérieure dans les conditions susmentionnées[149]. La volonté de la Suisse de rendre son droit eurocompatible y voit l'une de ses traductions.

La question du renouvellement du cadre institutionnel. Malgré l'absence de crises ou de perturbations majeures dans l'exécution des accords, la question du renouvellement du cadre institutionnel dans l'objectif d'une organisation plus efficiente et consolidation a été soulevée[150]. Dans un

---

[145] Les modifications de la législation nationale peuvent conduire à la modification de l'accord, une procédure d'information réciproque visant à la sauvegarde du principe d'équivalence étant prévue à cet effet (v. notamment : KADDOUS, Christine, « Les accords sectoriels dans le système des relations extérieures de l'Union européenne » *in* FELDER, Daniel, KADDOUS, Christine (dir.), *Accords bilatéraux Suisse – UE : (commentaires)*, Bâle, Genève : Helbing & Lichtenhahn, Bruxelles : Bruylant, coll. Dossier de droit européen, 2001, p. 93).

[146] V. DEA, *La Suisse et l'Union européenne*, Berne, 2e édition, 2016, consultable sur : https://www.eda.admin.ch/dam/eda/fr/documents/publications/EuropaeischeAngelegenheiten/Schweiz-und-EU_fr.pdf, p. 24.

[147] KADDOUS, Christine, « Les accords sectoriels dans le système des relations extérieures de l'Union européenne » *in op.cit.*, p. 93 et 94 : l'auteure relève que seuls deux accords (accord sur la libre circulation des personnes et sur le transport aérien) mentionnent expressément l'obligation de prise en compte, respectivement aux art. 16 § 2 et 1 § 2, mais que l'absence de disposition expresse dans les autres accords ne suggère pas pour autant une volonté moindre d'homogénéité.

[148] CJUE, 14 octobre 2010, *Schwemmer*, aff. C-16/09, Rec. 2010, p. I-09717, v. notamment pt. 37 pour une référence à la jurisprudence postérieure à la signature de l'accord bilatéral sur la libre circulation et sa mise en relation avec la jurisprudence antérieure à la signature de l'accord ; v. aussi BG, 29 septembre 2009, BGE 136 II 5, p. 4 et 13 pour l'énoncé du principe de l'applicabilité de la jurisprudence même postérieure de la CJUE, sauf raisons sérieuses de ne pas y procéder, dans l'objectif d'assurer une situation juridique parallèle entre états membres de la CE et la Suisse).

[149] V. également : THÜRER, Daniel, « Gutachten über mögliche Formen ... », *op.cit.*, p. 14.

[150] Sur le fonctionnement des accords bilatéraux entre Suisse et UE, v. : THÜRER, Daniel, « Gutachten über mögliche Formen ... », *op.cit*, p. 1 et s. notamment p. 38 ; v. aussi : Direction des affaires européennes, « Questions institutionnelles », octobre 2018, p. 1 (https://www.eda.admin.ch/dam/dea/fr/documents/fs/11-FS-Institutionelle-Fragen_fr.pdf).

document du 14 décembre 2010, le Conseil de l'Union européenne avait fait remarquer que la voie bilatérale dans sa conception actuelle n'est pas suffisante pour garantir une inclusion efficiente de l'évolution du cadre juridique européen, conduisant à un manque d'homogénéité et à une insécurité juridique, tant pour les citoyens et les acteurs économiques que pour les autorités nationales[151]. Un cadre institutionnel horizontal permettrait d'améliorer cet état des choses[152] et constituerait d'après le Conseil la condition *« préalable au développement d'une approche sectorielle »*[153].

La voie bilatérale reste aux yeux du Conseil fédéral suisse le seul instrument apte à garantir l'indépendance de la Suisse. Sa consolidation et l'amélioration de son fonctionnement étaient, dès lors, poursuivies par les négociations relatives au renouvellement du cadre institutionnel[154], le mandat de négociation du Conseil ayant été strictement délimité en conséquence. Celui-ci porte sur l'application et l'interprétation des accords et le règlement d'éventuels différends sur l'interprétation[155]. En revanche, l'application générale du droit des aides d'État à la Suisse et la création d'institutions supranationales nouvelles[156] sont explicitement exclues du mandat de négociation.

Les contours d'une éventuelle application générale du droit des aides d'État à la Suisse. Une application générale du droit des aides d'État à la Suisse pourrait, en principe, être envisagée dans le cadre d'un accord horizontal, tout autant que dans le cadre d'accords bilatéraux. Les positions suisse et européenne quant aux supports et contours envisageables sont divergentes à cet égard[157].

La position suisse. La Conférence des gouvernements cantonaux avait pris position sur cette question le 23 mars 2018. Les cantons excluent qu'une application générale puisse être envisagée dans le cadre d'un accord horizontal. Seule une application dans le cadre d'accords bilatéraux

---

[151] V. notamment : THÜRER, Daniel, « Gutachten über mögliche Formen ... », *op.cit.*, p. 1.

[152] V. sur ce point : Avis du Conseil fédéral du 13.11.2013, consultable sur : https://www.parlament.ch/fr/ratsbetrieb/suche-curia-vista/geschaeft?AffairId=20133676.

[153] Conseil de l'Union européenne, *Conclusions du Conseil sur les relations de l'UE avec la Confédération suisse*, Communiqué de Presse 93/17 du 28.2.2017, consultable sur : https://www.consilium.europa.eu/fr/press/press-releases/2017/02/28/conclusions-eu-swiss-confederation/, § 5.

[154] Avis du Conseil fédéral du 13.11.2013.

[155] Bien que les différends d'interprétation aient été peu nombreux, la Suisse reconnaît l'intérêt pour les parties de lever d'éventuelles divergences à cet égard (Avis du Conseil fédéral du 13.11.2013).

[156] Direction des affaires européennes, « Questions institutionnelles », octobre 2018, p. 1, 2.

[157] V. notamment : Newsletter de la Conférence des gouvernements cantonaux, « Politique européenne : la reprise du droit de l'UE en matière d'aides d'État a de lourdes conséquences pour la Suisse », 1/2018, Rubrique « En ligne de mire », 23.3.2018, consultable sur : https://kdk.ch/fileadmin/files/Newsletter/Fokusbeitrag__staatliche_Beihilfen_Kantone-f.pdf.

sectoriels[158] est considérée comme envisageable, c'est-à-dire dans le cadre de réglementations autonomes tenant compte de la particularité de la structure fédérale et du secteur économique concerné [159], alors qu'une obligation de notification comparable à celle s'imposant aux états membres est exclue par la Conférence. La mise en place d'un pouvoir de dénonciation ou d'une possibilité de notification leur semblait, au contraire, possible[160]. Le type d'accord bilatéral n'est à cet égard pas sans incidences. Ces considérations sont pertinentes pour les accords de libéralisation et à la différence des accords d'intégration, tel que celui relatif au transport aérien[161].

En effet, une application générale du droit des aides d'État à la Suisse semble porteuse de lourdes conséquences à différents niveaux. La Conférence a, en particulier, soulevé un certain nombre de problèmes, dont celui de remise en cause de la souveraineté fiscale des cantons suisses[162] et la crainte des gouvernements cantonaux de recevoir un traitement différent, en termes de bienveillance, des autres états membres de l'Union en cas d'aide illégale[163].

Ainsi, l'article 8A, § 1 du projet d'accord institutionnel limite l'application des dispositions du chapitre 2 relatives aux principes généraux garantissant le bon fonctionnement des parties du marché intérieur auxquelles la Suisse participe à l'accord sur le transport aérien et les accords bilatéraux de libéralisation conclus après la signature de l'accord. L'alinéa 2 du projet se rapporte aux mesures considérées comme incompatibles avec le bon fonctionnement du marché intérieur, dans la mesure où elles affecteraient les échanges entre les parties dans le champ d'application des accords visés, ainsi qu'aux exceptions de compatibilité. Ces dispositions sont sensiblement identiques à celles européennes. L'alinéa 3 lu en combinaison avec l'article 4, § 2 précise que les dispositions de l'accord seraient appliquées et interprétées par les parties contractantes conformément à la jurisprudence de la Cour de justice antérieure ou postérieure à l'accord concerné *« dans la mesure où leur application implique des notions de droit*

---

158 L'application devrait alors être définie précisément et restrictivement pour éviter d'éventuelles répercussions sur des secteurs autres que ceux concernés par l'accord (v. Conférence des gouvernements cantonaux, « Prise de position. Les aides d'État dans les relations Suisse-UE », Assemblée plénière du 23.3.2018, p. 3).

159 *Ibid.*, p. 3.

160 Conférence des gouvernements cantonaux, « Prise de position. ... », *op.cit.*, p. 4.

161 Les circonstances de l'accord relatif au transport aérien sont, en effet, particulières, dans la mesure où l'art. 87 Cst. attribue compétence exclusive en matière de transport aérien à la Confédération suisse (v. notamment : Prager Dreifuss AG, *Memorandum. Beihilfenkontrolle im Verhältnis Schweiz/EU*, 2017, consultable sur : https://kdk.ch/fileadmin/files/Newsletter/Gutachten_staatliche_Beihilfen-Prager-Dreifuss.pdf, p. 19.

162 Conférence des gouvernements cantonaux, « Prise de position. ... », *op.cit.*, p. 2.

163 Conférence des gouvernements cantonaux, « Prise de position. ... », *op.cit.*, p. 2.

de l'Union européenne », alors que l'article 8B, § 1 et suivants du projet clarifient les conditions d'application du droit des aides d'État. En effet, les parties à l'accord veilleraient à l'application des règles sur leur territoire et selon l'ordre de compétences constitutionnel et assureraient, par une autorité indépendante, une surveillance permanente, une procédure de notification étant instituée dans ce but.

Le Conseil fédéral avait demandé des clarifications le 7 juin 2019, notamment relatives aux dispositions se rapportant aux aides d'État, plus précisément que celles-ci n'aient pas d'effets horizontaux[164]. À cet égard, l'Union europénne avait considéré qu'il serait à certaines conditions possible de faire en sorte que l'accord n'ait d'effets horizontaux anticipés, notamment sur l'accord sur le libre-échange[165]. En raison des positions différentes des parties à la négociation sur des sujets considérés centraux, le Conseil fédéral a toutefois décidé le 26 mai 2021 de ne pas signer l'accord institutionnel négocié[166].

Les répercussions du statu quo sur la marge de manœuvre en matière d'incitation à la RDI. Les divergences relevées entre les situations française et allemande, d'un côté, et celle suisse, de l'autre, sont partiellement explicatives des contours de l'intervention étatique en matière d'incitation à la RDI et, spécifiquement, des mesures concrètes mises en place par les pays soumis à l'étude.

Le droit des aides d'État en tant que « facteur économique ». Les caractéristiques de leur marge de manœuvre respective constituent simultanément un véritable « facteur économique » ou « facteur de mobilité » potentiel. En effet, la complexité croissante du processus de RDI, sa continuelle fragmentation, ainsi que son internationalisation voire mondialisation, ouvre aux entreprises la possibilité d'exploiter les divergences relevées.

Le droit des aides d'État en tant que facteur d'incertitude côté suisse. En même temps, et bien qu'une application générale du droit des aides d'État à la Suisse ne soit pas prévisible à l'heure actuelle, il constitue pour la

---

164 Conseil fédéral, Lettre du Conseil fédéral au Président de la Commission européenne, Jean-Claude Juncker, Accord institutionnel entre la Suisse et l'Union européenne, 7.6.2021, consultable sur : https://www.dfae.admin.ch/dam/europa/fr/documents/bericht_konsultationen_insta/20190607_Lettre-CF-President-Commission-europeenne_fr.pdf.

165 Conseil fédéral, Accord institutionnel: résultats des discussions entre la Suisse et l'UE sur les points à clarifier, à savoir la directive relative au droit des citoyens de l'Union, la protection des salaires et les aides d'État, conusultable sur : https://www.dfae.admin.ch/dam/europa/fr/documents/abkommen/20210526-mm-europapolitik_beilage-8-3_gespraeche_FR.pdf.

166 DFAE, Communiqué de presse. Pas de conclusion de l'accord institutionnel Suisse-UE, 26.5.2021, consultable sur : https://www.dfae.admin.ch/eda/fr/dfae/dfae/aktuell/news.html/content/eda/de/meta/news/2021/5/26/83705.html.

Suisse un facteur potentiel d'incertitude en termes de planification. Une application plus générale du droit des aides d'État pourrait, en effet, conduire à la remise en cause de nombre d'incitations actuelles et potentiellement futures.

La superstructure européenne des incitations à la RDI ne se résume pourtant pas au droit des aides d'État mais s'étend aux libertés fondamentales de circulation des services et d'établissement.

II. La libre circulation des services et la liberté d'établissement

Les libertés de circulation et leur garantie constituent le fondement du marché intérieur et prohibent toute forme de discrimination ou traitement différencié dans un objectif protectionniste[167], ou d'entrave à la liberté d'établissement[168] ou à la libre prestation de services[169] par des mesures nationales[170].

Ces libertés, bien qu'elles s'appliquent avant tout aux citoyens de l'Union, ouvrent la possibilité aux entreprises, lorsqu'elles sont constituées en conformité avec la législation d'un état membre et ont leur siège statutaire, leur administration centrale ou leur principal établissement sur le territoire de l'Union[171], de s'implanter dans un pays autre que leur pays d'origine ou d'y offrir leurs services, à condition que celles-ci exercent une activité économique[172]. L'article 57, § 2 du TFUE précise à cet égard que la notion de « service » couvre, notamment, les activités à caractère industriel

---

[167] V. à cet égard de manière exemplative : CARPANO, Eric, « La dynamique dérégulatoire de l'entrave dans le marché intérieur », *Rev. UE*, 2018, p. 140.

[168] CJCE, 24 novembre 1993, *Keck et Mithouard*, aff. jtes C-267/91 et C-268/91, Rec. 1993, p. I-06097, pt. 15.

[169] CJCE, 25 juillet 1991, *Manfred Säger c. Dennemeyer*, aff. C-76/90, Rec. 1991, p. I-04221, pts. 12 et 13.

[170] V. également à ce sujet : CARPANO, Eric, *loc.cit.*, p. 140 : l'auteur expose l'évolution en faveur d'une utilisation de ces libertés fondamentales dans un objectif de dérégulation généralisée des économies nationales. Il y fait référence à ce qui a été rappelé par les avocats généraux Tesauro et Tizzano : les libertés ne visent qu'à libéraliser les échanges entre états membres de l'Union et non pas à promouvoir le libre exercice de l'activité commerciale dans tout état membre, de telle sorte qu'il faille en conclure qu'il existe une différence notable entre restrictions à la liberté économique/commerciale et restrictions aux libertés fondamentales, toute restriction à la première n'étant pas nécessairement une restriction à la seconde. L'auteur procède, par ailleurs, à une perspective critique visant à démontrer que bien que l'objectif des libertés fondamentales ne soit pas dérégulatoire, la position adoptée par la Cour de justice ait conduit à ce que leur effet puisse l'être à certains égards.

[171] Elles sont pour les besoins de l'application des dispositions pertinentes assimilées à des ressortissants d'états membres (art. 54, § 1 du TFUE).

[172] V. de manière exemplative : VOGEL, Louis, *Droit européen ..., op.cit.*, p. 158 ; v. également : CJCE 17 juin 1997 *SodemaRec. Regione Lombardia*, aff. C-70/95, Rec. 1997, p. I-03395, pt. 25 : l'arrêt faisant référence à CJCE, 6 novembre 1984, *Fearon*, aff. 182/83, pt. 8.

et commercial[173], dont font partie les activités de RDI des entreprises pharmaceutiques et des *Clinical Research Organizations.* Ces entreprises ne peuvent donc se voir opposer une quelconque restriction territoriale, et exercent des activités « libérées » en ce sens. Différents scénarios peuvent être envisagés : *« la création d'une entreprise nouvelle dans l'État membre d'accueil et celle d'une activité secondaire, qui n'implique pas un transfert total d'activité »*[174] ou encore une prestation de services à destination d'un autre état membre ou d'un établissement qui y est situé[175].

Dans cette mesure, elles sont d'une importance non négligeable pour les activités de RDI pharmaceutique, qui pour la plupart ne peuvent se dérouler au sein d'une seule et même entreprise, phénomène aujourd'hui renforcé par le changement de paradigme dans l'innovation pharmaceutique.

Les restrictions territoriales explicites. Une première hypothèse d'incompatibilité résulte de l'existence d'une restriction territoriale explicite. Il en va ainsi lorsqu'une mesure fiscale à la RDI, tel que la réduction d'une contribution exceptionnelle sur le chiffre d'affaires d'une entreprise pharmaceutique, prend uniquement en compte les dépenses de RDI réalisées sur le territoire national et alors même que l'entreprise concernée serait une entreprise communautaire opérant dans cet état par l'intermédiaire d'un établissement secondaire[176]. Il en va de même quand les dépenses de RDI servant de base de calcul à un crédit d'impôt se limitent aux dépenses réalisées sur le sol national[177].

---

[173] L'énumération légale a été complétée par celle des annexes aux programmes généraux « établissement » et « service » et par la jurisprudence de la Cour, de telle sorte que pratiquement toute forme d'activité économique non salariée en fasse partie (v. notamment sur ce point : VOGEL, Louis, *Droit européen ..., op.cit.*, p. 159).

[174] Citation reprise de : VOGEL, Louis, *Du droit commercial au droit économique*, Issy-les-Moulineaux : LGDJ-Lextenso éditions, Traité de droit des affaires. Tome 1, 20e édition, 2016, p. 212.

[175] Pour le critère respectivement de stabilité ou de temporalité de la participation de l'entreprise à la vie économique pour l'application du chapitre relatif au droit d'établissement ou de celui relatif aux services : l'art. 57, § 3 du TFUE ouvre la possibilité au prestataire d'exercer son activité à titre temporaire sur le territoire de l'état membre où la prestation est fournie, dans les mêmes conditions que celles qui s'appliquent à ses ressortissants et sans préjudice des dispositions relatives à la liberté d'établissement. Les critères permettant d'apprécier le caractère temporaire ont été posés par la Cour de justice, dont la durée de la prestation, sa fréquence, périodicité ou continuité (CJCE, 30 novembre 1995, *Reinhard Gebhard c/ Consiglio dell'Ordine degli Avvocati e Procuratori di Milano*, aff. C-55/94, Rec. 1995, p. I-04165, pt. 27 : le caractère temporaire n'exclue d'ailleurs pas que le prestataire se dote de certaines infrastructures nécessaires à l'accomplissement de la prestation dans l'état membre concerné ; v. aussi : VOGEL, Louis, *Droit européen ..., op.cit.*, p. 124, 125, 163 et s.).

[176] CJCE, 8 juillet 1999, *Baxter*, aff. C-254/97, pts. 19 à 21.

[177] CJCE, 10 mars 2005, *Laboratoires Fournier SA c. Direction des vérifications nationales et internationales*, aff. C-39/04, Rec. 2005, p. I-02057, notamment pts. 25 et 26 : relatif au crédit d'impôt recherche.

Les restrictions territoriales implicites. La circonstance qu'une mesure incitative à la RDI ne soit pas explicitement restrictive ne suffit pas à écarter la qualification de mesure incompatible avec le marché intérieur. Une restriction peut également être implicite. Tel est le cas lorsque les dépenses réalisées sur le territoire national reçoivent un traitement différent des dépenses de RDI réalisées dans un autre état membre.

Illustration de leur importance pour la RDI pharmaceutique. Ainsi, un régime de déduction des dépenses de RDI plus onéreux pour les dépenses réalisées dans un autre état membre que l'état d'imposition, c'est-à-dire traitant plus favorablement les dépenses de R&D nationales ou au profit d'organismes de recherche nationaux, est un régime restrictif[178]. De même en irait-il lorsque les dépenses réalisées sur le territoire national seraient prises en compte pour leur totalité alors que les dépenses réalisées sur le territoire d'un autre état membre ne le seraient que pour partie[179]. La prise en compte des dépenses réalisées à l'étranger n'est alors pas exclue. Toutefois, de la même manière que pour les restrictions territoriales explicites, celles implicites se répercutent sur les décisions stratégiques des entreprises pharmaceutiques, rendant l'exercice des libertés d'établissement et de prestation de services effectivement ou potentiellement moins attrayant[180]. Une entreprise pourrait, en effet, être moins incitée à se tourner vers des *Clinical Research Organizations* étrangères, malgré l'intérêt que cela pourrait présenter pour elle. Elle pourrait, en outre, se décider contre l'implantation de l'un de ses sites de recherche dans un autre pays membre, malgré l'intérêt que pourrait notamment présenter la main d'œuvre qualifiée.

Les justifications pertinentes. La caractérisation d'une restriction territoriale n'est pas à elle seule suffisante pour conclure à l'incompatibilité de la mesure incitative à la RDI avec le marché intérieur et à la violation des libertés fondamentales, qu'il s'agisse d'une mesure discriminatoire ou d'une entrave, dès lors qu'une justification à cette restriction puisse être apportée par l'état membre. Doivent être distinguées en ce sens, les justifications limitatives énumérées par le Traité lui-même et celles relevant de la règle de raison posée par l'arrêt *Cassis de Dijon*[181] de la Cour de justice pour les

---

[178] CJCE, 13 mars 2008, *Commission c. Royaume d'Espagne*, aff. C-248/06 ; obs. SIBONY, Anne-Lise, DEFOSSEZ, Alexandre, *RTD eur.*, 2009, p. 511 : tel que le posent Sibony et Defossez, *« la mesure entravait, d'une part, la liberté de consommation des services de recherche, en ce qu'elle dissuadait les entreprises espagnoles de faire appel à des centres de recherche étrangers, et, d'autre part, la liberté d'établissement d'entreprises qui auraient envisagé de créer des centres de recherche en Espagne ».*

[179] V. également : HERBOLD, Sabine, *op.cit.*, p. 85.

[180] V. pour la nécessité d'une démonstration de la « nature » restrictive de la législation considérée et non pas d'un effet effectif sur le comportement de l'entreprise : CJCE, 13 mars 2007, *Test Claimants in the Thin Cap Group Litigation*, aff. C-524/04, pt. 62 et CJCE, 18 juillet 2007, *Oy AA*, aff. C-231/05, pt. 42.

[181] CJCE, 20 février 1979, *Rewe-Zentral AG c. Bundesmonopolverwaltung für Branntwein* dit *Cassis de Dijon*, aff. 120/78, Rec. 1979, p. 00649.

mesures non discriminatoires justifiées pour des raisons impérieuses d'intérêt général, propres à atteindre l'objectif posé et proportionnées à l'objectif à atteindre[182].

Le Traité pose explicitement que sont exemptées de l'application de cette interdiction les activités participant à l'exercice de l'autorité publique, même si ce n'est que de manière occasionnelle (articles 51, § 1 et 62 du TFUE). Cette exception légale est complétée par celle de l'article 52 à laquelle revoie l'article 62, tenant aux raisons d'ordre public, de sécurité publique et de santé publique.

De surcroît, certaines raisons impérieuses d'intérêt général[183] ont été explicitement reconnues par la Cour de justice. Ainsi, pour les mesures fiscales, la justification de la cohérence du système fiscal a été reconnue aussi longtemps qu'il existe un lien suffisamment étroit entre la mesure décidée et la cohérence du système fiscal dans son ensemble[184]. La preuve du lien étroit pose toutefois certains problèmes[185]. La Cour avait à cet égard considéré qu'un tel lien ne peut exister que dans le cadre d'un type

---

[182] Doivent être distinguées les mesures discriminatoires et les entraves/mesures indistinctement applicables, la justification de la première devant en principe reposer sur celles limitativement énumérées par le traité (art. 52 et 62 du TFUE) et celle de la seconde sur les raisons impérieuses d'intérêt général (v. pour la confusion des régimes de dérogation : CJCE 30 mars 2006, *Servizi Ausiliari Dottori Commercialisti Srl c. Giuseppe Calafiori*, aff. C-451/03, Rec. 2006, p. I-02941 (notamment les pts. 36 et 37), CJCE, 23 février 2006, *Finanzamt Offenbach am Main-Land c. Keller Holding GmbH*, aff. C-471/04, Rec. 2006, p. I-02107 (notamment les pts. 40 et s.) et CJCE, 14 décembre 2006, *Denkavit*, aff. C-170/05, Rec. 2006, p. I-11949 (notamment les pts. 24, 25, 38 et s.), obs. PRIETO, Catherine, *RTD eur. 2007*, p. 75.

[183] La directive 2006/123/CE du Parlement européen et du Conseil du 12.12.2006 relative aux services dans le marché intérieur, JO L 376 du 27.12.2006, p. 36-68, propose en son art. 4 une définition de la notion de raison impérieuse d'intérêt général en procédant à une énumération non exhaustive des justifications qui ont été admises par la jurisprudence de la Cour de justice dont : l'ordre public, la sécurité publique, la santé publique, la protection des consommateurs, la protection des destinataires de services et des travailleurs, la loyauté des transactions commerciales, la lutte contre la fraude, la protection de l'environnement, dont celui urbain, la santé des animaux, la propriété intellectuelle, la conservation du patrimoine national historique et artistique, les objectifs de politique sociale et culturelle. Un risque grave d'atteinte à l'équilibre financier du système de sécurité sociale, dont l'aménagement est de la compétence des états membres, peut également constituer une raison impérieuse d'intérêt général selon une jurisprudence constante de la Cour, alors que les raisons purement économiques ne sont considérées une justification suffisante (v. aussi pt. 232 des Conclusions de l'avocat général M. Yves Bot présentées le 17.9.2015, sur l'affaire Commission c. Hongrie).

[184] V. pour l'argument de la cohérence du système fiscal : CJCE, 28 janvier 1992, *Bachmann*, aff. C-204/90, Rec. 1992, p. I-00249, notamment pts. 14 et s. et pt. 21 ; CJCE, 28 janvier 1992, *Commission c. Royaume de Belgique*, aff. 300/90, Rec. 1992, p. I-314, notamment pts. 14, 20 et 21.

[185] V. de manière exemplative : LÖHR, Sebastian, *op.cit.*, p. 59, 60.

d'imposition frappant un même contribuable[186]. Cet argument doit, par ailleurs, toujours être examiné au regard de l'objectif poursuivi par la mesure mise en place[187].

S'y ajoute le principe de territorialité de l'impôt[188], qualifié de raison impérieuse d'intérêt général par la Cour, tout autant que la garantie d'un contrôle fiscal efficace[189]. De plus, la Cour a affirmé à plusieurs reprises que les états membres peuvent adopter toute mesure visant à lutter contre les montages artificiels qui auraient pour objectif de contourner ou échapper à la loi nationale, aussi longtemps que cette lutte soit l'objet spécifique de la mesure et que les exigences relatives au test de proportionnalité soient satisfaites, alors qu'une présomption générale d'évasion ou de fraude fiscale ne saurait pas suffire[190].

Une éventuelle évolution future pertinente pour la RDI pharmaceutique. La promotion des activités de recherche et de développement pourrait potentiellement constituer une raison impérieuse d'intérêt général. La question n'a toutefois été abordée par la Cour de justice qu'en périphérie d'un arrêt sans avoir été traitée de manière approfondie. Il

---

[186] V. notamment : CJCE, 13 avril 2000, *C. Baars c. Inspecteur der Belastingen Particulieren / Ondernemingen Gorinchem*, aff. C-251/98, Rec. 2000, p. I-02787, pt. 40.

[187] V. pour cette exigence : CJCE, 11 mars 2004, *De Lasteyrie du Saillant*, aff. C-9/02, Rec. 2004, p. I-02409, pt. 67 ; CJCE, 7 septembre 2004, *Petri Manninen*, C-319/02, Rec. 2004, p. I-07477, pts. 43 et s..

[188] V. en particulier : CJCE, 15 mai 1997 *Futura Patricipations c. Administration des contributions*, aff. C-250/95, Rec. 1997, p. I-02471, pts. 18 et s. ; CJCE, 15 février 2007, *Centro Equestre da Leziria Grande Lda c. Bundesamt für Finanzen*, aff. C-345/04, Rec. 2007, p. I-01425, pts. 22 et s..

[189] CJCE, 15 mai 1997 *Futura Patricipations c. Administration des contributions*, aff. C-250/95, pts. 31 et s. ; v. également : CJCE, 20 février 1979, *Rewe-Zentral AG c. Bundesmonopolverwaltung für Branntwein* dit *Cassis de Dijon*, aff. 120/78, v. pt. 8 (l'arrêt y fait également référence à d'autres raisons impérieuses d'intérêt général, tel que la santé publique) ; Pour une mise en perspective de cet argument avec la difficulté de démontrer l'impossibilité d'un contrôle fiscal efficace en raison de la coopération existante entre administrations fiscales nationales et étrangères : LÖHR, Sebastian, *op.cit.*, 2009, p. 61 ; CJCE, *Futura Participations,* pt. 41 ; Directive 77/799/CEE du 19.12.1977 concernant l'assiette mutuelle des autorités compétentes des états membres dans le domaine des impôts directs, abrogée par la directive 2011/16/UE du Conseil du 15.2.2011 relative à la coopération administrative dans le domaine fiscal abrogeant la directive 77/799/CEE.

[190] V. en particulier CJCE, 13 décembre 2005, *Marks & Spencer*, aff. C-446/03, Rec. 2005, p. I-10837, pt. 57 et CJCE, 12 septembre 2006, *Cadbury Schweppes plc et Cadbury Schweppes Overseas Ltd c. Commissioners of Inland Revenue*, aff. C-196/04, Rec. 2006, p. I-07995, pt. 55 ; v. également pour l'impossibilité d'une justification de l'atteinte aux objectifs du traité en cas de présomption générale : CJCE, 26 septembre 2000, *Commission c. Royaume de Belgique*, aff. C-478/98. Dans certaines affaires, l'argument de la lutte contre la fraude fiscale et l'évasion fiscale a été écarté en raison d'une application automatique et inconditionnelle d'une mesure fiscale de nature générale et préventive sans différentiation entre prestataires selon leur situation individuelle (CJCE, 9 novembre 2006, *Commission c. Royaume de Belgique*, aff. C-433/04, Rec. 2000, p. I-07587, pts. 37 et 38).

n'en reste pas moins qu'une telle justification n'a pas été explicitement exclue[191].

Les justifications non reconnues. Bien que les états membres puissent avancer des arguments et motifs justifiant une mesure restrictive, ceux-ci ne sont pas toujours retenus par la Cour[192]. Pour ce qui nous intéresse dans le cadre de cette étude, les arguments de la promotion de la compétitivité nationale, de la garantie des ressources de l'état par la prévention d'une réduction des recettes fiscales ou encore de l'absence de mécanismes de contrôle effectifs des activités de RDI réalisées à l'étranger en matière fiscale, n'ont pas été considérés comme pertinents[193]. Plus généralement, la Cour refuse d'examiner toute justification de nature purement économique[194].

Des exigences probatoires croissantes. Il semblerait, par ailleurs, que les exigences probatoires en la matière se sont intensifiées. La Cour a considéré dans son arrêt *Scotch Whisky*[195] qu'il doive être procédé à un contrôle approfondi de la proportionnalité de la mesure étatique, lorsque l'état membre cherche à justifier une entrave aux libertés fondamentales, tendance confirmée par l'arrêt *Deutsche Parkinson Vereinigung*[196]. Pour ce qui est de l'argument de la protection de la santé publique, il est nécessaire d'apporter des éléments relatifs à l'impact réel d'une mesure étatique en prenant appui sur des recherches scientifiques pertinentes et non uniquement sur des considérations générales[197].

Les contours de la protection des libertés d'établissement et de prestation de services en Suisse. L'Accord sur la libre circulation des personnes conclu entre la Suisse et l'Union européenne[198], ouvrit le marché

---

[191] V. sur ce point la décision CJCE, 13 mars 2008, *Commission c. Royaume d'Espagne*, aff. C-248/06, pt. 33 : *« S'agissant de la première justification invoquée par le Royaume d'Espagne, relative à la nécessité d'encourager la recherche et le développement en Espagne, il convient de relever que, même s'il ne peut être exclu que la promotion de ces activités constitue une raison impérieuse d'intérêt général, ... ».*

[192] V. également sur ce point : VOGEL, Louis, *Droit européen ..., op.cit.*, p. 171.

[193] V. pour une énumération claire de ces exemples : HERBOLD, Sabine, *op.cit.*, p. 85.

[194] CJUE, 23 février 2016, *Commission c. Hongrie*, aff. C-179/14, obs. SIBONY, Anne-Lise, ZIANS, Audrey, *RTD eur.*, 2017, p. 824 (v. notamment pt. 170 des motifs de l'arrêt).

[195] V. pour ce contrôle approfondi : CJUE, 23 décembre 2015, *Scotch Whisky Association*, aff. C-333/14, v. notamment pts. 54-59.

[196] CJUE, 19 octobre 2016, *Deutsche Parkinson Vereinigung*, aff. C-148/15, obs. SIBONY, Anne-Lise, *RTD eur.*, 2017, p. 838 : A.-L. Sibony relève que cet arrêt se situe dans la lignée de l'arrêt *Scotch Whisky Association.* La réglementation particulièrement restrictive (imposition d'un prix unique) en cause se répercuta ainsi sur la charge de la preuve. L'auteure conclut à cet égard qu'*« il faudra donc trancher, dans chaque espèce, sur la base d'indications relatives à l'impact réel des réglementations ».*

[197] CJUE, 19.10.2016, *Deutsche Parkinson Vereinigung*, aff. C-148/15, v. notamment pt. 42.

[198] Sans entrer dans le détail, il convient de signaler l'initiative populaire « Contre l'immigration de masse », qui a été acceptée en 2014 et qui fut caractérisée par le clivage entre perdants et gagnants de la globalisation, renforcé au niveau européen par l'accord sur la libre circulation. Elle a jeté une incertitude sur la poursuite de cet accord et, par voie de

intérieur à la Suisse et permit en tout premier lieu aux entreprises suisses d'offrir leurs services à tout bénéficiaire établi dans un état membre de l'Union[199], l'objectif de l'accord étant de réaliser la libre circulation des personnes entre l'UE et la Suisse d'une manière comparable à celle réalisée dans la Communauté européenne à cette date[200].

Une libéralisation partielle des services. La libéralisation de la circulation des services fut à cet égard partielle[201] et s'applique aux prestataires indépendants et salariés, ce qui recouvre également les sociétés[202]. Deux hypothèses doivent alors être distinguées. Dans les domaines régis par un accord bilatéral spécifique, la libre prestation de services s'applique et garantit aux prestataires le droit d'entrée et de séjour pendant la durée de leur prestation. Dans tout autre domaine, les prestataires peuvent fournir leur service sur le territoire des parties contractantes dans la limite de 90 jours de travail effectif par année civile et disposent dans ce cas d'un droit d'entrée et de séjour. Lorsque la condition de durée n'est pas remplie le prestataire peut bénéficier d'un droit d'entrée et de séjour lorsqu'il bénéficie d'une autorisation accordée par les autorités compétentes[203]. En conséquence, et pour ce qui nous intéresse dans le cadre de cette étude, les entreprises suisses et européennes bénéficient désormais d'une plus grande

---

conséquence, sur l'ensemble de la Bilatérale I en raison du caractère indissociable des accords. Il n'en reste pas moins qu'avec un certain retard le Protocole III concernant l'extension de la libre circulation des personnes à la Croatie a été signé en 2016, la Loi sur les étrangers ayant été révisée le 16.12.2016, les projets d'ordonnances afférents adoptés par le Conseil fédéral le 8.12.2017 (https://www.ejpd.admin.ch/ejpd/fr/home/aktuell/news/2017/2017-12-081.html; v. aussi : FONTANELLAZ, Blaise, *loc.cit.*, p. 150).

[199] V. de manière exemplative : GASSER, Peter, « Grundsätzliche Charakteristik des Abkommens über die Freizügigkeit der Personen, inklusive Arbeitslosenversicherung » *in* FELDER, Daniel, KADDOUS, Christine (dir.), *Accords bilatéraux Suisse – UE : (commentaires)*, Bâle, Genève : Helbing & Lichtenhahn, Bruxelles : Bruylant, coll. Dossier de droit européen, 2001, p. 271.

[200] Art. 1, (1) a) et b) de l'Accord.

[201] Sauf pour les cas exclus à l'art. 22 de l'annexe I de l'Accord.

[202] V. sur ce point explicitement l'art. 5 al. 1 de l'Accord, ainsi que l'annexe I à laquelle renvoie cet article.

[203] Art. 5, §§ 1 et 2 de l'Accord ; v. aussi : Loi fédérale sur les étrangers du 16.12.2005, RS 142.20 (applicable aux ressortissants des états membres de l'Union uniquement lorsque l'Accord n'en dispose pas autrement ou lorsqu'elle prévoit des dispositions plus favorables), ainsi que l'Ordonnance sur l'introduction progressive de la libre circulation des personnes entre, d'une part, la Confédération suisse et, d'autre part, l'Union européenne et ses États membres, ainsi qu'entre les États membres de l'Association européenne de libre échange (Ordonnance sur l'introduction de la libre circulation des personnes, OLCP) du 22.5.2002, RS 142.203, l'Ordonnance relative à l'admission, au séjour et à l'exercice d'une activité lucrative (OASA) du 24.10.2007, RS 142.201 (applicable à moins que les accords d'association à Schengen et à Dublin n'en disposent autrement) et l'Ordonnance sur l'entrée et l'octroi de visas (OEV) du 15.8.2018, RS 142.204 (applicable dans la mesure où les accords d'association à Schengen n'en disposent pas autrement).

facilité lors de l'externalisation transfrontalière de certaines tâches le long du processus d'innovation, tel qu'en matière de recherche contractuelle[204].

Or, les dispositions pertinentes de l'Accord ne font explicitement référence qu'aux prestations de services impliquant un franchissement de la frontière par le prestataire ou le bénéficiaire, et non à celles impliquant un franchissement de la frontière uniquement par le service (*Korrespondenzdienstleistung*), pourtant d'importance non négligeable en pratique. Certains auteurs estiment à cet égard qu'une interprétation systématique plutôt que littérale, ainsi que l'argument *a maiore ad minus*,[205] plaident en faveur de l'inclusion de ce type de prestation de services parmi celles couvertes par l'Accord.

Une liberté d'établissement limitée. Une autre limite s'ajoute en matière de liberté d'établissement. Le droit de s'établir sur le territoire d'une des parties contractantes ne s'étend pas aux entreprises[206]. Celles-ci ne peuvent bénéficier de l'Accord uniquement sous son volet libre prestation de services[207], ce qui aura vocation à se répercuter sur les décisions stratégiques des entreprises en matière de RDI pharmaceutique, en particulier pour ce qui est de la localisation des sites de recherche.

Le constat d'un parallélisme. Le principe d'interdiction de discriminations se trouve inscrit à l'article 2 de l'Accord[208]. Ce principe se

---

[204] Pour la facilitation de l'externalisation de certaines tâches, v. : MACH, Olivier, « L'Accord sur la libre circulation des personnes dans l'optique des praticiens » *in op.cit.*, p. 324. Tel que le soulève Olivier Mach : *« Méfions-nous d'une image par trop idéalisée de la mise en œuvre de la libre circulation. On a en effet trop souvent tendance à sous-estimer la force d'inertie propre à l'habitude, la résistance au changement, ainsi que la pensanteur administrative »* (MACH, Olivier, « L'Accord sur la libre circulation des personnes dans l'optique des praticiens » *in op.cit.*, p. 328).

[205] MARITZ, Daniel, « Der Dienstleistungsverkehr im Abkommen über die Freizügigkeit der Personen » *in* FELDER, Daniel, KADDOUS, Christine (dir.), *Accords bilatéraux Suisse – UE : (commentaires)*, Bâle, Genève : Helbing & Lichtenhahn, Bruxelles : Bruylant, coll. Dossier de droit européen, 2001, p. 339, 340 : l'auteur fait notamment référence à une jurisprudence de la CJCE relative au secteur des services utilisant une interprétation *a maiore ad minus* (CJCE, 26 février 1991, aff. C-154/89) et aux conclusions de l'avocat général M. Carl Otto Lenz du 5.12.1990 pt. 19 ; v. également les conclusions de l'avocat général M. Siegbert Alber présentées le 18.3.1999 sur l'affaire C-108/98, pt. 31 ; v. aussi en ce sens : MARITZ, Daniel, « Der Dienstleistungsverkehr im Verhältnis Schweiz-EU/EFTA », *CH-D Wirtschaft*, 2002, n°10, p. 6-9, v. p. 7 et EPINEY, Astrid, ZBINDEN, Patrizia, « Arbeitnehmerentsendung und Freizügigkeitsabkommen Schweiz-EG. Zur Tragweite und Auslegung der Dienstleistungsfreiheit im Freizügigkeitsabkommen Schweiz-EG », *Freiburger Schriften zum Europarecht*, 2009, n°8, p. 13.

[206] V. de manière exemplative : GASSER, Peter, « Grundsätzliche Charakteristik des Abkommens über die Freizügigkeit der Personen, inklusive Arbeitslosenversicherung » *in op.cit.*, p. 283 ; v. aussi les art. 1 et s. de l'annexe I de l'Accord.

[207] Exception faite des campagnies aériennes (art. 4 de l'accord bilatéral sur le transport aérien).

[208] Art. 2 de l'Accord sur la libre circulation des personnes : *« Les ressortissants d'une partie contractante qui séjournent légalement sur le territoire d'une autre partie contractante ne*

voit précisé par les dispositions de l'annexe I pour la libre prestation de services. Le prestataire doit ainsi pouvoir exercer son activité dans les mêmes conditions que celles que l'état partie offre à ses propres ressortissants conformément aux dispositions de l'annexe I, II et III[209]. S'y ajoute la prohibition de restrictions à la libre prestation de services transfrontalière ne dépassant le délai de 90 jours par année civile et celles relatives à l'entrée et au séjour dans les cas visés à l'article 5, § 2 de l'Accord[210]. La jurisprudence européenne pertinente et antérieure à la signature de l'Accord s'applique dès lors (article 16), dont celle relative aux restrictions territoriales indistinctement applicables[211], tout autant que la jurisprudence pertinente postérieure, sauf lorsque des raisons sérieuses et concrètes imposent de ne pas y procéder.

Le constat se poursuit pour les exceptions légales qui couvrent les mesures justifiées pour des raisons d'ordre public, de sécurité publique et de santé publique[212]. S'y ajoute la référence expresse aux directives 64/221/CEE[213], 72/194/CEE[214] et 75/35/CEE[215], telles qu'en vigueur à la date de signature de l'Accord[216]. L'article 22 de l'annexe I complète la liste des exceptions générales par celle tenant aux activités participant à titre occasionnel ou permanent à l'exercice de l'autorité publique[217], le § 4 de cet

---

sont pas dans l'application et conformément aux dispositions des annexes I, II et III de cet accord, discriminés en raison de leur nationalité ».

[209] Art. 19 de l'Accord.

[210] Art. 17 a) et art. 17 b), i) et ii) de l'Annexe I de l'Accord.

[211] V. de manière exemplative en ce sens : MARITZ, Daniel, « Der Dienstleistungsverkehr im Abkommen über die Freizügigkeit der Personen » *in op.cit.*, p. 343 et 344.

[212] Art. 5, § 1 de l'annexe I.

[213] Directive 64/221/CEE du Conseil du 25.2.1964, pour la coordination des mesures spéciales applicables aux étrangers en matière de déplacement et de séjour justifiées pour des raisons d'ordre public, de sécurité publique et de santé publique.

[214] Directive 72/194/CEE du Conseil du 18.5.1972, étendant aux travailleurs qui exercent leur droit de demeurer sur le territoire d'un état membre après y avoir occupé un emploi, le champ d'application de la directive du 25 février 1964 pour la coordination des mesures spéciales applicables aux étrangers en matière de déplacement et de séjour justifiées pour des raisons d'ordre public, de sécurité publique et de santé publique.

[215] Directive 75/35/CEE du Conseil du 17.12.1974, étendant le champ d'application de la directive 64/221/CEE pour la coordination des mesures spéciales applicables aux étrangers en matière de déplacement et de séjour justifiées pour des raisons d'ordre public, de sécurité publique et de santé publique, aux ressortissants d'un état membre qui exercent le droit de demeurer sur le territoire d'un autre état membre après y avoir exercé une activité non salariée.

[216] Art. 5, § 2 de l'Annexe I de l'Accord.

[217] La jurisprudence européenne pertinente antérieure à la signature de l'Accord devra dès lors être prise en compte pour l'interprétation de la notion d'exercice de l'autorité publique (art. 16 al. 2), tout autant que celle postérieure sauf raisons sérieuses et concrètes de ne pas y procéder (volonté de la Suisse de rendre son droit eurocompatible, traduite par la jurisprudence du Tribunal fédéral, cf. supra).

article faisant finalement référence aux raisons impérieuses d'intérêt général[218].

Les exceptions spécifiques. La liste des exceptions et limites spécifiques permet de tenir compte de la relation UE-Suisse ainsi que du contexte de la conclusion de l'Accord. Il s'agit, d'abord, des exceptions découlant de la libéralisation progressive, c'est-à-dire de la période concédée à la Suisse d'adaptation des mentalités et du droit aux changements dans le domaine du droit des étrangers, permettant aux parties pendant une durée maximale de 2 ans de maintenir les contrôles de la priorité des travailleurs intégrés dans le marché régulier du travail[219] et les conditions de salaire et de travail pour les ressortissants de l'autre partie contractante[220]. S'y ajoute, ensuite, l'exclusion des activités des agences de travail temporaire et intérimaire et des services financiers de la libéralisation[221]. La Suisse continue ainsi d'appliquer la Loi fédérale sur le service de l'emploi et la location de services[222], tout autant que la réglementation applicable aux banques et aux assurances nationales[223].

L'effet des libertés sur les incitations à la RDI. Les libertés de prestation de services et d'établissement s'ajoutent donc au cadre européen des incitations à la RDI et limitent la marge de manœuvre des états membres à certains égards, tout en étant d'importance certaine pour les entreprises pharmaceutiques innovantes.

Les libertés fondamentales en tant que « facteur économique ». La garantie de ces libertés permet aux entreprises du secteur pharmaceutique et biotechnologique d'exploiter pleinement les opportunités ouvertes en matière de RDI par le marché intérieur, et ce particulièrement en considération d'un processus de RDI fragmenté et internationalisé. Elle en devient un véritable facteur économique et d'optimisation.

---

[218] Art. 22, § 4 de l'Annexe I de l'Accord.

[219] Exception faite des prestataires libéralisés à raison d'un autre accord bilatéral spécifique conclu entre la Suisse et l'Union, prestataires qui sont alors exclus du contrôle de priorité (art. 10, § 2 de l'Accord).

[220] Art. 10, § 2 de l'Accord relatif à la période transitoire.

[221] Art. 22, § 3 de l'Annexe I de l'Accord.

[222] Il est intéressant de noter que l'art. 2 de la LSE indique en son al. 1 que *« quiconque entend exercer en Suisse, régulièrement et contre rémunération, une activité de placeur, qui consiste à mettre employeurs et demandeurs d'emploi en contact afin qu'ils puissent conclure des contrats de travail doit avoir obtenu une autorisation de l'office cantonal du travail »*. L'al. 3 ajoute que *« celui qui s'occupe régulièrement de placement de personnel de l'étranger ou à l'étranger (placement intéressant l'étranger) doit avoir obtenu une autorisation du Secrétariat d'État à l'économie (SECO) en sus de l'autorisation cantonale »*. Des conditions équivalentes se retrouvent à l'art. 12 pour la location de services, bien que l'al. 2 précise à cet égard que la location en Suisse de services de personnel recruté à l'étranger n'est pas autorisée.

[223] Art. 22, § 3, ii) de l'Annexe I de l'Accord ; v. également pour cet exemple concret et de manière exemplative : MARITZ, Daniel, « Der Dienstleistungsverkehr im Abkommen über die Freizügigkeit der Personen » *in op.cit.*, p. 347, 348.

Une protection limitée de par les libertés fondamentales côté suisse. Or, les entreprises pharmaceutiques, biotechnologiques et les *Clinical Research Organizations* ne bénéficient pas de manière comparable de ces libertés dans la relation liant l'Union et la Suisse. Cela relativise leur effet positif sur les activités de RDI, bien que la marge de manœuvre de la Suisse reste encadrée par les libertés de circulation et de prestation de services.

Le contexte supranational, constitué par la superstructure européenne, est porteur de conséquences pour les incitations à la RDI et pour les entreprises actives en recherche et innovation. Il influence le choix des mesures au niveau national, du moins il constitue le cadre général dans lequel elles s'insèrent et qui les conditionne. Or, le cadre des aides directes et indirectes à la RDI ne s'y limite point, mais s'étend à celui national et, en particulier, à la structure respectivement fédérale et unitaire des pays soumis à l'étude et de ses répercussions sur la répartition des compétences en matière de promotion de la RDI.

CHAPITRE 2

La répartition des compétences au niveau national

La répartition des compétences en matière de promotion de la recherche, du développement et de l'innovation est profondément dépendante de la structure respectivement fédérale (I.) et unitaire (II.) des pays soumis à l'étude. Elle constitue un premier élément déterminant des caractéristiques nationales particulières ou, autrement dit, du cadre national des incitations à la RDI.

I. La répartition des compétences dans le contexte fédéral : l'Allemagne et la Suisse

Le principe d'État fédéral (*Bundesstaatsprinzip*) en Allemagne. La structure fédérale (article 20 alinéa 1 de la Loi fondamentale allemande) est porteuse de conséquences pour la structure réglementaire des incitations à la recherche, au développement et à l'innovation, tant en termes de compétence respective du *Bund* et des *Länder*, qu'en termes de forme et de fondement de l'intervention. Elle s'insère à cet égard dans une évolution historique mouvementée, dont le résultat fut une juxtaposition de compétences. Aux différents niveaux de l'organisation fédérale peuvent être mises en place des aides à la RDI pourvu qu'elles entrent dans les domaines de compétence respectifs du *Bund* et des *Länder*[224]. Les *Länder* allemands sont, en effet, des instances étatiques à part entière, et peuvent, tout autant que le *Bund*, exercer des pouvoirs étatiques et accomplir des missions d'État à moins que la Loi fondamentale n'en dispose autrement ou n'autorise une règle différente[225].

---

[224] V. de manière exemplative sur ce point : DURINKE, Corinna, *op.cit.*, p. 33 ; v. également pour les domaines de compétence du Bund les art. 87 et s. de la Loi fondamentale.
[225] V. art. 20 al. 1 de la LF : *« La République fédérale d'Allemagne est un État fédéral démocratique et social »* ; art. 30 de la LF : *« L'exercice des pouvoirs étatiques et l'accomplissement des missions de l'État relèvent des Länder, à moins que la présente loi fondamentale n'en dispose autrement ou n'autorise une règle différente ».*

Une répartition des compétences conditionnée par l'évolution post Seconde Guerre mondiale. Cette organisation particulière s'est forgée progressivement suite à la Seconde Guerre mondiale. L'octroi de compétences étendues aux *Länder* fut l'un des moyens mobilisés par les alliés dans un objectif d'amoindrissement de l'influence du *Bund* en matière de RDI, domaine particulièrement important pour la compétitivité nationale et pour le domaine militaire[226]. Ce n'est qu'à partir de la fin des années 1950 et surtout à partir des années 1960 que le *Bund* a progressivement cherché à étendre son influence et à se façonner un rôle dans la promotion de la RDI[227]. Cette volonté se matérialise par la création d'*« un des ministères de la recherche d(l)es plus influents au monde (au sens d'une instance centrale) »*[228].

Or, l'intervention du *Bund* se limita encore à cette époque à des projets purement scientifiques. Ce n'est qu'avec la création du Ministère de la Recherche et de la Technologie (*Bundesministerium für Forschung und Technologie*) en 1972 qu'intervint un changement et débuta une évolution progressive en faveur d'une véritable politique d'innovation du *Bund* et d'un subventionnement accru de projets technologiques et de recherche appliquée[229]. La politique d'innovation du *Bund* s'insère désormais dans des plans d'action ou stratégies générales bien définies. Particulièrement intéressante est à cet égard la « stratégie Hightech » du *Bund* à partir de 2006, dont l'objectif premier est de financer des projets de recherche innovants, prestigieux et orientés vers l'avenir et les besoins futurs, dont notamment le domaine de la santé, tout autant que de soutenir de jeunes entreprises innovantes[230]. La *« Hightech-Strategie 2025 »* réitère ces priorités tout en étant axée autour de trois actions majeures que sont les défis sociétaux majeurs, les compétences d'avenir et le développement d'une culture de l'innovation et de la prise de risque. La santé, les soins, le transfert de connaissances et le renforcement du degré d'innovation du *Mittelstand* restent ainsi au centre de l'attention[231].

---

[226] V. notamment sur ce point ; ROßMAYER, Martha, *Das deutsche Forschungssystem und die Forschungsförderung der EU - kompatibel oder auf lange Sicht problematisch ?*, Würzburg : Ergon Verlag, coll. Spektrum Politikwissenschaft, 2002, p. 72, 73 ; v. aussi : SPENGEL, Christoph *et al.*, *op.cit.*, p. 26.

[227] V. pour cette évolution : ROßMAYER, Martha, *op.cit.*, p. 73.

[228] Citation issue et traduite par l'auteure de : ROßMAYER, Martha, *op.cit.*, p. 73.

[229] V. de manière exemplative sur ce constat : ROßMAYER, Martha, *op.cit.*, p. 72, 73 ; v. aussi : SPENGEL, Christoph *et al.*, *op.cit.*, p. 26.

[230] V. sur ce point notamment : WILDEN, Anke, *Die Erforderlichkeit gesetzlicher Regelungen für die außeruniversitäre Forschung und die Forschungsförderung*, Frankfurt am Main, Berlin etc. : Peter Lang GmbH, coll. Europäische Hochschulschriften, 2009, p. 111 ; v. aussi : SPENGEL, Christoph *et al.*, *op.cit.*, p. 28, 29.

[231] https://www.bmbf.de/upload_filestore/pub/Forschung_und_Innovation_fuer_die_Menschen.pdf.

La coordination et collaboration en matière de promotion de la recherche et de l'économie entre *Bund* et *Länder*. La coordination de l'intervention du *Bund* et des *Länder*, et notamment leurs possibilités de coopération en matière d'incitation à la RDI, restèrent toutefois peu claires étant donnée l'évolution particulière décrite de manière succincte ci-dessus. Une clarification n'intervint qu'avec la révision constitutionnelle du 12 mai 1969[232], introduisant l'article 91b alinéa 1[233] dans la Loi fondamentale allemande[234]. Certes, il ne s'agit là que d'une possibilité de coopération pour le *Bund* et les *Länder*, l'organisation concrète de leur intervention respective et commune étant, dès lors, polyforme et dépendante des conventions conclues[235]. Il n'en reste pas moins que cette disposition ait permis de clarifier les relations entre ces deux niveaux de l'organisation fédérale en matière de promotion de la recherche scientifique d'intérêt suprarégional. S'y ajoute, par ailleurs, une autre forme de coopération que sont celles des articles 104a et 104b de la Loi fondamentale. La première de ces dispositions se rapporte à la délégation. Ainsi, les *Länder* peuvent agir sur délégation de la Fédération pour réaliser certaines prestations financières dans un objectif déterminé, dans quel cas le *Bund* supporte les dépenses réalisées[236]. La seconde n'a qu'un effet médiat sur la promotion de la RDI[237]. Elle se rapporte aux aides financières accordées par le *Bund* aux *Länder* et aux communes pour des investissements particulièrement importants lorsque ceux-ci sont, notamment, nécessaires pour promouvoir la croissance

[232] Einundzwanzigstes Gesetz zur Änderung des Grundgesetzes vom 12.5.1969, BGBl. I. 359.

[233] Art. 91b al. 1 de la LF, dans sa version de 1969 : *La Fédération et les Länder peuvent, sur le fondement de conventions, coopérer pour l'organisation de l'enseignement et la promotion de centres et projets de recherche scientifique d'intérêt suprarégional. La répartition des coûts est établie par la convention.* (traduit par l'auteure : « Bund und Länder können auf Grund von Vereinbarungen bei der Bildungsplanung und bei der Förderung von Einrichtungen und Vorhaben der wissenschaftlichen Forschung von überregionaler Bedeutung zusammenwirken. Die Aufteilung der Kosten wird in der Vereinbarung geregelt. »). Art. 91b al. 1 de la LF dans sa version actuelle : *« Sur le fondement de conventions, la Fédération et les Länder peuvent coopérer dans l'intérêt suprarégional pour promouvoir : 1. Les centres et projets de recherche scientifiques en dehors des établissements d'enseignement supérieur ; 2. Des projets scientifiques et des projets de recherche dans les établissements d'enseignement supérieur ; 3. Des bâtiments pour la recherche dans les établissements d'enseignement supérieur, grands équipements compris. Les conventions prévues à la 1ère phrase, n°2 requièrent l'approbation de tous les Länder. »*.

[234] V. en ce sens notamment : ROßMAYER, Martha, *op.cit.*, p. 74.

[235] V. sur ce point de manière exemplative : HEINRICH, Oliver, *op.cit.*, p. 56 et 57.

[236] V. art. 104a de la LF sur la répartition des dépenses entre la Fédération et les *Länder* et les corrections financières s'étendant à plusieurs *Länder* ; v. aussi sur cette possibilité de coopération : HEINRICH, Oliver, *op.cit.*, p. 76.

[237] V. pour le qualificatif d' « effet médiat » de cette disposition en matière de promotion de la RDI et sur ce point de manière plus générale : ROSSI, Matthias *in* GRÖPL, Christoph (dir.), *Bundeshaushaltsordnung, Landeshaushaltsordnungen : Staatliches Haushaltsrecht : Kommentar*, München : Verlag C. H. Beck, 2e édition, 2019, § 44, p. 449.

économique, dans quel cas les *Länder* accordent eux-mêmes des subventions grâce aux fonds ainsi reçus[238].

Une compétence législative concurrente. La compétence du *Bund* en matière de promotion de la recherche, du développement et de l'innovation est, en premier lieu, susceptible de se fonder sur les dispositions constitutionnelles des articles 74 alinéa 1, n°13 [239] et n°11 [240] de la Loi fondamentale. Ces deux dispositions attribuent compétence législative concurrente au *Bund* et aux *Länder* en matière de promotion de la recherche scientifique, tout autant qu'en matière de droit économique.

Le *Bund* peut, dès lors, prendre toute mesure financière, organisationnelle et de planification pour promouvoir la recherche scientifique [241]. La promotion de la recherche scientifique comprend le soutien apporté à des projets de recherche, des personnes ou des institutions particulières[242]. S'y ajoute toute mesure de régulation générale de l'économie, dont la promotion de l'innovation fait sans doute partie[243], tout autant que le soutien apporté aux entreprises et à des secteurs déterminés[244].

---

[238] V. à cet égard de manière exemplative : ROSSI, Matthias *in* GRÖPL, Christoph (dir.), *op.cit.*, § 44, p. 449.

[239] Pour les lois prises sur le fondement de cette disposition : la loi fédérale sur la promotion de la formation (*Bundesausbildungsförderungsgesetz*), la loi sur la promotion de la formation continue (*Aufstiegsfortbildungsförderungsgesetz*), le livre III du Code social (*Sozialgesetzbuch III*) et la loi sur la bibliothèque allemande (*Gesetz über die Deutsche Bibliothek*), ainsi que la loi sur la promotion des jeunes diplômés (*Graduiertenförderungsgesetz*) (v. sur ce point : SANNWALD, Rüdiger *in* SCHMIDT-BLEIBTREU, Bruno (fond.), HOFMANN, Hans, HOPFAUF, Axel (dir.), *Kommentar zum Grundgesetz*, Köln : Carl Heymanns Verlag, 12e édition, 2011, Art. 74 al. 1 n°13, p. 1545.

[240] Pour les lois prises sur le fondement de cette disposition : SANNWALD, Rüdiger *in* SCHMIDT-BLEIBTREU, Bruno (fond.), HOFMANN, Hans, HOPFAUF, Axel (dir.), *op.cit.*, 2011, Art. 74 al. 1 n°11, p. 1527-1532.

[241] V. sur ce point et en ce sens : SANNWALD, Rüdiger *in* SCHMIDT-BLEIBTREU, Bruno (fond.), HOFMANN, Hans, HENNEKE, Hans-Günter (dir.), *op.cit.*, 2014, Art. 74 al. 1 n°13, p. 1854, 1855 : l'auteur citant à cet égard Maunz/Dürig/*Maunz* art. 74 (pt. 179) et Rengeling *in* HStR, vol. IV, § 100, pt. 194.

[242] V. en ce sens de manière exemplative : PILNIOK, Arne, *Governance im europäischen Forschungsförderverbund : eine rechtswissenschaftliche Analyse der Forschungspolitik und Forschungsförderung im Mehrebenensystem*, Tübingen : Mohr Siebeck, coll. Jus internationale et Europaeum, 2011, p. 99 ; v. également en ce sens : WINDTHORST, Kay *in* GRÖPL, Christoph, WINDTHORST, Kay, COELLN, Christian von (dir.), *Grundgesetz*, München : Verlag C. H. Beck, coll. Studienkommentar, 2e édition, 2015, Art. 74 al. 1 n°13, p. 614.

[243] Pour la régulation générale de l'économie : la Cour constitutionnelle fédérale a considéré dans sa décision *Investitionshilfe* qu'une aide à l'investissement peut être mise en place par le *Bund*, mesure considérée couverte par la compétence concurrente en matière de droit économique. Une telle mesure ne contrevient pas *ipso facto* au principe d'égalité et ce malgré le changement de la situation concurrentielle sur le marché en résultant. Il en serait autrement lorsque l'effet ne serait justifié par l'intérêt public et que des intérêts légitimes de tiers se verraient arbitraiement négligés (BVerfG, *Investitionshilfe*, 20 juillet 1954 – 1 BvR 459, 484, 548, 555, 623, 651, 748, 783, 801/52, 5, 9/53, 96, 114/54) ;

Il en va de même en matière fiscale. La Fédération allemande a compétence législative exclusive en matière de droits de douane et monopoles fiscaux, alors qu'elle n'a qu'une compétence législative concurrente pour les autres types d'impôt lorsque tout ou partie du produit lui revient, dont en particulier l'impôt sur le revenu, l'impôt sur les sociétés et l'impôt sur le chiffre d'affaires[245]. Pour ce qui est des impôts revenant pour tout ou partie aux *Länder* ou communes, les lois fédérales requièrent l'approbation du *Bundesrat*. Il en va ainsi de la taxe professionnelle[246].

Une intervention législative conditionnée. En raison de la compétence concurrente du *Bund* et des *Länder* en la matière, l'intervention du *Bund* doit être nécessaire, c'est-à-dire qu'elle doit répondre aux exigences de l'article 72 alinéa 2 de la Loi fondamentale (*Erforderlichkeitsklausel*). À la différence d'une compétence principale concurrente ou compétence concurrente non conditionnée de l'article 72 alinéa 1 (*konkurrierende Kernkompetenz* ou *unkonditionierte konkurrierende Kompetenz*) [247], la Fédération peut légiférer uniquement lorsque et pour autant que son intervention soit nécessaire à l'établissement de conditions de vie équivalentes sur le territoire fédéral[248] ou à la sauvegarde de l'unité juridique

---

Le BVerfG a en outre de tout temps procédé à une interprétation large de l'art. 74, al. 1, n°11 de la LF. Peuvent être adoptées non uniquement des dispositions relatives à l'organisation de l'économie, de certains secteurs de l'économie ou des personnes participant à la vie économique, mais encore des dispositions visant à diriger et orienter la vie économique (v. sur ce point notamment : WINDTHORST, Kay *in* GRÖPL, Christoph, WINDT-HORST, Kay, COELLN, Christian von (dir.), *op.cit.*, Art. 74 al. 1 n°11, p. 610). En raison de l'interprétation extensive de cet article, il est nécessaire de ne pas perdre de vue le domaine de compétence des *Länder*. Le recours à la compétence que lui confère cette disposition constitutionnelle exige, dès lors, que la disposition adoptée ait avant tout pour objectif de réguler ou diriger l'économie (*wirtschaftsregulierend und wirtschaftslenkend*) (SANNWALD, Rüdiger *in* SCHMIDT-BLEIBTREU, Bruno (fond.), HOFMANN, Hans, HENNEKE, Hans-Günter (dir.), *op.cit.*, 2014, Art. 74 al. 1, n°11, p. 1842 : l'auteur cite à cet égard les décisions *Beschußgesetz* de la Cour constitutionnelle fédérale du 29 avril 1958 et *Spielbank* du 18 mars 1970 ; V. aussi : WINDTHORST, Kay *in* GRÖPL, Christoph, WINDTHORST, Kay, COELLN, Christian von (dir.), *op.cit.*, Art. 74 al. 1, n°11, p. 610).

[244] V. en ce sens notamment : WINDTHORST, Kay *in* GRÖPL, Christoph, WINDTHORST, Kay, COELLN, Christian von (dir.), *op.cit.*, Art. 74 al. 1, n°11, p. 611 (pts. 28 et 29).

[245] V. pour la compétence législative : art. 105 al. 1 et 2 de la LF ; v. pour les impôts sur lesquels porte la compétence législative concurrente : art. 106 al. 3 de la LF ; v. pour la compétence législative des *Länder* limitée aux impôts locaux sur la consommation et certains éléments du train de vie : art. 105 al. 2a de la LF.

[246] V. pour la nécessité d'approbation du *Bundesrat* : art. 105 al. 3 de la LF ; v. pour la taxe professionnelle revenant aux communes : art. 106 al. 6 de la LF.

[247] SANNWALD, Rüdiger *in* SCHMIDT-BLEIBTREU, Bruno (fond.), HOFMANN, Hans, HENNEKE, Hans-Günter (dir.), *op.cit.*, 2014, Art. 72, p. 1759, 1760 ; v. aussi : WINDTHORST, Kay *in* GRÖPL, Christoph, WINDTHORST, Kay, COELLN, Christian von (dir.), *op.cit.*, Art. 72 al. 2, p. 581.

[248] Une réglementation au niveau fédéral n'est considérée nécessaire que lorsque les conditions de vie dans les *Länder* allemands diffèrent d'une manière susceptible d'affecter le tissu social fédéral, ou lorsqu'une telle évolution est prévisible (v. sur ce point de manière

ou économique[249] dans l'intérêt de l'ensemble de l'État[250]. La condition de « nécessité » est à cet égard restrictivement interprétée par la Cour constitutionnelle fédérale[251]. Or, pour ce qui est des impôts sur le revenu, sur les sociétés et sur le chiffre d'affaires, ainsi que de la taxe professionnelle, elle est remplie.

La possibilité ouverte aux *Länder* à l'article 72 alinéa 3 de la Loi fondamentale de s'écarter du droit fédéral par l'adoption de dispositions législatives ne trouve toutefois pas application[252], de telle sorte que les *Länder* peuvent légiférer en matière de promotion de la RDI aussi longtemps et pour autant que le *Bund* n'ait pas fait usage de sa propre compétence législative.

Une compétence administrative par la nature des choses. En raison de l'interprétation restrictive de la condition de « nécessité », l'intervention du

---

exemplative : WINDTHORST, Kay *in* GRÖPL, Christoph, WINDTHORST, Kay, COELLN, Christian von (dir.), *op.cit.*, Art. 72 al. 2 p. 582 : l'auteur y cite notamment la décision de la Cour constitutionnelle fédérale *Altenpflegegesetz* du 24 octobre 2002, ainsi que la décision *Studiengebühren* du 26 janvier 2005).

[249] Le critère de la sauvegarde de l'unité juridique est uniquement rempli lorsque la fragmentation juridique est considérée problématique et que celle-ci ne peut être considérée acceptable ni dans l'intérêt du *Bund* ni dans l'intérêt des *Länder*. Le critère de l'unité économique quant à lui n'est rempli que lorsque l'intervention au niveau fédéré ou son absence est porteuse de conséquences négatives considérables pour l'économie nationale, de telle sorte que l'intervention du *Bund* vise à garantir le maintien d'un espace économique opérationnel (v. de manière exemplative : WINDTHORST, Kay *in* GRÖPL, Christoph, WINDTHORST, Kay, COELLN, Christian von (dir.), *op.cit.*, Art. 72 al. 2, p. 583).

[250] L'intérêt de l'ensemble de l'État (*gesamtstaatliches Interesse*) ne semble se rapporter qu'à l'unité juridique et non économique. Selon Sannwald cela résulterait de l'historique de l'élaboration de cette disposition, qui initialement ne mentionnait que l'unité juridique alors que l'unité économique fut adjointe ultérieurement par le comité de conciliation (SANNWALD, Rüdiger *in* SCHMIDT-BLEIBTREU, Bruno (fond.), HOFMANN, Hans, HENNEKE, Hans-Günter (dir.), *op.cit.*, 2014, Art. 72, p. 1767 : l'auteur précise, par ailleurs, que l'adjonction de l'unité économique fut alors le corrélat de la renonciation à l'introduction de l'unité des conditions de vie).

[251] V. notamment : DURINKE, Corinna, *op.cit.*, p. 32 ; Pour quelques exemples jurisprudentiels, v. : BVerfG, *Betreuungsgeldgesetz*, 21 juillet 2015 – 1 BvF 2/13 : une loi ne saurait répondre aux exigences de l'art. 72 alinéa 2 que pourvu et pour autant qu'elle soit nécessaire à l'établissement de conditions de vie équivalentes sur l'ensemble du territoire national, ce qui présuppose que ces dernières soient sensiblement différentes d'un *Land* à l'autre, détériorant ou susceptibles de déteriorer le tissu social dans son ensemble ; BVerfG, 27 janvier 2010 – 2 BvR 2185/04, 2 BvR 2189/04 : la vérification des conditions de l'art. 72 al. 2 va au-delà d'un simple contrôle de l'acceptabilité de la mesure, et doit s'appliquer non uniquement à l'objectif de la loi, mais aux conséquences concrètes prévisibles de la loi ; BVerfG, *Altenpflegegesetz,* 24 octobre 2002 – 2 BvF 1/01, v. en particulier le § 337 : le contrôle de la nécessité de l'intervention recouvre ainsi deux étapes : l'intervention est-elle nécessaire ? (raison de l'intervention – *wenn erforderlich*), dans quelle mesure l'intervention est-elle nécessaire ? (ampleur de l'intervention – *soweit erforderlich*)).

[252] V. en ce sens : SANNWALD, Rüdiger *in* SCHMIDT-BLEIBTREU, Bruno (fond.), HOFMANN, Hans, HENNEKE, Hans-Günter (dir.), *op.cit.*, 2014, Art. 74 al. 1, n°13, p. 1854 et Art. 74 al. 1 n°11, p. 1842.

Bund s'appuie souvent non pas sur sa compétence législative concurrente en matière de promotion de la recherche scientifique et de l'innovation, mais sur une compétence administrative par la nature des choses. La compétence du *Bund* est donc en la matière souvent une compétence non écrite[253] [254], au nombre desquelles figure en tout premier lieu le lien étroit entre la promotion de la RDI et l'intérêt global de l'État[255]. Les incitations directes à la RDI ne sont, dès lors, pas instituées par une loi ou loi-cadre fédérale[256].

Une marge de manœuvre encadrée. La répartition des compétences administratives entre *Bund* et *Länder* n'est à cet égard strictement délimitée, les deux niveaux de l'organisation fédérale pouvant faire usage de leur compétence administrative aussi longtemps qu'aucune loi fédérale n'est prise[257]. Pour éviter que l'intervention du *Bund* et des *Länder* ne soit sans limites et conduise à des frictions, leur marge de manœuvre respective est encadrée par deux principes fondamentaux. Il s'agit du principe de respect mutuel inhérent à un état fédéral (*Gebot gegenseitiger bundesstaatlicher Rücksichtnahme*)[258]. Celui-ci est complété par le principe de cohérence de l'ordre juridique (*Gebot der Widerspruchsfreiheit der Rechtsordnung*).

---

[253] BVerfG, *Jugendhilfe,* 18 juin 1967 – 2 BvF 3, 4, 5, 6, 7, 8/62; 2 BvR 139, 140, 334, 335/62 ; v. aussi pour une interprétation plus restrictive de la compétence administrative par la nature des choses : BVerfG, *Rundfunkentscheidung,* 28 février 1961 – 2 BvG 1, 2/60 : la Cour y estime que l'organisation d'émissions de radio par le *Bund* ne peut être justifiée par l'argument que telle diffusion soit une tâche supra-régionale ou qu'elle serve la représentation nationale en interne et le soin de la tradition en préservant leur continuité.

[254] La doctrine allemande n'est pas unanime pour ce qui est de la reconnaissance de compétences administratives non écrites au *Bund.* Certains estiment que le catalogue des compétences du *Bund* de la loi fondamentale est exhaustif. D'autres, en revanche, avancent que l'interprétation de la loi fondamentale suppose la prise en compte de principes constitutionnels, tout autant que de considérations historiques et systématiques, et qu'il n'est donc suffisant de se limiter à une interprétation strictement littérale de ces textes, particulièrement pour ce qui est des compétences administratives, qui ne sont abordées que de manière fragmentaire (v. en ce sens et pour un exposé succinct plus complet des positions : RODI, Michael, *Die Subventionsrechtsordnung : die Subvention als Instrument der öffentlichen Zweckverwirklichung nach Völkerrecht, Europarecht und deutschem innerstaatlichen Recht*, Tübingen : Mohr Siebeck, coll. Jus publicum, 2000, p. 339 et s.).

[255] V. sur ce point notamment : PILNIOK, Arne, *op.cit.*, p. 99, 100.

[256] En effet, sauf exceptions, l'activité du *Bundestag* n'est en matière de RDI pas de nature législative. Celui-ci se voit soumettre les programmes et projets du gouvernement fédéral auxquels il ne peut, pour des raisons politiques et, en particulier, en cas de consultation et d'accord des *Länder,* porter que des modifications marginales (MEUSEL, Ernst-Joachim, *Außeruniversitäre Forschung im Wissenschaftsrecht*, Köln, Berlin, Bonn, München : Carl Heymanns Verlag, 2e édition 1999, p. 194, 195). Du fait de cette prééminence de l'exécutif pour la promotion de la recherche (extra-universitaire), certains auteurs demandent par moments la promulgation d'une loi (*Forschungsförderungsgesetz*), Meusel citant Brünneck à cet égard (MEUSEL, Ernst-Joachim, *op.cit.*, p. 188) ; V. aussi : DURINKE, Corinna, *op.cit.*, p. 26.

[257] V. sur la répartition des compétences administratives : RODI, Michael, *op.cit.*, p. 316, 317.

[258] Le principe du respect mutuel n'impose pourtant pas des obligations concrètes au *Bund* et aux *Länder* (BVerfG, 24 janvier 2001 – 2 BvE 1/100, § 30 ; v. aussi : BVerfG,

Le premier permet de réguler et limiter les compétences et obligations respectives du *Bund* et des *Länder*, au sens de l'exigence d'une attitude bienveillante à l'égard de la Fédération (*bundesfreundliches Verhalten*)[259]. Cette dernière se voit précisée et élargie par le principe d'état de droit (*Rechtsstaatsprinzip*), exigeant des organes au niveau fédéral et fédéré une coordination dans leurs activités afin d'éviter que leur intervention respective n'aboutisse à un ordre juridique incohérent[260]. La promotion de la RDI étant une obligation et compétence administrative commune du *Bund* et des *Länder*, le principe de subsidiarité pourrait, selon certains, fonctionner comme limite complémentaire à leur marge de manœuvre[261].

Ainsi, *Bund* et *Länder* doivent se coordonner lors de la mise en place d'incitations directes à la RDI, en raison du manque de limpidité de la répartition des compétences administratives par la Loi fondamentale[262].

L'importance de la compétence administrative pour la promotion de la recherche, du développement et de l'innovation. Compte tenu de ce qui précède, l'intervention du *Bund* en matière d'incitation à la RDI se fonde avant tout sur sa compétence administrative par la nature des choses. En effet, l'Allemagne n'a, à la différence de la Suisse avec sa Loi fédérale sur l'encouragement de la recherche et de l'innovation, jamais opté pour la promulgation d'une loi ou loi-cadre sur la promotion de la recherche et de l'innovation.

Une tentative d'explication de la voie allemande. L'argument d'une interprétation restrictive de la condition de « nécessité » ne semble à cet égard pouvoir expliquer que partiellement le choix allemand en termes de fondement de l'intervention. Il semble devoir être mis en lien avec des éléments constitutionnels et historiques.

Les droits fondamentaux, dont la liberté de la science, de la recherche et de l'enseignement, occupent une place particulière dans le système juridique allemand. La Loi fondamentale comporte un catalogue de droits fondamentaux, ensemble distinct, cohérent et systématique, placé au début[263]

Rundfunkentscheidung, 28 février 1961 – 2 BvG 1, 2/60 et BVerfG, *Kalkar II*, 22 mai 1990 – 2 BvG 1/88, § 92).

[259] V. à cet égard notamment : BVerfG, 24 janvier 2001 – 2 BvE 1/100, § 31.

[260] V. notamment : BVerfG, 7 mai 1998 – 2 BvR 1991/95, 2 BvR 2004/95, § 62.

[261] V. en ce sens : RODI, Michael, *op.cit.*, p. 317.

[262] Pour de plus amples détails, v. : RODI, Michael, *op.cit.*, p. 359 et s. ; Pour la nécessité de coordination, v. également DURINKE, Corinna, *op.cit.*, p. 36 et 37.

[263] Le choix d'un catalogue introductif distinct et placé au début diffère de celui fait par les rédacteurs de la Constitution de Weimar, écartant, d'après Bodo Pieroth, l'éventualité d'une réserve générale de la loi (PIEROTH, Bodo, « Die Grundrechte des Grundgesetzes in der Verfassungstradition » *in op.cit.*, § 25, p. 15). En effet, l'emplacement du catalogue traduit la priorité de l'Homme et de sa dignité devant le pouvoir de l'État (ANTER, Andreas, « Ordnungsdenken in der Rechtsprechung des Bundesverfassungsgerichts. Wertordnung, Ordnungsmacht und Menschenbild des Grundgesetzes. » *in* VAN OOYEN, Robert Chr.,

et limitatif du pouvoir étatique (*herrschaftsbeschränkend*). En effet, au moment de la rédaction de la Loi fondamentale allemande, les interrogations relatives aux droits fondamentaux resurgirent dans l'éclairage nouveau de l'expérience national-socialiste[264], c'est-à-dire d'un état de non-droit abusant de ses pouvoirs (*Unrechtsstaat mit Machtmissbrauch*), de la menace communiste et de celle des puissances occupantes[265]. Initialement les partis politiques allemands ne défendaient pas la même lignée. Le parti social-démocrate allemand (SPD) considéra qu'une constitution allemande devait contenir les droits et obligations fondamentaux des citoyens allemands, alors que l'Union chrétienne-démocrate et l'Union chrétienne-sociale (CDU et CSU) considérèrent qu'une protection des droits de l'Homme par les constitutions des états fédérés serait suffisante, avant de se rallier à l'idée d'une consécration des droits fondamentaux par la Loi fondamentale[266]. Prévalut ainsi la nécessaire limitation du pouvoir de l'État par la reconnaissance de droits fondamentaux à effet défensif[267], c'est-à-dire de *« vrais droits fondamentaux »* [268] . La Loi fondamentale reste encore aujourd'hui fondamentalement caractérisée par l'opposition entre l'État et les citoyens bien que la jurisprudence de la Cour constitutionnelle fédérale a rapidement révélé aux côtés de l'effet défensif un effet positif ou objectif[269]. La liberté de la science, de la recherche et de l'enseignement en est un exemple.

L'interprétation de la liberté de la science, de la recherche et de l'enseignement. La liberté de la science et de son enseignement fut d'ores-

---

MÖLLERS, Martin H. W. (dir.), *Das Bundesverfassungsgericht im politischen System*, Wiesbaden : VS Verlag für Sozialwissenschaften, 1e édition, 2006, p. 316).

264 La rédaction d'une constitution provisoire pour les trois zones occidentales fut l'une des exigences des puissances occupantes à la fin de la Seconde Guerre mondiale (v. notamment : PIEROTH, Bodo, « Die Grundrechte des Grundgesetzes in der Verfassungstradition » *in op.cit.*, § 25, p. 7).

265 Pour la nécessité d'une protection conjointe contre l'État, la menace communiste et celle des puissances occupantes : PIEROTH, Bodo, « Die Grundrechte des Grundgesetzes in der Verfassungstradition » *in op.cit.*, § 25, p. 9.

266 V. pour cette évolution de manière claire et complète : PIEROTH, Bodo, « Die Grundrechte des Grundgesetzes in der Verfassungstradition » *in op.cit.*, § 25, p. 6 et s.

267 CAPITANT, David, *Les effets juridiques des droits fondamentaux en Allemagne*, Paris : LGDJ, coll. Thèses « Bibliothèque constitutionnelle et de science politique », 2001, p. 22, 23, v. également p. 25.

268 Citation de Carl Schmitt dans *La théorie de la Constitution*, issue de : ROULHAC, Cédric, *L'opposabilité des droits et libertés*, Bayonne, Institut universitaire Varenne, Collection des Thèses, 2018, p. 205.

269 Les obligations d'aménagement furent les premières à être développées en raison de leur proximité avec l'effet défensif, de même que les garanties institutionnelles d'ores-et-déjà connues des juristes allemands des constitutions précédentes. En effet, la garantie institutionnelle, lorsqu'elle porte sur des institutions préexistantes, revêt un caractère proche du volet défensif, l'État ne devant remettre en cause l'institution, alors que la prise de mesures n'est que subséquente (v. CAPITANT, David, *op.cit.*, p. 176, 209).

et-déjà consacrée par le § 152 de la Constitution de Francfort de 1849[270]. La Constitution de Weimar de 1919 a par la suite réitéré la protection de la liberté des sciences et de l'enseignement en son article 142 [271]. La particularité de cette disposition résida dans l'adjonction d'une phrase supplémentaire mettant à charge de l'État d'en assurer protection et soin[272]. L'actuel article 5 alinéa 3 de la Loi fondamentale consacre la même protection bien que la phrase relative à l'obligation de protection et de soin ait été abandonnée[273].

La Cour constitutionnelle fédérale dans sa décision « *Hochschul-Urteil* » du 25 mai 1973 a ainsi dégagé deux types d'effets. D'une part, l'article 5 alinéa 3 protège les scientifiques contre toute ingérence de l'État dans leur sphère de liberté, c'est-à-dire dans les processus, pratiques et décisions propres à la recherche scientifique lors de la découverte de connaissances, leur interprétation et leur transmission[274]. La liberté de recherche est, en effet, un droit fondamental sans réserves (*vorbehaltsloses Grundrecht*)[275]. L'État ne peut, dès lors, pas limiter l'exercice de ce droit fondamental par

---

[270] § 152 de la Constitution de Francfort : « *La science et son enseignement sont libres* » (traduit par l'auteure : « *Die Wissenschaft und ihre Lehre ist frei* »).

[271] V. sur ce point notamment : ANSCHÜTZ, Gerhard, *Die Verfassung des Deutschen Reichs vom 11. August 1919*, Aalen : Scientia-Verlag, 1987, p. 658.

[272] Art. 142 : « *L'art, la science et son enseignement sont libres. L'État leur assure protection et soin* » (traduit par l'auteure : « *Die Kunst, die Wissenschaft und die Lehre sind frei. Der Staat gewährt ihnen Schutz und nimmt an ihrer Pflege teil.* ») ; v. aussi pour cette particularité : WILDEN, Anke, *op.cit.*, p. 34.

[273] La raison d'être de cette différence n'est pas très claire. Une éventuelle reprise de cette clause n'a pas fait l'objet d'amples discussions. Pourtant, il apparaît des échanges que nul n'a douté de l'existence d'une obligation de protection et de soin (v. de manière exemplative : LÖWER, Wolfgang, « Freiheit wissenschaftlicher Forschung und Lehre » *in* MERTEN, Detlef, PAPIER, Hans-Jürgen (dir.), *Handbuch der Grundrechte in Deutschland und Europa*, Vol. IV. Grundrechte in Deutschland : Einzelgrundrechte I, Heidelberg : C. F. Müller Verlag, 2011, § 99, p. 707).

[274] BVerfG, *Hochschul-Urteil*, notamment §§ 127 et 128.

[275] La loi fondamentale distingue entre les droits fondamentaux qui ne sont garantis que dans le cadre de lois générales, dont la liberté de la presse, ceux dont l'aménagement précis revient au législateur, dont le droit à l'objection de conscience, ceux qui sont soumis à une réserve de la loi restreinte, dont la liberté de domicile, et finalement les droits fondamentaux sans réserves et limites, que sont la liberté de la science et de l'art. Si la marge de manœuvre du législateur décroît en principe du premier au dernier type de droit fondamental, la jurisprudence a néanmoins relativisé ces considérations (KRIELE, Martin, « Grundrechte und demokratischer Gestaltungsspielraum » *in* ISENSEE, Josef, KIRCHHOF, Paul, *Handbuch des Staatsrechts der Bundesrepublik Deutschland*, Vol. IX. Allgemeine Grundrechtslehren, Heidelberg : C. F. Müller, 3e édition, 2011, § 188, v. p. 213). Ainsi, la décision *Soldatenbeschluss* (BGE 28, 243, 260 et s.) avait posé le principe que les droits fondamentaux sans réserves seraient limités que par les autres droits de rang constitutionnel, c'est-à-dire le ou les droit(s) constitutionnel(s) avec le(s)quel(s) ils sont en conflit (KRIELE, Martin, « Grundrechte und demokratischer Gestaltungsspielraum » *in op.cit.*, § 188, p. 218, 219 ; v. aussi : MÜLLER-FRANKEN, Sebastian *in* SCHMIDT-BLEIBREU, Bruno (fond.), HOFMANN, Hans, HOPFAUF, Axel, *Kommentar zum Grundgesetz*, Köln : Carl Heymanns Verlag, 12e édition, 2011, Vorb. v. Art. 1, p. 108.

voie législative ou sur le fondement d'une loi (*durch oder aufgrund von Gesetz*).

D'autre part, il recouvre une décision de valeur (*Wertentscheidung*), c'est-à-dire l'obligation pour l'État de mettre à disposition les moyens financiers, humains et d'organisation d'une recherche libre, notamment sous forme d'institutions opérationnelles, et un droit de participation du chercheur aux prestations existantes (ou droit à prestations dérivé), sans que pour autant cette décision de valeur n'implique un type d'organisation concrète de la science en milieu universitaire ou une ampleur précise des moyens financiers mis en œuvre[276].

Si chaque individu est, en premier lieu, lui-même responsable de la réalisation des libertés fondamentales[277], la liberté de recherche pourrait être considérée comme vidée de son sens si son financement ne pouvait pas être assuré [278] et lorsque cela tient à des considérations structurelles ou fondamentales indépendantes de l'individu[279]. Pourtant, elle ne recouvre pas un droit subjectif individuel au financement des activités de recherche et à la mise à disposition des infrastructures nécessaires, c'est-à-dire que l'on ne pourrait conclure de l'existence d'un effet positif à l'existence d'un droit à prestations originaire (*originäres Leistungsrecht*) général du citoyen à l'égard de l'État. Il s'agit, au contraire, d'un mandat constitutionnel (*Verfassungsauftrag*) qui laisse une marge de manœuvre étendue à l'État allemand pour le façonnement concret de son intervention[280] pour autant qu'un standard minimal permettant la réalisation effective du droit fondamental soit garanti[281]. L'État peut notamment prendre en considération

[276] V. notamment : BVerfG, *Hochschul-Urteil*, §§ 127, 132 et s., v. également § 135 et s.

[277] V. à cet égard de manière exemplative : CLASSEN, Claus Dieter, *Wissenschaftsfreiheit außerhalb der Hochschule : zur Bedeutung von Artikel 5 Absatz 3 Grundgesetz für außeruniversitäre Forschung und Forschungsförderung,* Tübingen : J.C.B. Mohr, 1994, p. 126.

[278] V. sur ce point et en ce sens : HEINRICH, Oliver, *op.cit.*, p. 8 : l'auteur citant à cet égard la décision *Numerus-Clausus* de la Cour constitutionnelle fédérale du 18 juillet 1972.

[279] Voir : CLASSEN, Claus Dieter, *op.cit.*, p. 126, 127.

[280] V. en ce sens de manière exemplative: PIEROTH, Bodo, *Störung, Streik und Aussperrung an der Hochschule: ein Beitrag zur Konkretisierung von Grundrechten und zum Hochschulverwaltungsrecht,* Berlin : Duncker & Humblot, coll. Schriften zum öffentlichen Recht, 1976, p. 89.

[281] Certains auteurs suggèrent, en revanche, que la formulation choisie par la Cour constitutionnelle dans la décision *Hochschulurteil* (BVerfG, *Hochschul-Urteil,* § 134), à savoir la possibilité pour les bénéficiaires des droits fondamentaux (*Grundrechtsträger*) de pouvoir imposer « individuellement » le respect de cette décision de valeur à la puissance publique, y mettrait le doute. Il serait ainsi discuté en doctrine si un droit à prestations originaire à hauteur d'un standard minimal pourrait être reconnu. Heinrich considère qu'une telle reconnaissance serait problématique, puisqu'il s'avérerait difficile de déterminer le moment à partir duquel la réalisation effective de la liberté de recherche serait compromise. Par ailleurs, en ce qu'il ne s'agit là que d'un mandat constitutionnel accordant une marge de manœuvre importante à l'État il serait difficile de définir les contours d'un droit individuel éventuel avec une précision suffisante (HEINRICH, Oliver, *op.cit.*, p. 8, 9, 22 et 23).

des éléments économico-financiers aussi longtemps que cela ne vide la liberté de recherche de son sens ou affecte son noyau dur[282].

Les répercussions sur le choix du fondement en matière d'incitation à la RDI. Si l'exercice de la liberté de la recherche ne peut pas être limité par voie législative ou sur le fondement d'une loi, la promotion de la recherche même dirigée vers certains projets ou secteurs semble de nature extensive (*freiheitserweiternd*) et favoriser la réalisation effective de ce droit fondamental[283].

À cet égard, il est fréquemment avancé que les subventions visant à promouvoir des projets déterminés, et à la différence des incitations présentant un « élément d'orientation » moins prononcé (*selektiver Lenkungsgehalt*), dont celles fiscales, favoriseraient un certain type d'exercice de la liberté de la recherche et limiteraient ce faisant l'exercice libre, plein et entier de ce droit fondamental[284]. Cela est certainement vrai d'un point de vue pratique. L'existence d'une subvention peut influer sur le comportement du chercheur ou de l'entreprise et, dès lors, favoriser un certain type d'exercice de cette liberté. Cependant, cela ne constitue vraisemblablement pas une catégorie juridique (*rechtliche Kategorie*) au sens du droit allemand, puisqu'il n'existe pas de « garantie d'égalité institutionnelle » (*institutionelle Gleichheitsgarantie*) ou, autrement dit, il n'existe pas de droit subjectif individuel du chercheur à l'encontre de l'État de bénéficier d'une promotion pour tout projet de recherche indistinctement. Si s'applique à cet autre projet de recherche la même liberté de recherche c'est sous son volet individuel, en ces termes que la réalisation de la liberté de recherche revient avant tout à l'individu auquel elle s'applique. Ernst-Joachim Meusel précise néanmoins à cet égard que tout ce qui relève de la recherche scientifique doit avoir une chance de bénéficier d'une promotion. Cela exclurait selon Alexander v. Brünneck une mise à l'écart *a priori* de

---

282 V. sur ce point : BVerfG, 22 juillet 1999 – 1 BvR 709/97, § 15.

283 V. sur ce point et sur les critiques émises à cet égard : ROSSI, Matthias *in* GRÖPL, Christoph (dir.), *op.cit.*, § 44, p. 445, 446 : l'auteur y évoque en effet diverses critiques sur la nature extensive de l'intervention de l'État en matière de promotion de la R&D, auxquelles il se rallie en partie.

284 V. en ce sens : ROSSI, Matthias *in* GRÖPL, Christoph (dir.), *op.cit.*, § 44, p. 446 ; Une telle argumentation n'est, en outre, envisageable qu'en prenant pour fondement une conception particulièrement étendue de la notion de limitation d'un droit fondamental (*Grundrechtseingriff*) (BETHGE, Herbert, « Der Grundrechtseingriff » *in* HOFFE, Werner (dir.), *Der Grundrechtseingriff. Öffentlich-rechtliche Rahmenbedingungen einer Informationsordnung*, Berlin, New York : De Gruyter, coll. Veröffentlichungen der Vereinigung der deutschen Staatsrechtslehrer, 1998, p. 37 et s.). La doctrine allemande est, en effet, traditionnellement réticente à reconnaître aux droits fondamentaux des effets positifs, notamment sous forme de droits à prestations dérivés ou originaires, car ceux-ci auraient pour effet de favoriser un certain type d'exercice plutôt qu'un meilleur exercice des droits fondamentaux (v. CAPITANT, David, *op.cit.*, p. 310).

certains domaines de la science [285], mais non toute possibilité de différentiation à notre sens. Le subventionnement de projets de recherche ne pourrait donc pas être considéré comme une limitation de la liberté de recherche, pour autant que le principe d'égalité de l'article 3 alinéa 1 de la Loi fondamentale soit respecté. Autrement dit, il convient de mettre de côté l'éventuelle considération relative à la force normative des faits (*normative Kraft des Faktischen*).

Si la promulgation d'une loi ou loi-cadre sur la promotion de la recherche et de l'innovation semble, en principe, possible, une sensibilité particulière est attachée à la protection de la liberté de la recherche et, en particulier, à la recherche médicale et pharmaceutique suite au régime nazi. À ce constat s'ajoute celui de la sélectivité des aides directes favorisant – dans les faits – un certain type d'exercice de la liberté de la recherche. La conjugaison de ces deux éléments semble faire migrer une intervention législative, au sens d'une concrétisation, organisation ou façonnement de ce droit fondamental, c'est-à-dire d'une intervention qui n'est pas originairement restrictive, du moins du point de vue de la perception, vers une restriction de ce droit fondamental. Bien qu'une aide directe à la RDI ne soit pas *a priori* une limitation de la liberté de recherche, le contexte particulier allemand post régime nazi semble ainsi modifier l'état des choses. Le choix de l'État allemand de ne pas intervenir sous forme d'une loi fédérale ou d'une loi-cadre pourrait y trouver l'une de ses explications, ajoutant aux considérations relatives aux compétences respectives du *Bund* et des *Länder*.

À cet égard, il semble que l'on puisse considérer l'article 19 alinéa 1, phrase 1 de la Loi fondamentale comme le reflet des considérations exposées ci-dessus. Celui-ci énonce que *« lorsque, d'après la présente Loi fondamentale, un droit fondamental peut être restreint par une loi ou en vertu d'une loi, cette loi doit valoir de manière générale et non seulement pour un cas particulier »* (*Allgemeinheit und Einzelfallverbot*). Cette disposition avait été introduite dans la Loi fondamentale à la suite de la Seconde Guerre mondiale comme élément de protection et de garantie formelle des droits fondamentaux. Plus particulièrement, elle est selon certains le résultat de l'expérience traumatisante du régime nazi et traduit la méfiance du constituant à l'égard du législateur [286]. Si la Cour constitutionnelle fédérale a limité l'applicabilité de cette disposition aux

---

[285] MEUSEL, Ernst-Joachim, *Außeruniversitäre Forschung im Wissenschaftsrecht*, Köln, Berlin, Bonn, München : Carl Heymanns Verlag, 2e édition 1999, p. 145 citant v. Brünneck, *JA*, 1989, p. 165 et s. (p. 169 et s.) en note 73.

[286] V. en ce sens : HOFMANN, Hans *in* SCHMIDT-BLEIBTREU, Bruno (fond.), HOFMANN, Hans, HENNEKE, Hans-Günter (dir.), *Kommentar zum Grundgesetz*, Köln : Carl Heymanns Verlag, 14e édition, 2018, Art. 19, p. 833 ; v. en sens contraire : DREIER, Horst *in* DREIER, Horst (dir.), *Grundgesetz. Band 1, Präambel, Artikel 1-19*, Tübingen : Mohr Siebeck, 3e édition, 2013, Art. 19 I, p. 1703, 1704.

restrictions originaires [287], la doctrine majoritaire s'est positionnée différemment et estime aujourd'hui que cette interdiction devrait tout autant s'appliquer aux droits fondamentaux sans réserves, une différenciation entre restrictions originaires et autres limitations ne correspondant point à la dogmatique générale en matière de droits fondamentaux[288]. En effet, la loi fondamentale peut être considérée comme le contre-projet au totalitarisme et au régime nazi[289]. Cette singularité, et la sensibilité en découlant dans certains domaines, influence l'appréciation de l'intervention législative, quelles qu'en soient les effets *in concreto,* et se répercute sur la dogmatique générale en matière de droits fondamentaux[290]. Dès lors, peut-on voir dans ce parallèle une consolidation de notre argumentation relative à la liberté de recherche scientifique, et simultanément d'une appréciation différente d'une éventuelle intervention administrative.

En raison de la structure fédérale suisse, une situation similaire de répartition des compétences entre Confédération et cantons en matière d'incitation à la RDI s'y retrouve, bien que des divergences doivent être relevées.

La souveraineté des cantons suisses. Les cantons suisses sont souverains pour autant que leur souveraineté ne soit pas limitée par la

---

[287] V. à cet égard notamment : BVerfG, *Hamburgisches Deichordnungsgesetz*, 18 décembre 1968 – 1 BvR 638, 673/64 et 200, 238, 249/65, § 144 ; v. aussi: JARASS, Hans D. *in* JARASS, Hans D., PIEROTH, Bodo, *Grundgesetz für die Bundesrepublik Deutschland*, München : Verlag C. H. Beck, 14e édition, 2016, Art. 19, p. 483.

[288] DREIER, Horst *in* DREIER, Horst (dir.), *op.cit.*, Art. 19 I, p. 1707 ; v. également : JARASS, Hans D. *in* JARASS, Hans D., PIEROTH, Bodo, *op.cit.*, Art. 19, p. 484 : l'auteur précise qu'il n'est pas très clair pour quelle raison une limitation de l'applicabilité serait bienvenue ; La doctrine minoritaire considère toutefois sur la base d'une lecture systématique avec la seconde phrase du même alinéa, qu'il faille limiter l'applicabilité de cette disposition aux seules restrictions originaires (v. en ce sens : DREIER, Horst *in* DREIER, Horst (dir.), *op.cit.*, Art. 19 I, p. 1706).

[289] V. en ce sens : HOFMANN, Hans *in* SCHMIDT-BLEIBTREU, Bruno (fond.), HOFMANN, Hans, HENNEKE, Hans-Günter (dir.), *op.cit.*, Art. 19, p. 838.

[290] Hofmann évoque à cet égard la jurisprudence de la Cour constitutionnelle relative au § 130 al. 4 du StGB (*« Est puni d'une peine d'emprisonnement de 3 ans au plus ou d'une peine pécuniaire, celui qui publiquement ou lors d'un rassemblement perturbe la paix publique d'une manière à blesser la dignité des victimes, en approuvant, glorifiant ou justifiant le despotisme du régime nazi »* (traduit par l'auteure : « Mit Freiheitsstrafe bis zu drei Jahren oder mit Geldstrafe wird bestraft, wer öffentlich oder in einer Versammlung den öffentlichen Frieden in einer die Würde der Opfer verletzenden Weise dadurch stört, dass er die nationalsozialistische Gewalt- und Willkürherrschaft billigt, verherrlicht oder rechtfertigt. »)), dans laquelle la Cour a procédé à un véritable changement de paradigme dogmatique en argumentant sur la base d'une situation particulière, et en raison du passé historique national-socialiste, une exception unique au principe général qu'un droit spécial non général (*nicht-allgemeines Sonderrecht*) ne pourrait limiter la liberté d'expression (HOFMANN, Hans *in* SCHMIDT-BLEIBTREU, Bruno (fond.), HOFMANN, Hans, HENNEKE, Hans-Günter (dir.), *op.cit.*, Art. 19, p. 838 et 839).

Constitution fédérale[291] et exercent, dès lors, toute tâche qu'ils définissent dans le cadre de leurs compétences[292]. En conséquence, la Confédération peut accomplir des tâches uniquement pourvu que la compétence lui ait été explicitement attribuée par la Constitution (article 42 de la Constitution). Ainsi, les cantons sont en principe compétents en matière fiscale et peuvent organiser leur système fiscal cantonal à raison de leur souveraineté, aussi longtemps que cette compétence fiscale ne soit pas limitée par la Constitution.

Une compétence globale et parallèle de la Confédération en matière de promotion de la RDI. Pour ce qui est de la promotion de la RDI, la Confédération ne disposait pendant de longues années pas d'une compétence expresse. La situation a considérablement changé avec l'introduction de l'article 27^{sexies} de l'ancienne Constitution (article 64 de la Constitution suisse actuelle) en 1973[293]. Désormais, *« la Confédération encourage la recherche scientifique et l'innovation »*[294], c'est-à-dire qu'elle est principalement responsable pour la promotion de la RDI au sens d'une *« compétence globale et parallèle, qui oblige la Confédération à agir »*[295]. La Confédération suisse est donc compétente pour l'établissement du cadre réglementaire des subventions publiques à la recherche et à l'innovation, ainsi que pour la définition et la direction des politiques publiques de RDI[296],

La subsidiarité de la RDI commerciale. Cette compétence de la Confédération pour l'encouragement de la recherche scientifique et de l'innovation a conduit à l'adoption de la première loi sur la recherche en 1983[297]. La loi fédérale sur l'encouragement de la recherche et de l'innovation aujourd'hui en vigueur s'applique aux organes de recherche pour autant et aussi longtemps qu'ils utilisent des moyens publics pour leurs

---

[291] Art. 3 de la Cst. : *« Les cantons sont souverains en tant que leur souveraineté n'est pas limitée par la Constitution fédérale et exerçent tous les droits qui ne sont pas délégués à la Confédération. ».*

[292] Art. 43 de la Cst. : *« Les cantons définissent les tâches qu'ils accomplissent dans le cadre de leurs compétences ».*

[293] V. de manière exemplative : GASSMANN, Jean-Luc *in* FLEINER, Thomas, FOSTER, Peter, MISIC, Alexander, THALMANN, Urs (dir.), *La nouvelle Constitution suisse. Fédéralisme, droits fondamentaux, droit économique et structure de l'État*, Fribourg, Bâle, etc. : Helbing & Lichtenhahn, 2000, p. 179.

[294] Art. 64 al. 1 de la Cst.

[295] Conseil fédéral, Message relatif à la nouvelle Constitution fédérale du 20.11.1996, FF 1997, I, p. 1 (voir p. 284).

[296] Le département des affaires économiques est principalement responsable de la promotion de la recherche appliquée, de l'entrepreunariat et de la coopération entre industrie et les universités. Quant au département des affaires intérieures celui-ci est principalement responsable de la promotion de la recherche fondamentale (v. sur ce point : *OECD Reviews of Innovation Policy : Switzerland*, 2006, p. 25).

[297] RS 420.1.

activités de RDI[298]. Elle pose en son article 6 que la Confédération encourage la recherche et l'innovation, notamment en allouant des contributions aux institutions chargées d'encourager la recherche, dont le Fonds national suisse de la recherche scientifique (FNS), et en exploitant Innosuisse, tout autant qu'en prenant des mesures supplémentaires en vue d'encourager l'innovation[299]. Par ailleurs, le Conseil fédéral peut charger ces institutions et Innosuisse d'exécuter des programmes thématiques visant à encourager la recherche scientifique et l'innovation[300].

Or, les activités de recherche et d'innovation menées par les entreprises économiques ne sont concernées que subsidiairement et indirectement[301]. En effet, tel que le relèvent Gerhard Schmid et Markus Schott, le subventionnement de la recherche privée serait possible sur le fondement de l'article 64 alinéa 1, mais politiquement problématique. Selon ces auteurs, la référence à l'innovation n'habilite pas l'État à mener une politique industrielle complète et encore moins ne l'y oblige[302].

Une compétence partagée. Bien que la Confédération suisse ait mission et compétence en matière de promotion de la recherche scientifique et de l'innovation, les cantons suisses ont tout autant compétence en la matière du fait d'une « compétence parallèle »[303], ce également en matière de politique économique. Ainsi, l'article 94 alinéa 3 de la Constitution pose que les cantons et la Confédération veillent, dans les limites de leurs compétences respectives, à créer un environnement favorable au secteur de l'économie privée. Cet environnement favorable recouvre vraisemblablement les aides à l'innovation bénéficiant aux entreprises.

À cet égard, il est à noter que peu de cantons suisses disposent d'une loi générale sur les contributions cantonales. Sont à mentionner les lois des

---

298 Loi fédérale sur l'encouragement de la recherche et de l'innovation (LERI), du 14.12.2012, RS 420.1.

299 Art. 6 al. 1, c) et f) de la LERI.

300 Art. 6 al. 3 de la LERI.

301 Conseil fédéral, Message relatif à la nouvelle Constitution fédérale du 20.11.1996, FF 1997, I, p. 1 (voir p. 285).

302 SCHMID, Gerhard, SCHOTT, Marktus *in* EHRENZELLER, Bernhard, SCHWEIZER, Rainer J., MASTRONARDI, Philippe, VALLENDER, Klaus A. (dir.), *Die schweizerische Bundesverfassung : Kommentar*, Zürich, St. Gallen : Dike Verlag, Zürich, Basel, Genf : Schulthess Juristische Medien, 2e édition, 2008, Art. 64, p. 1200.

303 Si l'art. 64 donne explicitement mission et compétence à la Confédération suisse pour la promotion de la recherche et de l'innovation, il s'agit là d'une compétence parallèle. La promotion faite par la Confédération s'adjoint ainsi aux engagements des cantons. Tel que le rappellent Schmid et Schott, les interventions de la Confédération et des cantons sont, en principe, indépendantes les unes des autres, bien que la Confédération ait responsabilité principale en la matière (v. SCHMID, Gerhard, SCHOTT, Markus *in* EHRENZELLER, Bernhard, SCHWEIZER, Rainer J., MASTRONARDI, Philippe, VALLENDER, Klaus A. (dir.), *op.cit.*, Art. 64, p. 1199). Dès lors, la compétence des cantons en la matière subsiste même après l'introduction de cet article et de son précurseur dans la Constitution suisse.

cantons de Bâle-Ville[304], de Berne[305], de Fribourg[306], du Jura[307], de Lucerne[308], de Neuchâtel[309], de Tessin[310], de Vaud[311], du Valais[312] et de Zurich[313]. Ces lois ne s'appliquent aux contributions accordées par les cantons que pour autant qu'il n'existe de dispositions spécifiques fédérales, intercantonales ou cantonales[314]. Si les contributions des cantons, notamment sous forme de subventions, sont pour la plupart principalement dirigées vers des domaines autres que la RDI[315], cette compétence leur permet de soutenir les entreprises économiques dans leurs efforts de recherche, développement et innovation.

Une marge de manœuvre encadrée. L'intervention des cantons suisses doit en tout état de cause répondre aux exigences de l'article 44 de la Constitution, exigeant des cantons et de la Confédération suisse une attitude d'entraide dans l'accomplissement de leurs tâches respectives et de collaboration, alors qu'ils se doivent, en outre, respect et assistance. Autrement dit, cet article leur impose coopération, considération mutuelle et assistance[316] et préciserait, selon Fleiner, Forster, Misic et Thalmann, les principes de fidélité confédérale et de comportement dans un état confédéral (*Bundestreue und bundesstaatliches Verhalten*), dont, en particulier, le principe d'un exercice précautionneux des compétences respectives (*schonende Kompetenzausübung*)[317], s'appliquant indifféremment à tout

---

[304] Loi sur les contributions cantonales (*Staatsbeitragsgesetz*) du 11.12.2013, 610.500.

[305] Loi sur les subventions cantonales du 16.9.1992, 641.1.

[306] Loi sur l'encouragement de la construction de logements à caractère social du 26.9.1985, 87.2.

[307] Loi sur les subventions du 29.10.2008, 621.

[308] Loi sur les contributions cantonales du 17.9.1996, 601.

[309] Loi sur les subventions du 1.2.1999, 601.8.

[310] Legge sui sussidi cantonali du 22.6.1994, 620.100.

[311] Loi sur les subventions du 22.2.2005, 610.15.

[312] Loi sur les subventions du 13.11.1995, 616.1.

[313] Loi sur les contributions cantonales du 1.4.1990, 132.2.

[314] V. notamment : § 1 de la loi sur les contributions du canton de Bâle-Ville ; § 2 al. 2 de la loi sur les contributions du canton de Lucerne.

[315] Ainsi, les subventions mises en place par le canton de Jura sont, par exemple, les programmes de subventions relatifs au bâtiment, à l'efficacité électrique ou encore aux petites installations photovoltaïques (https://www.jura.ch/DEN/SDT/Energie/Subventions/Subventions-dans-le-domaine-de-l-energie.html).

[316] V. pour ces obligations de coopération, de considération mutuelle et d'assistance : RHINOW, René, *Die Bundesverfassung 2000 : Eine Einführung*, Basel, Genf, München : Helbing & Lichtenhahn, 2000, p. 87.

[317] FLEINER, Thomas, FORSTER, Peter, MISIC, Alexander, THALMANN, Urs, *Die neue schweizerische Bundesverfassung : Föderalismus, Grundrechte, Wirtschaftsrecht und Staatsstruktur*, Basel, Genf, München : Helbing & Lichtenhahn, coll. Publications de l'Institut du Fédéralisme Fribourg (Suisse), 2000, p. 214, 215 : la forme fédérale suisse se comprendrait ainsi avant tout comme une forme coopérative et de dialogue.

exercice de compétences et tout accomplissement de tâches[318]. Pareillement à l'Allemagne, ce principe d'un confédéralisme coopératif encadre l'intervention des cantons et de la Confédération.

Si la structure fédérale allemande et suisse influence considérablement les compétences de la Fédération et, respectivement, des *Länder* et cantons en matière de promotion de la RDI, il en va de même de la structure de l'État unitaire français, la répartition des compétences y étant éminemment politique.

II. La répartition des compétences dans le contexte d'un État unitaire : la France

Les attributions des ministres en matière de promotion de la RDI. Les attributions du Ministre de l'Enseignement, de la Recherche et de l'Innovation se sont progressivement étendues au cours du temps, et ce notamment depuis 2012[319]. Le ministre propose avec d'autres ministres et met en œuvre la politique nationale dans le domaine de la recherche et de la technologie[320]. Par ailleurs, il définit et suit la politique en matière d'innovation[321]. Le ministre se charge également de la préparation des décisions du Gouvernement en matière d'attribution des ressources et moyens alloués dans le cadre de la mission interministérielle « Recherche et enseignement supérieur »[322]. Finalement, le ministre participe à la mise en œuvre du programme d'investissements d'avenir (P.I.A.), tout autant qu'à la promotion et diffusion de nouvelles technologies[323].

Le ministère de l'Enseignement, de la Recherche et de l'Innovation n'est pourtant pas le seul ministère d'importance en matière de promotion de la RDI. Le Ministre de l'Économie et des Finances définit les mesures permettant d'encourager la croissance et la compétitivité de l'économie française, à encourager et orienter les investissements et à favoriser la création d'entreprises par la politique mise en œuvre par lui[324]. C'est ainsi que le Ministre de l'Économie et des Finances est, conjointement avec le

[318] FLEINER, Thomas, FORSTER, Peter, MISIC, Alexander, THALMANN, Urs, *op.cit.*, p. 216.
[319] V. notamment sur cette extension depuis 2012 de manière exemplative : BRONDEL, Séverine, « Attributions des nouveaux ministres : qui fait quoi ? », *Dalloz actualité*, 31.05.2012.
[320] Art. 1 al. 2 du Décret n°2017-1083 du 24 mai 2017 relatif aux attributions du ministre de l'enseignement supérieur de la recherche et de l'innovation, JORF n°0123 du 25 mai 2017.
[321] Art. 1 al. 4 du Décret n°2017-1083.
[322] Art. 1 al. 3 du Décret n°2017-1083.
[323] Art. 1 al. 3 du Décret n°2017-1083.
[324] Art. 1, I. du Décret n°2017-1078 du 24 mai 2017 relatif aux attributions du ministre de l'économie et des finances, JORF n°0123 du 25 mai 2017.

Ministre de l'Enseignement supérieur, de la Recherche et de l'Innovation, compétent pour définir et suivre la politique en matière d'innovation[325].

L'appui de directions générales. Afin d'exercer ses attributions le Ministre de l'Économie et des Finances dispose notamment de la direction générale de la recherche et de l'innovation (D.G.R.I.)[326], sur laquelle le Ministre de l'Enseignement supérieur, de la Recherche et de l'Innovation a autorité[327]. Il a, par ailleurs, autorité sur la direction générale des entreprises (D.G.E.), conjointement avec le Ministre de la Cohésion des territoires et des Relations avec les collectivités territoriales,[328] direction à laquelle le Ministre de l'Enseignement supérieur, de la Recherche et de l'Innovation peut également faire appel[329].

Les missions des directions générales. La D.G.R.I. est directement rattachée au ministère de l'Enseignement, de la Recherche et de l'Innovation[330]. Elle a pour mission de piloter l'élaboration de la stratégie nationale de recherche et de définir, avec le ministère de l'Industrie, la politique de recherche industrielle et d'innovation. Elle est notamment responsable du programme « recherches scientifiques et technologiques pluridisciplinaires » et suit, évalue et améliore les dispositifs d'aide à l'innovation et à la recherche[331].

La D.G.E. est quant à elle créée au sein du ministère de l'Économie, de l'Industrie et de l'Emploi[332] et a pour mission de proposer, mettre en œuvre et évaluer les mesures et actions visant à créer un environnement favorable à la création et au développement des entreprises (petites et moyennes entreprises et entreprises en croissance avant tout), notamment en proposant des mesures fiscales adéquates, toute mesure encourageant le développement des activités de recherche et d'innovation des entreprises en France, ou encore en simplifiant l'environnement juridique dans lequel les entreprises innovantes évoluent[333].

---

[325] Art. 1, IV. du Décret n°2017-1078.

[326] Art. 2, VII. du Décret n°2017-1078.

[327] Art. 2, I. du Décret n°2017-1083.

[328] Art. 2, III. du Décret n°2017-1078.

[329] Art. 2, IV. du Décret n°2017-1083 ; le ministre peut également faire appel au conseil général de l'économie, de l'industrie et des technologies, de même qu'au secrétariat général pour l'investissement.

[330] Art. 1, III. du Décret n°2014-133 du 17 février 2014 fixant l'organisation de l'administration centrale des ministères de l'éducation nationale et de l'enseignement supérieur et de la recherche, JORF n°0041 du 18 février 2014.

[331] V. pour un exposé succinct des missions et l'organigramme de la D.G.R.I : http://m.enseignementsup-recherche.gouv.fr/cid24148/direction-generale-de-la-recherche-et-de-l-innovation-d.g.r.i.html#mission-dgri.

[332] Art. 1 du Décret 2009-37 du 12 janvier 2009 relatif à la direction générale des entreprises, JORF n°0010 du 13 janvier 2009.

[333] Art. 2, I. du Décret 2009-37.

Les instances consultatives. Aux côtés des intervenants susvisés, le Conseil général de l'économie, de l'industrie, de l'énergie et des technologies (C.G.E.I.E.T.) et le Conseil stratégique de la recherche (C.S.R.) remplissent une mission de conseil. Le C.G.E.I.E.T., qui a remplacé le Conseil général des mines et le Conseil général des technologies et de l'information en 2009, est placé sous l'autorité du Ministre de l'Économie et des Finances [334] et est compétent, entre autres, dans le domaine du développement économique et de l'industrie[335]. Il remplit avant tout une mission de conseil et d'audit[336].

Le C.S.R. est placé auprès du Premier ministre[337] et a pour mission de proposer les grandes orientations de la stratégie de recherche nationale, tout en participant à son évaluation[338]. Pour y parvenir le C.S.R. s'appuie sur la D.G.R.I.[339].

Les autres intervenants auprès du Premier ministre. Le Commissariat général à la stratégie et à la prospective, dit « France Stratégie », est lui institué auprès du Premier ministre. Il soutient le gouvernement dans *« la détermination des grandes orientations de l'avenir de la nation et des objectifs à moyen et long terme de son développement économique, social, culturel et environnemental ainsi que pour la préparation des réformes décidées par les pouvoirs publics »* [340]. Celui-ci occupe un rôle d'intermédiaire ou de lien entre le gouvernement et les parties intéressées. Par ailleurs, il travaille en réseau avec un certain nombre d'organismes, dont le Conseil national de l'industrie et le Haut Conseil pour l'avenir de l'assurance-maladie[341], en coordonnant leurs travaux[342]. « France Stratégie » vise ainsi à améliorer la concertation et l'échange entre différents acteurs en vue de l'élaboration de politiques publiques efficaces, tout en participant à l'évaluation de ces dernières[343].

Le Secrétariat général pour l'investissement est sous l'autorité du Premier ministre et chargé de veiller à la cohérence de la politique d'investissement de l'État[344]. À ce titre, il est notamment chargé du suivi du grand plan

---

[334] Art. 1 du Décret n°2009-64 du 16 janvier 2009 relatif au Conseil général de l'économie, de l'industrie, de l'énergie et des technologies, JORF n°0015 du 18 janvier 2009.

[335] Art. 2, I., du Décret n°2009-64.

[336] À celle-ci s'ajoute une mission d'inspection.

[337] Art. L. 120-1 al. 1 du Code de la recherche.

[338] Art. L. 120-1 al. 2 du Code de la recherche.

[339] Art. 1 al. 3 du Décret n°2013-943 du 21 octobre 2013 relatif au Conseil stratégique de la recherche, JORF n°0247 du 23 octobre 2013, p. 17342.

[340] Art. 1 du Décret n°2013-333 du 22 avril 2013 portant création du Commisariat général à la stratégie et à la prospective, JORF n°0095 du 23 avril 2013, p. 7074.

[341] Art. 3, I. du Décret n°2013-333.

[342] Art. 3, II. du Décret n°2013-333.

[343] Art. 1, 3° du Décret n°2013-333.

[344] Art. 1 du Décret n°2010-80 du 22 janvier 2010 relatif au secrétariat général pour l'investissement, JORF n°0019 du 23 janvier 2010, p. 1529.

d'investissement, tout autant que de la mise en œuvre du P.I.A., mais il coordonne également l'instruction de projets d'investissement et procède à la formulation d'avis ou encore de propositions sur ces derniers[345].

Les compétences des collectivités territoriales. La répartition des compétences entre collectivités territoriales relève de la loi, du moins celle-ci détermine les principes fondamentaux de la libre administration[346] des collectivités territoriales, de leurs compétences et de leurs ressources[347]. La répartition des compétences est alors guidée par le principe de subsidiarité consacré par l'article 72 alinéa 2 de la Constitution[348]. Or, la structure de l'État français, la multiplicité des niveaux de décision et la prolifération des compétences entre les collectivités territoriales, a résulté en un enchevêtrement de compétences[349]. La loi du 7 août 2015 portant nouvelle organisation territoriale de la République, dite loi NOTRe,[350] avait ainsi eu pour objectif d'améliorer la transparence, en procédant à des transferts de compétence, notamment en matière de promotion du développement économique et scientifique[351].

Les compétences de la région en matière de promotion du développement économique et scientifique. Depuis la loi NOTRe en particulier, la région a vu ses compétences s'élargir. Elle est désormais seule responsable de la définition des orientations en matière économique sur son territoire[352]. Sa mission est, notamment, de promouvoir le développement économique, social et culturel de la région, cela en respectant les attributions des autres collectivités et, le cas échéant, en coopération avec ces dernières ou l'État[353] par, en particulier :

- l'attribution pour le compte de l'État d'aides financières que celui-ci accorde aux investissements d'entreprises participant au développement de la région (article L. 4211-1, n°7 du Code général des collectivités territoriales);

---

[345] V. également : Art. 1 du Décret n°2010-80.

[346] V. pour le principe de libre administration l'art. 72 al. 3 de la Constitution. La libre administration des collectivités territoriales correspond alors à une autonomie fonctionnelle et institutionnelle.

[347] Art. 34 de la Constitution.

[348] Art. 72 al. 2 de la Constitution : *« Les collectivités territoriales ont vocation à prendre les décisions pour l'ensemble des compétences qui peuvent le mieux être mises en oeuvre à leur échelon. »*.

[349] Pour le constat de l'enchevêtrement des compétences qui aurait conduit à l'adoption de la loi NOTRe, v. à titre exemplatif : VERPEAUX, Michel, « La loi NOTRe dans son contexte », *RFDA*, 2016, p. 671 et s. (voir p. 671, ainsi que note 37).

[350] Loi n°2015-991 du 7 août 2015 portant nouvelle organisation territoriale de la République, JORF n°0182 du 8 août 2015, p. 13705.

[351] V. l'exposé des motifs de la loi n°2015-991.

[352] Art. L. 4251-12 du CGCT.

[353] Art. L. 4211-1 du CGCT.

- la participation au capital de sociétés de capital-investissement, de sociétés de financement interrégionales ou propres à chaque région, tout autant qu'à des sociétés ayant pour objet l'accélération du transfert de technologies (article L. 4211-1, n°8 du Code général des collectivités territoriales) ;
- la souscription de parts dans un fonds commun de placement à risques à vocation régionale ou interrégionale ayant pour objet d'apporter des fonds propres aux entreprises (article L. 4211-1, n°9 du Code général des collectivités territoriales).

Au lieu d'une clause de compétence générale au profit du conseil régional, l'article L. 4221-1 du Code général des collectivités territoriales les limite aux *« affaires de la région dans les domaines de compétences que la loi lui attribue »* [354]. En font partie, parmi d'autres, la promotion du développement économique et scientifique[355], compétence qui doit être exercée dans le but de satisfaire l'intérêt régional[356]. Désormais, la région est l'acteur principal en matière de promotion du développement économique et scientifique, du moins dans les limites des compétences de l'État[357].

À cet égard, le conseil régional est, en principe, seul compétent pour définir les régimes d'aides aux entreprises et pour décider de l'octroi de ces mêmes aides aux entreprises dans la région[358], bien que l'octroi de l'aide puisse être délégué aux communes, leurs groupements et à la métropole de Lyon[359]. Ces aides doivent avoir pour objet la création ou l'extension des activités économiques[360] et doivent être compatibles avec le schéma régional de développement économique, d'innovation et d'internationalisation[361].

---

[354] Art. L. 4221-1 al. 1 du CGCT : *« Le conseil régional règle par ses délibérations les affaires de la région dans les domaines de compétences que la loi lui attribue. »*.

[355] Art. L. 4221-1 al. 2 du CGCT.

[356] Les compétences de toute collectivité territoriale doivent être exercées dans le but de satisfaire l'intérêt local, sauf dans les cas où la compétence serait exercée pour le compte de l'État dans le cadre d'une délégation de compétence. L'intérêt public régional (ou plus largement l'intérêt public local) est, dès lors, le critère de compétence des collectivités territoriales (v. notamment sur ce point : CE, 30 décembre 2014, n°355563, *Société Armor SNC*, en particulier le considérant 2 : *« Considérant qu'hormis celles qui leur sont confiées pour le compte de l'État, les compétences dont disposent les collectivités territoriales ou leurs établissements publics de coopération s'exercent en vue de satisfaire un intérêt public local ; (…) »*).

[357] Art. L. 1511-1 al. 1 du CGCT.

[358] V. Art. L. 1511-2 al. 1 du CGCT, compétence exclusive sous réserve des articles L. 1511-3, -7 et -8, du titre V du livre II de la deuxième partie et du titre III du livre II de la troisième partie.

[359] Art. L. 1511-2 al. 3 du CGCT.

[360] Art. L. 1511-2 al. 4 du CGCT.

[361] Art. L. 4251-17 du CGCT ; Le schéma définit les orientations, notamment en matière d'aide aux entreprises, d'aide à l'investissement des entreprises dans l'immobilier et d'innovation, tout en ayant pour objectif d'éviter toute concurrence entre les collectivités

Un rôle du département pratiquement effacé. La loi NOTRe a porté de changements importants pour les départements. Ainsi, la compétence en matière d'aides économiques fut attribuée à la région, le département perdant toute compétence en la matière. Le conseil départemental est uniquement compétent pour les aides ou actions relatives à la prévention ou prise en charge des situations de fragilité, pour le développement social, pour l'accueil de jeunes enfants et pour l'autonomie des personnes, pour faciliter l'accès aux droits et services publics dont il a la charge ou encore pour promouvoir les solidarités et la cohésion territoriale sur son territoire[362].

Un rôle minoré de la commune. La commune quant à elle est la seule collectivité territoriale à bénéficier d'une clause de compétence générale. Elle peut se saisir de tout sujet lorsqu'il existe un intérêt communal, et ce même au-delà de la liste de compétences légale[363]. Toutefois, la région étant seule compétente pour définir les régimes d'aides aux entreprises, la commune ne peut plus que compléter ces derniers ou octroyer des aides par délégation.

Si les développements précédents ont permis, d'une part, de dresser les particularités nationales en termes de répartition des compétences et, d'autre part, de mettre en exergue certaines similarités entre l'Allemagne et la Suisse en raison de la structure fédérale nationale, l'analyse se penchera désormais sur les incitations à la RDI mises en place par les pays soumis à l'étude et insérées dans le contexte national.

---

territoriales pour l'implantation des entreprises et la cohérence générale des actions menées (v. l'exposé des motifs de la loi NOTRe).

[362] Art. L. 3211-1 du CGCT.

[363] Art. L. 2121-29 du CGCT.

CHAPITRE 3

Les incitations à la recherche, au développement et à l'innovation dans le contexte national

L'Allemagne et la Suisse soutiennent de longue date la recherche, le développement et l'innovation. Les structures réglementaires des incitations à la RDI constituent ainsi le reflet d'une consolidation progressive de leur politique et tradition respective.

L'Allemagne promeut traditionnellement la R&D par des aides directes, en soutenant des projets déterminés dans un objectif de progrès scientifique et technique, tout autant que de compétitivité nationale[364]. Malgré cette continuité, la focalisation s'est progressivement déplacée dans le cadre d'un processus d'adaptation aux exigences nouvelles, alors que les fonds publics mis à disposition se sont concomitamment amoindris, notamment depuis les années 1990[365]. Le *Bund* soutient encore assez largement la recherche fondamentale universitaire et extrauniversitaire, les aides au bénéfice des entreprises économiques représentent, en revanche, une part relativement faible[366] (I.).

La Suisse est également caractérisée par une relative constance dans la politique d'incitation à la RDI, bien que les années 1980 et 1990 aient été une première période de changements avec l'émergence de programmes d'innovation et la prise d'importance des programmes-cadres européens

---

[364] V. sur ce point et sur l'évolution de la politique allemande en la matière : HEINRICH, Oliver, *op.cit.*, p. 4, 5.

[365] V. pour la constance de cette évolution : FIER, Andreas, *op.cit.*, p. 44-49, 60.

[366] V. notamment sur cette évolution à la baisse : BILOBRK, Andrija, *Steuerliche Förderung unternehmerischer Forschung und Entwicklung : eine Simulation alternativer steuerlicher Fördermaßnahmen für Personen- und Kapitalgesellschaften*, Lohmar : JOSEF EUL VERLAG, 2016, p. 107, 108.

pour la RDI[367]. Tout comme en Allemagne, les entreprises économiques ne bénéficient pas d'un grand nombre d'aides à la RDI[368] (II.).

La France a quant à elle longtemps occupé un rôle prépondérant en R&D, et ce notamment dans le domaine pharmaceutique. Ainsi, fut-elle au centre de la révolution scientifique du XVIIe siècle et des révolutions industrielles des XVIIIe et XIXe siècles[369]. Depuis lors, la structure réglementaire des incitations à la RDI s'est progressivement forgée, sans que la Seconde Guerre mondiale n'ait conduit à un véritable changement de paradigme. Cette structure réglementaire présente certaines particularités dues au rôle central de l'État [370] et à la proximité entre l'État et les entreprises économiques[371]. S'il n'y a eu, dès lors, de rupture de logique, l'attention s'est progressivement déplacée, pareillement à l'Allemagne et à la Suisse, vers les petites et moyennes entreprises et les jeunes entreprises innovantes. En même temps le modèle s'est partiellement adapté en faveur d'un modèle intermédiaire, agençant incitations directes et une panoplie d'incitations indirectes, afin de mieux répondre aux nouveaux défis en matière de RDI (III.).

I. L'ALLEMAGNE

Les incitations directes. La multiplicité des niveaux de compétence en matière de promotion de la RDI a fait émerger une structure réglementaire souvent considérée comme complexe et entremêlée. Les aides directes mises en place par le *Bund* et les *Länder* prennent alors des formes diverses. Elles ne profitent toutefois que de manière restreinte aux entreprises économiques, et plus particulièrement aux entreprises pharmaceutiques et biotechnologiques innovantes.

---

367 V. sur ce point de manière exemplatice : *OECD Reviews of Innovation Policy : Switzerland*, 2006, https://read.oecd-ilibrary.org/science-and-technology/oecd-reviews-of-innovation-policy-switzerland-2006_9789264029750-en#page1, p. 60.

368 *Ibid.*, p. 60.

369 V. notamment de manière exemplative sur ce constat : *OECD Reviews of Innovation Policy : France*, 2014, https://read.oecd-ilibrary.org/science-and-technology/oecd-reviews-of-innovation-policy-france-2014_9789264214026-en#page3, p. 26.

370 Ainsi, la part des dépenses en R&D assurée par l'État français est estimée à 37%, voire proche de 50% en incluant le crédit d'impôt recherche en 2010 (v. pour cette estimation : *OECD Reviews of Innovation Policy : France*, 2014, p. 26).

371 La proximité entre entreprises et état doit être comprise ici au sens de leur participation active dans les initiatives publiques et la multiplicité d'aides qui leur profitent à la différence d'autres états (v. sur ce point de manière exemplative : *OECD Reviews of Innovation Policy : France*, 2014, p. 26).

Les aides directes au niveau fédéral. Les aides directes prennent au niveau fédéral avant tout la forme de subventions et de prêts. Ceux-ci répondent à des conditions de bénéfice et une procédure déterminées[372].

L'octroi de subventions. Les subventions sont accordées par le biais, d'une part, du Ministère fédéral de l'Économie (*Bundesministerium für Wirtschaft*), et, d'autre part, du Ministère fédéral pour l'Éducation et la Recherche (*Bundesministerium für Bildung und Forschung*). Elles doivent répondre aux exigences du § 23 du Règlement financier fédéral (*Bundeshaushaltsordnung*). Ainsi, elles ne peuvent être accordées que lorsque la Fédération a un intérêt à la réalisation du but assigné, c'est-à-dire lorsque l'intérêt de l'État allemand le justifie[373], pourvu et pour autant que la réalisation du projet serait autrement compromise en raison de l'insuffisance des moyens financiers disponibles[374] et que le projet de recherche n'ait pas encore débuté[375] [376]. Un projet de RDI ne pourra d'ailleurs être financé pour son entièreté que lorsqu'il s'agit d'un projet à but non lucratif ou de très faible valeur économique, de telle sorte que l'intérêt économique pour l'entreprise est relativement insignifiant par rapport à l'intérêt que présente le projet pour l'Allemagne[377].

L'octroi de subventions est, en ce sens, une tâche administrative traditionnelle qui entre dans le cadre de la gestion de services (*Leistungsverwaltung*)[378]. Dès lors, l'exercice de cette tâche ne se fonde pas nécessairement sur une habilitation expresse par voie législative, la planification des moyens financiers correspondants – en termes quantitatifs et qualitatifs[379] – dans le cadre du budget par le législateur budgétaire étant considérée suffisante selon l'opinion majoritaire et correspond à la pratique[380].[381]

---

372 V. sur ce point : GROß, Thomas, KARAALP, Remzi N., WILDEN, Anke, *Regelungsstrukturen der Forschungsförderung : staatliche Projektfinanzierung mittels Peer-Review in Deutschland, Frankreich und der EU*, Baden-Baden : Nomos, coll. Interdisziplinäre Schriften zur Wissenschaftsforschung, 2010, p. 26.

373 V. sur ce point de manière exemplative : FIER, Andreas, *op.cit.*, p. 132.

374 V. également : VV n°1.1 relative au § 44 BHO.

375 VV n°1.3 relative au § 44 BHO.

376 V. notamment sur ce point : WILDEN, Anke, *op.cit.*, p. 109.

377 V. de manière exemplative : HEINRICH, Oliver, *op.cit.*, p.80.

378 V. pour cette catégorisation parmi la gestion de services de manière exemplative: ROSSI, Matthias *in* GRÖPL, Christoph (dir.), *op.cit.*, § 44, p. 445.

379 Le § 45 al. 1 BHO prévoit que les subventions et les crédits d'engagement ne peuvent être octroyés que dans l'objectif spécifié par le budget. Une limite temporelle y est également adjointe. Ils ne peuvent être octroyés que pour autant et aussi longtemps que l'objectif perdure, et uniquement jusqu'à la fin de l'exercice budgétaire (v. également : ROSSI, Matthias *in* GRÖPL, Christoph (dir.), *op.cit.*, § 44, p. 455).

380 V. sur ce point : ROSSI, Matthias *in* GRÖPL, Christoph (dir.), *op.cit.*, § 44, p. 445, 446 : l'auteur relève à cet égard que dans le domaine de la gestion de services, la réserve parlementaire n'est que d'application limitée selon la doctrine majoritaire, les §§ 23 et 44 BHO constituant alors une habilitation générale du *Bund* et des *Länder* pour l'octroi de

Or, l'organisation concrète revient à des promoteurs de projets de recherche (*Projektförderer*) qui pour la plupart sont des établissements scientifiques de droit privé[382]. Ceux-ci procèdent notamment à la sélection des projets de recherche. En effet, les ministères fédéraux ne sont pas toujours les mieux placés pour apprécier la pertinence et la qualité d'un projet de recherche ou d'innovation, notamment dans des domaines aussi techniques et complexes que les secteurs pharmaceutique et biotechnologique. La délégation de l'organisation à des promoteurs est un palliatif efficace[383] et trouve son fondement dans le § 44 alinéa 3 du Règlement financier fédéral[384] :

« Des personnes morales de droit privé peuvent, avec leur consentement, se voir attribuer la compétence de réaliser des tâches administratives dans le domaine des subventions, en leur nom propre et selon les modalités de droit public, lorsqu'elles sont en mesure d'assurer une exécution adéquate de ces tâches et lorsque la délégation de compétence est dans l'intérêt public. La délégation de compétence tout autant que le retrait de compétence reviennent au ministère fédéral compétent ; (...) »[385].

---

subventions dans le cadre de leurs compétences et missions constitutionnelles. L'assouplissement du principe démocratique repose alors sur la considération que l'octroi de subventions ne porte pas atteinte aux droits fondamentaux, mais au contraire favorise et étend l'exercice des ces droits, argument critiquable selon certains. Selon eux une habilitation légale serait nécessaire, du moins pour ce qui est de la recherche scientifique en raison de ses particularités (v. également : MEUSEL, Ernst-Joachim, *op.cit.*, p. 306, 307).

381 Aux dispositions du BHO, qui se rapportent principalement à la planification des moyens financiers et à l'octroi de subventions, s'ajoutent les dispositions de la loi fédérale sur les procédures administratives qui règlent principalement les procédures d'octroi mais également l'annulation de l'aide et de son remboursement. Par ailleurs, des directives sur la promotion (*Förderrichtlinie*) peuvent être adoptées par le ministère compétent en accord avec le Ministère fédéral des finances (*Bundesministerium der Finanzen*) et après consultation du Cour fédérale des comptes (*Bundesrechnungshof*) en vue de préciser ou modifier les directives administratives générales, et dans l'objectif d'une meilleure transparence, de la garantie de l'égalité de traitement, ainsi que dans l'objectif de simplification. Ces directives sur la promotion permettent de créer des normes de contrôle pour le contrôle des résultats. Toutefois, elles ne lient pas l'administration (v. notamment : ROSSI, Matthias *in* GRÖPL, Christoph (dir.), *op.cit.*, § 44, p. 447-449).

382 V. sur ce point notamment : HEINRICH, Oliver, *op.cit.*, p. 78.

383 V. en ce sens notamment : WILDEN, Anke, *op.cit.*, p. 109.

384 La possibilité d'une délégation de l'organisation et de l'octroi de subventions à des promoteurs qualifiés est d'une particulière importance lorsqu'il s'agit de la R&D. Le législateur allemand a ainsi réagi à une demande croissante par l'introduction du § 44 al. 3 dans le règlement financier fédéral en 1994 (v. ROSSI, Matthias *in* GRÖPL, Christoph (dir.), *op.cit.*, § 44, p. 476).

385 Traduit par l'auteure (§ 44 al. 3 BHO : *« Juristischen Personen des privaten Rechts kann mit ihrem Einveständnis die Befugnis verliehen werden, Verwaltungsaufgaben auf dem Gebiet der Zuwendungen im eigenen Namen und in den Handlungsformen des öffentlichen Rechts wahrzunehmen, wenn sie die Gewähr für eine sachgerechte Erfüllung der ihnen übertragenen Aufgaben bieten und die Beleihung im öffentlichen Interesse liegt. Die Verleihung und die Entziehung der Befugnis obliegen dem zuständigen Bundesministerium »*).

Subventions et programmes-cadres. Le subventionnement de projets de recherche et d'innovation dépendra alors des priorités définies par les ministères fédéraux compétents et s'inscrivent dans les programmes-cadres et initiatives-cadres au niveau fédéral. Ainsi, le Ministère fédéral pour l'Éducation et la Recherche subventionne dans le cadre de l'initiative *KMU-innovativ*[386] les projets innovants de petites et moyennes entreprises dans certains secteurs technologiques d'importance, dont les biotechnologies et les appareils médicaux.

Il convient de relever, en outre, le programme-cadre du gouvernement fédéral relatif à la recherche en matière de santé (*Rahmenprogramm Gesundheitsforschung der Bundesregierung*). Celui-ci est organisé autour de trois actions principales que sont la promotion de la recherche dans l'objectif d'une meilleure prévention et d'un meilleur traitement des pathologies, la promotion de l'innovation en matière médicale et la promotion du site de recherche allemand, et intégré à la « *Hightech-Strategie 2025* »[387]. Bien que ce programme-cadre soit une traduction de la traditionnelle volonté de la Fédération de promouvoir la RDI dans le domaine de la santé[388], l'intervention du *Bund* a diminué au cours du temps, du moins pour ce qui est du soutien apporté aux entreprises économiques. Les raisons en sont, parmi d'autres, la particularité du secteur concerné. Les entreprises pharmaceutiques seraient, en effet, fortement incitées à investir en RDI en vue de rester compétitives face à une concurrence nationale et internationale grandissante[389].

Les appels à candidature hors programmes-cadres tournés vers les projets de R&D coopératifs. S'y ajoutent les appels à candidature lancés par les ministères fédéraux compétents hors programmes-cadres et les autres programmes qui ne s'y inscrivent pas directement. Ceux-ci dépendent des priorités définies par les ministères dans leur politique de recherche[390]. Le Ministère de l'Économie et de l'Énergie accorde, notamment, des aides (sous forme de prêts à taux préférentiel[391]), par l'intermédiaire du groupe bancaire KfW et dans le cadre du programme ERP (*European Recovery Program*) d'aide à l'innovation, aux petites et moyennes entreprises réalisant des activités de recherche en coopération avec des établissements et instituts de recherche. « *Concrètement, le programme ERP d'aide à l'innovation*

---

[386] https://www.bmbf.de/de/kmu-innovativ-561.html.

[387] https://www.bmbf.de/upload_filestore/pub/Rahmenprogramm_Gesundheitsforschung.pdf.

[388] Jusque dans les années 2000 se sont succédés les programmes de R&D au service de la santé (*Programme FuE im Dienste der Gesundheit*) de 1978-1982, de 1981-1983, de 1983-1986, de 1986-1988, 1988-1991, 1991-1993. Ces programmes ont été remplacés par le programme recherche en santé (*Programm Gesundheitsforschung*) en 1993. (v. pour plus de détails : FIER, Andreas, *op.cit.*, p. 128-130 ; v. également : WILDEN, Anke, *op.cit.*, p. 108).

[389] V. de manière exemplative : FIER, Andreas, *op.cit.*.

[390] V. sur cette juxtaposition de manière exemplative : WILDEN, Anke, *op.cit.*, p. 109.

[391] https://www.bmwi.de/Redaktion/FR/Artikel/PME/technologieoffene-projektfoerderung-02.html (consulté le 03.06.2021).

subventionne des projets innovants d'entreprises au moyen de prêts à long terme couvrant une partie des coûts. Ces prêts sont consentis aux entreprises par la banque publique de développement KfW par l'intermédiaire de leur banque habituelle. »[392]. Il comporte deux volets dont le premier vise les activités de recherche appliquée et de développement expérimental réalisées en Allemagne, alors que le second vise le lancement des produits sur le marché allemand.

Une promotion restreinte de la RDI commerciale. La majeure partie des incitations directes à la RDI ne bénéficient pas aux entreprises économiques en raison de l'objectif commercial sous-jacent à leurs activités. Si la directive du Ministère fédéral pour l'Éducation et la Recherche sur le financement des études cliniques de grande importance pour l'Homme de février 2018 aurait, en principe, été particulièrement intéressante pour les entreprises pharmaceutiques et biotechnologiques, celle-ci exclut du bénéfice de cette aide les études cliniques réalisées dans l'objectif d'une obtention d'autorisation de mise sur le marché (AMM)[393]. Une entreprise économique ne pourrait bénéficier de cette aide que de manière indirecte, en tant que sous-traitant d'un des bénéficiaires principaux (établissements d'enseignement supérieur, instituts de recherche, institutions et prestataires de soins)[394].

En tout état de cause, et bien que différents instruments d'incitation directe soient utilisés au niveau fédéral, peu d'entre eux bénéficient aux entreprises économiques. À leurs côtés sont, toutefois, mis en place un certain nombre d'incitations directes au niveau des *Länder*.

Les aides directes au niveau des *Länder*. Les aides directes au niveau des *Länder* prennent la plupart du temps la forme de subventions, prêts et garanties et bénéficient avant tout aux petites et moyennes entreprises et jeunes entreprises innovantes.

Des aides focalisées sur les projets de R&D collaboratifs et les domaines d'avenir. Le Bade-Wurtemberg subventionne la planification, le développement, la réalisation et l'amélioration de produits, services ou processus de production innovants à travers les chèques-innovation A et B pour les projets présentant un niveau d'innovation particulièrement élevé dans le secteur ou marché concerné et bénéficiant aux PME[395].

La Bavière soutient dans le cadre de son programme 'hautes technologies pour le 21e siècle' (*Förderprogramm Hochtechnologien für das 21. Jahrhundert*) ses entreprises économiques, et avant tout ses PME innovantes,

---

392 https://www.bmwi.de/Redaktion/FR/Artikel/PME/technologieoffene-projektfoerderung-02.html (consulté le 03.06.2021).
393 https://www.bmbf.de/foerderungen/bekanntmachung-1294.html (consulté le 03.06.2021).
394 https://www.bmbf.de/foerderungen/bekanntmachung-1294.html (consulté le 03.06.2021).
395 https://wm.baden-wuerttemberg.de/de/innovation/innovationsgutscheine/innovationsgutschein-hightech-start-up/ (consulté dernièrement le 03.06.2021).

dans la réalisation de projets de recherche et d'innovation par voie de subventions, dans un nombre de domaines déterminés et, notamment, dans le domaine des *Life Sciences*[396].

Hambourg propose, dans le cadre de son programme de soutien au renforcement de l'économie de la santé (*Förderprogramm zur Stärkung der Gesundheitswirtschaft*), des aides pour les projets collaboratifs associant une PME ou grande entreprise avec une autre PME, qui devra supporter au moins 30% des dépenses réalisées[397]. Ce programme vise à soutenir, en particulier, les projets innovants, mais encore ceux qui améliorent l'approvisionnement des patients, par une subvention s'élevant à 200.000 euros maximum par an, sauf exceptions. Les secteurs concernés sont, notamment, le secteur pharmaceutique et celui biotechnologique.

Un autre exemple est le programme ProFit Brandenburg du Brandenbourg, lequel s'insère dans le cadre des Lignes directrices du Ministère de l'Économie du *Land* visant à promouvoir la recherche, les innovations et les technologies par l'intermédiaire de la ILB (*Investitionsbank des Landes Brandenburg*) et en coopération avec le Fonds européen de développement régional. Celui-ci s'adresse aux PME et grandes entreprises coopérant avec une ou plusieurs PME et vise à soutenir et renforcer le niveau d'innovation du *Land*. Il se compose d'une subvention pour la phase de recherche et d'un prêt pour les phases ultérieures jusqu'à la mise sur le marché du produit innovant[398].

Les aides directes mises en place par les *Länder* allemands diffèrent ainsi de par leur nature et les fonds mis à disposition. Une tendance générale peut être décelée avec une focalisation sur les projets innovants dans certains domaines d'avenir, dont les sciences de la vie et les biotechnologies, collaboratifs et primairement réalisés par les PME et les jeunes entreprises innovantes.

Les aides indirectes. Aux côtés des aides directes à la RDI, que cela soit sous forme de prêts, garanties ou subventions, les aides indirectes permettent de créer un environnement favorable à ces activités. Ces aides indirectes peuvent être soit de nature économico-structurelles, dans quel cas les aides sont dirigées directement vers le soutien de la RDI, soit de nature entrepreneurio-structurelles, dans quel cas les aides visent à soutenir un certain type d'entreprises.

Les incitations fiscales constitueraient à cet égard une option particulièrement efficace pour l'amélioration de la compétitivité nationale en termes de site entrepreneurial et de recherche et pour la prévisibilité des

---

[396] https://forschungsstiftung.de/Antragstellung/Foerderrichtlinien.html (consulté dernièrement le 03.06.2021).

[397] https://www.hamburg.de/contentblob/5982102/7b6729686d0ff8c5d5674ad317955b19/data/foerderrichtlinie-foerderprogramm-gw.pdf (consulté dernièrement le 03.06.2021).

[398] https://www.ilb.de/de/wirtschaft/zuschuesse/profit/index.html (consulté dernièrement le 03.06.2021).

mesures instituées. Ce dernier aspect se répercuterait positivement sur la sécurité de planification des activités de RDI[399]. Or, pour ce qui est de l'Allemagne, certains auteurs avancent que le contexte fiscal se serait progressivement dégradé au fil des réformes depuis les années 2000[400], sans pour autant que cette évolution n'ait conduit à l'introduction d'incitations fiscales à la RDI. Le projet de loi sur les primes fiscales pour la recherche (*Forschungszulagengesetz*), adopté le 7 novembre 2019, se présente comme une évolution du statu quo en ce sens.

La variété d'aides indirectes de type entrepreneurio-structurelles au niveau fédéral. Une variété d'aides indirectes de type entrepreneurio-structurelles sont mises en place au niveau fédéral, dont notamment le programme du Ministère fédéral de l'Économie et de l'Énergie visant à soutenir les jeunes entreprises innovantes lorsqu'elles souhaitent participer à des foires commerciales par la mise à disposition d'un stand commun par les organisateurs des foires. Ces foires sont particulièrement importantes pour ces entreprises afin de faire connaître leurs projets innovants[401]. Leur importance est toutefois moindre, nous semble-t-il, pour les entreprises pharmaceutiques et biotechnologiques.

S'y ajoutent d'autres types d'aides visant à soutenir les entreprises économiques financièrement. Il en va ainsi du *« Mikrokredit des Mikrokreditfonds Deutschland »*. Ces micro-prêts bénéficient aux petites et jeunes entreprises qui sont dans l'impossibilité d'accéder aux fonds nécessaires à leur activité par voie de prêt auprès de leur banque habituelle[402]. Ce type de soutien est particulièrement intéressant pour les jeunes entreprises pharmaceutiques innovantes et de biotechnologie. En effet, celles-ci rencontrent souvent des difficultés d'accès au crédit en raison du coût, de la durée et des incertitudes attachés au processus.

Le *« INVEST-Zuschuss für Wagniskapital »* vise également à soutenir l'accès des jeunes entreprises aux financements sous forme d'un

---

[399] V. en ce sens : HERBOLD, Sabine, *op.cit.*, p. 297 ; Pour de plus amples développements et, en particulier, un exposé clair des effets désavantageux des incitations fiscales (e.a. effets d'aubaine, absence d'incitation à la réalisation de projets concrets, possibilités d'abus, désavantage relatif à la difficulté de planification des dépenses pour l'État), v. : VOGEL, Thorsten, *Die Einflussnahme steuerlicher Lenkungsnormen auf Entscheidungen von Wirtschaftssubjekten : eine ökonomische Analyse am Beispiel der Zinsschranke, einer steuerlichen Förderung von Forschung und Entwicklung sowie einer Finanztransaktionssteuer*, Lohmar, Köln : JOSEF EUL VERLAG, coll. Steuer, Wirtschaft und Recht, 1e édition, 2015, p. 189-193.

[400] V. sur la dégradation progressive du contexte fiscal allemand, de manière exemplative : HERBOLD, Sabine, *op.cit.*, p. 295, 296.

[401] http://www.bafa.de/DE/Wirtschafts_Mittelstandsfoerderung/Auslandsmarkterschliessung/Messeprogramm_junge_innovative_Unternehmen/messeprogramm_junge_innovative_unternehmen_node.html (consulté dernièrement le 03.06.2021)

[402] https://www.bmwi.de/Redaktion/DE/Artikel/Mittelstand/gruendungsfinanzierung-mikrokreditfonds.html (consulté dernièrement le 03.06.2021).

remboursement de 20% du prix d'émission des parts souscrites par un investisseur privé sous certaines conditions[403]. Il s'agit là d'une tentative de l'Allemagne de soutenir le capital-risque au niveau fédéral et d'inciter les investisseurs privés à diriger leurs fonds vers les jeunes entreprises. Cet instrument peut tout particulièrement profiter aux jeunes entreprises pharmaceutiques et de biotechnologie, pour lesquelles défendre un projet empreint de fortes incertitudes (notamment quant à l'aboutissement de leurs recherches et le développement d'un nouveau produit innovant) est souvent une tâche difficile. Le soutien apporté par l'Allemagne peut, dès lors, avoir un véritable effet incitatif en ce sens.

Finalement, le Ministère fédéral de l'Économie et de l'Énergie subventionne les petites et moyennes entreprises dans le cadre du programme *« go-Inno »* par l'octroi de chèques-innovation lorsque celles-ci recourent à des entreprises de conseil autorisées par le Ministère pour la préparation et la réalisation de leurs projets innovants.

Ces quelques exemples ont permis d'illustrer la variété des incitations indirectes de type entrepreneurio-structurelles proposées au niveau fédéral. Ceux-ci s'insèrent plus généralement dans le changement de perspective intervenu depuis les années 1990 en faveur de la promotion des petites, moyennes et jeunes entreprises innovantes. Les *Länder* allemands ont également fait usage de leurs compétences pour mettre en place un certain nombre d'incitations de ce type.

La variété des aides indirectes de type entrepreneurio-structurelles au niveau des *Länder*. Le premier type de mesures mises en place au niveau des *Länder* sont les garanties publiques accordées pour des prêts contractés auprès de banques locales. Ces garanties visent à faciliter l'accès des PME et jeunes entreprises au financement par voie de prêt, voie de financement souvent privilégiée par les entreprises économiques, en fournissant une garantie supplémentaire. En va-t-il ainsi des *« Landesbürgschaften Brandenburg »*[404]. Une telle aide peut se révéler bénéfique pour les jeunes entreprises pharmaceutiques et biotechnologiques, et vraisemblablement faciliter leurs démarches.

Un autre type de mesures est la mise à disposition de capital-risque. En Hesse, le *Futury Venture Fonds Deutschland-Hessen* a été créé par le *Land* et des investisseurs privés et s'adresse aux jeunes entreprises innovantes en proposant des prises de participations le long des différentes phases de développement de l'entreprise[405]. De telles mesures peuvent se répercuter

---

[403] https://www.bmwi.de/Redaktion/DE/Dossier/invest.html (consulté dernièrement le 03.06.2021).

[404] https://mdfe.brandenburg.de/mdfe/de/themen/beteiligungen-buergschaften-aufsichten-vermoegensfragen/landesbuergschaften/ (consulté dernièrement le 03.06.2021).

[405] https://www.bmh-hessen.de/index.php/news/item/36-landesregierung-und-private-investoren-gruenden-gemeinsamen-start-up-fonds-futury-venture-fonds-deutschland-hessen (consulté dernièrement le 03.06.2021).

positivement sur la création et la subsistance de jeunes entreprises sur le marché, en assurant un financement efficace.

Complémentairement, peuvent être mentionnés les prêts. Ainsi, le Ministère de l'Économie, de la Construction et du Tourisme du Mecklembourg-Poméranie occidentale en coopération avec la Bürgschaftsbank Mecklenburg-Vorpommern, et dans le cadre d'un projet du Fonds européen de développement régional, accordent des prêts aux très petites, petites et moyennes entreprises en vue de renforcer leur capacité d'investissement et favoriser leur développement[406]. Ces prêts sont accordés pratiquement sans distinction de secteur ou d'activité, en particulier, pour l'acquisition de biens économiques en rapport avec le projet d'investissement ou leur production, pour les prises de participation ou la reprise d'entreprises ou encore pour les coûts afférents au premier entrepôt[407].

Si les exemples pour les aides indirectes de type entrepreneurio-structurelles sont multiples, les dispositions fiscales pertinentes sont de nature et d'effet variables et peuvent avoir des répercussions divergentes pour les entreprises innovantes le long du processus de RDI pharmaceutique.

Une pertinence limitée des incitations fiscales pour les entreprises du secteur. Le droit fiscal allemand connaît un certain nombre d'exonérations fiscales et d'allègements fiscaux. Le premier type est celui bénéficiant aux entreprises exerçant une activité d'intérêt général des § 51 et suivants du Code fiscal (*Abgabenordnung*)[408].

Ce qui relève de l'intérêt général dépend des opinions prédominantes à une époque considérée, et notamment des tendances philosophiques et socio-éthiques[409], et doit reposer sur les valeurs et biens publics[410]. Cette variabilité

---

[406] https://www.buergschaftsbank-mv.de/darlehen/bmv_darlehen_II/ (consulté dernièrement le 03.06.2021).

[407] https://www.buergschaftsbank-mv.de/darlehen/bmv_darlehen_II/ (consulté dernièrement le 03.06.2021).

[408] § 51 al. 1 AO : *« Lorsque la loi accorde une exonération fiscale à une entité, en raison de l'exercice exclusif et immédiat d'une activité d'intérêt général, à but caritatif ou religieux, les dispositions suivantes doivent être remplies. Le terme d'entité recouvre les entités, associations de personnes et les masses patrimoniales au sens de la loi relative à l'impôt sur les sociétés. Les subdivisions fonctionnelles (départements) ne sont considérés comme des entités imposables autonomes. »* (traduit par l'auteure).

[409] V. sur la variabilité de l'intérêt général au cours du temps : SEER, Roman *in* TIPKE, Klaus, KRUSE, Heinrich Wilhelm (fond.), *AO. FGO* Kommentar, Köln : Otto Schmidt Verlag, coll. Kommentar, 2017, § 52, p. 5 ; v. aussi : BLESINGER, Karl *in* KÜHN, Rolf, WEDELSTÄDT, Alexander von (dir.), *Abgabenordnung und Finanzgerichtsordnung*, Stuttgart : Schäffer-Poeschel Verlag, coll. Kommentar, 21e édition, 2015, § 52, pt. 6.

[410] V. sur ce point : MUSIL, Andreas *in* HÜBSCHMANN, Walter (fond.), HEPP, Ernst, SPITALER, Armin (dir.), *Abgabenordnung, Finanzgerichtsordnung*, Köln : Otto Schmidt Verlag, coll. Kommentar, 2017, § 52, p. 17, ainsi que p. 9 ; v. pour un exposé des opinions divergentes sur ce point : BLESINGER, Karl *in* KÜHN, Rolf, WEDELSTÄDT, Alexander von (dir.), *op.cit.*, § 52, pt. 2.

au cours du temps a empêché l'élaboration d'un concept unique[411] [412]. Il n'en reste pas moins que le catalogue non limitatif de l'alinéa 2 du § 52 liste certaines activités, dont la promotion des sciences et de la recherche (n°1), ainsi que la promotion de la santé publique et des soins de santé publique (n°3).

Ces dispositions pourraient, en principe, bénéficier à certaines entités du domaine de la santé ainsi que du domaine pharmaceutique, et avant tout aux associations et fondations actives en R&D [413]. Les entreprises pharmaceutiques et biotechnologiques innovantes ne pourraient, en revanche, pas prétendre au bénéfice de l'exonération fiscale [414] ou de l'allègement fiscal [415] puisqu'elles ne remplissent pas les conditions cumulatives des §§ 52, 55, 56 et 57 du Code fiscal que sont une activité d'intérêt général (*gemeinnützige Zwecke*) [416], une gestion désintéressée (*Selbstlosigkeit*) [417], l'exclusivité (*Ausschließlichkeit*) [418] et l'immédiateté (*Unmittelbarkeit*).

---

[411] V. pour l'absence de concept unique : SEER, Roman *in* TIPKE, Klaus, KRUSE, Heinrich Wilhelm (fond.), *op.cit.*, § 52, p. 6.

[412] En tout état de cause, la notion d'intérêt général est influencée et limitée par l'ordre de valeurs objectif irriguant la loi fondamentale allemande. Une activité d'intérêt général ne peut, dès lors, contrevenir à l'ordre de valeurs constitutionnel (v. notamment : BFH, 29 août 1984 – 1 R 215/81 (une association visant à promouvoir la protection de l'environnement n'a pas une activité d'intérêt général lorsque sa gestion effective tout autant que son activité ne respectent pas l'ordre de valeurs constitutionnel) ; BFH, 31 mai 2005 – 1 R 105/04 (une communauté religieuse ne peut pas se voir reconnaître la qualification d'activité d'intérêt général lorsqu'il existe une contradiction entre leurs valeurs et buts et l'ordre de valeurs constitutionnel).

[413] V. sur ce point : HEINRICH, Oliver, *op.cit.*, p. 82.

[414] V. pour les exonérations fiscales afférentes : § 5 al. 1, n°9 KStG ; § 13 al. 1, n°16 et 17 ErbStG, § 3 al. 1, n°3 et 4, ainsi que § 4 n°6 GrStG ; v. également : § 3 n°6 GewStG.

[415] V. pour les allègements fiscaux afférents : § 12 al. 2, n°8 UStG.

[416] Ce critère permet de distinguer les activités d'intérêt général de celles qui bénéficient en principe à la collectivité (matériellement, intellectuellement ou moralement) mais qui sont de caractère économique, c'est-à-dire orientées vers la réalisation de profits (v. sur ce point de manière exemplative : SEER, Roman *in* TIPKE, Klaus, KRUSE, Heinrich Wilhelm (fond.), *op.cit.*, § 52, p. 4).

[417] Le critère d'activité désintéressée a pour objectif d'éviter qu'une entité n'exerce son activité que pour poursuivre des objectifs égoïstes, c'est-à-dire économiques (SEER, Roman *in* TIPKE, Klaus, KRUSE, Heinrich Wilhelm (fond.), *op.cit.*, § 55, p. 3, 4 ; v. aussi : BLESINGER, Karl *in* KÜHN, Rolf, WEDELSTÄDT, Alexander von (dir.), *op.cit.*, § 55, pt. 1 et 1a). Il exclut, par ailleurs, que les membres ou associés de la personne morale reçoivent une part des bénéfices ou une autre forme d'avantage (v. notamment : SEER, Roman *in* TIPKE, Klaus, KRUSE, Heinrich Wilhelm (fond.), *op.cit.*, § 55, p. 10).

[418] Le critère de l'exclusivité rend une subdivision entre activités économiques et d'intérêt général au sein d'une même entité impossible (*Aufspaltungsverbot*) (v. de manière exemplative : MUSIL, Andreas *in* HÜBSCHMANN, Walter (fond.), HEPP, Ernst, SPITALER, Armin (dir.), *op.cit.*, § 56, p. 2, 3). L'exercice d'une activité économique complémentaire n'est toutefois pas problématique dans tous les cas, du moins lorsque les ressources découlant de cette activité sont exclusivement assignées à la poursuite de l'activité d'intérêt général (v. notamment : SEER, Roman *in* TIPKE, Klaus, KRUSE, Heinrich Wilhelm

Le second type est l'exonération fiscale des § 3 de la loi sur la taxe professionnelle (*Gewerbesteuergesetz*) et § 5 de la loi sur l'impôt sur les sociétés (*Körperschaftsteuergesetz*). Ces exonérations fiscales s'appliquent, notamment, à la recherche contractuelle (§ 5 alinéa 1, n°23 de la loi sur l'impôt sur les sociétés[419] et § 3 n°30 de la loi sur la taxe professionnelle[420]). Est ainsi exonérée de taxe profesionnelle et d'impôt sur les sociétés, la recherche contractuelle des instituts de recherche et scientifiques de droit public, aussi longtemps et pour autant que leur activité n'est pas dirigée vers l'application de connaissances scientifiques établies et la promotion de projets de recherche et d'activités économiques sans rapport scientifique. Cette promotion de la RDI se limite toutefois aux établissements de droit public[421]. Les entreprises pharmaceutiques et biotechnologiques innovantes, tout autant que les *Clinical Research Organizations* de droit privé ne pourraient donc pas prétendre à leur bénéfice.

Le troisième type est l'exonération fiscale du § 3 de la loi sur l'impôt sur le revenu (*Einkommensteuergesetz*). Sont notamment exonérées d'impôt sur le revenu les bourses accordées par des moyens publics ou par des moyens d'institutions supranationales desquelles la République fédérale allemande est membre et visant à promouvoir la recherche et la formation scientifique, pour autant et aussi longtemps que le montant de la bourse ne dépasse pas ce

---

(fond.), *op.cit.*, § 56, p. 1 ; v. aussi : BLESINGER, Karl *in* KÜHN, Rolf, WEDELSTÄDT, Alexander von (dir.), *op.cit.*, § 57, pt. 1).

[419] Cette disposition étend depuis la loi du 15 décembre 2003 portant modification des impôts (*Steueränderungsgesetz, StÄndG*, BGBl. I, p. 2645) l'exonération du § 68 n°9 AO à toute corporation (v. notamment : ALVERMANN, Jörg *in* STRECK, Michael, BINNEWIES, Burkhard (dir.), *Körperschaftsteuergesetz : mit Nebengesetzen*, München : Verlag C. H. Beck, 9e édition, 2018, § 5, p. 106). En effet, le § 68 définit ce qui relève de la catégorie de *Zweckbetrieb* (exploitation affectée), c'est-à-dire les exploitations ne compromettant pas l'exonération des § 51 et s. AO. Il en va ainsi des établissements scientifiques ou de recherche dont les responsables se financent principalement grâce à des subventions publiques, des fonds de tiers ou par la gestion de fortune.

[420] La recherche contractuelle exonérée en application du § 5 al. 1 n°23 KStG est également exonérée de taxe professionnelle. Les conditions à remplir pour bénéficier de l'exonération sont alors les mêmes que celles énumérées au paragraphe correspondant du KStG (v. de manière exemplative RÜSCH, Gary *in* WENDT, Michael, SUCHANEK, Markus, MÖLLMANN, Peter, HEINEMANN, Peter (dir.), *op.cit.*, § 3, p. 179). Or, ces conditions sont moins nombreuses que celles du § 68 n°9 AO. Dès lors, une différence de traitement doit être relevée, avantageant les établissements de recherche et scientifiques de droit public (v. pour ce constat : RÜSCH, Gary *in* WENDT, Michael, SUCHANEK, Markus, MÖLLMANN, Peter, HEINEMANN, Peter (dir.), *op.cit.*, § 3, p. 179, citant à cet égard Kaufmann/Schmitz-Herscheidt, BB 2007, 2039).

[421] En effet, les établissements de droit privé, même s'ils appartiennent pleinement et entièrement aux pouvoirs publics, sont exclus du bénéfice de l'exonération fiscale. Dès lors, cet article vise avant tout les activités scientifiques et de recherche des établissements d'enseignement supérieur ou des académies des sciences et des universités ecclésiastiques (v. de manière exemplative : RÜSCH, Gary *in* WENDT, Michael, SUCHANEK, Markus, MÖLLMANN, Peter, HEINEMANN, Peter (dir.), *op.cit*, § 3, p. 180).

qui est nécessaire à la réalisation du projet de recherche ou à la formation et que le bénéficiaire de la bourse n'est pas tenu de fournir une contrepréstation déterminée ou d'exécuter une activité salariée déterminée (§ 3 n°44 de la loi sur l'impôt sur le revenu)[422]. Si cette disposition permet de soutenir les chercheurs dans leur processus de recherche et au cours de leur formation, elle ne présente qu'un intérêt restreint pour les entreprises pharmaceutiques et biotechnologiques innovantes[423].

Les dispositions fiscales potentiellement incitatives pour les entreprises du secteur. Quelques dispositions peuvent avoir un effet incitatif que sont le § 5 alinéa 2 et le § 34a de la loi sur l'impôt sur le revenu. Le premier porte sur les immobilisations incorporelles. Celles-ci sont, en effet, à prendre en compte en tant que poste de l'actif, uniquement lorsque ces immobilisations incorporelles ont été acquises à titre onéreux[424]. Une telle disposition peut certainement se répercuter positivement sur la R&D pharmaceutique, ce processus se clôturant la plupart du temps par une demande de brevet. Toutefois, la portée de cette disposition est limitée en ce sens qu'on ne la retrouve que dans la loi sur l'impôt sur le revenu, c'est-à-dire qu'elle ne s'applique qu'à certaines entreprises.

Le second porte sur l'utilisation en interne des bénéfices de l'entreprise. Au moment de son introduction, cette disposition visait à éviter le renforcement du clivage entre le traitement fiscal des bénéfices des sociétés de personnes et des sociétés de capitaux par voie d'un traitement préférentiel optionnel de la thésaurisation dans les sociétés de personnes[425]. Le taux de

---

[422] Cette exonération ne s'applique notamment pas aux subventions EXIST (*EXIST-Gründerzuschüsse*) (v. sur ce point : LEVEDAG, Christian *in* SCHMIDT, Ludwig (fond.), WEBER-GRELLET, Heinrich (dir.), *Einkommenssteuergesetz*, München : C. H. Beck, 38e édition, 2019, § 3, p. 118).

[423] Les sociétés de personnes pourraient en principe bénéficier de cette disposition. En effet, l'exonération fiscale du § 3 EStG est une exonération matérielle et non personnelle. Dès lors, elle s'applique à tout contribuable qu'il le soit de manière limitée ou illimitée (v. sur ce point notamment : BFH, 27 juillet 1988 – 1 R 28/87, pt. 25).

[424] V. également sur ce point : LÖHR, Sebastian, *op.cit.*, p. 15.

[425] Si des études ont montré de manière générale que peu de sociétés de personnes ne supportèrent dans les faits une charge fiscale supérieure à la charge de thésaurisation des sociétés de capitaux avant la réforme de 2008 (Loi de finances pour 2009 (*Jahressteuergesetz, JStG*) du 19 décembre 2008, BGBl. I. p. 2794), une concurrence étrangère croissante avait été relevée. La réforme visait alors à renforcer leur compétitivité au niveau international en essayant de réduire le clivage dans le traitement fiscal des bénéfices entres sociétés de personnes et de capitaux en cas de thésaurisation et de faciliter la constitution de capitaux propres (BT-Drs. 16/4841, p. 31, 32).

En effet, l'impôt sur les sociétés s'élève à 15% (§ 23 KStG), les dividendes étant taxées à hauteur de 25% entre les mains des associés (§ 32d EStG). Dès lors, les bénéfices des sociétés de capitaux se voient appliquer le taux de 15% auquel s'ajoute le taux de base de la taxe professionnelle de 3,5% (*Gewerbesteuermesszahl*) multiplié par le coefficient multiplicateur fixé par la commune (*Gewerbeseteuerhebesatz*). Pour un coefficient multiplicateur de 400 cela aboutirait à une charge de thésaurisation de 29,38% (v. pour les calculs : WACKER, Roland *in* SCHMIDT, Ludwig (fond.), WEBER-GRELLET, Heinrich (dir.),

l'impôt sur le revenu, pour les bénéfices non distribués par l'entreprise et sur demande de cette dernière[426], ne s'élève alors plus qu'à 28,25%, taux auquel s'ajoute la majoration de solidarité de 5,5% (*Solidaritätszuschlag*)[427]. Cette disposition renforce, en principe, la capacité d'autofinancement et de financement interne des sociétés de personnes, pour le moins les capitaux propres à leur disposition. Bien que limitée aux sociétés de personnes cette disposition est susceptible de se révéler favorable, les capitaux propres ainsi à disposition pouvant être investis en RDI.

Une évolution récente particulièrement pertinente. Le projet de loi sur les primes fiscales pour la recherche (*Forschungszulagengesetz-Entwurf*), déposé par le Cabinet fédéral le 22 mai 2019[428], a été adopté le 7 novembre

---

Einkommensteuergesetz, München : C. H. Beck, 38e édition, 2019, § 34a, p. 2020 ; v. aussi : KESSLER, Wolfgang, PFUHL, Andreas, « Steuergesetzgeberische Bemühungen zur Förderung der Eigenkapitalbildung bei Personenunternehmen. Eine Analyse der Thesaurierungsbegünstigung nach § 34a EStG » *in* DITTMERS, Hermann (dir.), *Den Mittelstand begleiten : Wege zum Eigenkapital und gelungener Nachfolge. Festschrift für Horst Kary zu seinem 65. Geburtstag am 1. November 2009*, Freiburg : Sparkasse Freiburg-Nördlicher Breisgau, 2009, p. 61). La charge fiscale des sociétés de capitaux se situe ainsi désormais dans la moyenne de l'UE-15, ce qui réduit sensiblement l'attrait pour les entreprises à rélocaliser leurs bénéfices (v. BT-Drs. 16/4841 p. 31). Pour les sociétés de personnes l'imposition de principe s'élève à 47,44% pour un taux de l'impôt sur le revenu de 45% et un coefficient de taxe professionnelle de 400. La charge fiscale en cas de distribution de dividendes serait ainsi inférieure à celle des sociétés de capitaux (qui s'élève à 48,33% dans ces conditions). En cas de thésaurisation la situation serait, en revanche, moins favorable en l'absence de traitement préférentiel face au taux de 29,38% (WACKER, Roland *in* SCHMIDT, Ludwig (fond.), WEBER-GRELLET, Heinrich (dir.), *op.cit.*, § 34a, p. 2020).

[426] Lorsque les bénéfices sont distribués la raison d'être du traitement préférentiel disparaît. En conséquence, assistera-t-on à un rappel d'impôt. La somme (*nachversteuerpflichtiger Betrag*) sera alors imposée à hauteur de 25%, taux auquel s'ajoutent les 5,5% de majoration de solidarité, de telle sorte à ce que la charge fiscale totale corresponde à celle des sociétés de capitaux (v. de manière exemplative et claire : WACKER, Roland *in* SCHMIDT, Ludwig (fond.), WEBER-GRELLET, Heinrich (dir.), *op.cit.*, § 34a, p. 2020).

[427] Voir également sur ce point : LÖHR, Sebastian, *op.cit.*, p. 13, 14 ; v. pour une relativisation des répercussions positives prévisibles : KESSLER, Wolfgang, PFUHL, Andreas, « Steuergesetzgeberische Bemühungen zur Förderung der Eigenkapitalbildung bei Personenunternehmen. Eine Analyse der Thesaurierungsbegünstigung nach § 34a EStG » *in op.cit.*, notamment p. 74 et s. : les auteurs relèvent entre autres qu'il est peu probable que cette option connaisse une large utilsation et soulignent la problématique de « l'ordre d'utilisation » des bénéfices, immanent à la norme, bien que cette disposition permette néanmoins à l'entreprise de disposer de davantage de capitaux propres.

[428] Des critiques diverses et variées ont été exprimées en doctrine. Tout d'abord l'absence de nécessité d'introduction d'une telle incitation fiscale. En effet, qu'un tiers des entreprises innovantes en Allemagne ont considéré le manque de financements être un obstacle important à l'innovation. D'autres considèrent que bien que l'objectif du projet de loi soit surtout de favoriser les PME innovantes, le taux de 25% des dépenses éligibles n'est pas suffisant pour avoir un effet considérable sur ces entreprises qui ont des frais de personnel peu importants en raison de leur taille et profite dès lors avant tout aux grandes entreprises. Certains considèrent néanmoins que ce projet présente de points positifs dont la facilité d'application pratique, la clarté juridique du projet et la facilité d'interprétation (v. à cet égard: TITGEMEYER,

2019[429]. Son objectif est de renforcer les activités de R&D en Allemagne en raison de leur effet positif sur l'économie nationale et, en particulier, sur la sauvegarde de la croissance économique et de l'emploi et sur les effets *spill-over*[430]. Ces primes ne bénéficient non uniquement aux petites et moyennes entreprises mais également aux entreprises de grande taille, c'est-à-dire à toute entreprise active en R&D[431]. L'activité de R&D doit alors remplir certains critères pour que l'entreprise puisse bénéficier de la prime fiscale. Elle doit remplir les critères de nouveauté (développement de connaissances nouvelles), d'activité novatrice (concepts ou hypothèses nouvelles), d'incertitude quant à l'issue, de systématicité et de transférabilité et/ou de reproductibilité des résultats[432]. Les dépenses éligibles sont celles liées à la rémunération des employés participant directement à la réalisation du projet de R&D éligible, ainsi que les dépenses de l'employeur pour la gestion d'avenir des employés de l'entreprise au sens du § 3, n°62 de la loi sur l'impôt sur le revenu (§ 3 alinéa 1 de la loi sur les incitations fiscales à la recherche et au développement)[433]. Est à noter à cet égard que les projets de R&D éligibles peuvent être des projets propres à l'entreprise, mais également des projets de R&D contractuels[434]. Dans le dernier cas les dépenses éligibles s'élèvent à 60% des sommes payées par l'entreprise bénéficiaire à l'entreprise mandatée pour les travaux de R&D[435]. La prime[436] s'élève à 25% des dépenses éligibles dans la limite de 2.000.000 euros[437] pour l'exercice fiscal écoulé[438]. La somme des aides d'État pour la R&D, y compris les primes fiscales pour la recherche, ne peuvent dépasser

---

Marion, « Zur steuerlichen Förderung von Forschung und Entwicklung (FuE) in Deutschland », *DStR*, 2019, n°24, p. 1274 et s., (p. 1278)).

429 Plenarprotokoll 19/124 du 7 novembre 2019, Tagesordnungspunkt 10, 15410 A.

430 V. notamment : BT-Drs. 19/10940 du 17 juin 2019, p. 14 : l'objectif du gouvernement allemand est, en effet, d'accroître l'attractivité du site d'innovation allemand grâce à l'introduction de primes fiscales et d'atteindre d'ici 2025 un niveau des investissements en R&D de 3,5% du PIB (grâce à l'effet incitatif des primes fiscales pour les investissements des entreprises privées).

431 Projet du gouvernement du 22 mai 2019, BR-Drs. 242/19 du 23 mai 2019, p. 9 ; Sont concernés la recherche fondamentale, la recherche industrielle et le développement expérimental (§ 2 al. 1 FZulG), ce qui exclue notamment les activités dont l'objectif est le développement du marché (§ 2 al. 2 FZulG).

432 Projet du gouvernement du 22 mai 2019, BR-Drs. 242/19 du 23 mai 2019, p. 15.

433 V. notamment à cet égard : TITGEMEYER, Marion, *loc.cit.*, p. 1276.

434 § 2 al. 4, 1) FZulG.

435 § 3 al. 4 FZulG.

436 En application de l'article 2 de la loi sur les aides fiscales pour la recherche et le développement du 14 décembre 2019, cette prime devra être comptabilisée comme revenu exonéré d'impôt pour les sociétés de personnes (v. également : § 36 al. 2, 3) EStG). En revanche, pour les sociétés de capitaux la prime devra être comptabilisée comme bénéfice non distribué.

437 § 3 al. 5 FZulG, v. également l'al. 7 pour les projets coopératifs.

438 § 4 al. 1 FZulG.

15.000.000 euros par entreprise et par projet de R&D[439]. Les dispositions correspondantes ont été introduites dans une loi fiscale annexe à la loi sur l'impôt sur le revenu et à la loi sur l'impôt sur les sociétés[440]. Le contexte particulier de la pandémie Covid-19 a conduit à un ajustement temporaire de la limite de 2 millions d'euros à 4 millions d'euros pour les dépenses éligibles engagées entre le 30 juin 2020 et le 1er juillet 2026[441].

Bien qu'il existe donc des allègements fiscaux et exonérations fiscales, ceux-ci ne profitent que de manière limitée aux entreprises de droit privé. D'autres dispositions fiscales peuvent, en outre, potentiellement réduire l'attractivité du site entrepreneurial et de recherche allemand, d'où l'intérêt d'une présentation succincte.

Les dispositions de droit fiscal général potentiellement désincitatives. Les entreprises pharmaceutiques ne sont pas toujours en mesure de financer les projets de recherche et d'innovation par leurs capitaux propres. Elles doivent alors recourir à d'autres moyens de financement, dont l'emprunt. Or, depuis le 1er février 2008[442] la loi sur l'impôt sur le revenu limite la déduction des intérêts d'emprunt, quelle que soit la forme juridique de l'entreprise, lorsque les intérêts dus dépassent le produit d'intérêts et pour autant que ce dépassement soit supérieur à 3 millions d'euros pour l'exercice fiscal considéré[443], dans quel cas ceux-ci sont déductibles uniquement à hauteur de l'EBITDA comptabilisable[444] (§ 4h alinéa 1, phrase 1 de la loi sur l'impôt sur le revenu). Les intérêts qui ne sont pas déductibles en vertu de la

---

[439] § 4 al. 2 FZulG.

[440] Projet du gouvernement du 22 mai 2019, BR-Drs. 242/19 du 23 mai 2019, p. 1.

[441] Article 8 alinéa 1 de la Seconde loi pour la mise en œuvre des mesures fiscales d'aide dans l'objectif de gestion de la crise liée à la pandémie Covid-19 (Zweites Gesetz zur Umsetzung steuerlicher Hilfsmaßnahmen zur Bewältigung der Corona-Krise (Zweites Corona-Steuerhilfegesetz), BGBl. I, n°31, p. 1512).

[442] Avant l'introduction de cette disposition dans le EStG et celle correspondante dans le KStG, l'administration fiscale allemande essayait de lutter contre un certain nombre de pratiques abusives de contournement de la charge fiscale. Ainsi, des actionnaires étrangers de sociétés de capitaux nationales cherchaient à remplacer les éventuelles distributions de bénéfices par des redevances pour prestations de capital. Certaines formes de financement externe furent alors déclarées abusives par l'administration fiscale allemande. Ce n'est que suite à une décision de la Cour fiscale fédérale défavorable à cette pratique que l'ancien § 8a KStG fut introduit en 1993 (v. sur cette évolution historique : SCHWEDHELM, Rolf *in* STRECK, Michael, BINNEWIES, Burkhard (dir.), *Körperschaftsteuergesetz : mit Nebengesetzen*, München : Verlag C. H. Beck, 9e édition, 2018, § 8a, p. 284).

[443] V. § 4h al. 2, 1), a) EStG ; v. également : SCHWEDHELM, Rolf *in* STRECK, Michael, BINNEWIES, Burkhard (dir.), *op.cit.*, § 8a, p. 289.

[444] L'EBITDA comptabilisable s'élève à 30% du bénéfice déterminant augmenté des intérêts dus, des sommes déductibles en application du § 6 alinéa 2, phrase 1, des sommes amortissables en application du § 6 alinéa 2a, phrase 2 et les montants exonérés en application du § 7, et diminué des produits d'intérêts. Dès lors, l'EBIDTA (ou BAIIDA) est le bénéfice avant intérêts, impôts, dépréciation et amortissement (v. aussi : LOSCHELDER, Friedrich *in* SCHMIDT, Ludwig, WEBER-GRELLET, Heinrich (dir.), *Einkommensteuergesetz*, München : C. H. Beck, 38e édition, 2019, § 4h).

phrase 1 de l'alinéa 1 sont déductibles jusqu'à hauteur des EBITDA reportés des années précédentes et réduisent les EBITDA reportés dans l'ordre chronologique (§ 4 h alinéa 1, phrase 4 de la loi sur l'impôt sur le revenu). Le restant des intérêts non déductibles est à reporter sur les exercices suivants (*Zinsvortrag*)[445]. Une situation similaire de limitation de la déductibilité se retrouve pour les emprunts accordés par les actionnaires d'une société de capital en vertu du § 8a alinéa 1 de la loi sur l'impôt sur les sociétés.

Ces deux dispositions sont susceptibles d'avoir des répercussions sur les activités des entreprises économiques dans un secteur caractérisé par des imperfections du marché des capitaux et des difficultés de financement par capitaux propres, cela d'autant plus que la voie de financement par emprunt reste celle favorisée par les entreprises, complexifiant potentiellement le financement du processus de RDI pharmaceutique[446]. Toutefois, il ne s'agit là pas d'une exception allemande. Ces dispositions trouvent leur correspondance française dans l'article 212bis du Code général des impôts, introduit dans sa version actuelle par l'article 34 de la loi de finances pour 2019 – du moins pour ce qui est des sociétés soumises à l'impôt sur les sociétés non membres d'un groupe fiscal[447]. Ainsi, les charges financières nettes supportées par une telle entreprise ne sont déductibles que dans la limite de 3 millions d'euros ou 30% de l'EBITDA, en fonction du montant le plus élevé parmi les deux, le montant dépassant le seuil devant être réintégré au résultat imposable[448]. Bien que les situations allemande et française se soient rapprochées pour les sociétés soumises à l'impôt sur les sociétés, des différences subsistent. Si la situation semble plus restrictive pour les sociétés de capitaux françaises en raison de la limite générale à la déductibilité, il en va différemment des sociétés de personnes, et ce malgré les modalités

---

[445] V. § 4h al. 1 phrases 5 EStG.

[446] V. pour cette problématique potentielle en matière de financement de la RDI : SPENGEl, Christoph *et al.*, *op.cit.*, p. 50, 51 ; v. aussi : LÖHR, Sebastian, *op.cit.*, p. 19-21.

[447] La modification de cet article est intervenue afin de transposer la directive n°2016/1164 du Conseil européen du 12 juillet 2016 établissant des règles pour lutter contre les pratiques d'évasion fiscale qui ont une incidence directe sur le fonctionnement du marché intérieur, tout en simplifiant le régime préexistant dont l'objectif avait été de lutter contre la sous-capitalisation des entreprises et contre la localisation de l'endettement de certains groupes de sociétés en France en raison d'un régime de déduction particulièrement favorable jusqu'en 2012. L'art. 212bis du CGI posait ainsi une limite à la déductibilité des charges financières des sociétés soumises à l'impôt sur les sociétés par voie de plafonnement en cas de dépassement de la limite de 3 millions d'euros. Au-delà les charges financières n'étaient déductibles qu'à hauteur de 75%. Désormais, avec la loi de finances pour 2019 les dispositions correspondantes allemande et française sont rédigées de manière similaire (v. sur la déductibilité des charges financières en France : GROSCLAUDE, Jacques, MARCHESSOU, Philippe, TRESCHER, Bruno, *Droit fiscal général*, Dalloz, coll. Cours, 12e édition, 2019, p. 347-350).

[448] Art. 212bis, I du CGI ; v. également : GROSCLAUDE, Jacques, MARCHESSOU, Philippe, TRESCHER, Bruno, *op.cit.*, p. 349.

d'application particulières de l'article 212bis du Code général des impôts lorsqu'au moins un des associés de la société de personnes est une société soumise à l'impôt sur les sociétés[449].

S'y ajoute la disposition relative à la déduction des pertes du § 10d de la loi sur l'impôt sur le revenu, introduisant en son alinéa 2 une limitation de la possibilité de report des pertes. En principe, les pertes non compensées et non déduites sont à reporter sur les exercices suivants. Toutefois, au-delà d'un million d'euro, le report ne peut se faire plus qu'à hauteur de 60% de la fraction du bénéfice dépassant ce seuil[450]. Une situation comparable de traitement des pertes se retrouve pour les sociétés de capitaux. Ainsi, le § 8c alinéa 1, phrase 1 de la loi sur l'impôt sur les sociétés rend une compensation ou déduction impossible lorsque plus de 50% des parts de société sont cédées, directement ou indirectement, au cours d'une période de 5 ans à un même cessionnaire ou à une personne qui lui est proche, ou lorsqu'il existe une situation comparable de prise de participations nuisible[451].

Ces dispositions sont susceptibles de se répercuter indirectement sur l'attractivité de l'investissement en RDI puisque les entreprises, en particulier celles jeunes, de petite et moyenne taille, ont souvent besoin d'attirer de nouveaux investisseurs à l'issue d'une phase de R&D onéreuse afin de pouvoir mettre leur produit innovant sur le marché. La situation fut

[449] L'administration fiscale a précisé qu'en présence d'une société de personnes dont l'un ou plusieurs associés seraient des sociétés soumises à l'impôt sur les sociétés, le seuil d'application du plafonnement de l'article 212bis du CGI s'apprécie au niveau de la société de personnes tout en étant rapportée à la part détenue par l'associé. Ainsi, pour une société détenue à hauteur de 20% par une société de capital, ayant une charge financière nette de 4.000.000 euros et un EBITDA de 12.000.000 euros, le plafond s'élèverait à 3.600.000 euros (30% x 12.000.000). La part revenant à l'associé soumis à l'IS serait alors majorée de la quote-part des charges nettes non-déductibles en application du dispositif de plafonnement (4.000.000 – 3.600.000) à hauteur de ses droits dans la société (400.000 x 0,20 = 80.000) (v. BOI-IS-BASE-35-40-10-20 du 13.05.2020, § 100).

[450] § 10d al. 2, phrase 1 EStG.

[451] Le § 8c KStG introduit en 2008 avait constitué une aggravation problématique de la situation préexistante à plusieurs égards. Le taux limite avait été abaissé à 25%, alors que des mesures qui n'affectaient le capital qu'indirectement étaient prises en compte. Des critiques avant tout relatives au manque de clarté quant à l'objectif assigné avaient été émises. Ainsi, avait-il été avancé en doctrine que cette disposition s'appliquerait à de nombreux cas dans lesquels aucune utilisation abusive de la déduction des pertes ne saurait être constatée. Dès lors, certains auteurs parlaient non pas d'une limitation de la déduction des pertes mais d'un déni de pertes (*Verlustversagungsvorschrift*). (v. sur ce point : OLBING, Klaus *in* STRECK, Michael, BINNEWIES, Burkhard (dir.), *Körperschaftsteuergesetz : mit Nebengesetzen*, München : Verlag C. H. Beck, 9e édition, 2018, § 8c, p. 368). La loi de prévention des pertes de TVA lors de la vente de produits sur internet et de modification d'autres dispositions fiscales du 23 novembre 2018 (*Gesetz zur Vermeidung von Umsatzsteuerausfällen beim Handel mit Waren im Internet und zur Änderung weiterer steuerlicher Vorschriften*, BGBl. I, n°45, p. 2338) a désormais modifié le § 8c KStG pour porter la limite à 50% des parts de société.

toutefois bien plus critique avant la réforme du 23 novembre 2018 [452]. L'ancienne disposition prévit, en effet, de surcroît une déductibilité uniquement partielle des pertes non compensées ou déduites (pertes non utilisées) jusqu'à la cession litigieuse, lorsque cette dernière porta sur 25% à 50% des parts d'une société[453].

Si la France connaît également une limitation du report en avant des pertes pour les sociétés soumises à l'impôt sur les sociétés avec son article 209, I du Code général des impôts, il ne semble pas y avoir de disposition comparable au § 8c alinéa 1, phrase 1 de la loi sur l'impôt sur les sociétés, de telle sorte qu'il s'agit là d'une particularité allemande[454]. Ainsi, les déficits peuvent être reportés sur les exercices suivants sans limite temporelle, mais dans la limite d'un million d'euro, pourvu que la société exerçant le droit au report des pertes n'ait pas subi une transformation profonde de son activité[455]. Au-delà, le report ne pourra se faire que dans la limite de 50% de la fraction dépassant ce seuil.

La particularité du traitement des redevances de licence. L'Allemagne n'avait par ailleurs jamais opté pour la mise en place d'une *patent box*, c'est-à-dire d'un traitement préférentiel des redevances de licences dans l'objectif de promotion de la RDI. En revanche, elle a récemment introduit une disposition *« anti-patent box »* dans la loi sur l'impôt sur le revenu[456]. Le § 4j de la loi sur l'impôt sur le revenu[457] pose

---

[452] V. pour la problématique des start-ups : OLBING, Klaus *in* STRECK, Michael, BINNEWIES, Burkhard (dir.), *op.cit.*, § 8c, p. 368 : l'auteur remarque à cet égard que l'introduction d'une clause de redressement (*Sanierungsklausel*), tout autant que d'une disposition visant à épargner certaines entreprises et une clauses visant les groupes de sociétés n'est suffisante. Or, notamment la clause de redressement avait soulevé quelques doutes quant à sa compatibilité avec le droit européen. Ainsi, avait-elle été déclarée incompatible avec le marché intérieur et constituant une aide d'État illégale par la Commission européenne le 26 janvier 2011. Toutefois, la Cour de justice de l'Union européenne dans une décision du 28 juin 2018 avait annulé la décision de la Commission, de telle sorte qu'en présence des conditions de bénéfice, c'est-à-dire en cas d'application de la clause de redressement, la cession ne tombe point sous le coup du § 8c al. 1 KStG (v. BT-Drs. 19/4455, p. 53).

[453] La Cour constitutionnelle fédérale avait rendu une décision le 29 mars 2017 déclarant cette disposition inconstitutionnelle au regard de l'art. 3 al. 1 de la LF (principe d'égalité devant la loi).

[454] V. sur la particularité allemande en ce sens, notamment : BOURMONT, Jacques-Henry de, BULLINGER, Patrick, « Comparaison fiscale franco-allemande en matière d'impôt sur les sociétés : les similarités et les différences », *Option Finance*, 2019, n°1501, p. 40 et s. (voir p. 40) : les auteurs y relèvent que l'impossibilité d'une déduction des pertes en cas de cession de plus de 50% des parts dans les conditions du § 8c al. 1, phrase 1 KStG ne se retrouve pas en France, cette disposition constituant, dès lors, une particularité allemande.

[455] V. l'art. 209, I. en combinaison avec l'art. 221-5 du CGI ; v. par ailleurs : CE, 18 mai 2005, n°259275.

[456] Loi contre les pratiques fiscales dommageables en lien avec le transfert de droits (Gesetz gegen schädliche Steuerpraktiken in Zusammenhang mit Rechteüberlassen du 27.6.2017, BGBl. 2017 I, p. 2074) ; En effet, la loi avait pour objectif de limiter avant tout l'utilisation de patent-box à l'étranger, c'est-à-dire dans l'objectif d'une fiscalité équitable. Dès lors, les

désormais une limite à la déduction des redevances de licence entre parties liées, lorsqu'en raison d'un régime préférentiel la charge fiscale correspondante effective du créancier (s'agissant de l'impôt sur le revenu) s'élève à moins de 25%, ce nonobstant l'existence d'une convention bilatérale visant à prévenir la double imposition. Dans ce cas la déduction ne sera plus que partielle[458], hormis le cas où l'imposition à un niveau inférieur découlerait de l'application d'un régime préférentiel qui répond aux critères de l'approche nexus de l'OCDE[459]. La déductibilité partielle s'applique également dans le cas d'une chaîne de licences selon les dispositions du § 4j alinéa 1, phrase 2. L'Allemagne va ainsi au-délà des recommandations de l'OCDE et du G20 dans le cadre du Projet sur l'érosion de la base d'imposition et de transfert des bénéfices. S'ajoute pour le traitement des redevances de licence le § 8, 1.), f) de la loi sur la taxe professionnelle[460], qui exige que 6,25% des redevances de licence soient ajoutées au revenu taxable lorsque la somme dépasse 100.000 euros[461]. Le traitement particulier des redevances de licence peut constituer un poids potentiel relativement important pour les entreprises[462]. En effet, bien qu'uniquement 6,25% des

---

redevances pour licences de parties liées ne seront plus ou uniquement partiellement déductibles lorsque les revenus correspondants chez le créancier ne sont pas imposés ou uniquement dans une moindre mesure en raison d'un régime préférentiel de type licence- ou patent-box (v. BT-Drs. 18/11233, p. 9 ; v. également : LOSCHELDER, Friedrich *in* SCHMIDT, Ludwig (fond.), WEBER-GRELLET, Heinrich (dir.), *op.cit.*, § 4j, p. 383).

[457] V. également et pour comparaison l'article 238 A du CGI.

[458] Le calcul de la déduction partielle se fera selon le schéma suivant : (25% - charge fiscale effective en %) / 25% (v. § 4j al. 3 EStG).

[459] L'approche nexus impose un lien entre les revenus de licence bénéficiant du régime préférentiel et la proportion à laquelle le créancier a entrepris lui-même les activités de R&D ayant généré le droit de propriété intellectuelle (Projet OCDE/G20 sur l'érosion de la base d'imposition et le transfert des bénéfices. Harmful Tax Practices – 2017 Progress Report on Preferential Regimes, p. 13).

[460] L'introduction de cette disposition dans le GewStG avait soulevé certains questionnements et critiques. Pour certains, le législateur aurait, au moment de l'introduction de cette disposition, considéré que d'une certaine manière le licencié serait préfinancé en raison d'une mise à disposition d'un *know-how* qui se rapprocherait d'un prêt, permettant à ce dernier d'exercer son activité (v. RODE, Oliver *in* WENDT, Michael, SUCHANEK, Markus, MÖLLMANN, Peter, HEINEMANN, Peter (dir.), *Gewerbesteuer : Kommentar*, Köln : Otto Schmidt, 2019, § 8 n°1, f), p. 384, l'auteur citant Clemens et Laurent à cet égard).

[461] Cet ajout du § 8 n°1, f) GewStG se fait indépendamment du traitement des redevances chez le bénéficiaire du paiement ce qui peut conduire à une charge fiscale multiple (v. notamment : RODE, Oliver *in* WENDT, Michael, SUCHANEK, Markus, MÖLLMANN, Peter, HEINEMANN, Peter (dir.), *op.cit.*, § 8 n°1, f), p. 383) ; v. aussi sur ce point : MALKE, Christiane, SCHLIE, Ina, SPENGEL, Christoph, « Germany » *in* DANON, Robert J., SHAY, Stephen, *Tax incentives on Research and Development (R&D)*, The Hague : Sdu Uitgevers, Numéro spécial de *Cahiers de droit fiscal international*, vol.100a, 2015, p. 326.

[462] En effet, la taxe professionnelle est d'importance économique croissante, ce en particulier pour ce qui est du § 8 n°1 GewStG. Pour les entreprises ayant peu de capitaux propres ou une marge bénéficiaire peu importante, notamment le § 8 n°1, f), c'est-à-dire le traitement des redevances de licence, pourrait présenter une charge importante. Celle-ci pourrait, dans des

redevances sont ajoutées au revenu taxable, l'importance économique de cette disposition fiscale est selon Rode indéniable, avant tout pour les entreprises qui dépendent de telles licences[463]. Dans une certaine mesure, et en raison d'un processus de RDI fragmenté, tel en va-t-il du secteur pharmaceutique. Les petites, moyennes et jeunes entreprises pharmaceutiques et biotechnologiques ne peuvent, dans certaines circonstances, rentabiliser leur effort financier en R&D que par voie d'*out-licensing*, alors que les grandes entreprises dépendent, à certains égards, de l'inventivité des petites, moyennes et jeunes entreprises innovantes. Nous y reviendrons dans la seconde partie de cette étude.

Le bilan de l'analyse des incitations à la RDI. Les développements précédents ont permis de relever certains traits généraux caractéristiques de la structure réglementaire des incitations à la RDI allemande. L'Allemagne reste aujourd'hui encore caractérisée par l'importance des aides directes à la RDI. Ces aides sont avant tout ciblées par type de projets et visent primairement la recherche coopérative, dont celle entre industrie et secteur académique. Un nombre moindre d'aides directes sont ciblées par secteurs (biotechnologique ou pharmaceutique). Les aides indirectes de type économico-structurelles jouent également un rôle de moindre importance dans l'arsenal incitatif allemand, malgré certaines évolutions récentes. Si ce constat s'étend aux incitations fiscales de type entrepreneurio-structurelles, il en va différemment des autres incitations de type entrepreneurio-structurelles.

La mise en exergue du paradigme national en matière d'incitation à la RDI. Les incitations à la recherche, au développement et à l'innovation replacées dans une perspective temporelle semblent participer à une typicité nationale. En effet, et tel qu'évoqué précédemment, les aides directes ont toujours occupé une place prééminente parmi les mesures incitatives. Il en va tout autant ainsi de la relative parcimonie avec laquelle l'Allemagne use d'aides à la RDI pour promouvoir la recherche, le développement et l'innovation sur le territoire national, en particulier lorsqu'il s'agit d'activités de R&D commerciales. La raison d'être de ces particularités se trouve historiquement au niveau du rôle joué par l'État en matière de promotion de l'économie et de la science, de la structure étatique allemande, l'unification allemande n'étant intervenue qu'en 1871, ainsi qu'au niveau des relations s'établissant entre l'État et les acteurs économiques et de recherche.

---

cas particuliers, aller de pair avec une imposition de la substance de l'entreprise selon certains auteurs (v. en ce sens : GRAW, Christian *in* WENDT, Michael, SUCHANEK, Markus, MÖLLMANN, Peter, HEINEMANN, Peter (dir.), *Gewerbesteuer : Kommentar*, Köln : Otto Schmidt, 2019, § 8, p. 302, l'auteur citant Holst *in* Bergemann/Wingler, § 8 GewStG, v. pt. 1 à cet égard).

[463] RODE, Oliver *in* WENDT, Michael, SUCHANEK, Markus, MÖLLMANN, Peter, HEINEMANN, Peter (dir.), *op.cit.*, § 8 n°1, f), p. 383) : Rode donne à cet égard l'exemple du secteur du logiciel.

L'influence de la doctrine mercantiliste. La doctrine mercantiliste a ses origines historico-intellectuelles en Allemagne[464]. L'intervention des états allemands en recherche et en économie à partir du XVIe et jusqu'au XVIIIe siècle peut ainsi partiellement s'expliquer par la prééminence de la doctrine caméraliste [465] dont la spécificité est l'importance accordée au développement des forces productives locales et du marché national dans son ensemble[466].

L'influence du régionalisme allemand sur le développement d'un interventionnisme modéré et indirect en économie et recherche. Toutefois, le régionalisme allemand fut et reste à cet égard porteur de conséquences importantes. Pendant longtemps et encore de nos jours, l'Allemagne est caractérisée par des divergences régionales prononcées[467]. Au cours des XVIIe et XVIIIe siècles la fragmentation de l'Allemagne en petits états a certes conduit à un interventionnisme accru des princes en matière de recherche et économie, la structure « régionale » et la *« faiblesse des princes »* [468] ont cependant atténué l'effet de l'interventionnisme et participé à l'émergence d'un *Mittelstand* compétitif[469].

Les différences régionales en matière de développement économique furent, en outre, à l'origine d'une nécessité d'intervention de l'État allemand après l'unification allemande en vue d'équilibrer, si ce n'est que

---

[464] V. pour ce constat à titre exemplatif : HECKSCHER, Eli F., *Mercantilism*, vol. 2 (trad. angl. par M. Shapiro et révisé par E. F. Söderlund), London, New York : Georg Allen & Unwin, 2e édition, 1962, p. 334 : l'auteur y cite à cet égard Savigny, Hegel, ainsi que les auteurs du romantisme allemand.

[465] V. pour les courants de pensée à cette époque, en particulier ceux de Christian Wolff (en faveur d'un fervant interventionnisme étatique) et Emmanuel Kant (en faveur d'un interventionnisme particulièrement restreint qui se limiterait à ce qui est nécessaire et justifié pour des raisons pratiques et empiriques) : MOGGACH, Douglas, « Freedom and Perfection : German Debates on the State in the Eighteenth Century », *Canadian Journal of Political Science*, 2009, vol. 42, n°4, p. 1003 et s..

[466] V. en ce sens : MOGGACH, Douglas, *loc.cit.*, voir p. 1019.

[467] V. pour cette caractéristique allemande différenciant ce pays d'autres : LEE, W. R., « Economic Development and the State in Nineteenth-Century Germany », *The Economic History Review, New Series*, 1988, vol. 41, n°3, p. 346 et s. (voir p. 347) : l'auteur y fait référence à cet égard à l'ouvrage *Regionale Differenzierung* de Fremdling, Pierenkemper et Tilly.

[468] V. en ce sens : WETTMANN, Reinhart W., « Le très envié Mittelstand allemand. Retour sur les raisons du succès des PME outre-Rhin », Friedrich-Ebert-Stiftung, Analyses et Documents, 2012, p. 3.

[469] Voir : WETTMANN, Reinhart W., *Ibid.*, p. 3 ; Il convient de remarquer que la notion de *Mittelstand* n'est pas un concept unique défini de manière homogène. Au contraire, tel que le relève Jean-Daniel Weisz, il y a autant de définitions que d'institutions qui définissent le *Mittelstand*, de telle sorte que le *Mittelstand « définit plutôt un continuum entre PME, ETI et GE »*, c'est-à-dire une catégorie qui fluctue et recouvre des entreprises de différentes tailles qui sont souvent familiales et indépendantes (v. l'intervention de Jean-Daniel Weisz dans : Bpifrance, *Mittelstand et performance allemande, que faut-il en retenir ?: Restitution des débats du 22 novembre 2012*, 2013, p. 4).

partiellement, les différences relevées[470]. L'un des domaines privilégiés d'intervention fut la promotion de l'innovation par l'établissement d'un environnement juridique et administratif propice, notamment par l'intermédiaire des droits de propriété intellectuelle[471]. Cet état des choses n'a pas véritablement été remis en cause par l'évolution en faveur du libéralisme[472]. Bien que le rôle de l'État en économie et recherche ne peut donc pas être nié, une politique économique conjoncturelle, de croissance, structurelle ou de régulation ne pouvait d'après Fischer se développer que dans une mesure limitée à cette époque, avant tout en raison de l'absence d'instruments de politique économique suffisamment développés[473].

La création d'universités en tant que première initiative en matière de recherche. De manière générale, la création d'universités fut la première initiative allemande en matière de recherche au cours du XIVe siècle. À celle-ci s'ajouta la création de la Société Brandenbourgeoise des sciences au XVIIe siècle, qui devint ultérieurement l'Académie des Sciences de Prusse[474]. La création des universités par les autorités allemandes faisait simultanément naître une forme de dépendance à leur égard qui prévalut jusqu'au XVIIe siècle[475].

L'instauration des premières incitations à la RDI et la diversification des acteurs de recherche au XIXe siècle. Le XIXe siècle connut certains changements en matière de promotion de la recherche et de l'innovation, notamment avec l'instauration des premières incitations directes à la fin du siècle et au début du XXe siècle en vue de soutenir des projets de recherche déterminés et de développer le progrès scientifique et technique national ainsi que la compétitivité nationale[476]. Durant cette même période l'enseignement et la recherche universitaire prirent de l'importance, en tant que quatrième force productive aux côtés de la terre, du capital et du travail[477], et furent progressivement séparés l'un de l'autre, remettant ainsi

---

470 V. sur ce point : LEE, W. R., *loc.cit.*, p. 358 ; le même auteur relève toutefois par la suite que le contexte particulier des régions et de la concurrence régionale ont relativisé l'efficacité de la prise en compte des intérêts des entrepreneurs et subséquemment de l'intervention étatique (v. p. 359-361).

471 V. en ce sens à titre exemplatif : LEE, W. R., *loc.cit.*, p. 359.

472 V. à cet égard : LEE, W. R., *loc.cit.*, p. 359.

473 V. en ce sens notamment : FISCHER, Wolfram *in* FISCHER, Wolfram (dir.), *Europäische Wirtschafts- und Sozialgeschichte von der Mitte des 19. Jahrhunderts bis zum ersten Weltkrieg,* Handbuch der europäischen Wirtschafts- und Sozialgeschichte, Vol. 5, Stuttgart : Klett-Cotta, 1985, p. 431.

474 V. sur ces premières initiatives allemandes : UNESCO, *Science policy and organization of Research in the Federal Republic of Germany*, Paris : Unesco, coll. Etudes et documents de politique scientifique, 1969, p. 11.

475 V. pour ce constat notamment : *Ibid.*, p. 13.

476 Pour cette première introduction de mesures d'incitation, v. à titre exemplatif : HEINRICH, Oliver, *op.cit*, p. 4, 5.

477 V. à cet égard : BROCKE, Bernhard vom *in* VIERHAUS, Rudolf, BROCKE, Bernhard vom (dir.), *Forschung im Spannungsfeld von Politik und Gesellschaft : Geschichte und*

en cause la conception classique de l'unité de la recherche et de l'enseignement [478]. La science ne servait plus uniquement à revoir, systématiser et transmettre le savoir traditionnel aux étudiants, mais commençait à se consacrer à la recherche de la vérité, c'est-à-dire à la recherche proprement dite [479]. La recherche universitaire en devenait progressivement plus indépendante, ce notamment des autorités publiques[480] tout autant que des prescriptions religieuses [481]. Pour ce qui est de la formation du personnel qualifié, l'absence de système élitiste comparable à celui français conduisit au XIXe siècle à la création d'un système de formation orienté vers la pratique, alliant industrie et État dans le cadre d'un système moins hiérarchisé[482] et tenant compte des besoins spécifiques de l'industrie et du secteur universitaire et de recherche. Aux universités traditionnelles s'ajoutèrent donc les universités technologiques ainsi que les institutions de même rang[483].

Concomitamment et complémentairement, intervint une diversification des acteurs de recherche afin de répondre au mieux aux nouvelles exigences scientifiques. Furent alors créés des instituts de recherche extra-universitaires[484], bien que la recherche scientifique fût encore principalement réalisée dans les universités et les écoles techniques et avant tout financée par l'État[485]. Au cours des XIXe et XXe siècles furent ainsi institués un certain nombre d'instituts de recherche publics dans un objectif de traitement de questions proches du marché, mais également des instituts exclusivement destinés à la recherche, tel que le précurseur de la *Max-Planck-Gesellschaft zur Förderung der Wissenschaft* [486]. Cette évolution fut certainement

---

Struktur der Kaiser-Wilhelm-/Max-Planck-Gesellschaft, Stuttgart : Deutsche Verlags-Anstalt, 1990, p. 20 : l'auteur y citant l'échange de correspondances entre Wilhelm Dilthey et Graf Paul York von Wartenburg entre 1877 et 1897.

[478] Pour cette remise en cause voir : VIERHAUS, Rudolf *in* VIERHAUS, Rudolf, BROCKE, Bernhard vom (dir.), *Forschung im Spannungsfeld von Politik und Gesellschaft : Geschichte und Struktur der Kaiser-Wilhelm-/Max-Planck-Gesellschaft*, Stuttgart : Deutsche Verlags-Anstalt, 1990, p. 5.

[479] V. sur ce point également : UNESCO, *Science policy and organization of Research ... op.cit.*, p. 13.

[480] Pour cette indépendance progressive, v. de manière claire : *Ibid.*, p. 11.

[481] V. sur ce point : VIERHAUS, Rudolf *in op.cit.*, p. 4.

[482] Pour cette proximité en matière de formation des ouvriés qualifiés voir : WETTMANN, Reinhart W., « Le très envié Mittelstand allemand. Retour sur les raisons du succès des PME outre-Rhin », *loc.cit.*, p. 3.

[483] V. à cet égard notamment : UNESCO, *Science policy and organization of Research ... op.cit.*, 1969, p. 14.

[484] V. pour cette évolution en raison de la nécessité de diversification des acteurs, les développements de : HEINRICH, Oliver, *op.cit.*, p. 4, 5.

[485] V. pour ce constat notamment : VIERHAUS, Rudolf *in op.cit.*, p. 5.

[486] V. sur ce point : UNESCO, *Science policy and organization of Research ... op.cit.*, p. 11 ; v. sur la proximité entre l'État et l'industrie : REINHARDT, Carten, CARRIER, Marcus B., « Wissenschaftspolitik aus wissenschaftshistorischer Perspektive » *in* SIMON, Dagmar, KNIE, Andreas, HORNBOSTEL, Stefan, ZIMMERMANN, Karin (dir.), *Handbuch*

catalysée par le constat d'une prise d'importance d'autres pays en matière de recherche et par la crainte d'une perte de compétitivité face à la France, l'Angleterre, la Suède et les États-Unis[487].

Cette période était, en effet, synonyme d'une première réorientation de l'interventionnisme allemand en recherche et économie d'une forme de « dirigisme spécifique » relativement léger vers une intervention indirecte[488]. Plus généralement, y voit-on ce que Dietmar Braun appelle le « paternalisme » allemand caractéristique du XIXe siècle, c'est-à-dire une intervention de l'État sous forme de normalisation ou de réglementation corrélée avec une autonomie et autogestion corporative, au sens d'une organisation de groupes sociaux en tant qu'intermédiaires entre l'individu et l'État[489].

Une adaptation de l'approche au début du XXe siècle. Un changement progressif d'attitude de l'État allemand à l'égard du dirigisme économique et scientifique intervint à l'approche de la Première Guerre mondiale, et même dès la fin du XIXe siècle[490], et encore davantage à l'approche de la Seconde

---

Wissenschaftspolitik, Wiesbaden : Springer VS, coll. Springer Reference Sozialwissenschaften, 2e édition, 2016, p. 210.

[487] V. pour l'état d'esprit allemand de cette époque : VIERHAUS, Rudolf *in op.cit.*, p. 5-7 : l'auteur y relève que la création reflétait, d'une part, la reconnaissance d'une nécessité d'extraction de la recherche scientifique de l'université sans la rendre indépendante de l'État allemand pour autant et, d'autre part, de la création d'un environnement plus propice pour la recherche *via* la mise à disposition de moyens adéquats co-financés par l'industrie. Les membres promouvaient ainsi la recherche scientifique de manière générale, bien que l'existence d'intérêts économiques concrets ne peut être niée selon l'auteur. Pendant un certain temps il restait toutefois relativement difficile d'attirer des investisseurs-industriels, ceux-ci ayant été peu enclins de mettre à disposition des fonds importants pour une recherche autre qu'appliquée (BROCKE, Bernhard vom *op.cit.*, p. 69) ; Par ailleurs, le KWG est un exemple pertinent pour l'implication conjointe de l'industrie, du militaire et de l'État dans la création d'instituts de recherche extra-universitaires et pour la force d'initiative des chercheurs allemands. Reinhardt et Carrier remarquent à cet égard que la création du KWG reposait avant tout sur l'initiative de trois scientifiques que sont les chimistes Emil Fischer, Wilhelm Ostwald et Walther Nernst (REINHARDT, Carten, CARRIER, Marcus B., « Wissenschaftspolitik aus wissenschaftshistorischer Perspektive » *in op.cit.*, p. 211).

[488] Wolfram Fischer donne pour le côté économique l'exemple du droit minier prussien qui au cours de cette période connut de changements importants avec un passage du principe de direction vers le principe d'inspection (FISCHER, Wolfram *in op.cit.*, p. 425, 426).

[489] BRAUN, Dietmar, *Die politische Steuerung der Wissenschaft : Beitrag zum « kooperativen Staat »*, Frankfurt, New York : Campus Verlag, coll. Schriften aus dem Max-Planck-Institut für Gesellschaftsforschung Köln, 1997, p. 99 et s. : l'auteur relève que cette forme de paternalisme allemand est bien différente du paternalisme étatiste français, qui au lieu de favoriser l'organisation de groupes sociaux et d'intérêts la renda particulièrement difficile.

[490] V. pour cette évolution à l'approche de la guerre : UNESCO, *Science and technology policy and the organization of Research in the German Democratic Republic*, Paris : Unesco ; Berlin (RDA) : Akademie Verlag, coll. Etudes et documents de politique scientifique, 1985, p. 11 : le début précoce repose sur l'avènement, non uniquement en Allemagne mais de manière générale, du capitalisme de monopole. La grande bourgeoisie impérialiste commença alors à influencer notablement le développement des sciences.

Guerre mondiale. D'une direction particulièrement légère par le Ministère de la Culture passa-t-on à un dirigisme relativement prononcé en matière de recherche publique et privée, avec le fléchissement du Ministère face aux directives de l'administration de l'armée et de la marine, et par la suite à la perte totale d'autonomie[491]. L'interventionnisme en recherche fut alors, d'après Meusel, considérablement influencé par les rivalités et luttes internes entre autorités gouvernementales et personnalités au sein du parti national-socialiste [492]. Cette évolution se serait, en outre, conjuguée avec le ralentissement net de la diversification des acteurs de recherche en raison d'une forme « d'animosité » du régime nazi face à la science et à la recherche fondamentale[493] et du départ d'un grand nombre de scientifiques juifs, dont Albert Einstein et Max Delbrück[494].

Une adaptation aux besoins et circonstances spécifiques post guerre. Cette forme d'interventionnisme et de dirigisme ne disparut point avec la fin de la Seconde Guerre mondiale, surtout pas en République démocratique allemande[495]. Au contraire, la volonté de rattrapage du progrès scientifique et technique des États-Unis conduisit à une promotion renforcée de la RDI en Allemagne[496]. Pour la République démocratique allemande s'y ajouta le

---

[491] V. sur l'évolution et la perte totale d'autonomie à terme: HEINRICH, Oliver, *op.cit.*, p. 5, 6 ; À cet égard peut-on notamment citer l'exemple du KWG/MPI durant le troisième Reich, qui malgré sa relative indépendance pendant une certaine période, fut progressivement soumise à la politique du parti. Ce en particulier à partir de 1937, le KWG ayant alors été explicitement placé sous l'autorité du ministre de la science, de l'éducation et de l'éducation populaire (*Reichsministerium für Wissenschaft, Erziehung und Volksbildung*). Le dirigisme devint des plus importants à partir de 1940 en raison des premiers succès militaires avec une réorientation de la recherche scientifique vers les domaines les plus importants d'un point de vue militaire. Suite au changement de la situation militaire à partir de 1942, l'intensification de la recherche appliquée atteint son point culminant. Fut notamment créée une communauté de recherche militaire (*Wehrforschungsgemeinschaft*) regroupant l'ensemble des instituts de recherche publics, bien que ces initiatives aient été couronnées de peu de succès en raison d'un manque de clarté en matière de compétences et les luttes de pouvoir internes (MEUSEL, Ernst-Joachim, *op.cit.*, p. 58 et s.).

[492] V. sur ce point notamment : MEUSEL, Ernst-Joachim, *op.cit.*, p. 55.

[493] V. pour cette animosité : UNESCO, *Science policy and organization of Research … op.cit.*, p. 11 ; La littérature récente en la matière relativise néanmoins l'argument traditionnel de l'animosité du régime face à la science en évoquant qu'une forme de coordination en matière de politique de recherche aurait existé du moins sous l'angle d'une organisation selon de grandes lignes. Reinhardt et Carrier évoquent à cet égard l'introduction du *Führerprinzip* et le licenciement de chercheurs juifs et politiquement orientés vers la gauche (REINHARDT, Carten, CARRIER, Marcus B., « Wissenschaftspolitik aus wissenschaftshistorischer Perspektive » *in op.cit.*, p. 211).

[494] V. à cet égard : UNESCO, *Science and technology policy… op.cit.*, p. 11.

[495] V. sur ce point pour plus de détails : UNESCO, *Science and technology policy… op.cit.*, p. 15, 16.

[496] V. pour cette volonté de rattrapage et son effet sur l'interventionnisme étatique à titre exemplatif : FIER, Andreas, *op.cit.*, p. 36 et s..

développement de l'industrie appartenant à l'État, notamment dans le domaine des infrastructures et de l'industrie lourde[497].

La République fédérale d'Allemagne intervint durant cette période pour favoriser la coopération entre petites et moyennes entreprises[498]. Une manifestation de cette volonté se retrouve dans la création du groupe de travail des associations de recherche industrielle (*Arbeitsgemeinschaft industrieller Forschungsvereinigungen*) en 1954 dont l'un des objectifs était de favoriser la coopération entre entreprises et dont les fonds provenaient du Ministère fédéral des Affaires économiques[499]. L'intérêt de l'État s'est progressivement porté au cours des années 1960 sur les projets réalisés par les entreprises économiques. Cela constituait un changement temporaire par rapport à la préférence traditionnellement accordée aux aides institutionnelles[500]. En complément, deux instituts virent le jour pour promouvoir la recherche scientifique et technique au bénéfice de l'industrie que sont la *Fraunhofer-Gesellschaft zur Förderung der angewandten Forschung* et le *Battelle Institut*, respectivement en 1949 et en 1952[501]. Ces initiatives furent toutefois insérées dans le contexte particulier d'après-guerre. Certains types de recherches présentant un intérêt militaire, notamment dans le domaine de l'aéronautique et de l'énergie nucléaire, furent interdites, alors que d'autres, telle que la recherche sur les tubes électroniques, ne pouvaient pas être réalisées sauf autorisation spéciale des forces alliées[502].

Une adaptation aux exigences nouvelles en matière de RDI à partir des années 1970. Durant les années 1970 se sont ajoutées, aux côtés des aides directes à la RDI pour la réalisation de grands projets de recherche, les aides au bénéfice des petites et moyennes entreprises[503], la promotion de l'investissement privé et la promotion de projets de R&D dans le domaine des technologies spécialisées et avancées[504].

---

[497] Voir : UNESCO, *Science and technology policy... op.cit.*, p. 12.

[498] Pour cette prise d'importance des PME aux yeux de l'État : HESSELMAN, Linda, « Trends in European Industrial Intervention », *Cambridge Journal of Economics*, 1983, vol. 7, n°2, p. 197 et s., p. 199.

[499] Pour cet exemple, v. : UNESCO, *Science policy and organization of Research ... op.cit.*, p. 20.

[500] V. pour ce changement momentané : HESSELMAN, Linda, *loc.cit.*, p. 199.

[501] UNESCO, *Science policy and organization of Research ... op.cit.*, p. 21.

[502] V. sur ce point : MEUSEL, Ernst-Joachim, *op.cit.*, p. 66 ; Cette limite portée à la RDI et sa promotion dans certains domaines ne fut levée que très progressivement. Pour cette même raison se constata dans les domaines concernés un retard relativement important de l'Allemagne, qui ne put être rattrapé qu'après de longues années (HEINEMANN, Manfred *in* VIERHAUS, Rudolf, BROCKE, Bernhard vom (dir.), *Forschung im Spannungsfeld von Politik und Gesellschaft : Geschichte und Struktur der Kaiser-Wilhelm-/Max-Planck-Gesellschaft*, Stuttgart : Deutsche Verlags-Anstalt, 1990, p. 413).

[503] V. sur ce déplacement : FIER, Andreas, *op.cit.*, p. 42.

[504] V. également : HESSELMAN, Linda, *loc.cit.*, p. 200.

Il faudra attendre les années 1990 pour assister à une évolution et adaptation au sens d'un amoindrissement considérable des investissements réalisés par le *Bund*, d'une volonté de renforcement de la concurrence sur le marché et de la responsabilité individuelle des entreprises en matière de recherche et innovation et d'une volonté de stimulation du capital-risque et du capital-innovation[505]. L'intensité de l'intervention allemande post-guerre ne fut, en effet, que temporaire en vue d'améliorer la position allemande en phase de reconstruction[506], alors que les aides secteur-spécifiques ne jouaient qu'un rôle ponctuel, ce déjà à partir des années 1960[507]. Ainsi, la part des projets de RDI d'entreprises privées financés par l'État a continuellement régressé au cours du temps pour passer de 16,9% en 1981 à 4,3% en 2011[508]. Selon le *Bundesbericht Forschung und Innovation* du Ministère fédéral pour l'Éducation et la Recherche, les aides à la RDI s'élevaient à un total de 22,5 milliards d'euros en 2011, dont 2,2 milliards d'euros revenaient aux entreprises[509]. Les mesures du Ministère fédéral de l'Économie et de l'Énergie, s'inscrivant dans le cadre de la *« Hightech-Strategie »* du gouvernement fédéral et visant à renforcer le degré d'innovation des entreprises allemandes, s'inscrivaient quant à elles dans un budget de 960 millions d'euros en 2016[510].

Autrement dit, une large place est laissée à l'initiative privée après 1990 alors que l'État continue d'intervenir pour contrer, si ce n'est que partiellement, les difficultés concrètes relevées en recherche, dont la valorisation de la recherche universitaire et le financement de la recherche dans le domaine des biotechnologies. Pour ce dernier point, l'intervention par voie d'aides semble avoir été efficace puisque l'Allemagne aurait dépassé au tournant du siècle la Grande-Bretagne en tant que *leader* en nombre d'entreprises biotechnologiques[511]. Cela constitue d'ailleurs aucunement un changement d'approche. L'Allemagne a toujours préféré à un interventionnisme prononcé le libre jeu des forces du marché[512], hormis

---

[505] V. à cet égard : FIER, Andreas, *op.cit.*, p. 44-49, 60.

[506] Pour cette appréciation du caractère temporaire : HESSELMAN, Linda, *loc.cit.*, p. 203.

[507] V. pour ce constat : HESSELMAN, Linda, *loc.cit.*, p. 205.

[508] V. à titre exemplatif : MALKE, Christiane, SCHLIE, Ina, SPENGEL, Christoph, « Germany » *in op.cit.*, p. 319.

[509] V. notamment : MALKE, Christiane, SCHLIE, Ina, SPENGEL, Christoph, « Germany » *in* DANON, Robert J., SHAY, Stephen, *Tax incentives on Research and Development (R&D)*, The Hague : Sdu Uitgevers, Numéro spécial de *Cahiers de droit fiscal international*, vol.100a, 2015, p. 328.

[510] Direction générale du Trésor, analyse comparée réalisée à la demande de l'Inspection générale des Finances, *Système public d'aides à l'Innovation. Contributions des services économiques des pays suivants : Allemagne, Canada, Corée du Sud, États-Unis, Finlande, Israël, Japon, Royaume-Uni*, janvier 2018, p. 24.

[511] V. sur ce point : LANCIANO-MORANDAT, Caroline, VERDIER, Eric, « Les politiques nationales de R-D et d'innovation (RDI) : pour une analyse comparée en termes de conventions d'action publique », *Cahiers de recherche sociologique*, 2005, n°40, p. 35.

[512] V. à titre exemplatif : HESSELMAN, Linda, *loc.cit.*, p. 203.

les phases d'interventionnisme voire de dirigisme à l'approche des Première et Seconde Guerre mondiale et en phase de reconstruction post-guerre, de nature atypiques et temporaires. Cette faveur donnée au libre jeu des forces du marché et à un interventionnisme orienté et ponctuel semble, en outre, avoir participé à la perpétuation de la voie allemande, c'est-à-dire semble constituer un facteur stabilisateur, les entreprises et la société ayant développé une capacité d'autorégulation [513] et indépendance. Se sont développés des *« mouvements alternatifs »,* dont les arrangements entre syndicats et patronat, rendant ces groupes assez indépendants face aux politiques publiques décidées par les pouvoirs publics[514]. Un exemple en est l'autonomie tarifaire (*Tarifautonomie*) établie par l'article 9 alinéa 3 de la Loi fondamentale[515]. Si cette indépendance et capacité d'autorégulation ne rendent l'intervention de l'État que ponctuellement nécessaire, elles conduisent également à une forme de résistance des entreprises à une éventuelle remise en cause de ce que l'on pourrait désigner par la flexibilité caractéristique de l'interventionnisme allemand en économie et en recherche.

La flexibilité caractéristique de l'interventionnisme allemand. Les caractéristiques et l'intensité de l'interventionnisme allemand en économie et en recherche ont évolué au cours du temps, témoignant d'une forme de flexibilité et d'adaptabilité aux besoins et nécessités du temps. Des auteurs tels que Lanciano-Morandat et Verdier placent, dès lors, l'Allemagne dans la catégorie d'un état facilitateur avec une évolution partielle vers celle d'état régulateur[516]. D'après ces auteurs, le concept d'état facilitateur s'inscrit dans le modèle de *chain link* de Kline et Rosenberg, qui pose un schéma linéaire depuis la recherche et le développement jusqu'au marché[517]. Le rôle de l'État

---

[513] V. pour la capacité d'autorégulation allemande en l'absence ou face à la faiblesse de l'intervention étatique : Renate Mayntz (1993) cité dans LASCOUMES, Pierre, GALÈS, Patrick le, *Sociologie de l'action publique,* Paris : Arman Colin, coll. Sociologie, Série Domaines et approches de sciences sociales, 2e édition, 2012, p. 22, 23.

[514] V. à cet égard notamment les développements de Lascoumes et le Galès : LASCOUMES, Pierre, GALÈS, Patrick le, *op.cit.*, p. 23.

[515] Cette autonomie tarifaire limite expressément l'intervention de l'état allemand (art. 9 al. 3 de la LF : *« Le droit de fonder des associations pour la sauvegarde et l'amélioration des conditions de travail et des conditions économiques est garanti à tous et dans toutes les professions. Les conventions qui limitent ou tendent à entraver ce droit sont nulles et les mesures prises en ce sens sont illégales. Les mesures prises en vertu des articles 12a, 35 al. 2 et 3, 87a al. 4 et 91, ne doivent pas être dirigées contre des conflits du travail déclenchés par des associations au sens de la première phrase (du présent alinéa) pour la sauvegarde et l'amélioration des conditions de travail et des conditions économiques. »*) ; v. par ailleurs : § 5 de la loi sur les conventions collectives (relatif à la déclaration de force obligatoire, *Allgemeinverbindlichkeit*).

[516] V. pour la catégorisation de l'Allemagne : LANCIANO-MORANDAT, Caroline, VERDIER, Eric, *loc.cit.*, p. 31.

[517] V. sur ce point : LANCIANO-MORANDAT, Caroline, VERDIER, Eric, *loc.cit.*, p. 23.

est alors primairement de faciliter les initiatives privées[518]. L'état régulateur est, en revanche, défini comme celui souhaitant atteindre un meilleur équilibre entre le libre jeu des forces du marché et une organisation *top down*, c'est-à-dire celle plaçant l'État au centre de la politique publique comme acteur éminent, tout en visant à améliorer la relation public-privé notamment par voie d'aides[519]. La relation entre État et acteurs de recherche et économiques serait cette fois-ci plus équilibrée et polyforme.

Les répercussions du processus de coopération entre l'État et les acteurs de recherche et économiques sur les incitations à la RDI. Si les intérêts et objectifs des différents acteurs influent selon divers auteurs sur la mise en œuvre d'une politique publique[520], leur agencement pouvant conduire à une distorsion entre politique publique idéalisée et mise en œuvre le long du processus[521], leur effet s'étend à la phase précédant la mise en œuvre dans le double objectif de profiter de compétences et connaissances spécifiques et de garantir l'adéquation des politiques publiques avec les besoins réels du marché[522].

---

[518] Pour ce rôle de facilitateur, v. : LANCIANO-MORANDAT, Caroline, VERDIER, Eric, *loc.cit.*, p. 24, 25.

[519] V. à cet égard : LANCIANO-MORANDAT, Caroline, VERDIER, Eric, *loc.cit.*, p. 21 ; Pour la notion d'état régulateur, dans une conception générale non limitée à la relation État-chercheur, v. : CHEVALLIER, Jacques, « L'état régulateur », *Revue française d'administration publique*, 2004, vol. 111, n°3, p. 473 et s. (v. en particulier les § 17 et s.) : l'auteur y relève notamment que la notion d'état régulateur (en économie) le distingue de l'état producteur (produisant des biens économiques en prenant en charge la gestion de secteurs d'importance pour la nation) et de l'état dirigiste (ordonnant le développement économique). Ainsi, l'état revêtirait davantage le rôle d'un arbitre dans le libre jeu des forces de marché, en amortissant d'éventuels distorsions, conflits et déséquilibres. En outre, l'auteur avance deux critiques, l'une d'ordre théorique (le rôle d'état régulateur suppose que le marché ne puisse atteindre un équilibre sans l'intervention de l'état) et l'une d'ordre pratique (la question de la capacité de l'état à atteindre cet objectif, notamment compte tenu de la mondialisation).

[520] V. en ce sens notamment : HASSENTEUFEL, Patrick, *Sociologie politique : l'action publique,* Armand Colin, coll. U Sociologie, 2e édition, 2014, p. 110 : l'auteur se réfère à cet égard à Bardach, en soulignant, d'une part, que le moment de la mise en œuvre reflète les rapports de pouvoirs et les ressources respectives détenues par les acteurs et, d'autre part, qu'il convient de ne pas exagérer cet effet. En effet, politiques publiques et mise en œuvre ne se confondent pas entièrement, même si les deux sont intrinsèquement liées, selon une analyse *« bottom up ».*

[521] Les raions d'être de ces distorsions relèvent, notamment, de la formulation trop imprécise du contenu de la politique publique ou un fondement conceptuel inadéquat, des moyens limités de mise en œuvre tant humains, matériels que financiers ou encore des structures organisationnelles trop dispersées (directions, sous-directions, comités ad hoc, instances de pilotage etc.) (v. en ce sens notamment : RIBÉMONT, Thomas, BOSSY, Thibault, EVRARD Aurélien, GOURGUES, Guillaume, HOEFFLER, Catherine, *Introduction à la sociologie de l'action publique,* Louvain-la-Neuve : De Boeck Supérieur, coll. Ouvertures politiques, 2018, p. 127).

[522] V. sur ce point, parmi d'autres, l'avis et l'expérience exprimée par Dorothée Kohler : Bpifrance, *Mittelstand et performance allemande, que faut-il en retenir ?: Restitution des débats du 22 novembre 2012*, 2013, p. 11.

De par leurs recommandations et avis sur les priorités en matière de recherche et développement, sur les programmes, sur les instruments à mettre en place et sur le choix des projets de recherche considérés dignes de promotion, les acteurs de recherche sont, en effet, en mesure d'intégrer leurs intérêts et priorités propres dans la politique du *Bund*[523].

L'Allemagne a traditionnellement été favorable à ce type d'interaction et de coopération, et ce dès le début du XXe siècle[524]. Les politiques publiques dans les démocraties d'aujourd'hui se fondent ainsi simultanément sur la légitimité démocratique de décideurs élus et sur la rationalité des décisions au regard de l'état des connaissances scientifiques[525]. À ce constat s'ajoute, pour l'Allemagne spécifiquement, l'histoire récente des atrocités survenues dans le domaine scientifico-médical durant le régime nazi qui ont assorti l'intervention étatique, tant au niveau législatif qu'exécutif, d'une note amère et ont conduit à l'existence d'une sensibilité particulière en la matière. Une consultation et coopération entre État et acteurs de recherche lors de la définition des politiques publiques en matière de recherche et d'innovation en devient d'autant plus importante. Un reflet de cette particularité se retrouve au niveau juridique dans les différences d'interprétation des libertés de recherche et de radiodiffusion, toutes deux considérées comme moment déclencheur du développement de l'effet positif des droits fondamentaux par la Cour constitutionnelle fédérale. Pour la seconde la Cour met l'accent sur la corrélation entre l'effet positif et l'effet défensif, les deux effets se conditionnant et se fondant l'un l'autre, tout en appuyant l'importance et la prégnance de l'effet positif au sens d'une « liberté contributive » à la diversité des opinions et à la démocratie (*dienende Freiheit*)[526]. Pour la

---

523 V. en ce sens : MEUSEL, Ernst-Joachim, *op.cit.*, p. 192, 194.

524 V. pour ce constat : LAGROYE, Jacques, FRANÇOIS, Bastien, SAWICKI, Frédéric, *Sociologie politique*, Paris : Presses de Sciences Po et Dalloz, coll. Amphi, 6e édition, 2012, p. 545.

525 WEINGART, Peter, « Wissenschaftssoziologie » *in* SIMON, Dagmar, KNIE, Andreas, HORNBOSTEL, Stefan, ZIMMERMANN, Karin (dir.), *Handbuch Wissenschaftspolitik*, Wiesbaden : Springer VS, coll. Springer Reference Sozialwissenschaften, 2e édition, 2016, p. 149.

526 EIFERT, Martin, « Wissenschaftsfreiheit und Rundfunkfreiheit » *in* BRITZ, Gabriele (dir.), *Forschung in Freiheit und Risiko*, Tübingen : Mohr Siebeck, 2012, p. 21 : l'auteur y cite à cet égard la décision *Rundfunkentscheidung* de la Cour constitutionnelle fédérale du 16 juin 1981 (BVerfGE, 57, 295, 319 et s., notamment p. 320). L'effet positif est, pour la liberté de la radiodiffusion, réalisé et concrétisé par le traité d'État sur la radiodiffusion (*Rundfunkstaatsvertrag*). Les traités d'État sont des instruments formels de coopération efficaces lorsque législation et exécution au niveau des *Länder* allemands ne semblent judicieuses que pourvu qu'elles soient homogènes. Ces traités d'État limitent la compétence législative des *Länder*, d'où la nécessité d'une intervention des parlements des *Länder* dans le processus en acceptant ou refusant le traité ainsi négocié (https://www.bundestag.de/resource/blob/190052/424c9d512ff446a6aeadebf8a60725ee/staatsvertraege_zwischen_den_bundeslaendern-data.pdf, p. 1.). L'effet positif ou objectif s'y voit, dès lors, réalisé et concrétisé pour le domaine de la radiodiffusion dans le cadre d'un fédéralisme coopératif.

première elle accentue, en revanche, la tension et coordination des deux effets[527]. L'effet positif des droits fondamentaux renforce et ajoute à l'effet défensif en exigeant que chaque intervention affectant un droit fondamental, c'est-à-dire « modelant » son exercice libre plein et entier, doive être justifiée et doit tenir compte de la valeur particulière ainsi développée[528], la liberté de recherche bénéficiant, par ailleurs, d'une protection particulière puisqu'il s'agit d'un droit fondamental sans réserves (*vorbehaltsloses Grundrecht*), c'est-à-dire qu'elle ne peut être limitée par une loi ou sur le fondement d'une loi.

En raison du principe d'État de droit et de confiance légitime, certains auteurs estiment que les priorités et les programmes une fois décidés et mis en œuvre ne peuvent être modifiés que pour des motifs impérieux, de telle sorte que l'État aurait un intérêt prononcé à consulter les acteurs de recherche en vue d'une prise de décision fondée[529]. Une telle consultation et coopération limitera concomitamment et subtilement la marge de manœuvre des ministères qui, du fait de la publication de la plupart des avis et recommandations, ne pourraient s'en éloigner qu'en justifiant leur choix. Selon Ernst-Joachim Meusel cela se traduirait en pratique par une prise en compte quasi-systématique des avis[530].

Le processus de coopération peut alors revêtir différentes formes, dont les comités consultatifs, les entretiens informels du gouvernement avec les organisations scientifiques et les instituts de recherche, auxquels s'ajoutent les comités directement rattachés aux ministères[531]. Sont à mentionner, en particulier, le *Wissenschaftsrat* (conseil scientifique), créé le 5 septembre 1957 par le *Bund* et les *Länder* sur la base d'un accord administratif[532] et la

---

[527] V. en ce sens : EIFERT, Martin, « Wissenschaftsfreiheit und Rundfunkfreiheit » *in op.cit.*, p. 22.

[528] V. sur ce point et en ce sens de manière claire : VOLKMANN, Uwe, *Grundzüge einer Verfassungslehre der Bunderepublik Deutschland,* Tübingen : Mohr Siebeck, 2013, p. 232.

[529] V. pour cet intérêt de l'état allemand à la consultation et coopération : MEUSEL, Ernst-Joachim, *op.cit.*, p. 145, 146.

[530] V. en ce sens : MEUSEL, Ernst-Joachim, *op.cit.*, p. 194.

[531] V. sur le processus de coopération et de consultation : MEUSEL, Ernst-Joachim, *op.cit.*, p. 192. Lentsch catégorise à cet égard les organismes de conseil en plusieurs catégories que sont les conseils consultatifs collégiaux, dont le *Wissenschaftsrat*, les organismes de conseil organisés de manière hiérarchique et orientés primairement vers la recherche, les académies des sciences, pour laquelle l'auteur nomme l'exemple allemand de la Leopoldina, ainsi que le modèle du « chief scientific advisor » (v. LENTSCH, Justus, « Wissenschaftspolitische Beratung : Organisationsformen und Gestaltungselemente » *in* SIMON, Dagmar, KNIE, Andreas, HORNBOSTEL, Stefan, ZIMMERMANN, Karin (dir.), *Handbuch Wissenschaftspolitik*, Wiesbaden : Springer VS, coll. Springer Reference Sozialwissenschaften, 2e édition, 2016, p. 325-329).

[532] Verwaltungsabkommen zwischen Bund und Länder über die Errichtung eines Wissenschaftsrates vom 5. September 1957, consultable sur : https://www.wissenschaftsrat.de/download/archiv/Verwaltungsabkommen.pdf?__blob=publicationFile&v=2.

Expertenkommission Forschung und Innovation (commission d'experts en matière de recherche et innovation), créée par décision du gouvernement fédéral le 23 août 2006 et proposant chaque année au gouvernement fédéral des recommandations visant à surmonter les problèmes relevés en matière de recherche et innovation[533].

La composition du *Wissenschaftsrat* et de la *Expertenkommission Forschung und Innovation (EFI)* reflètent la prise en compte concomitante de considérations de recherche et innovation publique et privée. Le *Wissenschaftsrat* est ainsi composé d'une commission administrative et d'une commission scientifique. Si la seconde est composée de scientifiques de disciplines diverses et de personnalités publiques, la première présente des membres rattachés au Ministère pour l'Éducation et la Recherche et au Ministère de l'Économie et de l'Énergie[534]. Il est l'une des instances de coordination les plus importantes en Allemagne. Son objectif est de trouver un compromis pareillement acceptable pour l'ensemble des intérêts en cause[535]. Le constat est encore plus patent pour l'*EFI,* composé de scientifiques avant tout spécialisés dans le domaine du management de l'innovation et du management technologique, ainsi que de l'entrepreneuriat et des sciences économiques[536].

Sans prendre position sur l'effectivité de la coordination au cas concret, et en considération de la complexité du système[537], la coordination et coopération entre État et acteurs de recherche et économiques semble aboutir à une relative satisfaction des chercheurs et entreprises allemandes des moyens financiers et instruments incitatifs instituées et de l'environnement

---

[533] V. pour les tâches de la *EFI*: Beschluss der Bundesregierung über die Einrichtung der wissenschaftlichen Expertenkommission Forschung und Innovation du 23 août 2008, modifiée le 26 janvier 2011, § 2, n°2, consultable sur : https://www.e-fi.de/expertenkommission/einrichtungsbeschluss/.

[534] Voir : https://www.wissenschaftsrat.de/DE/Ueber-uns/Wissenschaftsrat/Mitglieder/mitglieder_node.html (consulté dernièrement le 08.06.2021).

[535] BRAUN, Dietmar, *op.cit.*, p. 309.

[536] V. les anciens membres ainsi que les membres actuels de l'*EFI* : https://www.e-fi.de/.

[537] Pour une analyse de la coordination et direction politique de la science, appliquée au domaine de la recherche financée par de fonds publics, v. : BRAUN, Dietmar, *op.cit.* : l'auteur y relève la différence entre l'Allemagne et la France à l'égard de la possibilité de direction de la recherche publique. En France s'observerait selon l'auteur une forme d'opposition et de coordination entre les grands organismes de recherche, les départements ministériels et la politique centrale. Les premiers étant rattachés aux seconds, tout en conservant une relative indépendance en termes d'organisation interne et de définition des objectifs de recherche, de telle sorte qu'une direction politique de la science n'interviendrait que dans le cadre d'un processus d'échange consistant en l'intégration des intérêts politiques dans la recherche publique à travers les négociations budgétaires et l'intégration des intérêts scientifiques par l'intermédiaire des départements ministériels. En Allemagne, serait-on, selon l'auteur, davantage face à une forme de constante évolution entre domination et défense, avant tout par l'intermédiaire des moyens financiers publics mis à disposition.

créé [538]. L'importance du secteur pharmaceutique pour l'économie nationale[539], est à cet égard un élément complémentaire, facilitateur du processus de coopération puisque *« les groupes concernés par un problème n'ont pas, loin s'en faut, des chances égales d'accéder aux lieux où se prennent effectivement les décisions ni de peser réellement sur leur mise en œuvre »*[540]. L'évolution récente en matière d'incitation à la RDI ne semble être que le reflet des considérations précédentes.

L'évolution récente comme reflet du paradigme de la flexibilité en matière d'incitation à la RDI. L'Allemagne s'est longtemps abstenue d'introduire des incitations fiscales à la RDI. Avaient traditionnellement été avancées la tradition allemande en matière d'aides directes à la RDI, la structure fédérale allemande et l'importance des structures de recherche extra-universitaires[541]. Cette position avait été réaffirmée par le Ministère fédéral de l'Économie et de l'Énergie dans une contribution à une analyse comparée réalisée par la Direction générale du Trésor en 2018. Il a été rappelé que les programmes tournés vers le transfert de technologies entre secteur universitaire et industriel, ceux axés sur le marché et les dispositifs indépendants des choix opérés en matière de RDI sont considérés être les plus efficaces, alors que les incitations fiscales comparables au crédit d'impôt recherche français seraient insuffisamment ciblées[542].

Il n'en reste pas moins que le gouvernement fédéral allemand a décidé le 22 mai 2019 d'un projet de loi relatif à l'introduction d'incitations fiscales à la R&D, recherche contractuelle comprise, sous forme de primes fiscales, projet de loi adopté le 7 novembre 2019[543]. Selon les estimations, le dispositif représentera un montant de l'ordre d'un milliard d'euro, ce qui

---

[538] V. notamment sur la relative satisfaction des entreprises allemandes : TITGEMEYER, Marion, « Zur steuerlichen Förderung von Forschung und Entwicklung (FuE) in Deutschland », *DStR*, 2019, n°24, p. 1274 et s. (voir p. 1277) : l'auteure y relève qu'uniquement un tiers des entreprises innovantes considèrent en Allemagne le manque de financement comme limitant leur capacité d'innovation ; v. également en ce sens : WETTMANN, Reinhart W., « PME : le très envié 'Mittelstand' allemand », *L'Economie politique*, 2012, vol. 55, n°3, p. 67 et s. (voir le § 29).

[539] L'industrie pharmaceutique ne participe pas de la même manière au produit intérieur brut selon le pays considéré. En 2010 le rapport de l'OCDE sur l'innovation relève que cette dernière participe bien plus significativement au PIB allemand qu'au PIB français, ce qui se répercute nécessairement sur le poids et l'importance de cette industrie au niveau national (OECD, *Reviews of Innovation Policy : France*, 2014, p. 59).

[540] Citation issue de : LAGROYE, Jacques, FRANÇOIS, Bastien, SAWICKI, Frédéric, *op.cit.*, p. 521, 522.

[541] V. pour les arguments traditionnellement avancés de manière exemplative : MALKE, Christiane, SCHLIE, Ina, SPENGEL, Christoph, « Germany » *in op.cit.*, p. 320.

[542] V. pour cette position : Direction générale du Trésor, analyse comparée réalisée à la demande de l'Inspection générale des Finances, *Système public d'aides à l'Innovation. Contributions des services économiques des pays suivants : Allemagne, Canada, Corée du Sud, États-Unis, Finlande, Israël, Japon, Royaume-Uni*, janvier 2018, p. 24, 25.

[543] https://www.bmbf.de/de/kabinett-beschliesst-steuerliche-forschungsfoerderung-8720.html (consulté dernièrement le 08.06.2021).

reste inférieur aux 5 milliards d'euros que représente le crédit d'impôt recherche français [544]. Son introduction s'inscrit dans la flexibilité caractéristique allemande, tenant compte, d'une part, du coût, de la durée et des risques croissants du processus de RDI et, d'autre part, de l'effet conjugué de l'importance croissante des entreprises économiques en matière de R&D et d'une difficulté d'accès au personnel qualifié adéquat pour la réalisation des projets de recherche.

Si des similarités en matière d'incitation à la recherche, au développement et à l'innovation existent entre l'Allemagne et la Suisse, notamment de par leur structure fédérale, les choix nationaux diffèrent à certains égards.

II. La Suisse

Les aides directes. Le secteur industriel suisse est connu pour être l'un des plus performants en termes de RDI, et ce notamment en matière pharmaceutique. La Suisse a ainsi assisté au cours des 150 précédentes années à l'émergence d'un grand nombre d'entreprises pharmaceutiques et biotechnologiques innovantes, dont Novartis et Roche [545], et continue de maintenir sa position de précurseur en termes de performance des entreprises économiques innovantes [546]. Son système d'incitation à la RDI devrait, dès lors, se révéler particulièrement efficace.

Une promotion restreinte de la RDI au niveau confédéré. Si la Confédération suisse doit encourager la recherche, le développement et l'innovation (article 64 de la Constitution), elle ne le fait que de manière restreinte. Les mesures bénéficiant aux entreprises économiques sont particulièrement limitées, ce avant tout en raison de la définition même de la compétence fédérale [547]. L'article 7 de la Loi fédérale sur l'encouragement de la recherche et de l'innovation énumère les tâches de la Confédération en matière d'encouragement de la recherche et de l'innovation, dont l'allocation

[544] V. pour cette estimation : Direction générale du Trésor, analyse comparée réalisée à la demande de l'Inspection générale des Finances, *Système public d'aides à l'Innovation. Contributions des services économiques des pays suivants : Allemagne, Canada, Corée du Sud, États-Unis, Finlande, Israël, Japon, Royaume-Uni*, janvier 2018, p. 25.

[545] *OECD Reviews of Innovation Policy : Switzerland*, 2006, p. 17.

[546] *OECD Reviews of Innovation Policy : Switzerland*, 2006, p. 17, 37 et 38 : la position suisse en termes de performance de son système de RDI, notamment pour le secteur pharmaceutique et biotechnologique, est confortable. Toutefois, le rapport relève qu'elle assiste aujourd'hui à un processus de rattrapage par d'autres pays performants de l'OCDE (notamment en termes de nombre de brevets) possiblement dû au manque d'investissements en RDI par les entreprises. Une amélioration du système de soutien à la RDI semble dès lors s'imposer en vue du maintien de sa position sur le long terme et de sa réactivité au changement de paradigme le long de la chaîne de valeur du médicament innovant.

[547] V. notamment : Conseil fédéral, Message relatif à la nouvelle Constitution fédérale du 20.11.1996, FF 1997, I, p. 1 (voir p. 285).

de contributions aux institutions chargées d'encourager la recherche, l'exploitation d'Innosuisse et d'autres mesures pour l'encouragement de la recherche. Elle assume de surplus des tâches de coopération internationale[548]. Or, la Suisse a de *« fortes craintes quant à l'ouverture de cette boîte de Pandore qui pourrait conduire à la prolifération des programmes de financement public »*[549]. Dès lors, les subventions au bénéfice des entreprises économiques ne font pas véritablement partie des instruments utilisés par la Confédération suisse[550], au contraire de la mise à disposition d'un environnement favorable à la recherche et à l'innovation à travers un système éducatif efficace, des institutions et infrastructures performantes et le renforcement de la coopération entre industrie et partenaires de recherche[551] [552].

Des aides tournées vers la R&D coopérative. Innosuisse (anciennement la Commission pour la Technologie et l'Innovation), en tant qu'agence de la Confédération suisse pour l'encouragement de l'innovation, met en œuvre différents instruments en ce sens. Elle agit au travers du conseil dispensé, de ses réseaux, mais également de la mise à disposition de moyens financiers.

Elle soutient avant tout les projets de recherche coopératifs entre industrie et partenaires de recherche, notamment dans les domaines des biotechnologies et pharmaceutique[553]. Cette volonté de renforcer la coopération entre les entreprises et les partenaires de recherche publics en matière de RDI se retrouve également au niveau des chèques d'innovation mises à disposition des petites et moyennes entreprises d'une hauteur de 15.000 francs suisses[554]. Toutefois, l'objectif de cette mesure est moins de promouvoir les projets innovants collaboratifs que d'apporter un conseil aux entreprises pour les études préliminaires, c'est-à-dire de soutenir les PME et start-ups innovantes elles-mêmes, relevant dans notre classification davantage des aides indirectes de type entrepreneurio-structurelles. En va-t-il

---

[548] Le département des affaires intérieures (dont le Secrétariat d'État pour l'éducation et la recherche) définit une politique d'innovation cohérente au niveau national tout en représentant la Confédération suisse dans le cadre de programmes de recherche européens (*OECD Reviews of Innovation Policy : Switzerland*, 2006, p. 26).

[549] Traduit par l'auteure : *« (...) Swiss policy marker's concerns about opening a Pandora's bow that would lead to the proliferation of public funding schemes. »* (*OECD Reviews of Innovation Policy : Switzerland*, 2006, p. 110).

[550] V. pour ce constat notamment : *OECD Reviews of Innovation Policy : Switzerland*, 2006, p. 58.

[551] V. sur ce point : *OECD Reviews of Innovation Policy : Switzerland*, 2006, p. 59.

[552] Pour l'encouragement de projets de coopération entre entreprises (principalement PME) et partenaires de recherche, v. notamment : https://www.innosuisse.ch/inno/de/home/start-your-innovation-project/innovationsprojekte.html (consulté dernièrement le 08.06.2021).

[553] https://www.innosuisse.ch/inno/fr/home/start-your-innovation-project/innovationsprojekte/conditions-et-candidature.html (consulté dernièrement le 25.07.2019).

[554] https://www.innosuisse.ch/inno/fr/home/start-your-innovation-project/Innovationsscheck.html (consulté dernièrement le 03.06.2021).

plus généralement ainsi de l'encouragement des start-ups par Innosuisse[555], dont certaines ont été créées dans le domaine des biotechnologies[556], mais dont l'objectif est de soutenir la création et l'activité de ces entreprises.

À ce qui précède s'ajoute un programme du Fonds national suisse de la recherche scientifique (FNS) portant spécifiquement sur les études cliniques[557]. Ce programme vise à soutenir les *investigator initiated clinical trials*[558]. Ceux-ci sont à finalité non commerciale et *« poursuivent un objectif de santé publique »* alors que *« le promoteur ou le ou les investigateurs sont indépendants à l'égard des entreprises qui fabriquent ou qui commercialisent les produits faisant l'objet de la recherche »*[559]. L'intérêt pour l'industrie pharmaceutique est donc limité.

Des mesures plus variées existent uniquement en matière de réduction des émissions de gaz à effet de serre ou de diminution de la consommation de ressources. Celles-ci prennent, notamment, la forme de cautionnements qui visent à faciliter l'accès des entreprises économiques au prêt afin de financer des projets particulièrement innovants et risqués[560].

Une promotion restreinte de la RDI au niveau des cantons suisses. Bien la Confédération suisse est compétente pour définir et diriger les politiques publiques en matière de recherche scientifique et d'innovation, cette compétence est une compétence parallèle, les cantons ayant, en outre, compétence en matière de politique économique. Les cantons ont ainsi avant tout un rôle important pour la création de technoparcs, la mise à disposition d'immeubles à prix favorable aux jeunes entreprises innovantes et la négociation du taux de l'impôt sur les sociétés qui leur est applicable[561].

Certains cantons ont d'ailleurs fait usage de leur compétence en matière de politique de recherche et économique pour instaurer un certain nombre de mesures bénéficiant aux entreprises économiques, dont la contribution à la recherche (notamment les cantons d'Argovie, de Fribourg, du Jura et de Vaud)[562], la contribution à des dépôts de brevets (notamment les cantons de

---

[555] V. pour les aides mises à disposition par Innosuisse à cet égard : https://www.innosuisse.ch/inno/fr/home/start-and-grow-your-business/start-up-coaching.html.

[556] V. notamment : *OECD Reviews of Innovation Policy : Switzerland*, 2006, p. 104.

[557] http://www.snf.ch/fr/encouragement/programmes/iict/Pages/default.aspx#Conditions%20de%20participation.

[558] BLEIDORN, Jutta, *Bedeutung, Machbarkeit und Problematik klinischer Arzneimittelstudien in der hausärztlichen Versorgung am Beispiel des unkomplizierten Harninfekts*, Hannover : Medizinische Hochschule Hannover, 2015, p. 2.

[559] Art. L. 1121-16-1 al. 2 du CSP français.

[560] V. à cet égard notamment : Conseil fédéral, *Jeunes entreprises à forte croissance en Suisse. Rapport du Conseil fédéral donnant suite au postulat 13.4237 Derder du 12 décembre 2013*, du 29.3.2017, Berne, consultable sur : https://www.newsd.admin.ch/newsd/message/attachments/47728.pdf, p. 36.

[561] V. en ce sens : *OECD Reviews of Innovation Policy : Switzerland*, 2006, p. 104.

[562] V. Conseil fédéral, *Jeunes entreprises à forte croissance en Suisse ...*, *op.cit.*, notamment p. 33.

Jura et de Neuchâtel)[563] ou encore la contribution à des études de marché (notamment les cantons d'Argovie et de Neuchâtel)[564]. Ces types de contributions sont particulièrement intéressantes pour les entreprises pharmaceutiques innovantes et les entreprises de biotechnologie, en ce qu'elles peuvent permettre de faciliter le financement des activités de R&D et les phases précédant ou succédant celles-ci. Toutefois, elles relèvent des aides indirectes et non des aides directes à la RDI selon notre classification.

L'importance corrélative des programmes-cadres de recherche européens. Les aides directes à la RDI au bénéfice des entreprises économiques, tant au niveau confédéral qu'au niveau des cantons, sont particulièrement restreintes, d'où l'importance de la participation suisse aux programmes européens[565].

Un constat comparable a d'ores-et-déjà pu être fait pour l'Allemagne, les aides directes à la RDI commerciale y occupant une place secondaire par rapport au financement institutionnel[566]. En tout état de cause les aides directes présentent le désavantage de la sélectivité[567] et sont, pareillement à l'Allemagne, complétées par des incitations indirectes.

Les aides indirectes de type entrepreneurio-structurelles au niveau cantonal. Tel que cela avait d'ores-et-déjà été le cas en droit allemand, le premier type d'exonération fiscale est celui bénéficiant aux entreprises poursuivant des buts de service public ou d'utilité publique sur les bénéfices exclusivement et irrévocablement affectés à ces buts (articles 23 alinéa 1, f) de la Loi fédérale sur l'harmonisation des impôts directs des cantons et des communes et 56, g. de la Loi fédérale sur l'impôt fédéral direct) ou encore lorsqu'elles poursuivent des buts idéaux (articles 26a de la Loi fédérale sur l'harmonisation des impôts directs des cantons et des communes[568] et article 66a de la Loi fédérale sur l'impôt fédéral direct[569]). Les entreprises pharmaceutiques, biotechnologiques et les *Clinical Research Organizations*

---

[563] V. sur ce point : *Ibid.*, p. 33.

[564] V. *Ibid.*, p. 33.

[565] V. de manière exemplative sur ce point : *OECD Reviews of Innovation Policy : Switzerland*, 2006, p. 34.

[566] V. sur ce point notamment : HOFFMANN, Axel, *Erfindungsbezogene Auflagen in öffentlich-geförderten FuE-Projekten*, Baden-Baden : Nomos, coll. Schriften zum geistigen Eigentum und zum Wettbewerbsrecht, 2016, p. 114.

[567] En effet, certains auteurs relèvent sur la base d'études empiriques que les aides directes à la RDI bénéficient avant tout aux grandes entreprises lorsque celles-ci font partie des bénéficiaires potentiels (v. notamment sur ce point : HERBOLD, Sabine, *op.cit.*, p. 295, 296 ; v. aussi : RAMMER, Christian, BINZ, Hanna, « Zur Förderung von FuE in der Wirtschaft durch den Staat » *in* LEGLER, Harald, GRENZMANN, Christoph (dir.), *FuE-Aktivitäten der deutschen Wirtschaft : Analysen auf der Basis von FuE-Erhebungen*, Essen : Wissenschaftsstatistik GmbH, coll. Materialien zur Wissenschaftsstatistik, 2006, p. 141).

[568] Pourvu que les bénéfices n'excèdent un montant déterminé par le droit cantonal et soient exclusivement et irrévocablement affectés à ces buts.

[569] Pourvu que les bénéfices des personnes morales n'excèdent 20.000 francs suisses et soient exclusivement et irrévocablement affectés à ces buts.

ne pourraient pour les mêmes raisons pas prétendre au bénéfice de ces dispositions.

Une pluralité d'incitations fiscales pertinentes. Aux côtés de cette exonération fiscale existe un allègement fiscal pour les entreprises nouvellement créées au niveau cantonal. L'article 23 alinéa 3 de la Loi fédérale sur l'harmonisation des impôts directs des cantons et des communes[570] ouvre explicitement la possibilité aux cantons de prévoir « *par voie législative, des allègements fiscaux en faveur des entreprises nouvellement créées qui servent les intérêts économiques du canton pour l'année de fondation de l'entreprise et pour les neuf années suivantes* », sachant qu'une modification substantielle de l'activité est assimilée à une fondation. La durée maximale de l'allègement est ainsi de 10 ans, limite d'ailleurs réitérée dans le Concordat entre les cantons et la Confédération suisse sur l'interdiction des arrangements fiscaux[571] à l'article 1 alinéa 3, b)[572]. Pourtant, les cantons n'ont pas conçu l'allègement fiscal à l'identique. La première option, pour laquelle ont opté notamment les cantons de Berne[573], Lucerne[574] Zurich[575], Uri[576], Schwytz[577] et Fribourg[578], est celle

---

[570] Loi fédérale sur l'harmonisation des impôts directs des cantons et des communes (LHID), du 14.12.1990, RS 642.14.

[571] Concordat entre les cantons et la Confédération suisse sur l'interdiction des arrangements fiscaux du 10.12.1948, RS 671.1.

[572] La Loi fédérale sur l'impôt fédéral direct (LIFD) du 14.12.1990, RS 642.11, ne contient par voie de conséquence pas de disposition comparable.

[573] L'art. 18 et 84 de la Loi fiscale du canton de Berne du 21.5.2000, RSB 661.11, ouvre la possibilité au Conseil d'État d'accorder pour une durée maximale de 10 ans un allègement fiscal lorsque la création de l'entreprise ou le fait d'attirer l'entreprise sur le territoire cantonal, sont dans l'intérêt économique du canton de Berne, lorsque le transfert de l'entreprise est considéré souhaitable pour des raisons d'organisation régionale ou locale ou encore lorsque la restructuration de l'entreprise est dans l'intérêt économique du canton. Le bénéfice peut alors être soumis à certaines conditions par le Conseil d'État du canton.

[574] Le § 5 de la Loi fiscale du canton de Lucerne du 22.11.1999, SRL 620, ouvre la même possibilité d'accorder des allègements fiscaux « *adéquats* » aux entreprises nouvellement créées.

[575] Les entreprises étrangères d'une certaine taille, qui souhaitent établir leur siège dans le canton de Zurich, peuvent bénéficier, sous certaines conditions, d'allègements fiscaux à partir de l'année de création et pour les neuf années suivantes. Elles doivent être nouvellement créées et exercer leurs activités dans l'intérêt économique du canton, avoir pour objectif de créer un grand nombre de nouveaux emplois dans le canton et ne pas concurrencer les entreprises établies et soumises à l'imposition ordinaire. Les allègements sont alors accordés sous forme de réduction en points de pourcentage de l'impôt sur le bénéfice et de l'impôt sur le capital. Cet allègement fiscal peut, d'ailleurs, être couplé au respect de certaines conditions posées dans la décision du Conseil d'État du canton relative à l'octroi de l'allègement (v. § 15 (relatif aux allègements fiscaux pour les sociétés de personnes nouvellement créées) et § 62 (relatif aux allègements fiscaux pour les personnes morales, notamment les sociétés de capitaux, nouvellement créées) de la Loi fiscale du canton de Zurich, du 8.6.1997 ; v. aussi : Amt für Wirtschaft und Arbeit des Kantons Zürich, Kantonales Steueramt, *Steuern im Kanton Zürich*, 2010,

d'un allègement fiscal dans la limite de 10 ans (selon des modalités et niveaux divergents). La seconde est celle d'une exonération partielle ou totale, dont le canton d'Argovie[579]. La troisième est celle d'une particularité tenant à la condition de localisation du siège de l'entreprise, dont le canton de Genève[580]. Finalement, certains cantons ont opté pour l'application d'un avantage fiscal tout en l'assortissant de conditions particulières dans un objectif d'égalité des traitements, de neutralité en matière de concurrence ou d'anti-abus, dont notamment les cantons de Zurich[581], de Soleure[582], d'Argovie[583], de Berne[584] et de Genève[585].

---

https://www.ub.unibas.ch/digi/a125/sachdok/2010/BAU_1_5326903.pdf, p. 7, pt. 1.7 ; Züricher Steuerbuch, *Merkblatt zur Gewährung von Steuererleichterungen für neu eröffnete Unternehmen* du 8.4.1998, ZStB-Nr.62.1).

[576] Art. 3 al. 3 de la Loi fiscale du canton d'Uri du 26.9.2010, RB 3.2211 : la décision accordant le bénéfice de l'allègement fiscal aux entreprises nouvellement créées est assortie de conditions.

[577] § 16 (relatif à l'allègement fiscal pour les sociétés de personnes) et § 62 (relatif à l'allègement fiscal pour les sociétés de capitaux) de la Loi fiscale du canton de Schwytz du 9.2.2000, SRSZ 21.10.

[578] Art. 15 et 98 de la Loi sur les impôts directs du canton de Fribourg du 6.6.2000, RSF 631.1.

[579] Le canton d'Argovie a opté pour l'octroi d'allègements fiscaux ou exonérations fiscales sous forme d'une réduction en points de pourcentage sous réserve de l'impôt minimal selon § 88 (v. § 15 al. 1 de la loi fiscale du 15.12.1998, SRA 651.100 et § 4 du décret sur les possibilités d'allègements fiscaux du 29.8.2000, SRA 651.110).

[580] Il est intéressant de noter qu'il n'est pas nécessaire que l'entreprise ait son siège dans le canton de Genève à condition d'y exercer une activité économique dans un établissement stable (Administration fiscale cantonale, Information n°1/2017 sur les Allègements fiscaux en faveur des entreprises du 12.05.2017, annulant et remplaçant l'information n°7/1999 du 17.06.1999, p. 1).

[581] Cf. supra.

[582] Le canton de Soleure conditionne le bénéfice de l'allègement fiscal à l'existence d'un accord de prestations (§ 6 de la Loi sur les impôts cantonaux et communaux du canton de Soleure du 1.12.1985, BGS 614.11 ; v. également : Administration fédérale des contributions, *L'imposition des personnes morales*, Informations fiscales éditées par la Conférence suisse des impôts CSI, Documentation et Informations fiscales/AFC, Berne, 2016, p. 12).

[583] Le canton d'Argovie lie l'allègement fiscal à la condition que la société bénéficiaire ne concurrence pas une autre entreprise d'ores-et-déjà établie et soumise à fiscalité ordinaire, tout en appliquant cette condition également aux entreprises nées de fusions ou de scissions. Le § 15 de la Loi fiscale du canton d'Argovie du 15.12.1998, SRA 651.100 ouvre à nouveau cette possibilité au Conseil d'État cantonal lorsque la condition d'un intérêt public ou économique particulier est remplie ou lorsque l'activité nouvelle conduit à la création de nouveaux emplois ou postes de formation.

[584] Le canton de Berne annule rétroactivement tout allègement en cas de cessation de l'activité en question ou de transfert de siège ou d'activité durant la durée de l'allègement et pendant les 3 années suivantes (Administration fiscale cantonale, Information n°1/2017 sur les Allègements fiscaux en faveur des entreprises du 12.05.2017, annulant et remplaçant l'information n°7/1999 du 17.06.1999, p. 4).

[585] Le canton de Genève a opté pour une clause anti-abus similaire à celle du canton de Berne tout en l'appliquant pendant 5 ans après la fin de la période d'allègement (art. 10 al. 1 de la Loi sur l'imposition des personnes morales du canton de Genève du 23.9.1994, énonce : *« Le*

Un tel allègement fiscal ou exonération fiscale peut se révéler particulièrement intéressant pour les jeunes entreprises pharmaceutiques et biotechnologiques innovantes, tout autant que pour les *Clinical Research Organizations*. L'effet des dispositions fiscales cantonales est toutefois susceptible de varier en fonction de la conception concrète du système. En particulier, celle choisie par le canton de Genève pourrait être bénéfique en termes d'une meilleure flexibilité stratégique pour les entreprises, puisqu'il est uniquement nécessaire que l'entreprise « nouvellement créée » y exerce une activité économique à travers un établissement stable.

Les incitations cantonales particulières. Certains cantons ont, de surcroît, mis en place des incitations particulières. Ainsi, le canton de Jura a créé depuis 2013 le statut spécial de « nouvelle entreprise innovante » dans l'objectif de privilégier fiscalement les investissements dans ce type d'entreprises. Les revenus sont alors imposés au taux préférentiel de 1% (impôt cantonal annuel entier), les impôts communaux et paroissaux étant calculés en proportion [586]. Les investissements privilégiés sont exhaustivement énumérés à l'alinéa 2 de l'article 37c de la Loi fiscale et couvrent les apports, agios, dons, versements à fonds perdus et prises de participations par des personnes physiques[587]. S'y ajoute l'incitation fiscale créée par le canton de Berne au profit des start-ups lorsqu'elles souhaitent acquérir un terrain ou immeuble industriel, en les exonérant de l'impôt sur

---

Conseil d'État peut, après consultation des communes concernées accorder des allègements fiscaux à des personnes morales nouvellement créées ou en cours de restructuration, afin de faciliter leur installation et leur développement, si elles sont dans l'intérêt de l'économie du canton ; ces allègements ne peuvent aller au-delà de 10 ans. » (à l'exclusion des sociétés holding) ; L'intérêt économique du canton peut notamment être retenu lorsque l'activité participe au niveau d'innovation dans le canton (Administration fiscale cantonale, Information n°1/2017 sur les Allègements fiscaux en faveur des entreprises du 12.05.2017, annulant et remplaçant l'information n°7/1999 du 17.06.1999, p. 3).

Art. 310C de la Loi générale sur les contributions publiques du canton de Genève du 9.11.1887 énonce, par ailleurs, que *« sur demande du contribuable, le conseil administratif ou le maire peuvent étendre à la taxe professionnelle communale les allègements fiscaux accordés par le Conseil d'État en application des articles 15 de la loi sur l'imposition des personnes physiques, (…) ou 10 de la loi sur l'imposition des personnes morales, du 23 septembre 1994, et selon les mêmes modalités. »*).

Y retrouve-t-on également la limite à l'application de l'allègement tenant au nécessaire respect du principe d'égalité de traitement et d'équité, celui-ci ne devant pas entrainer une distorsion de concurrence ce qui dépendra des caractéristiques particulières du marché et du secteur d'activité concerné (Administration fiscale cantonale, Information n°1/2017 sur les Allègements fiscaux en faveur des entreprises du 12.05.2017, annulant et remplaçant l'information n°7/1999 du 17.06.1999, p. 2).

[586] Art. 37c al. 1 de la Loi fiscale du canton de Jura.

[587] V. également : Conseil fédéral, *Jeunes entreprises à forte croissance en Suisse. Rapport du Conseil fédéral donnant suite au postulat 13.4237 Derder du 12 décembre 2013*, du 29.3.2017, Berne, https://www.newsd.admin.ch/newsd/message/attachments/47728.pdf, p. 50.

les mutations[588] ou encore le statut de « jeune entreprise développant des innovations » introduit le 8 février 2011 par le canton de Genève qui profite aux entreprises investissant chaque année au moins 35% de leurs dépenses en R&D, dont au moins 50% sur le territoire national[589]. Ce dernier n'entraîne, tel que le pose l'article 4 de la Loi accordant le statut de « JEDI », aucun droit formateur de telle sorte que l'avantage découlant du statut est avant tout celui d'une simplification et d'un allègement du traitement administratif des demandes des JEDI[590]. Surtout le statut de nouvelle entreprise innovante, mais également celui de JEDI, sont susceptibles d'être d'un intérêt non négligeable pour les jeunes entreprises pharmaceutiques et biotechnologiques.

Aux dispositions précédentes, plus ou moins pertinentes et favorables aux entreprises pharmaceutiques et biotechnologiques innovantes ainsi qu'aux *Clinical Research Organizations*, s'ajoutent les autres aides indirectes de type entrepreneurio-structurelles visant à soutenir la création et la subsistance des PME et jeunes entreprises innovantes sur le marché.

Les autres aides indirectes au niveau cantonal. Les contributions cantonales à la création de petites et moyennes entreprises (e.a. dans les cantons de Berne, de Jura et d'Uri[591]), les offres de capitaux propres (e.a. dans les cantons de Fribourg et de Genève[592]), les garanties cantonales visant à faciliter l'accès des petites et moyennes entreprises au crédit (e.a. dans le canton de Tessin[593]), ou encore les autres initiatives visant à soutenir la création et le développement de start-ups innovantes, dont les services de conseil de la Fondation Agir (*Fondazione Agire*) proposés pour la création d'entreprise, la mise en place de projets d'innovation et la création d'entreprises ou start-ups de haute technologie[594] et le programme

---

[588] Art. 12, h) et 24 de la loi du 18 mars 1992 concernant les impôts sur les mutations ; v. également : Conseil fédéral, *Jeunes entreprises à forte croissance en Suisse ..., op.cit.*, p. 50.

[589] OBRIST, Thierry, « Switzerland » *in* DANON, Robert J., SHAY, Stephen, *Tax incentives on Research and Development (R&D)*, The Hague : Sdu Uitgevers, Numéro spécial de *Cahiers de droit fiscal international*, vol. 100a, 2015, p. 724.

[590] Loi accordant le statut de « JEDI » aux jeunes entreprises développant des innovations (LJEDI), du 2 juillet 2010, entrée en vigueur le 8 février 2011, RSG I 1 40.

[591] V. Conseil fédéral, *Jeunes entreprises à forte croissance en Suisse ..., op.cit.*, p. 33.

[592] V. Conseil fédéral, *Jeunes entreprises à forte croissance en Suisse ..., op.cit.*, p. 33.

[593] Ainsi, est mise à disposition de la BancaStato (Banque cantonale de Tessin) une garantie pour la ligne de crédits s'élevant à 20 millions de francs suisses pour l'octroi de prêts bénéficiant aux PME exportatrices qui souhaitent investir dans de nouvelles initiatives et de nouveaux projets. La garantie s'éleve pour chaque prêt individuel à un tiers de la somme prêtée, dans la limite de la ligne de crédits, le montant total des garanties du canton de Tessin ne pouvant dépasser 6,67 millions de francs suisses (v. art. 1 al. 1 et 2 du Décret législatif concernant l'octroi d'une garantie par le canton en faveur de la BancaStato pour l'octroi de crédits en faveur de nouvelles initiatives et de nouveaux projets réalisés par de petites et moyennes entreprises du 15 décembre 2011, BU 2012, 85).

[594] La Fondation Agir est l'agence régionale d'innovation du canton et assure la coordination du système d'innovation régional (https://agire.ch/).

« Boldbrain Start-up Challenge »[595], sont susceptibles de présenter un certain intérêt pour les jeunes PME pharmaceutiques et biotechnologiques, surtout celles relatives à la facilitation de l'accès au crédit et aux capitaux propres.

Les autres aides indirectes au niveau confédéral. Au niveau confédéral s'ajoutent les cautionnements au bénéfice des PME. En effet, la Confédération suisse soutient un certain nombre de coopératives de cautionnement qui fournissent des garanties aux banques locales pour les prêts accordés aux petites et moyennes entreprises[596]. À nouveau, une telle mesure semble pouvoir se répercuter positivement sur les activités de RDI des entreprises pharmaceutiques et biotechnologiques en leur facilitant l'accès à des financements externes parfois difficiles à obtenir en raison de la durée, du coût et des incertitudes attachés au processus.

La prééminence des cantons en matière d'incitations indirectes de type économico-structurelles. Les cantons peuvent se servir de l'instrument fiscal pour renforcer l'attractivité de leur canton en tant que site entrepreneurial et de recherche[597]. Pourtant, les cantons semblent principalement diriger leurs efforts de promotion de la RDI vers l'amélioration des infrastructures, alors que les avantages fiscaux sont avant tout tournés vers la localisation ou la relocalisation d'entreprises sur le sol cantonal, exception faite des provisions en matière de R&D ayant pour objectif de faciliter l'organisation de la vie de l'entreprise, ainsi que la prévisibilité des dépenses[598].

En effet, les provisions en matière de R&D sont susceptibles de se révéler favorables aux activités de RDI, dont celles réalisées par les entreprises pharmaceutiques, aujourd'hui largement caractérisées par les exigences de

---

[595] En effet, la loi pour l'innovation économique du canton de Tessin (Loi pour l'innovation économique du 14 décembre 2015, BU 2016, 44) donne en son article 16 compétence au Conseil d'État de préparer un programme de promotion de l'innovation. Ce « Programma d'attuazione della politica economica regionale 2020-2023 del Cantone Ticino » du 3 juillet 2019, rappelle le lancement du nouveau programme Boldbrain Startup Challenge, dont l'objectif est d'accélérer le démarrage d'entreprises et les premières idées commerciales, sous forme de concours (Dipartimento delle finanze e dell'economia, « Programma d'attuazione della politica economica regionale 2020-2023 del Cantone Ticino. Base di discussione per l'allestimento della Convenzione di programma tra il Cantone Ticino e la Confederazione », 3.7.2019, p. 17) ; v. aussi :
https://www4.ti.ch/index.php?id=99618#schema/esistenti/coaching/1040
(consulté dernièrement le 03.06.2021).

[596] V. Conseil fédéral, *Jeunes entreprises à forte croissance en Suisse ..., op.cit.*, p. 35. Les coopératives de cautionnement sont au nombre de quatre pour l'instant, dont trois au niveau régional et une au niveau national, et se portent garantes pour des prêts pouvant aller jusqu'à 500.000 francs suisses, la Confédération assurant jusqu'à hauteur de 65% le risque de perte (https://www.kmu.admin.ch/kmu/fr/home/savoir-pratique/finances/financement/aides-publiques-pour-financement/cautionnement.html, consulté dernièrement le 03.06.2021).

[597] *OECD Reviews of Innovation Policy : Switzerland*, 2006, p. 28.

[598] *OECD Reviews of Innovation Policy : Switzerland*, 2006, p. 64.

coopération et d'*outsourcing* vers les *Clinical Research Organizations.* L'article 63 alinéa 1, d) de la Loi fédérale sur l'impôt fédéral direct ouvre la possibilité aux entreprises de constituer des provisions à charge du compte de résultat pour « *les futurs mandats de recherche et de développement confiés à des tiers, jusqu'à 10% au plus du bénéfice imposable, mais au total jusqu'à 1 million de francs au maximum* ». L'effet sera une affectation du compte de résultat sans mouvement de fonds[599]. Pour des raisons de prévisibilité et de facilité d'organisation, la possibilité de constituer des provisions en matière de R&D semble tout particulièrement intéressante pour les entreprises pharmaceutiques innovantes. En raison de la limite d'un million de francs suisses cette disposition bénéficiera vraisemblablement principalement aux PME et moins aux entreprises de grande taille[600].

Une disposition similaire voire parfois identique se retrouve dans les législations d'un grand nombre de cantons, dont le Jura[601], Zurich[602] et Lucerne[603]. D'autres, en revanche, tout en reconnaissant la possibilité d'une constitution de provisions la limitent. Il en va ainsi du canton de Grisons qui limite la possibilité d'une constitution de provisions aux futurs mandats de R&D se rapportant à des projets concrets ou à des produits déterminés et exige, par ailleurs, que les dépenses correspondantes soient réalisées dans les cinq ans[604]. Le canton d'Obwald ouvre cette possibilité aux futurs mandats de R&D, mais également aux projets de R&D réalisés en interne, à condition que leur existence soit prouvée et pourvu que les dépenses soient réalisées dans les cinq ans à partir de la constitution des provisions[605]. Les cantons de Bâle-Ville et de Bâle-Campagne ouvrent cette possibilité d'une constitution de provisions respectivement jusqu'à 5 millions de francs suisses au maximum[606] et à concurrence de 20% au plus du bénéfice imposable et dans la limite de 1/3 de la somme totale consacrée aux activités de R&D durant les 5 précédentes années[607].

---

[599] En effet, la provision pour risques et charges est définie par le Plan Comptable général comme un passif dont l'échéance ou le montant n'est pas fixé de façon précise.

[600] V. en ce sens de manière exemplative : OBRIST, Thierry, « Switzerland » *in op.cit.*, p. 732.

[601] Art. 27 al. 1bis de la Loi d'impôt du canton de Jura, du 26.5.1988, RSJU 641.11.

[602] § 27 al. 2, b) de la Loi fiscale du canton de Zurich, du 8.6.1997.

[603] § 36 al. 2 et § 77 al. 2 de la Loi fiscale du canton de Lucerne du 22.11.1999.

[604] Art. 32 al. 1, c) et art. 81 al. 1, d) de la Loi fiscale du canton de Grison, du 8.6.1986, BR 720.000 et art. 12 des dispositions d'exécution concernant la législation fiscale (*Ausführungsbestimmungen zur Steuergesetzgebung*), BR 720.015.

[605] Art. 31 al. 1, c) et art. 83 al. 1, c) de la Loi fiscale du canton de Obwald du 30.10.1994, SROW 641.4.

[606] § 28 al. 2, c) et § 70 al. 1, g) de la Loi sur l'imposition directe du canton de Bâle-Ville du 12.4.2000, RSBS 640.100.

[607] § 31bis et § 55 de la Loi sur les impôts cantonaux et communaux du canton de Bâle-Campagne du 7.2.1974, 331 et § 4 (notamment l'al. 3) de l'Ordonnance sur la loi fiscale du 13.12.2005, SGS 331.11.

S'ajoutent aux provisions en matière de R&D les incitations indirectes précédemment évoquées que sont les contributions à la recherche, à des dépôts de brevet ou encore à des études de marché mises en place au niveau cantonal, qui peuvent se révéler d'un intérêt non négligeable pour les entreprises pharmaceutiques et biotechnologiques.

L'introduction de mesures fiscales incitatives complémentaires. À l'exception des provisions en matière de R&D et de la *patent box* du canton de Nidwalden[608], les incitations fiscales n'ont pas joué un rôle prépondérant dans l'arsenal incitatif suisse[609]. Or, récemment le regard s'était porté, en premier lieu, sur l'imposition à taux réduit des sociétés holding, de domicile et mixtes au niveau cantonal, sociétés à statut préférentiel assurant la moitié des dépenses suisses en R&D[610], mais également sur les incitations fiscales à la RDI.

L'imposition préférentielle des sociétés à statut spécial avait, en effet, fait l'objet de diverses critiques et avait été jugée non conforme aux normes internationales. Le projet de Loi de réforme de l'impôt sur les entreprises III prévoyait sa suppression, tout en essayant de maintenir l'attractivité du site entrepreneurial suisse par d'autres moyens. Une promotion efficace de la RDI, notamment par l'instauration d'une *patent box* et par relèvement des déductions autorisées pour la R&D[611], fut au premier plan des discussions[612]. Le 12 février 2017 la réforme fut toutefois rejetée par votation du peuple et des cantons.

L'évolution récente avec le projet fiscal 17. Il fallut attendre le projet fiscal 17 pour que de telles mesures soient introduites en droit fiscal suisse. En effet, le projet fiscal 17, adopté par le Conseil des États et le Conseil national le 28 septembre 2018 et par voie référendaire le 19 mai 2019, contient à nouveau la possibilité d'une déduction supplémentaire des dépenses de R&D, ainsi qu'un dispositif de traitement préférentiel des bénéfices nets provenant de brevets et de droits comparables.

---

[608] Art. 85 al. 3, phrase 1 de la Loi fiscale : « *Pour les revenus de licence nets découlant de l'utilisation de biens immatériels l'impôt fixé sur le bénéfice s'élève à 20% du taux ordinaire de l'impôt sur le bénéfice de l'al. 1.* » (Traduit par l'auteure : « Für Nettolizenzerträge aus der Nutzung von immateriellen Gütern beträgt die feste Gewinnsteuer 20 Prozent des ordentlichen Gewinnsteuersatzes gemäß Absatz 1 »).

[609] V. pour ce constat notamment : *OECD Reviews of Innovation Policy : Switzerland*, 2006, p. 58.

[610] *Votation populaire du 12 février 2017. Explications du Conseil fédéral*, p. 28.

[611] Ainsi avait-il été prévu d'insérer un art. 25a sur la Déduction des dépenses de R&D dans la Loi fédérale sur l'harmonisation des impôts directs des cantons et des communes, prévoyant que les cantons peuvent autoriser une déduction à raison d'un montant dépassant de 50% au plus les dépenses de R&D justifiées par l'usage commercial, si ces dépenses sont consenties en Suisse, directement ou indirectement, sans que celle-ci ne puisse dépasser 80% du bénéfice imposable avant déduction des pertes reportées à l'exclusion du rendement net des participants et avant déductions (v. notamment : *Votation populaire du 12 février 2017. Explications du Conseil fédéral*, p. 44)

[612] *Votation populaire du 12 février 2017. Explications du Conseil fédéral*, p. 27.

Ainsi, la Loi fédérale relative à la réforme fiscale et au financement de l'AVS (RFFA) du 28 septembre 2018 introduit dans la Loi fédérale sur l'harmonisation des impôts directs des cantons et des communes les dispositions suivantes :

Article 25a (déduction supplémentaire des dépenses de R&D) : « [1] *Sur demande, les cantons peuvent autoriser la déduction des dépenses de recherche et de développement que le contribuable a engagé en Suisse, directement ou par l'intermédiaire de tiers, à raison d'un montant dépassant de 50% au plus les dépenses de recherche et de développement justifiées par l'usage commercial.* [2] *Sont réputées recherche et développement la recherche scientifique et l'innovation fondée sur la science au sens de l'art. 2 de la loi fédérale du 14 décembre 2012 sur l'encouragement de la recherche et de l'innovation.* [3] *Une déduction augmentée est admissible pour : a. les dépenses de personnel directement imputables à la recherche et au développement, plus un supplément équivalant à 35% de ces dépenses, mais jusqu'à concurrence des dépenses totales du contribuable ; b. 80% des dépenses pour les travaux de recherche et de développement facturés par des tiers.* [4] *Si le mandat des travaux de recherche et de développement est habilité à effectuer la déduction, le mandataire n'a droit à aucune déduction à ce titre.* ».

Article 24b (Brevets et droits comparables : imposition) : « [1] *Si le contribuable en fait la demande, le bénéfice net provenant de brevets et de droits comparables est pris en compte dans le calcul du bénéfice net imposable en proportion des dépenses de recherche et de développement éligibles par rapport aux dépenses totales de recherche et de développement par brevet ou droit comparable (quotient Nexus) avec une réduction de 90%. Les cantons peuvent prévoir une réduction moindre.* [2] *Le bénéfice net provenant de brevets ou de droits comparables sont inclus dans les produits est déterminé en soustrayant du bénéfice net de chacun de ces produits 6% des coûts attribués à ces produits ainsi que la rémunération de la marque.* [3] *Lorsque le bénéfice net provenant de brevets et de droits comparables est imposé pour la première fois de façon réduite, les dépenses de recherche et de développement qui ont déjà été prises en compte lors de périodes fiscales antérieures, ainsi qu'une éventuelle déduction au sens de l'art. 25a, sont ajoutées au bénéfice net imposable. Une réserve latente imposée doit être constituée dans la mesure du montant ajouté. Les cantons peuvent garantir cette imposition d'une autre manière dans un délai de cinq ans à compter du début de l'imposition réduite.* [4] *Le Conseil fédéral édicte des dispositions complémentaires, notamment sur : a. le calcul du bénéfice net provenant de brevets et de droits comparables imposables de façon réduite et, notamment, le quotient Nexus ; b. l'application de la réglementation aux produits qui ne présentent que de faibles différences entre eux et se fondent sur les mêmes brevets et droits comparables ; c. les obligations en matière de documentation ; d. le début et la fin de l'imposition réduite et e. le traitement de pertes provenant de brevets et de droits comparables. ».*

La particularité des dispositions et de leur intégration dans le droit fiscal cantonal. L'introduction de la déduction supplémentaire des frais de R&D est ainsi facultative pour les cantons, alors que le traitement préférentiel des revenus découlant de brevets ou de droits comparables ne devra pas nécessairement s'élever à 90%. Si certains cantons, tel que Zurich, ont opté pour la reprise d'une réduction maximale de 90% pour la *patent box*, d'autres, tel que Lucerne n'ont opté que pour 10%. De même en va-t-il de la possibilité d'une déduction supplémentaire des frais de R&D. Certains cantons, tel que Zurich, ont opté pour 50%, d'autres, au contraire, tel que Uri ou Lucerne, pour 0%.[613] Cette situation différencielle semble renforcer les différences cantonales préexistantes.

À cet égard, sont réputés droits comparables pour l'application du traitement préférentiel des bénéfices nets de brevets et droits comparables, les certificats complémentaires de protection au sens de la loi du 25 juin 1954 sur les brevets ainsi que la prolongation de leur durée, les topographies protégées en vertu de la loi du 9 octobre 1992 sur les topographies, les variétés végétales protégées en vertu de la loi fédérale du 20 mars 1975 sur la protection des obtentions végétales, les données protégées en vertu de la loi du 15 décembre 2000 sur les produits thérapeutiques, les rapports protégés en vertu d'une disposition d'exécution de la loi du 29 avril 1998 sur l'agriculture et les droits étrangers correspondant à ces droits (article 24a alinéa 2 de la Loi sur l'harmonisation des impôts directs des cantons et des communes). En revanche, ne sont pas réputés droits comparables les logiciels, sauf si ceux-ci font partie d'une invention alors brevetable en qualité d' « invention mise en œuvre par ordinateur »[614]. En effet, par effet concomitant d'une évolution en faveur de la médecine personnalisée, de l'irruption du *Big Data* en innovation pharmaceutique et de l'influence croissante de l'intelligence artificielle, notamment à l'étape des essais précliniques et dans l'objectif d'une diminution du rôle joué par les essais sur animaux, logiciels et algorithmes joueront un rôle croissant en innovation pharmaceutique et biotechnologique à l'avenir. Nous y reviendrons en détail ultérieurement. L'inclusion des logiciels parmi les droits comparables dans les conditions susvisées, ce qui recouvre notamment les logiciels qui serviraient à une application technique, le Conseil fédéral donnant à cet égard l'exemple de l'intégration du logiciel à un appareil permettant d'améliorer l'enregistrement et la transmission de données, est dès lors

---

[613] V. pour l'intégration définitive : https://www.bdo.ch/de-ch/microsites-de/staf/staf-uberblick/kantonale-umsetzung (consulté dernièrement le 03.06.2021).

[614] V. notamment : Conseil fédéral, Message concernant la loi fédérale sur le Projet fiscal 17 (PF 17) du 21.03.2018, FF 2018, p. 2565 (v. p. 2589).

d'importance toute particulière pour le secteur pharmaceutique et biotechnologique[615].

Le bilan de l'analyse des incitations à la RDI. La Suisse est ainsi caractérisée par un relatif faible nombre d'incitations à la RDI, celles-ci étant avant tout indirectes de type entrepreneurio-structurelles. Les évolutions récentes modifient toutefois cet état des choses, introduisant dans l'arsenal incitatif suisse un certain nombre d'incitations indirectes de nature économico-structurelles, dont une disposition *patent-box*.

La mise en exergue du paradigme national en matière d'incitation. Replacées dans une perspective temporelle ces incitations semblent participer à une typicité nationale caractéristique de la Suisse. En effet, à la différence de l'Allemagne et surtout de la France, la Suisse n'a jamais été influencée de manière comparable par le mercantilisme ou le keynésianisme[616]. Elle s'est toujours montrée assez réticente à intervenir en économie et en recherche par voie d'aides. Qu'il s'agisse de la promotion de la recherche, du développement ou de l'innovation, le pays a surtout misé sur la création d'un environnement juridique et économique attractif et favorable au développement de ces activités, de la coopération entre secteur académique et industrie et à la formation du personnel qualifié[617]. Une illustration peut être trouvée dans la fixation du niveau de l'impôt à un niveau relativement faible en vue d'éviter un effet de distorsion sur l'économie[618]. Si la Seconde Guerre mondiale a conduit à un ajustement, comme partout ailleurs, la forme de keynésianisme alors adoptée resta particulièrement légère[619]. Les politiques publiques en matière de recherche et innovation post-guerre furent principalement tournées vers le développement de technologies primordiales pour le pays et principalement dirigées vers la recherche fondamentale. Elle n'a donc divergé de sa position traditionnelle de très faible interventionnisme que ponctuellement et temporairement en cas de besoin[620].

---

[615] *Ibid.*.

[616] V. en ce sens : DANTHINE, Jean-Pierre, LAMBELET, Jean-Christian, HONKAPOHJA, Seppo, COHEN, Daniel, « The Swiss Recipe : Conservative Policies Ain't Enough ! », *Economic Policy*, 1987, vol. 2, n°5, p. 147 et s. (voir p. 160-162).

[617] V. pour ces caractéristiques notamment : OBRIST, Thierry, « Switzerland » *in op.cit.*, p. 725.

[618] V. pour cette approche suisse à titre exemplatif : DANTHINE, Jean-Pierre, LAMBELET, Jean-Christian, HONKAPOHJA, Seppo, COHEN, Daniel, *loc.cit.*, p. 160-162.

[619] Pour le constat d'un keynésianisme modéré durant cette phase, v. notamment : SCHÄPPI, Hans, « Angriff der neoliberalen Ordnungspolitik : Bemerkungen zu neuen Programmschriften für die schweizerische Wirtschaftspolitik von Leutwiler, Schmidheiny, Borner et al. », *Widerspruch : Beiträge zu sozialistischer Politik*, 1991, vol. 11, n°22, p. 147 et s. (p. 148).

[620] Pour cette divergence ponctuelle v. : DANTHINE, Jean-Pierre, LAMBELET, Jean-Christian, HONKAPOHJA, Seppo, COHEN, Daniel, *loc.cit.*, p. 160-162.

Ainsi, assista-t-on au cours du temps à la cristallisation d'un système particulier d'agencement entre, d'une part, le libre jeu des forces du marché et la nécessaire flexibilité des entreprises économiques dans le cadre d'un *« corporatisme libéral »* [621] et, de l'autre, une organisation modérée de la recherche et de l'économie[622]. Cette cristallisation fut intimement liée à et dépendante de la structure particulière de son économie en termes de taille d'entreprises et de capacité d'adaptation[623] et de la société suisse du fait de son hétérogénéité, notamment en termes culturels, religieux et linguistiques[624]. Lehmbruch et Lijphart la qualifient ainsi de démocratie consensuelle ou consociationaliste. Autrement dit, il s'est développé un potentiel de coordination des intérêts des acteurs de recherche et économiques et une relative indépendance à l'égard de l'intervention étatique[625], alors que les conflits sociaux et économiques d'importance n'y sont pas résolus par décision majoritaire mais par voie de négociation[626]. Certes les associations d'intérêts ou groupes d'intérêts organisés existent pareillement en France, Allemagne et Suisse, la Suisse a toutefois procédé à partir du dernier quart du XIXe siècle à leur intégration dans l'État et dans le processus politique[627]. Pour Lehmbruch, l'article 147 de la Constitution fédérale suisse en est une forme de consécration constitutionnelle. L'article pose que *« les cantons, les partis politiques et les milieux intéressés sont invités à se prononcer sur les actes législatifs importants et sur les autres projets de grande portée lors des travaux préparatoires, ainsi que sur les traités internationaux importants »*, l'instrument politique majeur à leur

---

[621] V. pour ce système particulier : AFONSO, Alexandre, MACH, André, « Coming together but staying apart : Continuity and change in the Austrian and Swiss Varieties of Capitalism » *in* BECKER, Uwe (dir.), *The Changing Political Economies of Small West European Countries*, Amsterdam University Press, coll. Changing Welfare States, 2011, p. 103.

[622] V. sur ce point : DANTHINE, Jean-Pierre, LAMBELET, Jean-Christian, HONKAPOHJA, Seppo, COHEN, Daniel, *loc.cit.*, p. 173.

[623] V. pour la particularité de la structure suisse et la capacité d'adaptation des entreprises différenciant ce pays d'autres et faisant sa force : AFONSO, Alexandre, MACH, André, « Coming together but staying apart : Continuity and change in the Austrian and Swiss Varieties of Capitalism » *in op.cit.*, p. 122.

[624] V. sur le consociationalisme et la Suisse en tant que meilleur exemple : LIJPHART, Arend, *Patterns of democracy : government forms and performance in thirty-six countries,* New Haven, Londres : Yale University Press, 2e édition, 2012, p. 31, 32.

[625] V. sur le potentiel de coordination de manière particulièrement claire : AFONSO, Alexandre, MACH, André, « Coming together but staying apart : Continuity and change in the Austrian and Swiss Varieties of Capitalism » *in op.cit.* p. 100.

[626] V. LEHMBRUCH, Gerhard, « Consociational Democracy and Corporatism in Switzerland », *Publius : The Journal of Federalism*, 1993, vol. 23, n°2, p. 43 et s. (p. 44) ; v. également : HASSEL, Anke, *Wage Setting, Social Pacts and the Euro : a New Role for the State,* Amsterdam University Press, 2006, p. 125.

[627] LEHMBRUCH, Gerhard, *loc.cit.*, p. 52 ; v. aussi : SIEGENTHALER, Hansjörg *in* FISCHER, Wolfram (dir.), *Europäische Wirtschafts- und Sozialgeschichte von der Mitte des 19. Jahrhunderts bis zum ersten Weltkrieg,* Handbuch der europäischen Wirtschafts- und Sozialgeschichte, Vol. 5, Stuttgart : Klett-Cotta, 1985, p. 471 et s..

disposition étant le référendum [628]. Neidhart considère que c'est la « menace » même du référendum qui aurait transformé la démocratie suisse en véritable démocratie de négociation (*bargaining democracy*), les projets de loi étant soumis aux associations d'intérêts pour éviter la marginalisation des intérêts minoritaires et subséquemment le déclenchement du référendum[629].

Cette interaction participe au renforcement de la typicité nationale, c'est-à-dire à la parcimonie en matière d'intervention et, plus généralement, à la faveur donnée aux politiques tournées vers le marché conjuguées à une dose légère de protectionnisme orienté[630]. En effet, un changement d'approche deviendrait selon Lehmbruch plus complexe du fait des intérêts divers et variés en présence et potentiellement fortement éloignés les uns des autres[631].

La période stabilisatrice paradoxale des années 1980 et 1990. Les années 1980 et 1990 ont à cet égard été simultanément un moment stabilisateur et de contestations. En premier lieu, les relations entre la Suisse et l'Union européenne en matière de recherche et d'innovation se sont progressivement renforcées au cours de cette période [632]. La prise d'importance des programmes-cadres pour la recherche, le développement et l'innovation a ainsi évité qu'un changement d'approche s'impose. Le rôle d'Innosuisse, successeur de la Commission pour la technologie et l'innovation et principal acteur aux côtés du Fonds national suisse de la recherche scientifique, reste avant tout la promotion de la recherche fondamentale universitaire et de la coopération internationale, le soutien de l'entrepreneuriat n'étant qu'accessoire[633]. En second lieu, les réformes du droit des sociétés et du droit boursier au cours de cette période ne sont pas restées sans incidences et ont, notamment, conduit à la fusion de Ciba et

---

[628] Voir : LEHMBRUCH, Gerhard, *loc.cit.*, p. 53.

[629] V. pour cette position les développements de Tsebelis : TSEBELIS, George, *Veto players : How political institutions work,* Princeton, New Jersey, New York : Princeton University Press, Russell Sage Foundation, 2002, p. 123.

[630] V. en ce sens : AFONSO, Alexandre, MACH, André, « Coming together but staying apart : Continuity and change in the Austrian and Swiss Varieties of Capitalism » *in op.cit.*, p. 104 ; En politologie les avis divergent pour ce qui est de l'effet de l'introduction d'un acteur complémentaire qu'est le peuple suisse, ou plus précisément l'électeur moyen, dans le processus de prise de décision politique par l'intermédiaire du référendum. Pour Magleby la stabilité des politiques publiques décroît plus un pays se rapproche de la démocratie directe (v. Magleby (*Direct Legislation*, 1980) cité par TSEBELIS, George, *op.cit.*, p. 122, 123). Pour Tsebelis, Hassenteufel, Immergut et Neidhart l'introduction de ce *veto player* dans le contexte institutionnel suisse est susceptible de conduire en principe à une plus grande stabilité des politiques publiques. Ces auteurs s'appuient à cet égard sur des études empiriques (v. HASSENTEUFEL, Patrick, *op.cit.*, p. 262 ; En ce sens également : TSEBELIS, George, *op.cit.*, p. 123 : l'auteur y citant Immergut et Neidhart).

[631] V. sur ce point : LEHMBRUCH, Gerhard, *loc.cit.*, p. 56.

[632] V. pour la prise d'importance des programmes-cadres durant les années 1980 et 1990 : *OECD Reviews of Innovation Policy : Switzerland*, 2006, p. 60.

[633] https://www.innosuisse.ch/inno/fr/home.html.

Sandoz pour devenir Novartis[634], réitérant la position traditionnelle d'une politique foncièrement libérale et orientée vers le marché associée à une dose légère de protectionnisme[635]. Ce dernier élément fut d'ailleurs à l'origine de réflexions sur la nécessité d'évolution en faveur d'un néolibéralisme[636].

Le droit constitutionnel comme facteur indirectement stabilisateur du paradigme national. Tel que développé précédemment, la Confédération suisse et les cantons ont compétence et mission globale et parallèle en matière d'encouragement de la recherche et de l'innovation en vertu de l'article 64 de la Constitution suisse. Sur ce fondement a été prise la Loi fédérale sur l'encouragement de la recherche et de l'innovation, précisant les manières par lesquelles la Confédération suisse intervient pour promouvoir la RDI, dont la mise à disposition de fonds. Or, la Suisse est caractérisée par sa relative parcimonie en matière d'incitation avant tout directe. Nous avions toutefois pu relever une plus grande variété d'aides indirectes de type entrepreneurio-structurelles au niveau cantonal. En effet, similairement à la liberté de recherche, se coordonnent pour la liberté économique, notamment, les articles 27 et 94 de la Constitution, l'ensemble des dispositions constitutionnelles pertinentes formant la constitution économique suisse[637]. Si l'article 64 impose à la Confédération d'encourager la recherche et l'innovation, l'article 94 débute par lui imposer ainsi qu'aux cantons le respect du principe de liberté économique (alinéa 1) pour ensuite leur donner mission, dans les limites de leurs compétences respectives, de veiller à créer un environnement favorable au secteur de l'économie privée (alinéa 3). Dès lors, la Confédération est tenue de définir *« des politiques, de légiférer, de promouvoir, d'arbitrer, de juger, d'exécuter, de décider et ceci dans le respect du principe de liberté économique »*[638]. Une dérogation au principe de liberté économique n'est possible qu'en cas de besoin et lorsque celle-ci est prévue par la Constitution ou fondée sur les droits régaliens des cantons (article 94 alinéa 4 de la Constitution)[639] [640]. Ainsi, la Confédération

---

634 V. pour les incidences des réformes sur les entreprises suisses : AFONSO, Alexandre, MACH, André, « Coming together but staying apart : Continuity and change in the Austrian and Swiss Varieties of Capitalism » *in op.cit.*, p. 106.

635 V. à titre exemplatif : AFONSO, Alexandre, MACH, André, « Coming together but staying apart : Continuity and change in the Austrian and Swiss Varieties of Capitalism » *in op.cit.*, p. 109.

636 V. sur ce point et pour une critique : SCHÄPPI, Hans, « Angriff der neoliberalen Ordnungspolitik : Bemerkungen zu neuen Programmschriften für die schweizerische Wirtschaftspolitik von Leutwiler, Schmidheiny, Borner et al. », *loc.cit.*, p. 147 et s.

637 V. pour la constitution économique suisse : AUER, Andreas, MALINVERNI, Giorgio, HOTTELIER, Michel, *Droit constitutionnel suisse,* vol. II. Les droits fondamentaux, Berne : Stämpfli Editions SA, coll. Précis de droit Stämpfli, 2e édition, 2006, p. 416, 417.

638 Citation issue de : AUER, Andreas, MALINVERNI, Giorgio, HOTTELIER, Michel, *op.cit.*, p. 449.

639 V. sur ce point : AUER, Andreas, MALINVERNI, Giorgio, HOTTELIER, Michel, *op.cit.*, p. 421.

peut favoriser certaines branches économiques ou professions dans le cadre d'une politique structurelle en vue d'améliorer ou de redresser la situation économique, ou encore soutenir des régions économiquement menacées (article 103 de la Constitution). Cette promotion peut au besoin englober des mesures *« protectionnistes »* ou *« interventionnistes »* susceptibles de fausser le libre jeu de la concurrence sur le marché[641]. À titre d'exemple, peuvent être mentionnées la Loi fédérale sur la politique régionale du 6 octobre 2006 dont l'objectif fut d'améliorer *« la compétitivité de certaines régions et à y générer de la valeur ajoutée, contribuant ainsi à la création et la sauvegarde d'emplois dans ces régions, à l'occupation décentralisée du territoire et à l'élimination des inégalités régionales »*[642], les mesures prises en faveur de l'industrie horlogère[643] et, plus récemment, la Loi fédérale sur les bases légales des ordonnances du Conseil fédéral visant à surmonter l'épidémie de Covid-19 du 25 septembre 2020[644], dont l'objectif est, aux côtés de la lutte contre l'épidémie, de surmonter les effets des mesures prises, notamment, sur l'économie (article 1er alinéa 1er). Les possibilités d'intervention de la Confédération et des cantons semblent ainsi conçues plus largement que celles en matière de RDI.

Ces considérations semblent confortées par les constitutions cantonales. Celles-ci comportent toutes des dispositions relatives à la liberté économique, toutefois certaines vont au-delà d'une simple affirmation du principe d'une mission générale, notamment en définissant certains secteurs à promouvoir[645]. Les cantons peuvent ainsi promouvoir l'économie cantonale par des mesures directes et fiscales, pourvu que le principe de neutralité soit respecté et qu'il ne s'agisse pas de mesures protectionnistes ou de planification économique[646]. Ils ne peuvent cependant restreindre la

---

640 Auer, Malinverni et Hottelier relèvent à cet égard que bien qu'une dérogation soit possible, celle-ci ne l'est uniquement en cas de besoin. Dès lors, le choix du constituant est celui en faveur d'un système économique libéral, c'est-à-dire relativement indépendant de l'État et fondé sur l'initiative et l'autonomie privée (AUER, Andreas, MALINVERNI, Giorgio, HOTTELIER, Michel, *op.cit.*, p. 425, 426). Ainsi, ces auteurs relèvent que la Constitution se positionne, par voie de conséquence, contre une économie « étatique ou étatisée, planifiée et administrée » (AUER, Andreas, MALINVERNI, Giorgio, HOTTELIER, Michel, *op.cit.*, p. 426).

641 V. sur ce point : AUER, Andreas, MALINVERNI, Giorgio, HOTTELIER, Michel, *op.cit.*, p. 453.

642 Art. 1 de la Loi fédérale sur la politique régionale du 6 octrobre 2006, RS 901, 0.

643 V. pour cet exemple : AUER, Andreas, MALINVERNI, Giorgio, HOTTELIER, Michel, *op.cit.*, p. 453.

644 Loi fédérale sur les bases légales des ordonnances du Conseil fédéral visant à surmonter l'épidémie de Covid-19 du 25 septembre 2020, RS 818.102.

645 AUER, Andreas, MALINVERNI, Giorgio, HOTTELIER, Michel, *op.cit.*, p. 422.

646 Auer, Malinverni et Hottelier évoquent qu'une subvention à une personne physique ou morale peut être contraire au principe de liberté économique si elle conduit à changer l'état de la concurrence sur le marché, c'est-à-dire si elle engendre une distorsion (AUER, Andreas,

liberté économique qu'au besoin et lorsque certaines conditions sont respectées, dont la justification par l'intérêt public[647].

Dès lors, si une mission de promotion existe pareillement pour la recherche et l'innovation et pour l'économie, la systématique générale de la Constitution fédérale (et des constitutions cantonales) révèle des différences qui trouvent leur correspondance dans leur présence respective en politique, c'est-à-dire dans la pratique (*Regelungspräsenz*). Le paradigme national en matière d'incitation à la RDI se voit indirectement conforté en ce sens.

Le pendant des considérations de stabilisation du paradigme national se retrouve au niveau de l'ampleur des fonds mis à disposition. Ainsi, les financements accordés par le FNS, n'ont que peu varié au cours des années 1990, mise à part une légère décroissance[648], et n'ont été que très peu importants surtout comparé aux fonds bénéficiant aux entreprises économiques dans le cadre des programmes-cadres européens sur la même période[649]. Cette situation ne s'est pas renversée au tournant du siècle. La part des dépenses en RDI commerciale assurée par la Confédération suisse ne s'éleva au début des années 2000, et notamment en 2004, qu'à 1,5%[650].

La flexibilité ponctuelle de l'approche suisse. L'adoption récente du projet fiscal 17 ne remet pas en cause la typicité nationale mais reflète la flexibilité ponctuelle suisse. L'un des objectifs de l'introduction d'une *patent box* et d'une déduction supplémentaire des frais de R&D en droit fiscal suisse était d'accroître l'attractivité du site entrepreneurial et de recherche suisse. Elle est, en outre, en phase avec les demandes de l'industrie[651]. La pertinence des incitations à la RDI ou, autrement dit, leur adéquation aux besoins concrets relevés sur le marché dépend alors de l'efficacité de la prise en compte des intérêts et besoins des parties intéressées, c'est-à-dire des relations s'établissant entre l'État et les acteurs de recherche et économiques.

MALINVERNI, Giorgio, HOTTELIER, Michel, *op.cit.*, p. 461, v. également pour l'exclusion d'une politique protectionniste ou de planification économique : p. 464).

[647] Les restrictions sont conformes à la constitution uniquement si elles se fondent sur une base légale, sont justifiées par l'intérêt public (mesure de politique sociale ou de police en particulier), respectent le principe de proportionnalité et sont conformes au principe de l'égalité des concurrents, sans toucher au noyau dur de la liberté économique (AUER, Andreas, MALINVERNI, Giorgio, HOTTELIER, Michel, *op.cit.*, p. 461 et s.).

[648] V. pour cette tendance à une décroissance légère des fonds publics mis à disposition des entreprises économiques : Schweizerischer Wissenschaftsrat, *Projektlandkarte Schweiz 1999 : finanzstatistische Indikatoren ausgewählter Instrumente der Forschungsförderung des Bundes aus den Jahren 1992-1999*, Berne : Geschäftsstelle des Schweizerischen Wissenschaftsrates, 2000, p. 70.

[649] V. pour cette constance en particulier : Schweizerischer Wissenschaftsrat, *Projektlandkarte Schweiz 1999 ..., op.cit.*, p. 58.

[650] V. pour cette estimation de la part du financement public des projets de RDI menés par les entreprises économiques suisses : *OECD Reviews of Innovation Policy : Switzerland*, 2006, p. 58.

[651] V. à cet égard et pour le projet fiscal 17 les développements correspondants précédents.

L'effet de la coopération entre État, acteurs de recherche et économiques sur les incitations à la RDI. La coopération et l'interaction entre différents acteurs en matière de politique de recherche et d'innovation, et plus concrètement en matière d'incitation à la RDI, renvoie plus généralement au phénomène de collaboration et de recherche de consensus que l'on retrouve dans la plupart des pays européens en matière d'action publique[652]. Pareillement à l'Allemagne, la Suisse souhaite s'assurer du bien-fondé de ses décisions en politique de recherche et d'innovation et recourt pour ce faire au conseil d'experts scientifiques. Sont à mentionner avant tout le Conseil des écoles polytechniques fédérales (*Rat der eidgenössischen technischen Hochschulen*) et le Conseil suisse de la science (*Schweizerischer Wissenschaftsrat*), mais encore la Fondation Science et Cité (*Stiftung Science et Cité*), dont l'objectif est de mettre en lien la société et la science, ainsi que la Fondation pour l'évaluation des choix technologiques (*Stiftung für Technologiefolgen-Abschätzung*), dont l'objectif est de donner tant au peuple qu'au parlement les moyens d'évaluer les conséquences des évolutions technologiques et de générer un échange politique au sein de la population sur les effets positifs et négatifs des évolutions scientifiques et technologiques[653]. Le Conseil suisse de la science (C.S.S.) conseille sur la politique de recherche et d'innovation, tout en ayant pour objectif d'améliorer constamment le système de formation suisse. Ses membres sont des scientifiques de disciplines diverses, les secteurs médical et pharmaceutique y étant fortement représentés[654]. Il a été qualifié d'organe consultatif indépendant[655] et d'organe en « *advice mode* » [656] par l'OCDE. Il

---

[652] V. sur la collaboration et la recherche de consensus : HESSELMAN, Linda, *loc.cit.*, p. 203 : l'auteure relève avant tout le cas français pour lequel elle constate une centralisation de la prise de décision et une intervention prononcée depuis le 17e siècle. Elle précise que plus la prise de décision est centralisée plus un consensus entre groupes d'intérêts d'importance se révèle être nécessaire, bien que tous les pays européens présentent aujourd'hui une forme de collaboration et de recherche de consensus quelque soit le degré de centralisation et bien que l'importance des intervenants varie nécessairement selon le contexte considéré.

[653] V. pour la Fondation Science et Cité : Bundesrat, *Botschaft über die Förderung von Bildung, Forschung und Technologien in den Jahren 2000-2003 du 25 novembre 1998*, BBL 1999, p. 297 et s. (voir p. 322) ; v. pour la Fondation pour l'évaluation des choix technologiques : *Ibid.*, p. 385.

[654] V. pour les membres actuels et les anciens membres : https://www.swir.ch/de/der-swr/der-rat.

[655] Le C.S.S. apporte un conseil sur la politique en matière de recherche et d'innovation, en tant qu'organe de conseil externe et indépendant, alors que le Conseil des écoles polytechniques fédérales est responsable de l'orientation et de la conception de la politique en matière d'écoles polytechniques fédérales (OECD, *Reviews of Innovation Policy : Switzerland*, 2006, p. 25 et s.)

[656] L'OCDE distingue le « *advice mode* », pour lequel la Suisse est un exemple pertinent, du « *coordination model* » et du « *joint planning* ». Le premier renvoie à la situation où l'organe consultatif en question est supposé coordonner de manière horizontale les politiques publiques menées par les différents ministères partiellement responsables en vue de l'harmonisation des différentes politiques en matière d'innovation, sans que cette intervention ne lie en tout état de

conseille le gouvernement proactivement et réactivement sur toute question relative à la politique de recherche et d'innovation sans que le gouvernement ne soit pour autant lié par ses recommandations et avis. Son indépendance et son autonomie sont à cet égard renforcées par la circonstance que le C.S.S. se donne lui-même son règlement d'organisation et de gestion, bien que celui-ci doive être approuvé par le Conseil fédéral[657]. Ses tâches ont été élargies à partir de 2000[658], bien qu'Urs Hafner remarque que cette évolution a reçu un contrecoup avec la Loi fédérale sur l'encouragement de la recherche et de l'innovation de 2012 puisque le C.S.S. ne doit plus que proposer des recommandations et mesures relatives à la politique générale en matière de science, de recherche et de technologies et le concept général en la matière. Il recouvrirait désormais avant tout un rôle d'évaluateur des politiques en matière de RDI[659]. Il n'en reste pas moins que le Conseil garde un rôle relativement important. Ainsi, le Département fédéral de l'économie, de la formation et de la recherche (DEFR) peut charger le Conseil de procéder à l'examen des politiques nationales en matière de RDI ou de coordonner l'action de commissions d'experts nationales et internationales[660] et de procéder à la mise en perspective des avis émis[661]. Le C.S.S. conseille, de surcroît, le Conseil fédéral, soit par initiative propre, soit sur mandat, sur toute question relevant de la recherche et de l'innovation. Pour ce qui est du conseil donné sur mandat, la Loi sur l'encouragement de la recherche et de l'innovation énumère explicitement les tâches pouvant lui être confiées que sont l'évaluation des mesures d'encouragement, des organes de recherche sous l'angle de l'exécution de leurs tâches, des instruments d'incitation des institutions d'encouragement et d'Innosuisse, des mesures de la recherche de l'administration sous l'angle de leur efficacité, la rédaction d'avis sur des projets et des problèmes spécifiques, l'assistance du DEFR dans l'évaluation de la politique suisse en la matière, ainsi que l'assistance du Conseil fédéral sur la mise en œuvre de la Loi sur l'encouragement de la recherche et de l'innovation[662]. De manière générale, le C.S.S. collabore continuellement

---

cause les ministères concernés. Le second renvoie au cas où le gouvernement considérerait l'organe consultatif comme un ministère pour l'innovation horizontal virtuel, mettant en lien les différents intervenants à la politique de recherche et d'innovation (OECD, *Science, Technology and Industry Outlook*, 2012, consultable sur : https://read.oecd-ilibrary.org/science-and-technology/oecd-science-technology-and-industry-outlook-2012_sti_outlook-2012-en#page1, p. 151).

[657] Art. 55 al. 3 de la LERI.

[658] V. pour le constat d'une telle évolution notamment : OECD, *Wissenschafts-, Technologie- und Industrieausblick*, 2000, consultable sur : https://read.oecd-ilibrary.org/industry-and-services/wissenschafts-technologie-und-industrieausblick_9789264024458-de#page1, p. 97.

[659] HAFNER, Urs, « Vom Wissenschaftsrat zum Innovationsrat : Die historische Entwicklung des schweizerischen Wissenschaftsrates in der Außensicht », *SWIR Schrift*, 2015, n°4, p. 10.

[660] Art. 44 al. 3 de la LERI.

[661] Art. 44 al. 1 et 2 de la LERI.

[662] Pour les tâches du C.S.S., v. : art. 54 de la LERI.

avec les services fédéraux et cantonaux en charge de la politique de recherche et d'innovation, tout en entretenant des contacts continus avec le secrétaire d'état à la formation, à la recherche et à l'innovation[663]. Il adresse d'ailleurs un rapport d'activité une fois par an au DEFR[664].

De même que le *Wissenschaftsrat* allemand, le C.S.S. remplit donc un rôle de coordinateur dans un système caractérisé par sa complexité et par la multiplicité des niveaux et des acteurs y intervenant due au fédéralisme[665]. L'existence corrélative d'une initiative propre et d'une fonction de conseil sur mandat, son indépendance renforcée par son statut de commission extraparlementaire et son autonomie d'organisation et de gestion, la publicité des avis ainsi que sa composition avec une prééminence des spécialités pharmaceutique et de santé, semblent garantir une prise en compte des intérêts et besoins concrets relevés sur le marché[666]. Son intervention semble corrélativement participer à la perpétuation du paradigme national en matière d'incitation à la RDI, le Conseil étant relativement sceptique d'orienter son activité vers l'économisation de la science, les domaines dignes de promotion étant ceux pour lesquels une valorisation économique est moins évidente[667].

En tout état de cause le paradigme national suisse en matière d'incitation à la RDI, caractérisé par sa parcimonie, la faveur donnée au libre jeu des forces du marché et sa flexibilité en termes d'adaptation ponctuelle et souvent temporaire, diffère de celui français, dont il convient de tracer les contours par la suite.

III. La France

Une programmation pluriannuelle : le cadre des aides à la RDI. La Stratégie nationale de recherche (S.N.R.) a été prévue par la loi relative à l'enseignement supérieur et à la recherche du 22 juillet 2013[668]. Présentée sous forme d'un livre blanc par le gouvernement au parlement tous les cinq ans[669], elle est une programmation pluriannuelle des moyens mis en œuvre

---

[663] Art. 2 du Règlement du Conseil suisse de la science et de l'innovation du 1er juin 2014, approuvé par le Conseil fédéral le 20 juin 2014.

[664] Art. 4 du Règlement du Conseil suisse de la science et de l'innovation.

[665] V. pour ce rôle de *Balance of Power* l'avis de Mauro Dell'Ambrogio reproduit dans : HAFNER, Urs, *loc.cit.*, p. 11.

[666] V. sur le succès et le dilemme du C.S.S. : HAFNER, Urs, *loc.cit.*, p. 31 et 32 : l'auteur relève que l'intégration du C.S.S. dans le tissu scientifique ne renforce pas nécessairement son « standing » vu de l'extérieur, bien que des succès puissent lui être accordés. Ainsi, aurait-il vraisemblablement participé par son activité à la création d'un environnement favorable à la RDI et internationalement compétitif.

[667] HAFNER, Urs, *loc.cit.*, p. 10.

[668] Loi n°2013-660 du 22 juillet 2013 relative à l'enseignement supérieur et à la recherche, JORF n°0169 du 23 juillet 2013, p. 12235.

[669] Art. 17 de la Loi n°2013-660.

par l'État pour soutenir certains domaines d'avenir, répondre aux défis scientifiques, technologiques, environnementaux et sociétaux et afin de permettre à la France de conserver sa place parmi les plus grandes puissances de recherche mondiales[670]. Cette stratégie nationale valorise les résultats de la recherche en veillant au développement de l'innovation, au transfert de technologie, à la capacité d'expertise et à l'appui aux politiques publiques, associations et fondations reconnues d'utilité publique[671]. Les moyens principaux de sa mise en œuvre sont à cet égard les contrats pluriannuels conclus avec les établissements publics de recherche et d'enseignement supérieur, la programmation de l'Agence nationale de recherche (ANR), ainsi que les financements publics de la recherche[672].

La stratégie « France Europe 2020 » ainsi définie, et en phase avec le programme européen « Horizon 2020 », comporte dix défis sociétaux que sont, notamment, la santé et le bien-être. Le défi sociétal de la santé et du bien-être repose sur l'importance de la santé à plusieurs égards, en tant qu'enjeu majeur de la politique publique et en tant qu'élément du développement économique *via* l'industrie pharmaceutique et les entreprises biotechnologiques, en particulier[673]. Ont été proposées trois orientations en ce sens que sont l'orientation 16 sur l'analyse multiéchelle de la diversité et des évolutions du vivant, l'orientation 17 sur le traitement et la collecte de données biologiques, ainsi que l'orientation 18 sur le réseau national de centres d'excellence pour la recherche et le soin. La première renvoie à l'étude des *« fonctions biologiques élémentaires et les différents niveaux d'intégration de ces fonctions au sein des systèmes biologiques »* [674] permettant, notamment, d'ouvrir de nouvelles voies dans le domaine industriel et se centre, dès lors, sur la recherche fondamentale. La dernière quant à elle vise à augmenter la qualité et l'attractivité de la recherche clinique en France par la mise en relation et la coordination plus efficiente des centres et des partenaires industriels[675].

En a résulté un programme d'action comportant 5 volets, réitéré par le livre blanc de l'enseignement et de la recherche 2017, dont le Big Data, la

---

[670] Art. 15 de la Loi n°2013-660 ; v. également sur ce point l'exposé des motifs de la loi n°2013-660 : *« Pour toutes les raisons rappelées ci-dessus, il est urgent de remédier aux dysfonctionnements constatés et de réaffirmer une vision et une ambition partagées. En plaçant l'enseignement supérieur et la recherche au cœur du redressement de notre pays, la démarche proposée recherche le juste équilibre entre la continuité de notre histoire académique riche, originale et diverse, et la mise en œuvre des évolutions nécessaires. »*.

[671] Art. 15 de la Loi n°2013-660.

[672] V. sur ce point en particulier l'exposé des motifs de la loi n°2013-660.

[673] V. pour ces défis sociétaux : Ministère de l'éducation nationale, de l'enseignement supérieur et de la recherche, *Stratégie nationale de Recherche. France Europe 2020*, 2015, p. 12.

[674] Citation issue de : Ministère de l'éducation nationale, de l'enseignement supérieur et de la recherche, *Stratégie nationale ..., op.cit.*, p. 13.

[675] V. à cet égard : *Ibid.*, p. 13.

biologie des systèmes et leurs applications et l'action « Du laboratoire au patient »[676]. L'action retenue pour le volet *« Du laboratoire au patient. Associer recherche en laboratoire, recherche clinique et innovation privée pour le bénéfice du patient »* est la stimulation de l'innovation en santé par l'encouragement de projets à fort potentiel de transfert rapide vers la société et/ou l'industrie. Toutefois, cette action devra s'appuyer sur les instituts hospitalo-universitaires et les pôles hospitaliers universitaires ainsi que sur des réseaux thématiques, à savoir les appels à projets « Recherche hospitalo-universitaire » du programme d'investissements d'avenir (P.I.A.)[677].

Les plans d'investissements pertinents. Le P.I.A., né en 2009 du rapport « Juppé-Rocard », dont le pilotage a été confié à un Secrétariat général pour l'investissement, s'est fixé pour objectif d'investir dans les domaines d'avenir, en encourageant la RDI en France par la voie d'appels à projets ou de fonds d'investissement, et en s'appuyant plus largement sur les mots d'ordre du programme que sont l'excellence, l'innovation et la coopération[678]. Il s'agit en particulier des domaines de la recherche, de l'industrie, des PME et du secteur des biotechnologies[679]. Ce P.I.A., doté de 57 milliards d'euros, se décompose en trois phases (2010, 2014 et 2017), sachant qu'est intégré au P.I.A. 3 le Grand plan d'investissement[680]. Le premier vise à soutenir la recherche avec 8 milliards d'euros et les filières industrielles et les PME avec 6,5 milliards d'euros, le second la santé avec 400 millions d'euros, et le troisième la valorisation de la recherche avec 3 milliards d'euros et l'innovation et le développement des entreprises avec 4,1 milliards d'euros[681].

---

676 V. pour les volets du programme d'action : Ministère de l'éducation nationale, de l'enseignement supérieur et de la recherche, *Stratégie nationale …, op.cit.*, p. 27 ; Ministère de l'Éducation nationale, de l'Enseignement supérieur et de la Recherche, *Livre blanc de l'enseignement et de la recherche 2017*, 2017, p. 61.

677 V. sur ce point : Ministère de l'éducation nationale, de l'enseignement supérieur et de la recherche, *Stratégie nationale …, op.cit.*, p. 30, 31.

678 V. sur ce point notamment : Projets annuels de performance. Annexe au projet de loi de finances pour 2019, « Investissements d'avenir », https://www.performance-publique.budget.gouv.fr/sites/performance_publique/files/farandole/ressources/2019/pap/pdf/PAP2019_BG_Investissements_avenir.pdf, p. 8.

679 https://www.enseignementsup-recherche.gouv.fr/cid55892/comprendre-le-programme-investissements-d-avenir.html/#Pourquoi%20un%20Programme%20investissements%20d'avenir%20? (consulté dernièrement le 08.06.2021).

680 Le Grand plan d'investissement (GPI) est centré autour de l'accélération de la transition écologique, la société de compétences, une compétitivité ancrée sur l'innovation ainsi que la construction d'un État à l'âge du numérique. S'y ajoutent différents axes de politique publique, dont la santé (v. notamment : Projets annuels de performance. Annexe au projet de loi de finances pour 2019, « Investissements d'avenir », p. 10).

681 https://www.gouvernement.fr/le-programme-d-investissements-d-avenir; v. notamment : Projet de loi de finances pour 2014, n°1395, déposé le 25 septembre 2013 (en particulier l'exposé général des motifs) ; Projet de loi de finances pour 2017, n°4061, déposé le 28

En janvier 2021 a été annoncé un quatrième programme d'investissements d'avenir qui se coordonne avec le plan de relance du gouvernement dont l'objectif est de surmonter la crise économique liée à l'épidémie Covid-19. Il est doté de 20 milliards d'euros sur une durée de 5 ans[682]. Son approche diffère des trois phases précédentes puisqu'est introduit une certaine flexibilité au travers de la définition continuelle d'investissements stratégiques et prioritaires aux côtés d'un encouragement continu des écosystèmes d'enseignement supérieur, de recherche et d'innovation. Les investissements stratégiques et prioritaires sont principalement tournés vers les technologies d'avenir, notamment, en matière de santé. Ces deux volets sont respectivement dotés de 7,5 milliards d'euros et 12,5 milliards d'euros[683]. 1,25 milliards d'euros seront mobilisés pour soutenir les projets d'innovation de jeunes, petites et moyennes entreprises. Ces aides à l'innovation seront mises en œuvre par BpiFrance[684]. En complément 1 milliard d'euro seront mobilisés au soutien de projets structurants de R&D coopératifs ou non, et indépendamment du secteur[685].

Doit également être relevée l'action Projets industriels d'avenir (PIAVE qui se coordonne avec le P.I.A. et s'y insère, tout en présentant une plus-value par rapport aux autres actions du P.I.A. [686]. L'action visait, en particulier, les projets s'inscrivant dans les 34 plans de la *Nouvelle France industrielle*, parmi lesquels les plans biotechnologie médicale, santé numérique, dispositifs médicaux et nouveaux équipements de santé[687]. Leur promotion était assurée plus généralement par la mise en place du fonds SPI (Société de projets industriels) géré par BpiFrance, lorsque l'aide dans le cadre d'un appel à projets prenait la forme d'une prise de participations dans la société bénéficiaire et non la forme d'une subvention ou d'une avance récupérable. Les dépenses éligibles dans le cadre du PIAVE furent alors

septembre 2016 (en particulier l'exposé des motifs de l'art. 56), ainsi que l'art. 51 et l'état B annexé à la loi n°2016-1917 du 29 décembre 2016 de finances pour 2017.

[682] Dossier de presse du 8 janvier 2021, 4e programme d'investissements d'avenir (PIA), p. 6.

[683] *Ibid.*.

[684] Dossier de presse du 8 janvier 2021, 4e programme d'investissements d'avenir (PIA), p. 22.

[685] *Ibid.*.

[686] Pour un exemple à cet égard : si le P.I.A. comporte notamment une action « projets structurants de recherche et développement des pôles de compétitivité », les projets encouragés par le PIAVE ne sont pas nécessairement collaboratifs et, par ailleurs, sont davantage tournés vers le développement et la réalisation d'un produit qui sera directement commercialisable (v. à cet égard notamment : Convention du 27 novembre 2014 entre l'État et BPI-Groupe relative au programme d'investissements d'avenir Action : « Projets industriels d'avenir (PIAVE) », JORF n°276 du 29 novembre 2014, p. 19921).

[687] Pour plus de détails, v : Gouvernement de la République française, *La nouvelle France industrielle. Présentation des feuilles de route des 34 plans de la nouvelle France industrielle*, https://www.economie.gouv.fr/files/files/PDF/nouvelle-france-industrielle-sept-2014.pdf, p. 43-48.

celles de R&D, mais également une partie des dépenses d'industrialisation engagées par les petites et moyennes entreprises[688].

Plus particulièrement, le Grand plan d'investissement 2018-2022 s'engage de répondre aux défis actuels de la France que sont la neutralité carbone, l'accès à l'emploi, l'état numérique ainsi que la compétitivité par l'innovation avec 4,6 milliards d'euros pour l'amélioration de l'innovation dans les entreprises et la prise de risque dans les secteurs d'avenir tels que les nanotechnologies[689].

Insérés dans ce contexte, s'agencent divers instruments promouvant la RDI et bénéficant aux entreprises économiques.

Les aides directes. Les aides directes à la RDI prennent avant tout la forme de subventions, d'avances récupérables et de prêts.

Une fonction de fonds de fonds dirigée vers les domaines d'avenir. La BpiFrance[690] est l'acteur principal en matière de promotion de la RDI. Elle recouvre notamment une fonction de fonds de fonds. Le Fonds national d'amorçage géré par BpiFrance est, entre autres, intervenu dans le secteur des sciences de la vie en tant qu'action s'intégrant au P.I.A.. Ces investissements sont réalisés sur une période de 4 ans, avec une possibilité de prorogation d'un an sur deux périodes. Le FNA a ainsi investi dans « Inserm Transfert Initiative », fonds soutenant des projets dans le domaine des sciences de la vie et des biotechnologies, mais également dans le fonds « Biothérapies Innovantes et maladies rares »[691] [692].

---

[688] V. notamment sur ce point : MATTOS, Olivier de, « Appel aux projets industriels d'avenir est ouvert », *Propriété industrielle,* 2015, n° 3, alerte 27.

[689] https://www.gouvernement.fr/action/le-grand-plan-d-investissement-2018-2022 (consulté dernièrment le 08.06.2021).

[690] BpiFrance est, en effet, détenue par l'État français à hauteur de 50% *via* EPIC BPI-groupe et à hauteur de 50% par la Caisse des dépôts et consignations (https://www.bpifrance.fr/A-la-une/Actualites/Achevement-des-processus-d-apports-de-l-Etat-et-de-la-Caisse-des-Depots-a-Bpifrance-2458, consulté dernièrement le 08.06.2021). Plus généralement la BpiFrance est un groupe public au service du financement et du développement des entreprises agissant en appui des politiques publiques décidées par l'État, tout autant que de celles conduites par les régions. Elle accompagne la politique industrielle nationale et promeut le développement des secteurs d'avenir pour la France (v. l'art. 1 de la loi n°2012-1559 du 31 décembre 2012 relative à la création de la Banque publique d'investissement, JORF n°0001 du 1er janvier 2013, p. 44), alors que les fonds à sa disposition sont pour partie propres mais reposent surtout sur l'appui de l'État. En effet, tel que l'a relevé la Cour des comptes en 2016, les activités de la BpiFrance représentent environ une dépense de 400 millions d'euros par an pour l'État (v. à cet égard : Cour des comptes, « BpiFrance : une mise en place réussie, un développement à stabiliser, des perspectives financières à consolider », *Rapport public thématique*, 2016, p. 127).

[691] https://www.bpifrance.fr/Qui-sommes-nous/Nos-metiers/Fonds-propres/Les-fonds-de-fonds/Fonds-national-d-amorcage-FNA (consulté dernièrement le 03.06.2021).

[692] V. également pour le Fonds d'amorçage dédié aux entreprises du domaine des thérapies innovantes ciblant les maladies rares et financé par le FNA dans le cadre du P.I.A. : https://www.bpifrance.fr/Toutes-nos-solutions/Participation-au-capital/Fonds-d-

Le soutien apporté aux projets innovants collaboratifs. S'y ajoutaient les aides aux projets collaboratifs des pôles de compétitivité. La BpiFrance soutenait, au travers du Fonds unique interministériel, des projets collaboratifs d'innovation stratégique de tous secteurs. Afin de bénéficier de l'aide devaient être rassemblées au moins deux entreprises (sans distinction de taille) et au moins une autre structure complémentaire. Le projet devait présenter des *« ruptures technologiques et des objectifs industriels prometteurs »*, alors que l'appréciation de l'objectif industriel se fondait, notamment, sur une évaluation du délai jusqu'à la mise sur le marché prévue du nouveau produit qui ne devait dépasser 5 ans. Par ailleurs, le projet labellisé par un pôle de compétitivité devait être réalisé sur le territoire de ce dernier. L'aide prenait alors la forme d'une subvention. La loi de finances pour 2019 avait procédé à la suppression du fonds unique interministériel, les crédits étant transférés au sein du P.I.A. 3[693].

La BpiFrance propose ainsi dans le cadre du P.I.A. des aides aux projets de R&D structurants pour la compétitivité (PSPC). L'objectif du PSPC est d'encourager la collaboration entre secteur industriel et académique au travers de projets collaboratifs associant deux entreprises et (au moins) un acteur public, et de participer à l'émergence de nouvelles filières industrielles. Doivent alors être associés dans le cadre du projet au moins trois acteurs dont une entreprise implantée en France, un laboratoire, établissement de recherche ou de formation, ainsi qu'une structure réalisant ou coordonnant les travaux de recherche réalisés. Le projet doit, par ailleurs, avoir pour objectif la mise sur le marché d'un produit innovant qui n'est pas encore disponible sur le marché. L'aide prend la forme d'une subvention et d'une avance récupérable, forme mixte dont les caractéristiques particulières dépendent des risques associés au projet au cas d'espèce[694]. Cette aide est susceptible de présenter un intérêt non négligeable pour les entreprises pharmaceutiques et biotechnologiques ainsi que pour les *Clinical Research Organizations*.

La promotion de projets innovants à perspectives concrètes de commercialisation. S'ajoutent aux précédentes les aides à l'innovation de la BpiFrance. Ces aides prennent la forme d'une avance récupérable ou d'un prêt innovation pouvant s'élever jusqu'à 3 millions d'euros et dont les caractéristiques particulières dépendront de l'état d'avancement du projet, du niveau de risque associé, mais également de l'entreprise, du type de projet de

---

investissement-thematiques/Biotherapies-innovantes-et-maladies-rares (consulté dernièrement le 03.06.2021).

[693] V. pour les raisons de la suppression : DUBOIS, Danier, Avis n°148 (Tome V) présenté au nom de la Commission des affaires économiques sur le projet de loi de finances pour 2019, 22.11.2018, v. notamment p. 50.

[694] https://www.bpifrance.fr/Toutes-nos-solutions/Aides-concours-et-labels/Aides-a-l-innovation-projets-collaboratifs/Aide-aux-projets-de-recherche-et-developpement-structurants-pour-la-competitivite-PSPC (consulté dernièrement le 03.06.2021).

recherche (recherche industrielle, développement expérimental) et du caractère collaboratif éventuel du projet. Cette aide s'adresse principalement aux PME et aux entreprises de moins de 2000 salariés. Pour les premières cette aide peut également servir à couvrir les dépenses de propriété intellectuelle, notamment sous forme de dépôt ou d'extension de brevet[695]. L'objectif de cette aide est, dès lors, de soutenir des projets visant à développer des produits innovants et présentant des perspectives concrètes d'industrialisation et de commercialisation.

Les appels à projets génériques de l'Agence nationale de la recherche. L'Agence nationale de la recherche (ANR) propose des appels à projets qui peuvent revêtir un certain intérêt pour les entreprises pharmaceutiques innovantes, bien que la plupart bénéficient à la recherche publique[696]. En va-t-il ainsi de l'appel à projets générique qui s'adresse pareillement à la recherche privée et publique et vise, notamment, à soutenir des projets collaboratifs. Au contraire des programmes blancs[697] de l'ANR qui n'étaient pas limités thématiquement, l'appel à projets générique est structuré autour de 35 axes de recherche au sein de 7 domaines disciplinaires et correspondant aux 5 champs des alliances nationales de recherche, dont les sciences de la vie[698].

Les aides directes accordées dans un effort de co-investissement. En complément des aides directes développées, certaines sont accordées dans le cadre d'un effort de co-investissement au niveau des collectivités territoriales et prennent primairement la forme de subventions et d'avances récupérables.

En effet, le volet « régionalisation » du P.I.A. 3 initie un effort de co-investissement renforcé entre l'État et les régions[699], tout en s'agençant avec le Schéma régional de développement économique, d'innovation et d'internationalisation (SRDEII). Le principe d'un effort de co-investissement n'est d'ailleurs pas chose nouvelle. Pour les projets

---

695 https://www.bpifrance.fr/Toutes-nos-solutions/Aides-concours-et-labels/Aides-a-l-innovation-projets-individuels/Aide-pour-le-developpement-de-l-innovation (consulté dernièrement le 03.06.2021).

696 Pour les projets financés par l'ANR, relevant de la recherche publique ou coopérative, v. les appels à projets en cours : http://www.agence-nationale-recherche.fr/financer-votre-projet/appels-ouverts/.

697 Les programmes blancs de l'ANR permettaient de proposer des projets hors programmes thématiques et pouvant, dès lors, porter sur tout domaine scientifique. Ces programmes recouvraient notamment la recherche appliquée et, de manière plus générale, l'ensemble du processus jusqu'aux applications innovantes. Le dernier programme blanc mentionné sur le site de l'ANR est le programme blanc 2013, avec une date limite de soumission de dossiers au 17.01.2013 (v. https://anr.fr/fr/appels/detail/call/programme-blanc/).

698 V. pour l'appel à projets générique 2020 : https://anr.fr/fr/detail/call/appel-a-projets-generique-2020/.

699 Point notamment rappelé par Marie Lebec : LEBEC, Marie, Avis n°264 (Tome XII) présenté au nom de la Commission des affaires économiques sur le projet de loi de finances pour 2018 (n°235) sur les Investissements d'avenir, 9.10.2017, p. 12 et s..

structurants pour l'aménagement du territoire il s'est depuis fort longtemps développé dans le cadre des Contrats de Plan État-Régions (CPER)[700]. Ces derniers sont qualifiés par certains auteurs d'instruments de collaboration entre l'État et les régions[701] et se trouveraient ainsi à mi-chemin entre la stratégie de l'État en région et le schéma régional d'aménagement, de développement durable et d'égalité du territoire[702].

Si la promotion de la RDI est dans l'intérêt national, ce particulièrement pour les secteurs d'avenir, une collaboration entre État et régions dans sa réalisation est raisonnable dans les domaines s'inscrivant pareillement dans l'intérêt de la nation dans son ensemble et dans l'intérêt local spécifié par le SRDEII. En va-t-il ainsi du domaine de la santé. Pour la période 2015 à 2020, les priorités ont, en effet, été organisées autour de six volets, dont l'enseignement supérieur, la recherche et l'innovation, les filières d'avenir et les usines du futur, avec une mobilisation de 30 milliards d'euros[703].

Les appels à projets dans le cadre de l'effort de co-investissement. Les aides prennent, notamment, la forme d'appels à projets. En va-t-il ainsi de l'appel à projets « Be Est Projets d'avenir ». Celui-ci s'adressait aux entreprises de taille intermédiaire du Grand Est porteuses de projets visant, entre autres, la mise sur le marché de produits innovants à forte valeur ajoutée et à fort potentiel de croissance. Pour être éligibles les projets devaient s'inscrire dans le SRDEII et être en lien avec les Stratégies de spécialisation intelligentes limitativement énumérées, dont la santé (couvrant entre autres les biotechnologies et les technologies médicales). L'aide prenait alors la forme d'une subvention pour le volet faisabilité et d'une avance remboursable pour le volet développement et industrialisation[704]. L'appel à projets est clôturé depuis le 31 décembre 2020.

Un autre exemple est l'appel à projets « Innov'Up Leader PIA », qui s'adressait aux entreprises de taille intermédiaire (ETI) d'Île-de-France et avait pour objectif de soutenir les leaders futurs sur le marché et porteurs de projets d'innovation de rupture. Les projets devaient relever de certains secteurs, dont celui de la santé et des biotechnologies, alors que des thématiques d'importance furent par ailleurs définies, dont les industries du futur. Pour bénéficier de l'aide les ETI devaient répondre à des exigences

---

[700] V. pour le développement de l'intervention régionale dans le cadre de CPER de manière exemplative : PONTIER, Jean-Marie, « Les contrats de plan État-régions 2014-2020 », *La Semaine juridique Administrations et collectivités territoriales*, 2014, n°16, p. 2118 et s. (voir notamment § 1-5).

[701] V. en ce sens : PONTIER, Jean-Marie, *loc.cit.*, p. 2118.

[702] V. pour le schéma régional d'aménagement, de développement durable et d'égalité du territoire (SRADDET) l'art. L. 4251-1 al. 2 à 4 du CGCT.

[703] https://www.cohesion-territoires.gouv.fr/contrats-de-plan-etat-region.

[704] Cet appel à projets en particulier est permanent et court jusqu'à épuisement des ressources et au plus tard jusqu'à fin décembre 2020
(v. https://les-aides.fr/fiche/bJ9qCntG2e3B/bpifrance/appel-a-projets-be-est-projets-d-avenir-pia3.html).

complémentaires. Les projets devaient alors nécessairement relever des industries du futur, de la fabrication additive, de la cybersécurité, de l'intelligence artificielle ou de la robotique. L' aide prenait la forme d'une subvention ou d'une avance remboursable[705]. L'appel à projets est clôturé depuis le 7 janvier 2019.

Finalement, peut être mentionné l'appel à projets « Transformation des PME par l'innovation », dans le cadre du P.I.A. 3 et du SRDEII de la région Auvergne Rhônes-Alpes. L'aide directe prend la forme d'une subvention pouvant varier entre 100.000 euros et 500.000 euros, d'une intensité maximale de 50% des dépenses pour les projets d'innovation au stade de faisabilité, et d'une avance remboursable pour les projets au stade de développement[706]. L'aide vise à soutenir les projets d'innovation offrant une vision claire du marché dans le cadre des thématiques limitativement énumérées du SRDEII, dont la santé. L'appel à projets est clôturé depuis le 31 mars 2021.

Les appels à projets au fil de l'eau. L'effort de co-investissement peut également prendre la forme d'une aide sous forme de subvention ou avance récupérable. En va-t-il ainsi de l'aide « Innov'up » mise en place par la BpiFrance et la région Île-de-France qui bénéficie aux très petites, petites et moyennes entreprises ainsi qu'aux entreprises de taille intermédiaire pour les projets de RDI relatifs à des produits, services, procédés, organisation ou à l'innovation sociale. L'aide peut prendre la forme d'une subvention dans la limite de 500.000 euros ou d'une avance récupérable dans la limite de 3 millions d'euros, alors que le taux d'intervention dépend de la taille de l'entreprise et de la nature du projet[707].

En complément, les régions proposent des aides à la RDI spécifiquement dirigées vers les projets collaboratifs et les grandes entreprises. Peut-on à cet égard citer l'exemple des aides aux projets collaboratifs de recherche, de développement et d'innovation et aux projets de recherche, de développement et d'innovation des grandes entreprises de la région Grand Est. La première s'adresse aux petites et moyennes entreprises ainsi qu'aux entreprises de moins de 2.000 salariés, aux centres régionaux d'innovation et de transfert de technologies, aux laboratoires issus des universités et des établissements publics à caractère scientifique et technologique, aux structures de recherche et de ressourcement ainsi qu'aux start-ups en région Grand-Est[708]. La seconde s'adresse aux grandes entreprises du Grand Est ou

---

705 https://les-aides.fr/fiche/a55nAH1G2e3B/bpifrance/appel-a-projets-innov-up-leader-pia.html.

706 http://pia3.auvergnerhonealpes.fr/Projets-d-innovation.

707 https://www.bpifrance.fr/Toutes-nos-solutions/Prets/Prets-regionaux/INNOV-up (consulté dernièrement le 03.06.2021).

708 https://www.grandest.fr/vos-aides-regionales/aide-aux-projets-collaboratifs-de-recherche-et-de-developpement-et-dinnovation/ (consulté dernièrement le 03.06.2021).

celles susceptibles de s'y implanter[709]. Les projets de RDI sont promus sans distinction de secteur. Les projets de RDI des grandes entreprises doivent d'ailleurs être en adéquation avec les thématiques de la Stratégie de spécialisation intelligente S3 et avec le SRDEII[710].

Les autres initiatives au niveau régional. La BpiFrance et certaines régions mettent également en place des fonds régionaux pour l'innovation. Tel en va-t-il du Fonds régional pour l'innovation de la région Île-de-France[711]. S'y ajoutent d'autres initiatives moins pertinentes, dont l'initiative « FactoryLab » mise en place dans le cadre de l'effort de co-investissement entre l'État et la région, et plus particulièrement accompagné par l'appel à projets PIAVE, qui a pour objectif d'encourager l'émergence de structures collaboratives en associant en son sein industriels et académiques[712]. Cette initiative se limite toutefois à l'innovation industrielle relevant de quatre thèmes technologiques que sont l'usine digitale flexible, l'automatisation des procédés de fabrication et de contrôle et l'assistance physique et/ou cognitive aux opérateurs[713]. Elle n'a, dès lors, que peu d'importance pour les entreprises pharmaceutiques et biotechnologiques.

Une moindre importance des initiatives au niveau local. Bien que la présentation des intitatives en faveur de la RDI pourrait être plus longue, il convient de la compléter uniquement en mentionnant une dernière initiative au niveau local qu'est l'initiative « Grands Prix de l'Innovation » de la ville de Paris. Cette initiative a pour objectif de soutenir des projets innovants du point de vue de la technologie développée ou du service proposé, viables et créateurs d'emplois, et qui, par ailleurs, présentent un apport en termes d'utilité sociale, écologique ou économique[714]. Les domaines concernés sont déterminés limitativement, dont celui de l'E-Santé[715].

Si les aides directes sont relativement variées en France, celles-ci sont en outre complétées par une panoplie d'incitations indirectes.

Les incitations indirectes de type entrepreneurio-structurelles. Les incitations indirectes à la RDI jouent un rôle primordial dans la structure réglementaire française, dont celles entrepreneurio-structurelles. La France

[709] https://www.grandest.fr/vos-aides-regionales/aide-aux-projets-de-recherche-de-developpement-dinnovation-grandes-entreprises/ (consulté dernièrement le 03.06.2021).

[710] V. le Règlement « Aide aux projets de recherche, développement et innovation des grandes entreprises ».

[711] https://www.bpifrance.fr/Qui-sommes-nous/Espace-Region/Bpifrance-en-region/Ile-de-France.

[712] https://www.cea.fr/presse/Documents/DP/2016/dossier-presse-inauguration-factory-lab.pdf (consulté dernièrement le 08.06.2021).

[713] http://www.cea.fr/presse/Documents/DP/2016/dossier-presse-inauguration-factory-lab.pdf, p. 7 (consulté dernièrement le 08.06.2021).

[714] Art. 4 du Règlement des Grands Prix De l'Innovation (de 2018) (consulté dernièrement le 26.03.2019).

[715] Art. 1 du Règlement des Grands Prix De l'Innovation (de 2018) (consulté dernièrement le 26.03.2019).

est ainsi l'un des pays proposant la plus grande multitude d'incitations indirectes de nature primairement fiscale en Europe[716] et parmi les pays soumis à l'étude.

Le compte PME-innovation. La loi de finances rectificative pour 2016[717] a ainsi introduit une nouvelle mesure dans le Code général des impôts. Le compte PME-innovation a pour objectif premier d'inciter les entrepreneurs à réinvestir le produit d'une cession de titres dans de jeunes PME ou entreprises innovantes, tout en les soutenant grâce à leurs compétences et connaissances[718]. Autrement dit, ce dispositif vise à améliorer les chances de subsistance et de développement de ces entreprises, tout en évitant du côté de l'entrepreneur-investisseur que celui-ci soit découragé d'investissements futurs.

Pour pouvoir bénéficier de l'avantage fiscal découlant du compte PME-innovation, le contribuable doit ouvrir un tel compte auprès d'un établissement de crédit, de la Banque de France, de la Caisse des dépôts et consignations ou d'une entreprise d'investissement[719]. Le remploi des plus-values réalisées à l'occasion de la cession doit intervenir dans les 24 mois[720]. Pourtant, les exigences ne s'arrêtent pas à cette limite temporelle. En effet, le contribuable doit « intervenir » auprès de la société bénéficiaire au-delà du simple soutien financier en exerçant soit les fonctions d'administrateur ou de membre du conseil de surveillance, soit en se liant à la société par un contrat d'accompagnement[721], ou encore en y exerçant de manière continue pendant les cinq ans suivant la cession les fonctions de président, de directeur général, de président du conseil de surveillance ou de membre du directoire d'une société par actions, celles d'associé en nom d'une société de personnes, ou alors celles de gérant nommé d'une société à responsabilité limitée ou en commandite par actions[722].

La pertinence pour les entreprises biotechnologiques et pharmaceutiques de petite taille. Le contribuable bénéficiera alors du report de l'imposition des plus-values réalisées à l'occasion de la cession ou du rachat, l'impôt sur le revenu ne devenant exigible uniquement au moment

---

[716] CAVALIER, Georges, PIERRE, Jean-Luc, « France » *in* DANON, Robert J., SHAY, Stephen, *Tax incentives on Research and Development (R&D)*, The Hague : Sdu Uitgevers, Numéro spécial de *Cahiers de droit fiscal international*, vol.100a, 2015, p. 303.

[717] Loi n°2016-1918 du 29 décembre 2016 de finances rectificative pour 2016, JORF n°0303 du 30 décembre 2016.

[718] V. sur cet objectif de manière exemplative : DREY, Fabien, « Point sur le plan d'épargne en actions (PEA) et la nouveauté de 2017 : le "CPI" », *Lexbase Hebdo – Edition Fiscale*, 2017, n°683.

[719] Art. L. 221-32-4 du CMF.

[720] Art. L. 221-32-5, III. du CMF.

[721] Dans quel cas le contribuable s'engage à participer activement à la définition de la stratégie de l'entreprise et à fournir tout conseil nécessaire, à la demande de l'entreprise et à titre gratuit.

[722] Art. L. 221-32-5, IV., B du CMF et, par renvoi, art. 150-0 D ter, II., 2 du CGI.

du retrait de la totalité ou d'une partie des liquidités du compte espèce, du retrait des titres réinvestis, de la clôture du compte PME-innovation ou en cas de transfert de la résidence fiscale [723]. Cette aide indirecte pourrait vraisemblablement se révéler être un facteur non négligeable avant tout pour les entreprises biotechnologiques qui bénéficieraient alors d'un soutien global et non uniquement financier.

Le statut fiscal de jeune entreprise innovante. Dans un objectif de promotion de jeunes entreprises actives en R&D et pour inciter à leur création a, en outre, été mis en place le statut de jeune entreprise innovante (JEI) par la loi de finances pour 2004[724]. Pour qu'une entreprise puisse bénéficier du statut de JEI et des avantages fiscaux afférents, celle-ci doit répondre à un certain nombre de conditions cumulatives[725] [726] tenant à la taille de l'entreprise[727], à l'âge de l'entreprise[728], aux dépenses en R&D[729], à la détention du capital de l'entreprise[730] et à la nouveauté de l'activité[731]. L'entreprise remplissant ces conditions peut opter pour le bénéfice du régime de JEI dans les neufs mois suivant le début de son activité[732].

Les JEI sont alors exonérées d'impôt sur le revenu ou d'impôt sur les sociétés à raison des bénéfices réalisés au titre du premier exercice

---

[723] Art. 150-0 B quinquies du CGI. Bien au contraire du paiement de l'impôt sur le revenu, qui est reporté, les prélèvements sociaux restent exigibles. Le montant imposable à l'impôt sur le revenu au titre de cette année est le gain net au sens de I. de l'art. 150-0 B quinquies du CGI, les plus-values et moins-values constatées lors des opérations réalisées se compensant. Ce mécanisme semble plus contraignant que le dispositif de l'art. 150-0 B ter du CGI ouvrant la possibilité d'un report de l'imposition de la plus-value réalisée lors d'un apport de valeurs mobilières, droits sociaux, titres ou droits s'y rapportant, à une société soumise à l'impôt sur les sociétés ou un impôt équivalent, lorsque la société bénéficiaire est contrôlée par le contribuable (v. en ce sens : DREY, Fabien, *loc.cit.* : l'auteur relève que l'intervention du bénéficiaire y est moins contraignante que dans le cadre d'un compte PME-innovation puisqu'un simple contrôle de la société bénéficiaire est exigé).

[724] Loi n°2003-1311 du 30 décembre 2003 de finances pour 2004, JORF n°302 du 31 décembre 2003, p. 22530, art. 13.

[725] Art. 44 sexies-0 A du CGI.

[726] L'entreprise peut saisir l'administration fiscale pour avoir confirmation qu'elle remplit bien les conditions légales et peut bénéficier du statut de jeune entreprise innovante.

[727] Il doit s'agir d'une petite ou moyenne entreprise, c'est-à-dire d'une entreprise employant moins de 250 personnes et ayant un chiffre d'affaires inférieur à 50 millions d'euros au cours de l'exercice, ou un total du bilan de moins de 43 millions d'euros.

[728] L'entreprise doit avoir moins de 8 ans d'existence.

[729] Les dépenses en R&D doivent représenter au moins 15% des charges fiscalement déductibles au cours de l'exercice.

[730] Le capital de l'entreprise doit être détenu de manière continue pour au moins 50% par une personne physique, une société répondant aux mêmes conditions et elle-même détenue à au moins 50% par une personne physique ou par un certain nombre de personnes morales limitativement énumérées, dont les sociétés de capital-risque ou les établissements publics de recherche.

[731] L'entreprise ne doit pas être issue d'une concentration, restructuration, extension d'activités préexistantes ou d'une reprise de ces activités, v. le III. de l'art. 44 sexies du CGI.

[732] Art. 44 sexies-0 A, III. du CGI.

bénéficiaire et ne sont imposées que partiellement, à hauteur de 50%, à raison des bénéfices de l'exercice suivant, la période d'exonération totale ne pouvant dépasser 12 mois[733]. En revanche, certains produits bruts restent imposables dans les conditions de droit commun, dont les produits correspondants à des subventions, les abandons de créances ou libéralités, les produits de parts de sociétés ou actions ainsi que les résultats de sociétés ou organismes soumis au régime prévu à l'article 8 du Code général des impôts[734]. S'y ajoute la possibilité d'une exonération temporaire de la taxe foncière[735] et de la cotisation économique territoriale[736] pendant 7 ans sur délibération des collectivités locales. Par ailleurs, le statut de JEI fait bénéficier l'employeur d'une exonération des charges sociales patronales au titre des assurances sociales et allocations familiales pendant sept ans. Depuis la loi de finances pour 2014 cette exonération est totale dans la limite d'un double plafond : la cotisation est due pour la part des rémunérations inférieure à 4,5 fois le Salaire minimum de croissance (Smic), alors que le montant limite des cotisations par établissement-employeur et année civile s'élève à 5 fois le plafond annuel de la sécurité sociale défini à l'article L. 241-3 du Code de la sécurité sociale[737].[738]

La pertinence du statut pour les jeunes entreprises biotechnolgiques et pharmaceutiques. Ce statut semble, en principe, particulièrement incitatif pour les jeunes entreprises biotechnologiques et pharmaceutiques innovantes. Or, au contraire d'entreprises de taille comparable exerçant leurs activités dans un secteur comparable et réussissant assez rapidement à transformer un léger déficit en légers profits, les entreprises bénéficiant du statut de JEI présentent un déficit même lorsqu'elles rattrapent les autres entreprises en termes de valeur ajoutée et de chiffre d'affaires[739]. Par ailleurs, il semblerait que ce statut ne bénéficie que peu aux entreprises du secteur pharmaceutique. En effet, les JEI du secteur industriel ne représentent qu'approximativement 10% du total des JEI sur le marché[740]. Dès lors, bien que ce statut soit intéressant du point de vue d'un meilleur financement des

---

[733] Art. 44 sexies A, I., 1 du CGI.

[734] V. art. 44 sexies A, II. du CGI.

[735] Les jeunes entreprises innovantes peuvent être exonérées de taxe foncière sur les propriétés bâties sur délibération des collectivités locales (v. art. 1383 D du CGI).

[736] Les entreprises bénéficiant du statut de jeune entreprise innovante peuvent temporairement être exonérées de la cotisation foncière des entreprises et de la cotisation sur la valeur ajoutée des entreprises pour une durée de 7 ans par délibération des collectivités locales dans les conditions du I. de l'art. 1639 Abis du CGI (v. notamment : art. 1466 D du CGI et BOI-CVAE-CHAMP-20-10 du 26 juin 2019, § 60).

[737] Art. 131 de la Loi n°2013-1278 de finances pour 2014.

[738] Le bénéfice du statut de JEI peut être cumulé avec le crédit d'impôt recherche (qui sera développé plus loin dans le cadre de cette étude), une demande de remboursement immédiat de la créance de CIR étant possible sous certaines conditions (art. 199 ter B, II., 3 du CGI).

[739] V. pour ce constat : *OECD Reviews of Innovation Policy : France*, 2014, p. 248.

[740] V. pour cette estimation : *OECD Reviews of Innovation Policy : France*, 2014, p. 248.

activités de RDI de jeunes petites et moyennes entreprises, la portée pour la RDI pharmaceutique ne semble que limitée en pratique.

Les incitations indirectes au bénéfice des petites et moyennes entreprises. Les aides indirectes de type entrepreneurio-structurelles au bénéfice des PME ont vu leur importance s'accroître, notamment suite aux règles imposées aux banques, telles que les règles prudentielles Bâle III, participant à l'augmentation des difficultés d'accès au crédit de ces entreprises[741], bien que le « paquet bancaire » adopté le 16 avril 2019 par le Parlement européen ait eu pour objectif d'améliorer les possibilités d'investissement des banques dans les petites et moyennes entreprises[742]. De même en allait-il des règles imposées aux assureurs avec Solvabilité II[743].

Le dispositif dit « Madelin ». Certaines incitations indirectes se trouvent à mi-chemin entre les aides indirectes au bénéfice des PME et des jeunes entreprises. Il en va ainsi du dispositif dit « Madelin ». En vertu de l'article 199 terdecies-0 A du Code général des impôts, les contribuables domiciliés fiscalement en France peuvent bénéficier d'une réduction d'impôt au titre des souscriptions en numéraire au capital de PME non côtées, exerçant une activité industrielle, commerciale, artisanale, agricole ou libérale, ou de fonds communs de placement dans l'innovation (FCPI). Avec cette réduction dit « Madelin » la France cherche à inciter les particuliers à investir dans les PME si importantes pour l'économie nationale, et plus

---

[741] V. sur ce point de manière exemplative : GABAÏ, Karine, « Le rapport Gallois, des leviers de croissance en faveur des PME-ETI et de leur financement », *Bulletin Joly Bourse*, 2013, n°4, p. 204 et s..

[742] Le paquet a pour objectif d'achever l'intégration de Bâle III dans le droit européen et de renforcer la capacité des banques à faire face à des crises éventuelles grâce aux exigences relatives aux fonds propres et liquidités, tout en donnant la possibilité aux banques d'investir dans des PME et infrastructures. S'y ajoutera vraisemblablement dans les années à venir un nouveau « paquet bancaire » pour la transposition des règles prudentielles Bâle IV (v. Rédaction Lextenso, « Adoption des règles révisées sur les exigences de fonds propres des entreprises », *Gazette du Palais*, 2019, n°21, p. 47).

[743] GABAÏ, Karine, *loc.cit.*, p. 204 et s. ; Les règles Solvabilité I avaient imposé aux assureurs de disposer de fonds propres suffisamment élevés afin de couvrir les hausses inattendues d'engagements ou les diminutions de la valeur représentative des engagements pris. Solvabilité II remplace la marge de solvabilité de Solvabilité I par le « Capital de Solvabilité Requis » et le « Minimum de Capital Requis ». Le premier devra être égal au niveau des fonds propres dont doit disposer l'entreprise pour limiter sa probabilité de ruine à 0,05%. Le second correspond au niveau des fonds propres en dessous duquel les intérêts des preneurs se verraient sérieusement mis en péril par la poursuite de l'activité de l'entreprise. Depuis Solvabilité II, l'entreprise doit, en outre, réaliser l'activité d'investisseur conformément au principe de « personne prudente », c'est-à-dire investir dans le meilleur intérêt des preneurs et prendre en compte les risques que peut présenter l'investissement considéré (v. à cet égard : GHUELDRE, Richard, VANNESSON, François, « La Directive Solvency II », *Revue générale du droit des assurances*, 2010, n°3, p. 611 et s.).

particulièrement les jeunes entreprises. En effet, les PME ne doivent ni être en difficulté[744], ni être âgées de plus de 7 ans[745].

Les effets potentiellement bénéfiques pour la RDI pharmaceutique. La réduction de l'impôt sur le revenu s'élève en principe à 18% des versements effectués (article 199 terdecies-0 A, I., 1 du Code général des impôts). Toutefois, depuis la suppression de l'ISF, et concomitamment de l'ISF-PME, s'applique un taux majoré de 25%, initialement prorogé au 31 décembre 2020 par la loi de finances pour 2020, puis au 31 décembre 2021 par la loi de finances pour 2021, qui a pour objectif d'amortir l'impact de cette suppression sur les investissements dans les PME[746]. Pour bénéficier de cette réduction, les titres doivent être conservés jusqu'au 31 décembre de la cinquième année suivant celle de la souscription des titres[747]. À défaut, et sauf exceptions[748], il y aura remise en cause de l'avantage fiscal et reprise des réductions. Aux côtés des exceptions, qui visent à rendre l'investissement plus attractif, s'ajoute la réduction de la durée à respecter pour qu'un remboursement des apports au souscripteur ne remette pas en cause la réduction « Madelin ». Ainsi, la loi Macron avait-elle réduite cette durée de 10 ans à 7 ans[749]. En tout état de cause, cette aide indirecte semble intéressante pour les petites et jeunes entreprises pharmaceutiques et

---

744 Il s'agit là de la notion d'entreprise en difficulté au sens du règlement (UE) n°651/2014 de la Commission du 17 juin 2014 déclarant certaines catégories d'aides compatibles avec le marché intérieur en application des articles 107 et 108 du traité (v. art. 2, n°18).

745 La durée d'exercice d'une activité sur le marché est calculée à partir de la première vente commerciale. En effet, sont applicables les conditions de l'art. 885-0 V bis, 1bis, d) du CGI dans sa rédaction en vigueur au 31 décembre 2017.

746 V. Loi n°2019-1479 du 28 décembre 2019 de finances pour 2020, JORF n°0302 du 29 décembre 2019, art. 137 ; Loi n° 2020-1721 du 29 décembre 2020 de finances pour 2021, JORF n°0315 du 30 décembre 2020, art. 110 ; v. également : Loi n°2017-1837 du 30 décembre 2017 de finances pour 2018, JORF n°0304 du 31 décembre 2017, art. 74 et Loi n°2018-1317 du 28 décembre 2018 de finances pour 2019, JORF n°0302 du 30 décembre 2018, art. 118 (le plafond général de 10.000 euros reste toutefois applicable).

747 Art. 885-0 V bis, II., 1 du CGI par renvoi de l'art. 199 terdecies-0 A du CGI.

748 La loi n°2015-990 du 6 août 2015 pour la croissance, l'activité et l'égalité des chances économiques, JORF n°0181 du 7 août 2015 p. 13537, dite loi Macron, a conduit à l'élargissement de la liste des exceptions à laquelle figurent désormais non seulement décès, invalidité, licenciement, liquidation judiciaire de la société bénéficiaire et donation avec reprise de l'engagement de conservation de titres, mais également la scission ou fusion, l'annulation des titres pour cause de pertes, l'offre publique d'échange pourvu que les titres acquis soient eux-mêmes éligibles à la réduction Madelin et qu'une soulte d'échange éventuelle soit réinvestie dans des PME éligibles à la réduction et finalement la cession stipulée obligatoire par un pacte d'associés ou d'actionnaires, sous réserve que l'actionnaire minoritaire procède au remploi dans une PME éligible dans les 12 mois suivant la cession (v. sur ce point : NOUEL, Christian, « La loi Macron assouplit les régimes des impatriés et des réductions d'impôt ISF-PME et « Madelin » », *Bulletin Joly Sociétés*, 2015, n°10, p. 551 ; v. également : l'art. 885-0 V bis, II. du CGI par renvoi de l'art. 199 terdecies-0 A du CGI).

749 Loi n°2015-990, art. 143 ; v. pour l'introduction de la version antérieure : Loi n°2010-1657 du 29 décembre 2010 de finances pour 2011, JORF n°0302 du 30 décembre 2010 p. 23033, art. 38 ; v. également : NOUEL, Christian, *loc.cit.*, p. 551.

biotechnologiques qui peinent souvent à attirer des investisseurs en raison de l'incertitude, du coût et de la durée attachés aux projets de RDI essentiels à leur compétitivité et subsistance sur le marché.

Les plans d'épargne en actions et fonds communs de placement pertinents. En complément du précédent dispositif, le PEA 'PME-ETI' a pour objectif d'attirer l'épargne privée vers les petites et moyennes entreprises françaises tout autant que vers les entreprises de taille intermédiaire en n'imposant que faiblement les revenus tirés de ces placements[750]. Le contribuable doit alors ouvrir un tel plan d'épargne auprès d'un établissement de crédit, de la Caisse des dépôts et consignations, de la Banque de France, de la Banque postale, d'un établissement d'investissement ou d'une entreprise d'assurance relevant du Code des assurances (article L.221-32-1 du Code monétaire et financier)[751]. Les produits et plus-values procurés par les versements dans le cadre du plan d'épargne en actions, pourvu que les titres ou liquidités n'aient pas été retirés ou rachetés avant l'expiration de la cinquième année[752], n'entrent pas en compte pour le calcul du revenu net global[753]. Le plafond des versements pour le PEA 'PME-ETI' a d'ailleurs été porté par la loi PACTE de 75.000 euros à 225.000 euros, l'ensemble des versements ne pouvant toutefois dépasser le plafond de 225.000 euros pour l'ensemble des plans (PEA 'PME-ETI' et PEA classique combinés)[754].

Sont également à mentionner les régimes fiscaux de faveur s'appliquant aux fonds communs de placement en France. En premier lieu celui applicable aux Fonds communs de placement à risques (FCPR). L'article 163 quinquies B du Code général des impôts exonère d'impôt sur le revenu

---

[750] Sur ce point et pour une analyse plus détaillée, v. : ZIMMERMANN, Yves-Charles, « Plans d'épargne en actions : un moyen de financement non négligeable pour les PME », *La revue fiscale du patrimoine*, 2017, n°7-8, étude 17.

[751] Les versements doivent alors servir à l'acquisition d'actions, de parts de sociétés à responsabilité limitée ou de sociétés dotées d'un statut équivalent et titres de capital de sociétés régies par la loi n°47-1775 portant statut de la coopération, ou obligations convertibles ou remboursables en actions, admises aux négociations sur un marché réglementé ou sur un système multilatéral de négociation (art. L. 221-32-2, 1 du CMF).

[752] Pour des précisions supplémentaires sur les conséquences fiscales du rachat ou du retrait des titres avant la loi PACTE (Loi n°2019-486 du 22 mai 2019 relative à la croissance et à la transformation des entreprises, JORF n°0119 du 23 mai 2019) v. notamment les anciennes dispositions correspondantes : pour les retraits ou rachats avant la 5e année (art. 150-0 A, II., 2 et art. 200 A, 5 du CGI, art. L. 136-7, II., 5. du CSS) ; pour les retraits ou rachats entre la 5e et la 8e année (art. L. 136-7, II., 5 du CSS) ; pour les retraits ou rachats au-delà de la huitième année (art. L. 221-32, I. du CMF et art. L. 136-7, II., 5 du CSS.) ; Pour des précisions sur les conséquences fiscales du retrait depuis la loi PACTE, v. art. L. 221-32 nouveau du CMF : désormais les retraits partiels de sommes ou de valeurs du plan à partir de la cinquième année ne conduisent plus à la clôture du plan d'épargne en actions ; v. également les développements de Zimmermann sur ce point : ZIMMERMANN, Yves-Charles, *loc.cit.*.

[753] Art. 157, 5bis du CGI, lu en combinaison avec l'art. 200 A, 5 du CGI et l'art. 150-0 A, II., 2 du CGI.

[754] L. 221-32-1 al. 4 du CMF, modifié par l'art. 89 de la loi PACTE.

les sommes ou valeurs auxquelles donnent droit les parts souscrites par des personnes physiques dans les FCPR dits « fiscaux »[755]. Les personnes physiques souhaitant bénéficier de ce régime de faveur[756] doivent alors prendre l'engagement de conserver ces parts pendant au moins 5 ans[757] et ne doivent détenir à un moment ou un autre, personnellement ou avec le conjoint, les ascendants, les descendants, directement ou indirectement, plus de 25% des droits dans les bénéfices d'une société dont les titres figurent à l'actif du FCPR[758]. Dans la même lignée, les souscripteurs de parts de Fonds d'invesstissements de proximité (FIP) et de fonds communs de placement dans l'innovation (FCPI) bénéficient d'un régime de faveur. Une personne physique qui investit dans un tel fonds bénéficie d'une réduction de l'impôt sur le revenu égale à 18%[759], à condition qu'elle ne détienne personnellement, ou avec son conjoint, ses descendants et ascendants plus de 10% des parts du fonds et, directement ou indirectement, plus de 25% des droits dans les bénéfices de l'une des sociétés figurant à l'actif du FCPI/FIP. Le taux de 18% est porté à 25% pour les versements effectués jusqu'à 31 décembre 2021[760]. Elle doit, en outre, prendre l'engagement de conserver les titres pendant 5 ans au moins[761]. Les versements sont pris en compte dans la limite annuelle de 12.000 euros pour les contribuables célibataires et de 24.000 euros pour les contribuables mariés ou liés par un PACS et soumis à imposition commune[762].

Si le même régime de faveur s'applique aux prises de participations dans les FCPI et FIP, la différence réside dans les sociétés au sein desquelles ces fonds investissent. Dans le cas du FCPI, les sociétés doivent non seulement être des PME dont les titres ne sont pas négociés sur un marché réglementé ou un système multilatéral de négociation français ou étranger[763], mais avoir réalisées des dépenses de recherche à hauteur de 10% au moins des dépenses d'exploitation au cours de l'un des trois derniers exercices précédant la souscription ou développer actuellement ou dans un avenir prévisible des

---

[755] Art. 163 quinquies B, I. du CGI ; Les FCPR dits « fiscaux » sont ceux qui ont un actif composé à hauteur d'au moins 50% de titres non admis aux négociations sur un marché réglementé ou organisé de sociétés européennes (v. sur ce point notamment pour plus de détails : art. L. 214-28 du CMF et art. 163 quinquies B, II. du CGI ; BOI-IS-BASE-20-20-30-10 du 11.3.2013, § 1).

[756] Sauf prélèvements sociaux.

[757] Art. 163 quinquies B, I. du CGI.

[758] Art. 163 quinquies B, II., 3 du CGI.

[759] Art. 199 terdecies-0 A, VI. du CGI.

[760] Art. 199 terdecies-0 A, VI. du CGI.

[761] Art. 885-0 V bis, III., 1, a) et b) du CGI dans sa rédaction en vigueur au 31.12.2017 par renvoi de l'art. 199 terdecies-0 A, VI ter A du CGI.

[762] Art. 199 terdecies-0 A, VII. du CGI.

[763] Art. L. 214-30, I., 1, a) et b) du CMF (il en va différemment lorsque le marché est un système multilatéral de négociation où la plupart des instruments admis à la négociation sont émis par des PME).

produits neufs, substantiellement améliorés par rapport à l'état de la technique dans le secteur et présentant un risque d'échec technique ou industriel[764]. L'effet de ces fonds de placements en tant qu'instrument d'incitation indirecte de type entrepreneurio-structurel se voit d'ailleurs indirectement renforcé par la possibilité ouverte à la région de souscrire des parts dans un FCPR et FCPI à vocation régionale ou interrégionale[765]. La région peut également financer ou aider à la mise en œuvre d'un FIP, les objectifs économiques du fonds étant alors déterminés par convention conclue avec la société gestionnaire du fonds[766].

Les effets potentiellement bénéfiques pour la RDI pharmaceutique. En particulier les deux dernières mesures sont susceptibles de renforcer les fonds propres des entreprises du secteur. Or, leur importance est non négligeable dans un contexte où l'accès à des financements externes n'est pas toujours aisé. Ainsi, le FCPI InnoBio[767], géré par BpiFrance Investissement en association avec les principaux laboratoires pharmaceutiques mondiaux, a investi au 31.12.2012 dans 11 entreprises innovantes du secteur de la santé humaine, dont Adocia[768], Genticel[769] et Adivicienne Pharma[770].

Un intérêt limité des provisions pour investissements. Aux dispositions précédentes visant à soutenir l'activité des PME dans les premières années de leur existence, s'ajoutent les provisions pour investissements bénéficiant aux entreprises individuelles soumises à un régime réel d'imposition ainsi qu'aux entreprises unipersonnelles à responsabilité limitée soumises au régime réel d'imposition[771]. Celles-ci peuvent être constituées pour l'acquisition d'immobilisations amortissables[772]. Introduite par la loi n°2005-882 du 2 août 2005[773], cette

---

[764] Art. L. 214-30, I., 1, c) du CMF ; v. aussi : art. L. 214-31 et s. du CMF pour le FIP.
[765] Art. L. 4211-1, 9° du CGCT.
[766] Art. L. 4211-1, 11° du CGCT.
[767] https://www.bpifrance.fr/Qui-sommes-nous/Nos-metiers/Fonds-propres/Fonds-directs-Bpifrance/Capital-Innovation/Pole-Sciences-de-la-vie/InnoBio (consulté dernièrement le 08.06.2021).
[768] Entreprise de biotechnologie spécialisée dans le développement de formulations de protéines thérapeutiques destinées au traitement du diabète (https://www.adocia.com/fr/adocia-presentation/, consulté dernièrement le 08.06.2021).
[769] Entreprise de biotechnologie qui a désormais fusionné avec Genkyotex, spécialisée dans les thérapies NOX, basées sur une inhibition sélective des enzymes NOX qui sont à l'origine de l'amplification d'un grand nombre de processus thérapeutiques, dont la perception de la douleur et l'évolution du cancer (https://www.genkyotex.com/fr/societe/a-propos-de-la-societe, consulté dernièrement le 08.06.2021).
[770] Entreprise spécialisée dans le traitement de maladies rénales rares (https://advicenne.com/fr/nous-connaitre/qui-sommes-nous/, consulté dernièrement le 08.06.2021).
[771] Art. 39 octies E al. 1 et 2 du CGI.
[772] Art. 39 octies E al. 5 du CGI.

mesure ne peut être utilisée que pour les exercices clos avant le 1er janvier 2010. Dès lors, et de manière générale en raison de la limitation à certains types d'entreprises, elle ne présente qu'un intérêt limité pour les besoins de cette étude.

Les aides tournées vers un meilleur accès aux financements. En va-t-il autrement des aides visant à garantir un meilleur accès des PME aux emprunts bancaires. BpiFrance propose un certain nombre de solutions afin de faciliter l'accès au crédit bancaire. En effet, l'offre générale à destination des PME a regressé depuis la crise, sans pour autant disparaître. Les banques ne souhaitent pas toujours s'exposer au risque que comporte un crédit accordé à une petite et moyenne entreprise. Certains programmes de la BpiFrance soutiennent ainsi le développement des PME. Tel en va-t-il du programme *Garantie du développement des PME et TPE* qui permet d'aboutir à un partage des risques entre banque et BpiFrance, la garantie pouvant s'élever de 40% à 70% du concours bancaire[774]. Une telle aide est susceptible de se révéler favorable à l'activité des entreprises pharmaceutiques et biotechnologiques en raison des difficultés d'accès au crédit rencontrées par elles. Ainsi, le programme *Garantie du développement des PME et TPE* a permis au Laboratoire Icare, spécialisé dans les services aux industries pharmaceutiques pour l'évaluation et la maîtrise des risques de contamination des produits avant leur accès au marché, d'accéder facilement et rapidement à des marchés étrangers[775]. En complément, la BpiFrance par son programme *Garantie bancaire du renforcement de la trésorerie Coronavirus* permet désormais à des PME ou TPE qui rencontrent ou sont susceptibles de rencontrer des problèmes de trésorerie liés au Coronavirus et qui ne sont pas d'origine structurelle, d'accéder plus facilement au crédit. La BpiFrance garantit ainsi le crédit bancaire jusqu'à hauteur de 90%, pour autant que le crédit soit d'une durée normale de 2 à 6 ans et que celui-ci serve, notamment, à financer les besoins en fonds de roulement ou ait pour objet le financement relai d'un crédit d'impôt ou d'une subvention[776].

Or, les régions ont désormais compétence pour définir les régimes d'aides aux entreprises[777], régimes d'aides qui peuvent prendre la forme de prêts, bonifications d'intérêts et avances, celle de garanties d'emprunts ou encore

---

[773] V. art. 10 de la loi n°2005-882 du 2 août 2005 en faveur des petites et moyennes entreprises, JORF n°0179 du 3 août 2005, p. 12639.

[774] https://www.bpifrance.fr/Toutes-nos-solutions/Garanties-et-assurances/Garanties-aux-banques/Garantie-du-developpement-des-PME-et-TPE (consulté dernièrement le 03.06.2021).

[775] https://www.bpifrance.fr/A-la-une/Paroles-d-entrepreneurs/Icare-32631. (consulté dernièrement le 08.06.2021).

[776] https://www.bpifrance.fr/Toutes-nos-solutions/Garanties-et-assurances/Garanties-aux-banques/Garantie-bancaire-du-renforcement-de-la-tresorerie-Coronavirus (consulté dernièrement le 08.06.2021).

[777] V. les développements précédents relatifs à la compétence des régions ; v. également l'art. L. 1511-2 du CGCT.

de cautionnements. Pour le premier volet des prêts, bonifications d'intérêts et avances, celui-ci n'a jamais joué un rôle particulièrement important, pour des raisons qui tiennent surtout à la protection du monopole bancaire[778]. C'est ainsi que la région Île-de-France en coopération avec la BpiFrance a créé le « prêt croissance TPE » visant à soutenir le développement d'entreprises franciliennes de plus de 3 ans d'existence et de moins de 50 salariés par des prêts préférentiels sans caution ni garantie, pouvant aller de 10.000 à 50.000 euros[779]. S'y ajoute, en outre, le Fonds régional de garantie mis en place par BpiFrance et la région Île-de-France, bénéficiant aux PME et TPE notamment du secteur du commerce, de l'industrie ou encore du secteur des activités scientifiques et techniques, en proposant une garantie pouvant aller jusqu'à 70%, apportée pour moitié par la BpiFrance et pour moitié par le Fonds de garantie régional[780]. Tous deux pourraient présenter un certain intérêt pour les entreprises pharmaceutiques et biotechnologiques innovantes.

Les incitations indirectes de type économico-structurelles. Les incitations indirectes de type entrepreneurio-structurelles ont d'ores-et-déjà permis d'illustrer la panoplie des incitations à la RDI potentiellement bénéfiques aux activités des entreprises pharmaceutiques et biotechnologiques innovantes en France. Cette variété et multiplicité d'instruments doit toutefois être complétée par les incitations indirectes de type économico-structurelles, prenant la forme de traitements fiscaux spécifiques tout autant que de crédits d'impôt.

Le traitement préférentiel des produits de cession ou de concession de brevets. En premier lieu s'agit-il de l'imposition préférentielle des produits de cession ou de concession de brevets. Le traitement préférentiel des produits de cession ou de concession de brevets n'est pas chose nouvelle. Son origine remonte à la loi du 12 juillet 1965 modifiant l'imposition des entreprises et des revenus de capitaux mobiliers[781]. Depuis lors le régime fiscal de ces produits a connu de changements continuels, la stabilisation n'étant intervenue qu'avec la loi de finances pour 2012[782].

---

[778] V. pour cette explication et pour plus de précisions : MARKUS, Jean-Paul, « Aides des collectivités territoriales aux entreprises. Aides financières et aides à l'immobilier d'entreprise », Fasc. 728, *JurisClasseur Collectivités territoriales*, 2011, n°5 et s. ; v. également pour le monopole bancaire : art. L. 511-5 du CMF.

[779] http://pretcroissancetpe-iledefrance.bpifrance.fr/ (consulté dernièrement le 03.06.2021).

[780] https://www.iledefrance.fr/fonds-regional-de-garantie (consulté dernièrement le 03.06.2021).

[781] Loi n°65-566 du 12 juillet 1965 modifiant l'imposition des entreprises et des revenus de capitaux mobiliers, JORF du 13 juillet 1965, p. 6003.

[782] Loi n°2011-1977 du 28 décembre 2011 de finances pour 2012, JORF n°0301 du 29 décembre 2011, p. 22441, art. 11.

En raison de la lutte contre les « pratiques fiscales dommageables », et les demandes en résultant du côté de l'OCDE et de l'Union européenne[783], une nouvelle réforme du régime fiscal de faveur applicable aux produits de cession ou de concession de brevets a été initiée. C'est ainsi que le régime de faveur a subi une nouvelle transformation avec la loi de finances pour 2019[784]. Désormais, ce régime de faveur n'est plus qu'optionnel[785], alors que la liste des actifs incorporels immobilisés de l'article 238, I. du Code général des impôts a été complétée par les logiciels protégés par le droit d'auteur[786]. Cette disposition s'adresse aux entreprises soumises au régime réel d'imposition et consiste en un traitement séparé des produits de cession ou de concession de brevets, certificats d'obtention végétale, inventions brevetables, logiciels protégés par le droit d'auteur et certains procédés de fabrication industrielle, par application d'un taux moins élevé que le taux de droit commun et correspondant à celui appliqué aux plus-values de long terme[787].

Sa pertinence pour la RDI pharmaceutique. Une telle incitation peut se révéler favorable dans un secteur caractérisé par un processus d'innovation fragmenté, c'est-à-dire l'agencement d'un grand nombre d'intervenants notamment par l'intermédiaire de l'*in-licensing* et de l'*out-licensing*. Il en va d'autant plus ainsi que les logiciels protégés par un droit d'auteur sont explicitement visés par l'article 238, I. du Code général des impôts. Or, les logiciels et algorithmes sont susceptibles de jouer un rôle d'importance croissante à l'avenir non uniquement en raison de l'évolution en faveur de la médecine personnalisée et de l'irruption du *Big Data* en innovation pharmaceutique et biotechnologique, mais encore en raison de l'objectif de remplacement à terme des essais précliniques sur animaux par

---

783 En effet, pour éviter de telles pratiques fiscales dommageables ceux-ci demandent que le régime fiscal de faveur soit conditionné à la réalisation des dépenses de R&D sur le territoire national lorsque celles-ci sont en lien avec l'invention générant les produits de cession ou de concession correspondants, dite approche du « lien » ou « nexus » (v. sur ce point et de manière exemplative les développements de Jean-Luc Pierre : PIERRE, Jean-Luc, « Réforme du régime d'imposition des produits de cessions ou de concessions de brevets », *La Semaine Juridique Notariale et Immobilière*, 2019, n°3, p. 1024 et s. (voir pt. 15)).

784 Loi n°2018-1317 du 28 décembre 2018 de finances pour 2019, JORF n°0302 du 30 décembre 2018, art. 37.

785 Art. 238, V. du CGI : *« L'option pour le régime prévu au présent article est formulée pour chaque actif, bien ou service ou famille de biens ou services dans la déclaration de résultat de l'exercice au titre duquel elle est exercée. Une annexe jointe à la déclaration de résultat détaille, pour chaque actif, bien ou service ou famille de biens ou services, les calculs réalisés pour l'application des II et III. »*

786 V. sur cette évolution : PIERRE, Jean-Luc, « Réforme du régime … », *loc.cit.*, pt. 16.

787 Le taux s'élève ainsi à 15% (v. art. 219, I., a) du CGI par renvoi de l'art. 238, I. du CGI) ; v. également l'art. 238, VII. du CGI pour les conditions supplémentaires en cas de cession : l'élément d'actif incorporel doit avoir été acquis à titre onéreux depuis moins de deux ans et il ne doit pas exister de lien de dépendance entre les entreprises parties à l'accord au sens de l'art. 39, 12 du CGI.

des procédés alternatifs, notamment par recours à l'intelligence artificielle. Nous y reviendrons ultérieurement. S'y constate, de surcroît, une différence avec la situation allemande précédemment analysée.

Cette incitation peut d'ailleurs être mise en lien avec une autre initiative, née du P.I.A. et de la Stratégie nationale pour la recherche et l'innovation, qu'est l'entreprise FranceBrevets détenue par l'État, dont les ressources proviennent du P.I.A. 1 et 2[788], et dont l'objectif est d'améliorer les conditions d'exploitation de la propriété intellectuelle et la valorisation de la recherche des entreprises françaises, notamment par l'acquisition des droits de licence sur les brevets par le fonds d'investissement et le reversement ultérieur d'une partie des redevances tirées aux entreprises[789].

Un régime de faveur appliqué aux dépenses de R&D sous forme d'option. En second lieu et toujours dans un souci d'incitation à la RDI, la France applique aux dépenses de R&D un régime de faveur. Ainsi, l'article 236 du Code général des impôts ouvre aux entreprises soumises à l'impôt sur le revenu ou à l'impôt sur les sociétés l'option suivante :

« Pour l'établissement de l'impôt sur le revenu ou de l'impôt sur les sociétés, les dépenses de fonctionnement exposées dans les opérations de recherche scientifique ou technique peuvent, au choix de l'entreprise, être immobilisées ou déduites des résultats de l'année ou de l'exercice au cours duquel elles ont été exposées »[790].

Relève, dès lors, du choix de l'entreprise, en tant que décision de gestion opposable, de déduire immédiatement les dépenses de fonctionnement engagées dans les opérations de recherche ou de les déduire de manière échelonnée par voie d'immobilisation et d'amortissement[791]. La décision de l'entreprise dépendra, d'après Patrick Seerloten et Olivier Debat, du *« résultat bénéficiaire ou déficitaire dégagé par ailleurs »*[792]. Pour ce qui est de l'industrie pharmaceutique, il se révèle assez souvent peu favorable de

---

[788] V. notamment : Convention du 2 septembre 2010 entre l'État, l'Agence nationale de la recherche et la Caisse des dépôts et consignations relative au programme d'investissements d'avenir (action « France Brevets »), JORF n°0205 du 4 septembre 2010, p. 16153.

[789] Convention du 2.9.2010 entre l'État, l'Agence nationale de la recherche et la Caisse des dépôts et consignations relative au programme d'investissements d'avenir (action « France Brevets »), JORF n°0205 du 4.9.2010, p. 16153, voir le pt. 1.2., v. aussi le pt. 1.5. pour un exposé de la stratégie d'intervention de France Brevets.

[790] Art. 236, I. du CGI.

[791] V. à cet égard : BOI-BIC-CHG-20-30-30 du 1.3.2017, § 1. Il est à noter qu'il en va différemment lorsque les activités de R&D ont été réalisées sur commande de tiers. En effet, le Conseil d'État a considéré que lorsqu'elles sont réalisées sur commande de tiers, les dépenses ne sont « par leur nature même » pas susceptibles d'être immobilisées, ce qui a pour conséquence que ces dépenses ne peuvent être passées qu'en charge et sont exclues de l'option ouverte par cet article (CE, 11 juillet 2011, n°340202, *Société Faurecia Sièges d'automobiles*).

[792] Citation issue de : SEERLOTEN, Patrick, DEBAT, Olivier, *Droit fiscal des affaires*, Paris : Dalloz, coll. Précis, 17e édition, 2018, p. 192 ; v. également : PIERRE, Jean-Luc, « Réforme du régime … », *loc.cit.*, pt. 17.

voir ces dépenses immobilisées, sauf exceptions rares[793]. Avoir le choix entre activation et déduction immédiate permet par voie de conséquence aux entreprises pharmaceutiques de grande taille de réduire la base imposable grâce à des dépenses qui auraient autrement donné lieu à activation[794], cette économie d'impôt pouvant alors être utilisée pour la réalisation d'autres projets de RDI[795].

Une option limitée aux dépenses en phase de développement. Depuis 2004 ne sont distinguées à cet égard que les phases de recherche et de développement[796] et non pas les phases de recherche fondamentale, de recherche appliquée et de développement expérimental[797], la phase de production quant à elle étant exclue des opérations de recherche[798]. Uniquement les dépenses en phase de développement peuvent faire l'objet de cette option. Les dépenses en phase de recherche doivent, au contraire, toujours être comptabilisées en charge puisque cette phase ne remplit pas l'ensemble des critères d'immobilisation[799], ce qui implique que l'option est ouverte uniquement pourvu que les phases de recherche et de développement puissent être distinguées[800].

Des dépenses d'importance pour la RDI pharmaceutique couvertes par l'option. Pour que les dépenses exposées en phase de développement puissent être comptabilisées à l'actif, les projets doivent être nettement individualisés, avoir de sérieuses chances de réussite technique et de rentabilité commerciale[801]. Un certain nombre de critères doivent alors être

---

[793] V. en ce sens de manière exemplative : LAMBOUROUD, Alban, « Fiscalité particulière des entreprises exploitantes des spécialités pharmaceutiques », Fasc. 48-10, *FM Litec Droit pharmaceutique*, 2019, n°4.

[794] V. en ce sens : PIERRE, Jean-Luc, *Fiscalité de la recherche, de la propriété industrielle et des logiciels*, Paris : EFE, 2011, p. 14.

[795] V. en ce sens : LAMBOUROUD, Alban, « Fiscalité particulière des entreprises exploitantes des spécialités pharmaceutiques », *op.cit.*, n°4.

[796] Sont données à titre d'exemples par l'administration fiscale les activités suivantes : les activités de recherche comportent notamment les activités visant à obtenir de nouvelles connaissances, la recherche, l'évaluation et la sélection finale d'applications éventuelles de résultats de recherche ou de connaissances, la recherche de solutions alternatives notamment pour les matières et dispositifs, la formulation, la conception, l'évaluation et le choix final retenu, ou encore d'autres possibilités d'utilisation de matériaux et dispositifs. Les activités de développement, au contraire, couvrent parmi d'autres la conception, la construction, les test pré-production et l'utilisation de modèles et prototypes, la conception, la construction, l'exploitation d'une usine pilote sans que l'échelle permette une production commerciale dans des conditions économiques, ou encore la conception, la construction et les tests pour produits nouveaux ou améliorés (BOI-BIC-CHG-20-30-30 du 1.3.2017, § 40).

[797] V. sur ce point : Instruction fiscale du 30.12.2005, BOI 4 A-13-05, « Incidences fiscales des nouvelles normes comptables en matière d'actifs », *Droit fiscal*, n°4, 2004, instr. 13449.

[798] V. sur ce point : BOI-BIC-CHG-20-30-30 du 1.3.2017, § 30.

[799] Ces critères sont notamment celui de l'identifiabilité, de valeur économique positive, de contrôle par l'entreprise et d'évaluation avec une fiabilité suffisante.

[800] Art. 212-3 du PCG.

[801] V. également : Art. 212-3 du PCG.

respectés, dont notamment l'intention d'achever l'immobilisation incorporelle et de l'utiliser ou de la vendre, la capacité de l'immobilisation de générer des avantages économiques futurs probables ou encore la capacité de l'entreprise à évaluer de façon fiable les dépenses attribuables à l'immobilisation incorporelle au cours de son développement[802]. Certains types de dépenses d'importance pour le secteur pharmaceutique que sont les frais de dépôt de brevet, sont considérées comme le prolongement indissociable des activités de R&D. En effet, le Conseil d'État[803] a considéré que les frais de dépôt, pourvu qu'ils présentent le caractère de dépense de fonctionnement, se voient appliquer l'article 236, I. du Code général des impôts.[804] Pour ce qui est des paiements à des chercheurs extérieurs à l'entreprise, elles peuvent être prises en compte lorsque les dépenses ne rémunèrent pas le résultat de la recherche mais le processus de recherche en lui-même[805].

Lorsque l'option est exercée en faveur de l'activation et que les dépenses sont inscrites à l'actif du bilan, celles-ci doivent être amorties sur une durée maximale de cinq ans, sauf à titre exceptionnel et pour des projets particuliers pour lesquels le délai d'amortissement peut être plus long sans excéder la durée d'utilisation[806]. Ce traitement particulier de certains revenus et dépenses est susceptible d'être attractif pour les entreprises pharmaceutiques innovantes. Des règles particulières en matière d'amortissement complétent l'image en ce sens.

---

[802] Pour les autres critère v. art. 212-3 du PCG.

[803] CE, 30 octobre 1995, n°142319, *Société Saint Gobain Emballage*.

[804] En effet, le dépôt de brevet accorde à l'entreprise un droit d'exploitation exclusif de l'invention, résultat des activités de R&D. Ces frais sont donc le prolongement indissociable de ces activités. Un raisonnement comparable peut être mené pour les droits dûs à l'occasion de la demande d'autorisation de mise sur le marché, en ce que celle-ci permet la commercialisation du produit sur le marché français (v. en ce sens : LAMBOUROUD, Alban, « Fiscalité particulière des entreprises exploitantes des spécialités pharmaceutiques », *op.cit.*, n°12).

[805] V. sur ce point : PIERRE, Jean-Luc, *op.cit.*, p. 19.

[806] V. pour cette limitation : BOI-BIC-CHG-20-30-30 du 1.3.2017, § 70. En cas d'activation l'art. 236, I. bis ajoute que : les subventions publiques allouées par l'État, par les collectivités territoriales ou des établissements spécialisés et affectées au financement des dépenses ainsi immobilisées *« sont rattachées aux résultats imposables à concurrence des amortissements du montant de ces dépenses pratiqués à la clôture de chaque exercice »*. L'administration fiscale précise à cet égard que lorsque la subvention ne finance qu'une partie des dépenses de R&D *« le rattachement de la subvention est (soit), dans les mêmes conditions que l'amortissement de ces dépenses, échelonné sur la durée de l'amortissement des dépenses immobilisées que la subvention a partiellement couvertes »* (BOI-BIC-PDSTK-10-30-10-40 du 12.09.2012, § 40). Lorsque la subvention est rembousable à terme l'effet sur le résultat imposable de l'entreprise sera limité au cas où il y aurait remise totale ou partielle des sommes restantes concernées. Au contraire, lorsque le montant à rembourser dépasse le montant de la subvention, l'amortissement de l'excédent sera échelonné sur la durée du remboursement (v. pour ces précisions : PIERRE, Jean-Luc, *op.cit.*, p. 70, 71).

L'amortissement du dossier scientifique et technique support d'AMM. Il convient de mentionner d'abord l'amortissement du dossier scientifique et technique support de l'autorisation de mise sur le marché d'un médicament acquis à titre onéreux ou par voie de fusion. L'autorisation de mise sur le marché constitue l'étape clef permettant la rentabilisation de l'effort financier en R&D par l'accès du médicament innovant au marché et sa commercialisation. Elle constitue, dès lors, la *« clôture du cycle de recherche »*[807], tout en devenant avec l'AMM un actif dans le bilan de l'entreprise pouvant faire l'objet d'une cession. Pour les entreprises développant des médicaments innovants les frais d'acquisition des dossiers scientifiques et techniques supports d'AMM font partie des activités de R&D et peuvent donc au choix de l'entreprise être inscrites au passif du bilan de l'entreprise en tant que charge diminuant le résultat imposable, ou alors être immobilisés[808]. Puisque celles-ci sont souvent de grandes entreprises, elles ont intérêt à opter pour la déduction et non pour l'immobilisation. Il en va différemment des PME et, notamment, des génériqueurs[809] qui acquièrent souvent la spécialité pharmaceutique ainsi que les dossiers techniques support de l'AMM à titre onéreux ou suite à une fusion.

Or, ceux-ci sont des droits incorporels permettant l'exploitation et la commercialisation du produit qui intègrent l'actif du bilan de l'entreprise cessionnaire en tant qu'actif immobilisable[810]. Si pendant longtemps

---

[807] Citation issue de : CAVALIER, Georges, « Favoriser les activités. Les outils d'incitation fiscale et l'industrie pharmaceutique. Considérations de finances publiques. », *Revue Lamy droit des affaires*, 2017, n°127, pt. 8 : *« L'AMM est une décision administrative, à la fois sanitaire et économique, qui clôture un cycle de recherche aboutissant à une spécialité pharmaceutique en l'autorisant à être commercialisée ».*

[808] CE, 30 octobre 1995, n°154403, *Société Pierre Fabre SA*, (*« lorsqu'une entreprise effectue des opérations de recherche scientifique ou technique aboutissant à la mise au point d'une spécialité pharmaceutique, les frais engagés en vue d'obtenir l'autorisation de mise sur le marché de cette spécialité, dans les conditions prévues par les articles L 601 et L 604 du code de la santé publique et des textes pris pour leur application, doivent être regardés comme des dépenses exposées dans des opérations qui constituent le prolongement indissociable des opérations de recherche ci-dessus mentionnées »*) ; Art. 236, I. du CGI : *« Pour l'établissement de l'impôt sur le revenu ou de l'impôt sur les sociétés, les dépenses de fonctionnement exposées dans les opérations de recherche scientifique ou technique peuvent, au choix de l'entreprise, être immobilisées ou déduites des résultats de l'année ou de l'exercice au cours duquel elles ont été exposées. »* ; v. également sur ce point : CAVALIER, Georges, *loc.cit.*, v. notamment pt. 10.

[809] V. pour cette différentiation entre entreprises pharmaceutiques de grande taille, les PME et génériqueurs : CAVALIER, Georges, *loc.cit.*, pt. 10 : en effet l'auteur relève qu'il ne faut exagérer l'effet de cette jurisprudence en termes de finances publiques puisque ce sont avant tout les génériqueurs qui profiteront vraisemblablement de cette possibilité d'amortissement alors que les grandes entreprises les passeront en charges.

[810] V. à cet égard de manière exemplative : COLLIN, Pierre, « Peut-on amortir les droits incorporels permettant la commercialisation d'une spécialité pharmaceutique ? », *RTD Com*, 2006, p. 235. L'actif immobilisé constitué par le dossier scientifique et technique est alors

l'administration fiscale a considéré que l'amortissement de ces droits était impossible, la situation a changé avec les arrêts du Conseil d'État de 2005[811]. Bien que les droits permettant l'exploitation et la commercialisation génèrent des profits réguliers pour l'entreprise cessionnaire, il est prévisible que ceux-ci soient limités[812] dans le temps en raison du cycle de vie particulier des spécialités pharmaceutiques qui sont vouées à disparaître avec l'émergence de nouvelles spécialités plus avantageuses[813]. Dès lors, le principe de l'amortissement est admis. La durée varie en fonction de la situation d'espèce[814]. L'administration fiscale a néanmoins retenu sur ce dernier point qu' *« eu égard aux modalités d'exploitation de ces droits, il est (...) admis à titre de règle pratique, que l'amortissement soit effectué sur une période de dix ans »*[815].

Cette reconnaissance est susceptible de porter des effets bénéfiques pour l'industrie pharmaceutique. Elle n'a toutefois été admise qu'en cas d'acquisition à titre onéreux ou par voie de fusion à notre connaissance, tel que dans le cas d'un accord d'entrée anticipée, et non pas pour le cas du

---

d'une nature particulière en ce qu'il n'est ni un brevet ni un savoir-faire mais, selon la jurisprudence de la Cour de cassation, un droit de possession industrielle (v. à cet égard : LAMBOUROUD, Alban, « Fiscalité particulière des entreprises exploitantes des spécialités pharmaceutiques », *op.cit.*, n°13).

811 V. en particulier : CE, 14 octobre 2005, n°260486, *SCA Pfizer* ; CE, 14 octobre 2005, n°260511 *SA CHIESI*.

812 Tel que l'a rappelé le Conseil d'État, un élément d'actif incorporel ne peut donner lieu à une dotation annuelle à un compte d'amortissement que si, au moment de la création ou de l'acquisition de ce dernier, il est prévisible que ses effets bénéfiques pour l'entreprise seront limités dans le temps (CE, 14 octobre 2005, n°260486, 3e considérant ; v. également : art. 39, 1, 2° du CGI).

813 Que cela soit en termes d'efficacité, de tolérance ou de facilité d'administration. Les exceptions à ce cycle de vie typique étant par ailleurs particulièrement rares (v. COLLIN, Pierre, *loc.cit.*).

814 V. sur ce point : COLLIN, Pierre, *loc.cit.* ; v. également les développements correspondants de l'arrêt du Conseil d'État n°260511, 4e considérant. À cet égard, le Conseil d'État avait remarqué que la durée doive correspondre aux usages de la profession ou aux circonstances particulières tenant à l'entreprise. La simple référence à la validité de l'AMM limitée dans le temps (cinq ans) et l'obsolescence de tout médicament n'étant quant à elles suffisantes en l'absence de circonstances particulières tenant à l'entreprise cessionnaire (CE, 14 octobre 2005, n°260511, voir le 2e considérant, voir, par ailleurs, le 4e considérant : *« (...) qu'ainsi qu'il a été dit ci-dessus, les droits détenus sur l'autorisation de mise sur le marché d'une spécialité pharmaceutique peuvent faire l'objet d'une dotation annuelle à un compte d'amortissement, en retenant un taux calculé selon la durée attendue de leurs effets bénéfiques sur l'exploitation, telle qu'elle est admise par les usages de la profession ou justifiée par des circonstances particulières à l'entreprise et dont celle-ci doit alors établir la réalité ; (...) »* ; v. également : CE, 14 octobre 2005, n°260450, 3e considérant : *« (...) ceux qui sont généralement admis d'après les usages de chaque nature d'industrie, de commerce ou d'exploitation (...) dès lors qu'il est possible de déterminer la durée prévisible durant laquelle cette commercialisation produira des effets bénéfiques sur l'exploitation, en tenant compte notamment de l'évolution des conditions scientifiques, techniques et économiques du marché de cette spécialité ; (...) »*).

815 BOI-BIC-AMT-10-20 du 1.3.2017, § 410.

simple exercice de l'option ouverte par l'article 236 du Code général des impôts.

L'amortissement dégressif des matériels et outillages nécessaires aux opérations de recherche. S'ajoute à cela l'amortissement dégressif de l'article 39 AA quinquies du Code général des impôts[816]. Celui-ci applique, pour le calcul de l'amortissement dégressif des matériels et outillages nécessaires aux opérations de recherche éligibles au crédit d'impôt recherche, des coefficients exceptionnels de 1,5, 2 et 2,5 selon que la durée normale d'utilisation des biens est de 3 ou 4 ans, de 5 ou 6 ans ou supérieure à 6 ans. Ces outillages et matériels doivent alors être principalement affectés aux travaux de recherche scientifique et technique[817].

Si en tout état de cause de telles règles spécifiques applicables en matière d'amortissement sont incitatives, il ne s'agit là pas des dispositions les plus caractéristiques de la France en matière d'incitation à la RDI. C'est sur ces dernières que portera notre attention désormais.

Les crédits d'impôts. Un autre instrument d'incitation indirect de type économico-structurel s'ajoute aux précédents. Il s'agit du crédit d'impôt recherche et du crédit d'impôt innovation. Ces outils, si emblématiques pour la France, profitent pour une part relativement importante à l'industrie pharmaceutique, bien qu'un désavantage majeur de ces instruments réside dans le coût afférent à l'identification des dépenses éligibles[818]. Ainsi, plus de 12% des sommes engagées au titre du crédit d'impôt recherche reviennent aux entreprises du secteur[819].

Le crédit d'impôt recherche, incitation phare française. Au contraire des aides précédemment analysées, cet instrument ne présente pas le même degré de différentiation selon la taille des entreprises, bien que les petites et

---

[816] V. sur cet amortissement dégressif de manière exemplative : LAMBOUROUD, Alban, « Fiscalité particulière des entreprises exploitantes des spécialités pharmaceutiques », *op.cit.*, n°38.

[817] L'administration fiscale présume à cet égard que lorsque les caractéristiques techniques de ces outillages et matériels sont telles qu'elles ne peuvent servir qu'à ces activités éligibles au CIR, la condition d'affectation est remplie. En revanche, lorsqu'il n'est pas possible de déterminer cette affectation avec certitude au moment de l'acquisition, l'appréciation prendra en compte le temps d'utilisation des outillages et matériels au cours de l'exercice d'acquisition (BOI-BIC-AMT-20-20-50, du 2.9.2015, § 330).

[818] Ainsi, le rapport de l'OCDE sur la politique d'innovation en France estime qu'environ 15% à 20% du crédit d'impôt recherche est investi en services de conseil d'entreprises spécialisées en la matière (v. *OECD Reviews of Innovation Policy : France*, 2014, p. 196). S'y ajoute que les dépenses de rémunération des prestations de conseil liées à l'octroi du crédit d'impôt sont déduites de l'assiette (art. 244 quater B, III. du CGI ; v. également sur ce point : PIERRE, Jean-Luc, *op.cit.*, p. 56, 57).

[819] V. pour cette estimation : CAVALIER, Georges, *loc.cit.*, pt. 6 ; v. aussi pour l'importance de la mesure pour les entreprises françaises : PIERRE, Jean-Luc, « Crédit d'impôt recherche », Fasc. 4965, *JurisClasseur Brevets,* 2019, n°1 ; v. par ailleurs pour l'importance du CIR : *OECD Reviews of Innovation Policy : France*, 2014, en particulier les p. 189, 190.

grandes entreprises soient les entreprises les plus favorisées par la mesure en pratique[820].

À caractère optionnel[821] pour les entreprises, il permet une imputation des dépenses en R&D sur l'impôt sur le revenu ou sur les sociétés[822] dû par l'entreprise au cours de l'exercice concerné, ainsi que, le cas échéant, sur celui des exercices clos au cours des 3 années suivantes[823], le remboursement du reliquat intervenant à l'issue de cette période[824]. Les dépenses de R&D ouvrant droit au CIR sont exhaustivement énumérées à l'article 244 quater B, II. du Code général des impôts et comprennent, notamment, les dépenses de personnel afférentes aux chercheurs et aux techniciens de recherche directement et exclusivement affectés aux opérations de recherche et les autres dépenses de fonctionnement exposées dans les mêmes opérations, tout autant que les dépenses exposées par ces activités lorsqu'elles sont confiées à des tiers limitativement énumérés au d) et d)bis du II. de l'article 244 quater B du Code général des impôts, dont les organismes de recherche privés agréés par le ministre chargé de la recherche[825]. Le taux du crédit

---

[820] En effet, l'OCDE relève à cet égard une distribution en forme de U en fonction de la taille de l'entreprise considérée (*OECD Reviews of Innovation Policy : France*, 2014, p. 194).

[821] Option annuelle et renouvelable (pour les conditions et modalités de mise en œuvre de l'option v. art. 49 septies M de l'annexe 3 du CGI), les sociétés de personnes constituant une exception à l'égard de l'option annuelle (v. notamment à titre exemplatif : LAMBOUROUD, Alban, « Fiscalité particulière des entreprises exploitantes des spécialités pharmaceutiques », *op.cit.*, n°23 ; v. également l'art. 49 septies M, I., 5 du CGI : *« L'associé d'une société de personnes (...) dépose une déclaration spéciale indiquant la quote-part des crédits d'impôt provenant de chacune des sociétés de personnes ou groupements assimilés dont il est associé. Toutefois, lorsque l'associé est une personne physique, il est dispensé de déposer la déclaration spéciale lorsqu'il ne dispose pas d'un crédit d'impôt mentionné à l'article 244 quater B du code général des impôts autre que celui issu de sa participation dans la société de personnes ou le groupement »*).

[822] En effet, l'entreprise bénéficiaire du CIR doit être soumise à l'impôt sur les sociétés ou l'impôt sur le revenu selon le régime réel d'imposition, ou alors être exonérée en application de certains régimes d'exonération du Code général des impôts, dont en particulier le régime de faveur des JEI (art. 44 sexies A du CGI) (v. art. 244 quater B, I. du CGI) ; Pour ce qui est de l'imputation, celle-ci s'effectue sur l'impôt dû par l'entreprise après les prélèvements non libératoires et les autres crédits d'impôt (art. 49 septies L de l'annexe 3 du CGI). Sont exclues de l'imputation la contribution sociale de l'impôt sur le revenu ainsi que la contribution exceptionnelle des entreprises redevables de l'impôt sur les sociétés réalisant un chiffre d'affaires supérieur à 250 millions d'euros (v. les art. 235 ter ZC, IV. du CGI et art. 235 ter ZAA, II. du CGI) ; v. également pour l'imputation du CIR sur l'impôt dû par l'entreprise : art. 199 ter et art. 220 B du CGI.

[823] Art. 244 quater B, I. du CGI.

[824] Un remboursement immédiat est possible pour les PME et JEI (v. sur ce point de manière exemplative : LAMBOUROUD, Alban, « Fiscalité particulière des entreprises exploitantes des spécialités pharmaceutiques », *op.cit.*, n°26 et 27).

[825] À cet égard, des positions différentes existent pour la question de l'inclusion des dépenses de R&D réalisées par un sous-traitant. Certains arrêts considèrent que de telles dépenses peuvent s'imputer sur l'impôt dû par le sous-traitant lorsqu'il démontre que le donneur d'ordre n'a pas utilisé ces dépenses pour le crédit d'impôt (CAA Paris, 3 décembre 2008, n° 07PA01608, *Sté Technogram* ; cité par PIERRE, Jean-Luc, « Crédit d'impôt recherche »,

d'impôt s'élève alors à 30% pour les dépenses de R&D inférieures ou égales à 100 millions d'euros. Pour la fraction des dépenses supérieure à ce montant, le taux du crédit d'impôt est de 5%[826]. Or, par renvoi à l'article 49 septies F de l'annexe 3 du Code général des impôts, les termes de recherche et développement couvrent la recherche fondamentale, appliquée et le développement expérimental, aussi longtemps que l'ensemble des travaux de R&D aient pour objectif d'apporter des éléments nouveaux permettant de guider la conception d'un produit innovant[827]. L'administration donne à cet égard notamment l'exemple de la détermination d'une chaîne d'acides aminés dans une molécule d'anticorps pour la recherche fondamentale, la différentiation des anticorps de diverses maladies pour la recherche appliquée et, finalement, la recherche d'une méthode permettant d'obtenir par synthèse l'anticorps qui correspond à une affection donnée et la réalisation d'essais cliniques jusqu'à la phase 3 pour le développement expérimental[828].

Une incitation pertinente pour la RDI pharmaceutique. La réalisation d'essais cliniques est, dès lors, expressément visée par l'administration fiscale. Seraient ainsi couvertes les études de phase I, c'est-à-dire les *Single Dose* ou *Multiple Dose Studies* sur un petit groupe de personnes[829] la plupart du temps saines, hormis le cas de candidats-médicaments pour lesquels la toxicité est telle que les risques encourus par des personnes saines seraient disproportionnés[830], et les études de phase II[831], visant à étudier et confirmer

---

op.cit., n°34). Pour ce qui est des dépenses en R&D tenant aux activités de recherche réalisées par un sous-traitant non agréé, celles-ci ne peuvent être incluses dans le crédit d'impôt du donneur d'ordre (CAA Lyon, 19 janvier 2000, n° 96-21378, *Sté Contrôle mesure systèmes (CMS)*; cité par PIERRE, Jean-Luc, « Crédit d'impôt recherche », *op.cit.*, n°34).

[826] Art. 244 quater B, I. du CGI.

[827] V. à cet égard de manière exemplative : PIERRE, Jean-Luc, « Crédit d'impôt recherche », *op.cit.*, n°14 : l'auteur y relève que l'administration considère, au contraire, que tous les travaux qui ont pour principal objectif une amélioration de la rentabilité ou productivité, d'établir des plans de pré-production, trouver des débouchés concrets sur le marché ou encore de vérifier et d'améliorer le processus de production de nouveaux produits, ne sont pas considérés comme des activités de R&D ouvrant droit à crédit d'impôt ; En effet selon l'administration, le critère fondamental de distinction serait la combinaison d'une nouveauté non négligeable avec la dissipation d'une incertitude technique ou scientifique. D'ailleurs, l'abandon même de la recherche peut également servir à dissiper une incertitude technique ou scientifique. Autrement dit, l'échec d'un projet de recherche accroît pareillement le niveau des connaissances préexistant. (BOI-BIC-RICI-10-10-10-20 du 2.11.2016, § 250, 260).

[828] V. à cet égard : BOI-BIC-RICI-10-10-10-20 du 2.11.2016, § 100.

[829] En moyenne 10 à 50 personnes se voient administrées le candidat-médicament pendant une durée de quelques semaines (HINZE, Christian, GLEITER, Christoph H., MENG, Paul, *Klinische Arzneimittelprüfung*, Aulendorf : Editio Cantor Verlag Aulendorf, 2012, coll. pharmind-Serie Dokumentation, 2e édition, p. 22). D'autres auteurs estiment le nombre à 10 à 80 personnes (v. CHIARONI, Davide, CHIESA, Vittorio, FRATTINI, Federico, « Organizing for external technology commercialization: evidence from a multiple case study in the pharmaceutical industry », *R&D Management*, 2011, vol. 41, n°2, p. 120 et s. (voir p. 293)).

[830] Il en va ainsi des candidats-médicaments en oncologie ou traitant l'infection par le VIH.

l'efficacité de la substance, autrement dit son effet thérapeutique (IIa), et à déterminer la posologie optimale du médicament en termes d'efficacité et de tolérance (IIb)[832], mais également les études visant à prouver l'efficacité du candidat-médicament sur un groupe de personnes plus étendu et dans des conditions plus proches du quotidien médical[833], dites confirmatoires[834]. Toutefois, il semblerait que le Ministère de la Recherche distingue à cet égard dans son guide pratique du crédit d'impôt entre les frais encourus en vue de la mise en place des essais cliniques et de leur management opérationnel, et les coûts d'investigation. Uniquement ces dernières seraient éligibles au CIR[835].

Il en va différemment des études de phase 4. Les études épidémiologiques réalisées suite à la commercialisation du médicament ne sont considérées comme des activités de R&D au sens des dispositions fiscales pertinentes que lorsqu'elles permettent de déboucher sur de nouveaux progrès scientifiques et/ou techniques[836].

En complément du CIR, un nouvel instrument d'incitation a été introduit par la loi de finances pour 2013[837] qu'est le crédit d'impôt innovation (CII).

Le crédit d'impôt innovation. Le CII bénéficie aux microentreprises, ainsi qu'aux petites et moyennes entreprises. L'objectif de son introduction fut un renforcement du soutien apporté aux jeunes entreprises et start-ups, qui rencontrent des difficultés à franchir le seuil des entreprises de taille intermédiaire, en leur permettant de bénéficier d'un crédit d'impôt pour les dépenses afférentes à la réalisation de prototypes ou d'installations pilotes de nouveaux produits autres que les prototypes et installations pilotes mentionnés au II., a de l'article 244 quater B du Code général des impôts. Les prototypes et installations pilotes du CIR et du CII diffèrent par voie de

---

[831] En moyenne entre 50 à 150 personnes participent à cette phase des essais pendant plusieurs semaines à plusieurs mois (HINZE, Christian, GLEITER, Christoph H., MENG, Paul, *op.cit.*, p. 22). D'autres auteurs estiment le nombre à 100 à 300 personnes (v. CHIARONI, Davide, CHIESA, Vittorio, FRATTINI, Federico, *loc.cit.*, voir p. 293).

[832] Cette phase des essais est placébo-contrôlée (v. sur ce point : EBERHARDT, Reinhild, HERRLINGER, Charlotte, *Management und Monitoring klinischer Prüfungen*, Aulendorf : Editio Cantor Verlag, 2014, coll. pharmind-Serie Dokumentation, 6e édition, p. 40 et 41).

[833] La phase I représente approximativement 40% à 50% des informations contenues dans la notice d'information (v. sur ce point : HINZE, Christian, GLEITER, Christoph H., MENG, Paul, *op.cit.*, p. 26).

[834] En moyenne 200 patients voire plusieurs milliers y participent pendant une durée de plusieurs mois voire plusieurs années (v. HINZE, Christian, GLEITER, Christoph H., MENG, Paul, *op.cit.*, p. 22). D'autres auteurs estiment le nombre à entre 1000 et 3000 personnes (v. CHIARONI, Davide, CHIESA, Vittorio, FRATTINI, Federico, *loc.cit.*, voir p. 293).

[835] Ministère de l'Enseignement supérieur, de la Recherche et de l'Innovation, *Guide du crédit d'impôt recherche*, 2018, http://cache.media.enseignementsup-recherche.gouv.fr/file/Mediatheque/35/6/CIR_guide_2018_web_987356.pdf, voir p. 9.

[836] V. pour ces précisions : BOI-BIC-RICI-10-10-10-20 du 2.11.2016, §§ 440-470.

[837] Loi n°2012-1509 du 29 décembre 2012 de finances pour 2013, JORF n°0304 du 30 décembre 2012, p. 20859, art. 71.

conséquence. Si dans le premier cas ceux-ci doivent avoir pour objectif premier d'acquérir de nouvelles connaissances et dissiper une incertitude en vue de concevoir un nouveau produit, ils doivent dans le second cas servir à démontrer les performances supérieures d'un nouveau produit innovant qui répond, en outre, à un objectif commercial ou technique[838]. Autrement dit, l'objectif premier fut d'appréhender l'ensemble des frais *« qui participent à la croissance et la compétitivité des PME »*[839], tout autant que de renforcer la sécurité juridique[840]. L'exercice de l'option peut alors porter sur le CII isolément, s'ajouter le cas échéant au CIR, et notamment être cumulé avec le statut de JEI[841].

Or, dans ce contexte, un bien est considéré innovant lorsque le bien corporel ou incorporel n'est pas encore mis à disposition sur le marché et se distingue de ceux qui sont sur le marché en termes de performances techniques, d'écoconception[842], d'ergonomie[843] ou fonctionnelles[844] .[845] Les dépenses éligibles, auxquelles s'applique un taux de 20%[846], sont à nouveau exhaustivement énumérées par la loi[847].

---

[838] BOUCHER, Daniel, « Crédit d'impôt innovation », Fasc. 253-20, *JurisClasseur Fiscal. Impôts directs. Traité*, 2017, v. notamment n°36.

[839] V. l'exposé général des motifs du Projet de loi de finances pour 2013 : Assemblée nationale, *Projet de loi de finances pour 2013*, n°235, 28 septembre 2012, p. 17.

[840] V. sur ce point l'exposé général des motifs du Projet de loi de finances pour 2013 : *Ibid.*, p. 17.

[841] Pour le cumul du CII avec le statut de JEI, v. notamment : BOUCHER, Daniel, *op.cit.*, n°3.

[842] L'écoconception renvoie à une analyse globale des impacts environnementaux et sur la santé humaine de la conception et du développement d'un nouveau produit. Les critères permettant de qualifier une amélioration de la performance en la matière sont une augmentation de la durabilité du produit et la possibilité de le réparer, une diminution de la quantité de substances dangereuses utilisées, de la pollution et des déchets, une diminution de l'impact sur la biodiversité, une augmentation du contenu recyclé et/ou de la recyclabilité, de la part des ressources renouvelables utilisées, une diminution des nuisances sonores, olfactives et visuelles, de la consommation d'énergie, des rejets de gaz à effet de serre et de la consommation d'eau (voir : BOI-BICRICI-10-10-45-10, 2.03.2016, §§ 180 et 190).

[843] Ce critère renvoie à l'ergonomie physique et cognitive. Quelques critères : le produit réduit les efforts physiques ou biomécaniques nécessaires à son utilisation, le produit est plus facile à approcher, manipuler, utiliser pour tout utilisateur quelque soit sa taille ou posture, l'anxiété d'utilisation du produit est réduite, la flexibilité est renforcée, le mode opératoire présente une meilleure compatibilité avec le temps disponible pour son utilisation ou l'objectif de délai d'exécution (voir : BOI-BICRICI-10-10-45-10, 2.03.2016, §§ 210 et 220).

[844] Art. 244 quater B, II., k) du CGI.

[845] V. également sur ce point de manière exemplative : BOUCHER, Daniel, *op.cit.*, n°36.

[846] Art. 244 quater B, I. du CGI (un plafond annuel de 400.000 euros est par ailleurs posé au même endroit).

[847] Art. 244 quater B, II., k) du CGI : *« 1° Les dotations aux amortissements des immobilisations créées ou acquises à l'état neuf et affectées directement à la réalisation d'opérations de conception de prototypes ou installations pilotes de nouveaux produits autres que les prototypes et installations pilotes mentionnés au a ;*

2° Les dépenses de personnel directement et exclusivement affecté à la réalisation des opérations mentionnées au 1° ;

Aux côtés de cette variété et multiplicité de mesures incitatives, existe un certain nombre de dispositions de droit fiscal général et spécifiques à l'industrie pharmaceutique potentiellement désincitatives.

Des dispositions de droit fiscal général potentiellement désincitatives. La France n'est pas le seul pays à connaître des dispositions fiscales potentiellement désincitatives et possiblement défavorables à l'attractivité du site entrepreneurial et de recherche français. La France et l'Allemagne se trouvent ainsi dans un même groupe de pays caractérisé par un niveau de taxation global relativement important[848]. Un certain nombre de dispositions de droit fiscal général français sont alors habituellement considérées défavorables, dont le niveau important du taux nominal de l'impôt sur les sociétés (et à la différence de son taux effectif[849] particulièrement pour les

---

3° Les autres dépenses de fonctionnement exposées à raison des opérations mentionnées au 1° ; ces dépenses sont fixées forfaitairement à la somme de 75 % des dotations aux amortissements mentionnées au 1° et de 50 % des dépenses de personnel mentionnées au 2° ;
4° Les dotations aux amortissements, les frais de prise et de maintenance de brevets et de certificats d'obtention végétale ainsi que les frais de dépôt de dessins et modèles relatifs aux opérations mentionnées au 1° ;
5° Les frais de défense de brevets, de certificats d'obtention végétale, de dessins et modèles relatifs aux opérations mentionnées au 1° ;
6° Les dépenses exposées pour la réalisation d'opérations mentionnées au 1° confiées à des entreprises ou des bureaux d'études et d'ingénierie agréés selon des modalités prévues par décret. ».

848 V. pour ce constat de manière exemplative : BAULINET, Chistophe, DURAFFOURG, Michel, VANACKERE, Simon, *La fiscalité spécifique applicable aux produits de santé et à l'industrie qui les fabrique*, Rapport IGF n°2012-M-013-03 et IGAS n°RM 2012-132-P, 2012, p. 40 et s..

849 V. pour le constat d'une nécessité de relativisation de cet argument : Conseil des prélèvements obligatoires, *Les prélèvements obligatoires des entreprises dans une économie globalisée*, 2009, p. 93 ; Les taux effectifs d'imposition des bénéfices permettent, en effet, de *« simuler les recettes résultant d'un investissement fictif en fonction de sa nature, de son financement et de son rendement »* et rendent dès lors *« mieux compte des différences d'assiette »* (v. pour cette définition : *Ibid.*, p. 99). Ainsi, un certain nombre d'aménagements rendent le taux effectif plus favorable dont notamment le régime fiscal applicable aux JEI, le CIR et l'imposition préférentielle des produits de cession ou de concession de brevets (v. sur ce point : *Ibid.*, p. 90, 93.).
Cet argument doit d'autant plus être relativisé lorsqu'on compare ce taux au taux allemand. Si le taux de base est inférieur à celui de la France, s'ajoutent un certain nombre de taxes complémentaires, que sont la majoration de solidarité et la taxe professionnelle (v. sur ce point et pour plus de développements : MALKE, Christiane, SCHLIE, Ina, SPENGEL, Christoph, « Germany » *in op.cit.*, p. 322). Par ailleurs, la loi de finances pour 2019 a abaissé le taux nominal de l'impôt sur les sociétés français à 31 % pour l'ensemble des entreprises. Celles dont le chiffre d'affaires est inférieur à 500.000 euros bénéficieront d'un taux réduit de 28%, le projet de loi de finances mettant ainsi en œuvre le volet fiscal de la loi PACTE (v. l'exposé général des motifs du projet de loi de finances pour 2019 : Assemblée nationale, *Projet de loi de finances pour 2019*, n°1255, 24.9.2018, p. 9).

entreprises actives en RDI). S'y ajoute le plafonnement du report en avant des déficits[850].

Des dispositions spécifiques à l'industrie pharmaceutique potentiellement désincitatives. Si la fiscalité n'est pas la seule déterminante de l'attractivité du site français, ni du degré d'innovation et de la compétitivité de l'industrie pharmaceutique française, les caractéristiques de la fiscalité spécifique qui leur est applicable, parfois qualifiée de sanctionnatrice, ne sont pas dépourvues d'effet pour les entreprises du secteur[851]. Elles accroissent corrélativement l'importance de l'opportunité et de la suffisance des incitations à la RDI.

Des mesures concentrées à l'étape de la commercialisation du médicament innovant. En premier lieu, il s'agit de la taxe sur la promotion. Son objectif est de limiter les dépenses démesurées en matière de promotion de médicaments remboursables ayant pour effet une augmentation des prescriptions non nécessaires et, dès lors, une augmentation de la charge supportée par l'assurance-maladie. Cette contribution est instituée aux articles L. 245-1 et suivants du Code de la sécurité sociale[852]. Bien qu'elle soit due par toute entreprise exploitant en France une ou plusieurs spécialités pharmaceutiques donnant lieu à remboursement par les caisses d'assurance-maladie, celles bénéficiant d'une autorisation d'importation parallèle ou assurant leur distribution parallèle, certaines se voient exonérées. Il en va, en principe, ainsi des entreprises dont le chiffre d'affaires hors taxes[853] réalisé

---

[850] V. pour de plus amples développements sur ce point notamment : CAVALIER, Georges, PIERRE, Jean-Luc, « France » *in op.cit.*, p. 305.

[851] V. en ce sens de manière exemplative : LAMBOUROUD, Alban, « Fiscalité spécifique des entreprises exploitantes de spécialités pharmaceutiques », Fasc. 48, *FM Litec Droit pharmaceutique*, 2019, n°6 (l'auteur citant à cet égard le rapport commun de l'IGAS et l'IGF sur *La fiscalité spécifique applicable aux produits de santé et à l'industrie qui les fabrique*, de 2012) ; Certains auteurs estiment que ces mesures manquent de clarté, de prévisibilité et de correspondance avec les évolutions structurelles du secteur, ainsi que de cohérence avec les objectifs de politique publique poursuivis, alors que l'objectif de rendement commençerait à prévaloir (v. pour ces qualificatifs : BAULINET, Chistophe, DURAFFOURG, Michel, VANACKERE, Simon, *op.cit.*, p. 3, 22, 23).

[852] Art. L. 245-1 du CSS : *« Il est institué au profit de la caisse nationale de l'assurance maladie des travailleurs salariés une contribution des entreprises assurant l'exploitation en France, au sens des articles L5124-1, L5124-2, L5136-2 et L5124-18 du code de la santé publique, d'une ou plusieurs spécialités pharmaceutiques donnant lieu à remboursement par les caisses d'assurance maladie en application des premier et dernier alinéas de l'article L162-17 du présent code ou des spécialités inscrites sur la liste des médicaments agréées à l'usage de collectivités. ».*

[853] Le chiffre d'affaires hors taxe à prendre en compte est donc le chiffre d'affaires réalisé au titre des spécialités pharmaceutiques bénéficiant d'une AMM, et/ou des médicaments homéopathiques faisant l'objet d'un enregistrement, inscrites sur les listes de médicaments remboursables par l'assurance-maladie. En raison du caractère cumulatif de ces conditions, est exclu le chiffre d'affaires réalisé au titre des ventes de produits bénéficiant d'une autorisation temporaire d'utilisation ou d'une autorisation d'importation parallèle, les produits non remboursables, tout autant que les produits non pharmaceutiques (v. sur ce point la

au titre des spécialités remboursables au cours du ou des exercices clos depuis la dernière échéance est inférieur à 15 millions d'euros[854]. Selon certains auteurs, cette taxe aurait dès son origine eu une fonction punitive marquée, puisqu'elle ne pouvait être déduite de l'assiette de l'impôt sur le revenu ou de l'impôt sur les sociétés[855] et que des provisions du fait du décalage entre l'exercice du fait générateur et celui de l'exigibilité ne pouvaient pas être constituées[856]. En tout état de cause, l'assiette de la contribution est précisément définie par le Code de la sécurité sociale à l'article L. 245-2[857]. Des abattements limitativement énumérés sont prévus, dont un abattement forfaitaire égal à 2,5 millions d'euros, un abattement de

---

circulaire DSS n° DSS/SD5D/2013/386 du 22 novembre 2013 relative à la contribution assise sur les dépenses de promotion des médicaments, p. 5 et 6).

[854] Art. L. 245-4 al. 1 du CSS (les 1) et 2) de l'al. 2 du même article précisent toutefois que ce seuil de chiffre d'affaires ne s'apprécie pas au niveau de l'entreprise mais au niveau du groupe. Ainsi, il en va différemment pour les entreprises filiales à 50% au moins d'une entreprise ou d'un groupe dont le chiffre d'affaires hors taxes consolidé dépasse les 15 millions d'euros, et celles qui possèdent au moins 50% du capital d'une ou plusieurs autres entreprises dont le chiffre d'affaires consolidé augmenté de leur propre chiffre d'affaires dépasse le seuil).

[855] Art. L. 245-5 du CSS ; v. également en ce sens : LAMBOUROUD, Alban, « Fiscalité spécifique des entreprises exploitantes de spécialités pharmaceutiques », *op.cit.*, n°9.

[856] V. à cet égard : LAMBOUROUD, Alban, « Fiscalité spécifique des entreprises exploitantes de spécialités pharmaceutiques », *op.cit.*, n°51.

[857] La définition de l'assiette de la taxe a subi des changements importants au cours du temps, évolution se terminant par une phase de retour (v. pour un exposé des changements divers et variés depuis son institution originelle en 1985 : LAMBOUROUD, Alban, « Fiscalité spécifique des entreprises exploitantes de spécialités pharmaceutiques », *op.cit.*, notamment n°14). L'assiette de la contribution est assise sur les charges *« des rémunérations de toutes natures, y compris l'épargne salariale ainsi que les charges sociales et fiscales y afférentes, des personnes mentionnées au premier alinéa de l'article L5122-11 du code de la santé publique, qu'elles soient ou non salariées de l'entreprises et qu'elles interviennent (...) auprès des professionnels de santé (...) ou auprès d'établissements de santé (...) »* (art. L. 245-2, I., 1) du CSS). Pour les médicaments remboursables s'ajoutent : *« des remboursements de frais de transport à l'exclusion des charges afférentes à des véhicules mis à disposition, des frais de repas et des frais d'hébergement des personnes mentionnées (...) »* précédemment (art. L. 245-2, I., 2) du CSS) ainsi que *« des frais de publication et des achats d'espaces publicitaires, quelle que soit la nature du support retenu et quelle que soit sa forme, matérielle ou immatérielle, ainsi que les frais de congrès scientifiques ou publicitaires et des manifestations de même nature, y compris les dépenses directes ou indirectes d'hébergement et de transport qui s'y rapportent (...) »*[857] et *« des prestations externalisées de même nature »* (v. art. L. 245-2, I., 3) du CSS). Il ne s'agit là, à nouveau, que des frais portant sur les médicaments remboursables. Lorsque ces frais de publication et d'achat d'espaces publicitaires se rapportent exclusivement à une spécialité non remboursable, ces dépenses sont exclues de l'assiette. S'ajoutent finalement les *« prestations externalisées de même nature »* (art. L. 245-2, I., 4) du CSS). Lorsque les charges ne peuvent pas être isolées dans la comptabilité de l'entreprise la répartition se fera forfaitairement par application du rapport entre chiffre d'affaires hors taxe réalisé en spécialités remboursables et du chiffre d'affaires hors taxe réalisé en spécialités pharmaceutiques (art. L. 245-2, I. du CSS) ; v. pour des imprécisions dans la définition des éléments : LAMBOUROUD, Alban, « Fiscalité spécifique des entreprises exploitantes de spécialités pharmaceutiques », *op.cit.*, notamment n°4 et n°38.

75% des frais de congrès, ou encore un abattement de 30% du chiffre d'affaires hors taxe réalisé au titre de médicaments orphelins ou génériques[858]. Le taux de la contribution est alors déterminé par tranches en fonction du rapport entre l'assiette et le chiffre d'affaires hors taxe réalisé au titre des médicaments remboursables bénéficiant d'une AMM[859].

En second lieu, doivent être examinées la taxe sur les ventes directes et la contribution sur le chiffre d'affaires, portant chacune sur le chiffre d'affaires réalisé par l'entreprise pharmaceutique, mais avec un objectif différent. La taxe sur les ventes directes porte sur le chiffre d'affaires hors taxe réalisé directement auprès des officines de pharmacie avec les médicaments remboursables[860]. Cette taxe se compose de différents volets, dont les deux premiers sont assis sur le volume[861] et l'accroissement du chiffre d'affaires par rapport à l'année précédente[862], alors que le troisième est assis sur la marge « réalisée » par l'entreprise et rétrocédée à l'officine de pharmacie[863]. Le montant de la contribution est obtenu par application de certains taux aux parts ainsi déterminés, sachant que la première année où l'entreprise est soumise à cette contribution, elle ne sera redevable que du premier et du troisième volet de la contribution[864].

La contribution sur le chiffre d'affaires se compose d'une contribution de « base » et d'une contribution additionnelle. Comme pour la taxe sur la promotion, la déductibilité de l'assiette de l'impôt sur le revenu ou de l'impôt sur les sociétés est exclue[865], ce qui accroît corrélativement la charge

---

858 V. pour la liste complète des abattements : art. L. 245-2, II. du CSS.

859 Pour la correspondance entre la part de l'assiette et le taux de contribution par tranche, v. le tableau de l'art. L. 245-2, III. du CSS.

860 Art. L. 138-1 al. 1 du CSS : cette même contribution ne prend pas en compte le chiffre d'affaires réalisé au titre de médicaments orphelins.

861 Art. L. 138-2 al. 2 du CSS *: « (…) constituée par le chiffre d'affaires hors taxes réalisé par l'entreprise au cours de l'année civile (…) ».*

862 V. également : art. L. 138-2 al. 2 du CSS ; Il est à noter que le second volet peut se révéler bénéfique lorsque l'entreprise a assisté à une diminution des ventes directes, dans quel cas il sera généré un crédit de taxe imputable sur le premier volet dans la limite du plancher (v. à cet égard de manière exemplative : LAMBOUROUD, Alban, « Fiscalité spécifique des entreprises exploitantes de spécialités pharmaceutiques », *op.cit.*, n°90).

863 Art. L. 138-2 al. 2 du CSS : *« (…) fraction du chiffre d'affaires hors taxes réalisée par l'entreprise au cours de l'année civile correspondant, pour l'ensemble des unités vendues, à la différence entre le prix fabricant hors taxes augmenté de la marge maximale mentionnée au second alinéa de l'article L138-1 et minoré des remises maximales autorisées à l'article L138-9 dans la limite de 3,75€ et le prix de vente hors taxes aux officines. (…) »* ; v. également : LAMBOUROUD, Alban Lambouroud, « Fiscalité spécifique des entreprises exploitantes de spécialités pharmaceutiques », *op.cit.*, n°88 et 90 : l'auteur précise qu'il s'agit de la marge commerciale qui n'est pas facturée à l'officine de pharmacie par l'entreprise.

864 Les taux s'élèvent respectivement à 1,75%, 2,25% et 20%, sachant que le montant cumulé des deux premiers volets ne peut être inférieur à 1,25% du chiffre d'affaires hors taxe, ni être supérieur à 2,55%. (art. L. 138-2 du CSS).

865 Art. L. 245-6, IX. du CSS.

que représente la contribution pour les entreprises pharmaceutiques[866]. La contribution de « base » est assise sur le chiffre d'affaires hors taxes réalisé en France au cours d'une année civile au titre des médicaments homéopathiques ou à base de plantes bénéficiant d'un enregistrement, des médicaments bénéficiant d'une AMM européenne, nationale ou d'une autorisation d'importation parallèle (à l'exclusion des ventes à l'exportation)[867], déduction faite des remises accordées[868]. La contribution est déterminée par application d'un taux de 0,18%[869]. La contribution additionnelle s'applique uniquement aux entreprises exploitant des spécialités remboursables[870]. Elle est assise sur le chiffre d'affaires hors taxes réalisé en France au titre de ces spécialités[871], le taux de la contribution étant toutefois sensiblement supérieur au précédent et s'élève à 1,6%[872].

La contribution et les taxes sont susceptibles d'affecter l'environnement dans lequel évoluent les entreprises pharmaceutiques et potentiellement leurs choix stratégiques.

En dernier lieu, il semble nécessaire de compléter cet exposé par une autre particularité de la fiscalité française applicable aux entreprises pharmaceutiques qu'est la clause de sauvegarde. Celle-ci a pour objectif d'empêcher une hausse des dépenses de santé en matière de médicaments supérieure aux prévisions[873]. Elle se déclenche lorsque le montant M est dépassé, toutes entreprises confondues. L'assiette est constituée par le chiffre d'affaires hors taxes réalisé en France, ville et hôpital régulé compris[874], minoré des remises[875]. Le taux de la contribution dépend du dépassement de

---

[866] L'explication s'en trouve, selon Lambouroud, dans le fait que la contribution additionnelle, alors dénommée « Mattéi », servait initialement à compenser la baisse du produit de la taxe sur la promotion constatée suite à la réforme de l'assiette de cette taxe en 2003 (LAMBOUROUD, Alban, « Fiscalité spécifique des entreprises exploitantes de spécialités pharmaceutiques », *op.cit.*, n° 98).

[867] Art. L. 245-6, II. du CSS ; le III. du même article exclut toutefois un certain nombre de médicaments, dont les spécialités génériques (sauf génériques sous TFR ou lorsque le prix de vente au public du médicament princeps est aligné sur le TFR), mais également les médicaments orphelins (sous réserve que le chiffre d'affaires remboursable ne soit supérieur à 20 millions d'euros) ou encore les médicaments dérivés du sang.

[868] Art. L. 245-6, IV. du CSS.

[869] Art. L. 245-6, V. du CSS.

[870] Art. L. 245-6, VI. du CSS.

[871] Art. L. 245-6, VII. du CSS.

[872] Art. L. 245-6, VIII. du CSS.

[873] Citation issue de : LAMBOURDOUD, Alban, « Fiscalité spécifique des entreprises exploitantes de spécialités pharmaceutiques », *op.cit.*, n°56.

[874] Les spécialités bénéficiant d'une ATU sont également comprises dans la liste des médicaments à prendre en compte (v. art. L. 138-10 du CSS). Les médicaments génériques et orphelins en font également partie, alors qu'elles étaient anciennement exonérées (v. sur ce point : LAMBOUROUD, Alban, « Fiscalité spécifique des entreprises exploitantes de spécialités pharmaceutiques », *op.cit.*, n°59).

[875] Art. L. 138-10 et L.138-11 du CSS.

M et s'élève, selon la tranche concernée, à 50%, à 60% ou à 70%[876]. La contribution d'une entreprise ne peut toutefois individuellement dépasser 10% de son chiffre d'affaires hors taxes réalisé au titre des médicaments en France.

Or, les entreprises redevables de la contribution peuvent verser tout ou partie du montant dû sous forme de remises, pourvu qu'elles aient conclu une convention avec le Comité économique des produits de santé (CEPS) pour au moins 90% de leur chiffre d'affaires en cours de validité au 31 décembre de l'année civile au titre de laquelle la contribution est due, ou qu'un tel versement par voie de remises « exonératoires » ait été prévu par stipulation conventionnelle avant le 31 janvier de l'année suivante[877]. Les entreprises sont alors exonérées de la clause de sauvegarde pourvu que la somme des remises versées en application des accords est supérieure à 95% du total des montants dont elle est redevable au titre de la contribution[878]. Ce taux de 95% peut d'ailleurs être abaissé à entre 80% et 95% lorsque l'entreprise a accepté par voie conventionnelle une baisse du prix net d'une ou plusieurs spécialités pharmaceutiques qu'elle exploite et lorsque la convention conclue avec le CEPS prend effet au cours de l'année au titre de laquelle la contribution est due[879].

L'effet potentiel pour la RDI pharmaceutique. Si ces dispositions s'appliquent au stade de la commercialisation du médicament innovant, elles sont susceptibles d'affecter les décisions stratégiques de l'entreprise en amont. En effet, les étapes de R&D et de commercialisation sont liées par un processus d'interaction et de rétroaction constant, de telle sorte que des mesures (potentiellement) applicables à la suite de la mise sur le marché du médicament innovant, et notamment les opportunités de rentabilisation de l'effort en RDI, influent sur les autres étapes du processus.

Le bilan de l'analyse des incitations à la RDI. La France a ainsi institué nombre d'aides tant directes qu'indirectes à la recherche, au développement et à l'innovation susceptibles de profiter, notamment, aux entreprises pharmaceutiques et biotechnologiques. Elle est, en outre, parmi les pays soumis à l'étude celui caractérisé par le plus grand nombre d'incitations fiscales à la RDI. Cette variété et multiplicité d'incitations s'inscrit à cet égard dans une longue tradition, alors qu'une des spécificités françaises sont

---

[876] Art. L. 138-12 du CSS (les tranches sont les suivantes : M< chiffre d'affaires < 1,005xM ; 1,005xM < chiffre d'affaires < 1,01xM ; chiffre d'affaires > 1,01xM).

[877] Art. L. 138-13 al. 1 du CSS ; Une telle convention doit, par ailleurs, abriter un certain nombre d'autres stipulations dont celles relatives au prix des produits remboursables et aux engagements pris par l'entreprise relatives à l'activité promotionnelle (sur ce point, v. : LAMBOUROUD, Alban, « Fiscalité spécifique des entreprises exploitantes de spécialités pharmaceutiques », *op.cit.*, n°69).

[878] Art. L. 138-13 al. 2 du CSS.

[879] Art. L. 138-13 al. 3 du CSS.

des dispositions potentiellement désincitatives et spécifiquement applicables à l'industrie pharmaceutique.

La mise en exergue du paradigme national en matière d'incitation. Les incitations à la recherche, au développement et à l'innovation replacées dans une perspective temporelle semblent, en effet, participer à une typicité nationale. L'État français est depuis fort longtemps un acteur majeur de l'économie et de la R&D. Toujours est-il que l'interventionnisme (voire le dirigisme) ont été d'intensité et de nature variables au cours du temps. Ainsi, est-il activement intervenu au cours du Moyen Âge en vue de construire progressivement une économie nationale proprement dite[880]. D'une certaine manière l'autonomie et l'unité de l'État français ont été conditionnées par l'intervention de l'État en économie et recherche dans un objectif de lutte contre l'universalisme à l'extérieur et le particularisme à l'intérieur[881]. Avec la Renaissance naquît l'intérêt de l'État français, c'est-à-dire du gouvernement royal, pour la R&D et débuta son intervention en la matière par l'intermédiaire du mécénat[882]. Un certain nombre d'institutions royales furent alors créées en vue de la promotion de la recherche, tel que les « lecteurs royaux » en 1530 par le roi François Ier, prédécesseur du Collège de France[883].

L'influence du colbertisme et la prise d'importance de la R&D. L'interventionnisme étatique s'est par la suite renforcé, particulièrement au cours du XVIIe siècle sous l'influence du personnage éminent de Jean-Baptiste Colbert[884] qui considéra que le libre jeu des forces du marché n'est pas à lui seul suffisant pour atteindre une situation optimale sur le marché. L'intervention de l'État en devenait une nécessité[885] en vue d'atteindre les

---

880 V. pour l'intervention française au cours du Moyen Âge dans cet objectif : KÖTSCHKE, Rudolf, *Allgemeine Wirtschaftsgeschichte des Mittelalters in* BRODNITZ, Georg (dir.), Handbuch der Wirtschaftsgeschichte, vol. 2, Jena : Verlag Gustav Fischer, 1924, p. 606 ; v : aussi : KEYDER, Caglar, « State and Industry in France, 1750-1914 », *The American Economic Review*, 1985, vol. 75, n°2, p. 308 et s. (p. 309 : *« In other words, it has been a permanent feature of the French state to construct and guide an economy in its design »*).

881 En effet, l'établissement de l'unité et de l'autonomie de l'État français supposait de trouver un moyen de se distancier du pouvoir de l'église (universalisme extérieur) et d'unifier le pays en luttant contre le particularisme local (particularisme intérieur) (ITAGAKI, Yoichi, « State and Economy in Historical Perspective », *Hitotsubashi Journal of Economics*, 1964, vol. 4, n°1/2, p. 1 et s. (v. p. 2, 3)).

882 Voir : UNESCO, *La politique scientifique et l'organisation de la recherche en France*, Paris : Unesco, coll. Etudes et documents de politique scientifique, 1971, p. 9.

883 V. sur ces créations : UNESCO, *La politique scientifique..., op.cit.*, p. 9.

884 Une multitude d'auteurs relèvent la difficulté d'une définition précise et exhaustive de la doctrine mercantiliste en raison d'une évolution de ses caractéristiques du XVIe jusqu'au milieu du XVIIIe siècle. Yoichi Itagaki relève toutefois des caractéristiques générales que sont la volonté d'établissement de l'unité du pouvoir en interne et de la prédominance du pouvoir de l'État en externe au sens politico-économique du terme (v. à titre exemplatif : ITAGAKI, Yoichi, *loc.cit.*, p. 2).

885 V. sur la politique colbertiste à cet égard : HECKSCHER, Eli F., *op.cit.*, p. 318.

objectifs de croissance et d'exportation fixés dans la *« gloire du roi »*[886]. Plus précisément, et au contraire de la doctrine du « laissez-faire », l'objectif poursuivi n'était donc pas celui d'une maximisation du bien-être des acteurs du marché, mais du pouvoir de l'État par l'unité politique et économique[887], tout en accordant une assez large place à la liberté dans le commerce[888] [889]. Cette doctrine s'inscrivait sans rupture dans le paternalisme traditionnel français[890], l'interventionnisme prenant avant tout la forme de privilèges, notamment d'exemptions fiscales[891], de subventions, ou encore d'aides financières[892]. Cette forme d'interventionnisme prononcé sur le plan national différenciait la France des autres pays à cette époque, et plus particulièrement de la Grande-Bretagne[893].

Au même moment, l'importance de la R&D pour le développement de l'économie fut perçue plus clairement. Colbert créa une académie encyclopédique en 1666 qui réunit des savants de disciplines diverses, dont des physiciens et hommes de lettres[894]. Cette intervention de l'État dans la recherche, et plus particulièrement le lien entre recherche et État, ne cessa alors de se renforcer. Même si le XIXe siècle connut l'émergence d'instituts de recherche indépendants, ceux-ci ne pouvaient pas répondre des coûts importants de la RDI sans aide étatique[895].

Le maintien paradoxal de la tradition interventionniste suite à la Révolution française. La Révolution française n'a d'ailleurs pas conduit à un changement de paradigme, ce malgré la volonté affichée de rompre avec

---

[886] V. pour cette citation et sur ce point : MINARD, Philippe, « Economie du marché et état en France : mythes et légendes du colbertisme », *L'Economie politique*, 2008, vol. 37, n°1, p. 77 et s., v. p. 79 : l'auteur évoque que l'objectif principal de Colbert fut de combatte l'hégémonie hollandaise et d'attirer les métaux précieux en vue d'asseoir et de manifester la gloire du roi.

[887] Yoichi Itagaki cite à cet égard Friedrich List (*« die politisch-ökonomische Sozialeinheit »*). En effet, la réglementation nationale avait pour objectif de libérer le commerce des règles locales en étendant celui-ci au niveau national (ITAGAKI, Yoichi, *loc.cit.*, p. 3 et 4, List cité p. 4).

[888] V. sur ce point : MINARD, Philippe, *loc.cit.*, p. 79-81.

[889] Tel que le relève David Todd, il n'y a pas un seul et unique dogme mercantiliste. Au contraire, la pensée s'insère dans les caractéristiques particulières de l'État et dans le milieu historique et idéologique, pour forger les objectifs de la politique économique concrète de l'État (TODD, David, *L'identité économique de la France : libre échange et protectionnisme (1814-1851),* Paris : Bernard Grasset, 2008, p. 19) ; v. aussi : GRAMPP, William D., « The Third Century of Mercantilism », *Southern Economic Journal*, 1944, vol. 10, n°4, p. 292 et s. (p. 294, 295).

[890] V. en ce sens : HECKSCHER, Eli F., *op.cit.*, p. 284.

[891] V. pour les moyens mis en œuvre : TODD, David, *op.cit.*, p. 21.

[892] V. également sur les moyens utilisés : MINARD, Philippe, *loc.cit.*, p. 87.

[893] V. pour ce constat à titre exemplatif : TODD, David, *op.cit.*, p. 23.

[894] Pour la création de l'académie encyclopédique, v. : UNESCO, *La politique scientifique...*, *op.cit.*, p. 9.

[895] V. en ce sens : UNESCO, *La politique scientifique..., op.cit.,* p. 10 : tel en alla-t-il de l'Institut Pasteur qui fut reconnu d'utilité publique en 1887.

l'état des choses préexistant et, notamment, avec le colbertisme, et d'une faveur fervente pour le libéralisme économique. Tel que le pose Dominique Barjot, l'État est paradoxalement resté un acteur d'importance dans l'économie et la recherche [896] du fait de la persistance de la tradition centralisatrice, mais encore de la demande d'intervention et d'aide venant du côté des industriels[897]. Cette dernière fut primairement conditionnée par la structure particulière de l'économie française, caractérisée jusqu'à la Première Guerre mondiale par des petites entreprises et artisans [898]. Autrement dit, il conserva son rôle de protecteur contre les forces perturbatrices extérieures par effet de rétroaction[899].

Ainsi, la situation peu confortable de l'agriculture française au cours du XIXe siècle conduisit à l'adoption de la loi Méline en 1892 et par là à la création d'un double tarif douanier adjoignant au taux ordinaire un taux préférentiel dans l'objectif d'une plus grande flexibilité dans les rapports économiques avec les pays étrangers [900]. Les changements intervenus au cours du temps dépendaient donc simplement des besoins différents de l'absolutisme et du capitalisme industriel[901].

Certains évènements historiques ont participé à la perpétuation de l'intervention étatique dans l'économie et ouvert à plusieurs reprises une place au protectionnisme. Tel en alla-t-il de la crise économique des années 1929 à 1930, bien que l'inspiration idéologique fût différente[902]. En effet, durant cette période, en particulier, la Caisse des dépôts et consignations intervint fortement dans l'économie française, notamment en soutenant les entreprises en difficulté[903].

---

[896] V. sur ce point notamment : BARJOT, Dominique, « Histoire économique et historiographie française : crise ou renouveau ? », *Histoire, économie et société*, 2012, n°2, p. 5 et s. (p. 19) : l'auteure évoque cette particularité de la persistance du rôle de l'État français malgré le changement introduit par la Révolution, tout en procédant avant tout à une étude de l'évolution des études d'histoire économique en France.

[897] V. sur ce point : VERLEY, Patrick, *Nouvelle histoire économique de la France contemporaine,* tome 2 : l'industrialisation 1830-1914, Paris : Editions La Découverte, coll. Repères, 2003, p. 69.

[898] V. pour cette caractéristique de l'économie française à cette époque : KEYDER, Caglar, *loc.cit.*, voir p. 310.

[899] V. pour ce constat : KEYDER, Caglar *loc.cit.*, p. 310.

[900] V. pour cet exemple : JONGE, Jan Aart de *in* FISCHER, Wolfram (dir.), *Europäische Wirtschafts- und Sozialgeschichte von der Mitte des 19. Jahrhunderts bis zum ersten Weltkrieg,* Handbuch der europäischen Wirtschafts- und Sozialgeschichte, Vol. 5, Stuttgart : Klett-Cotta, 1985, p. 327.

[901] V. en ce sens : KEYDER, Caglar, « State and Industry in France, 1750-1914 », *The American Economic Review*, 1985, vol. 75, n°2, p. 308 et s. (p. 314).

[902] V. sur ce point à titre exemplatif : HECKSCHER, Eli F., *op.cit.*, p. 338 : l'auteur relève que les pays de l'Europe de l'oeust et les États-Unis se seraient alors rapprochés de l'idéal socialiste et communiste en ce sens.

[903] V. à cet égard : BURDEAU, François, *Histoire de l'administration française : du 18e au 20e siècle*, Paris : Montchrestien, coll. Domat Droit public, 2e édition, 1994, p. 158 : l'auteur

Du côté de la promotion de la R&D, le début du XXe siècle n'a pas conduit à une remise en cause de l'intervention étatique. Au contraire, celle-ci se renforça en particulier sous la pression de la communauté scientifique en raison du retard pris dans nombre de domaines[904]. À l'approche de la Seconde Guerre mondiale fut ainsi créé le Centre national de la recherche scientifique (CNRS)[905], dont l'objectif était, notamment, de *« provoquer, coordonner et encourager les recherches de science pure ou appliquée poursuivies par les différents services publics et les entreprises privées, et spécialement de faciliter les recherches et travaux scientifiques intéressant la défense nationale et l'économie nationale (...) »*[906]. La création du CNRS auprès du ministère de l'éducation nationale est une traduction de la volonté de l'État d'orienter la RDI publique et privée et de la promouvoir, c'est-à-dire d'intervenir en cette matière si importante pour l'économie nationale et la défense. Durant cette même période assista-t-on, en outre, à l'émergence du secrétariat à la recherche scientifique[907].

Un maintien de la tradition interventionniste post Seconde Guerre mondiale. Cette évolution se poursuivit même après la fin de la Seconde Guerre mondiale, en vue de promouvoir mais surtout d'orienter, de stimuler et d'accroître l'efficacité de la RDI publique et privée dans des domaines particulièrement prometteurs pour la compétitivité nationale, l'intervention de l'État s'inscrivant alors dans une politique de recherche de plus en plus coordonnée[908]. Lascoumes et Galès désignent cet interventionnisme par l'avènement et l'âge d'or de l'État « keynésien modernisateur »[909].

Or, la phase post-guerre fut par ailleurs marquée par une volonté de rattrapage du progrès scientifique et technologique des États-Unis. Bien qu'à partir du début du XXe siècle, en particulier, la France se soit rendue compte de l'importance de la RDI privée, la stratégie alors mise en œuvre par la politique de recherche et d'innovation française fut avant tout marquée par la prééminence de la recherche publique. Les moyens mis en œuvre en matière de politique de recherche furent fondamentalement inspirés des techniques

remarque que la Caisse agissa alors en tant qu'établissement satellite du Trésor dont l'intervention directe en matière de distribution de crédits resta encore limitée.

904 Pour ces considérations, v. de manière exemplative : BURDEAU, François, *op.cit.*, p. 159.

905 V. pour le contexte de création du CNRS : UNESCO, *La politique scientifique...*, *op.cit.*, p. 12.

906 Art. 1, 3° du Décret-loi du 19 octobre 1939 organisant le centre national de la recherche scientifique, JORF du 24 octobre 1939, p. 12594.

907 Pour l'émergence du secrétariat à la recherche scientifique, v. : BURDEAU, François, *op.cit.*, p. 159.

908 V. pour la coordination progressive de la politique de recherche et d'innovation française à cette époque : UNESCO, *La politique scientifique...*, *op.cit.*, p. 12.

909 LASCOUMES, Pierre, GALÈS, Patrick le, *Sociologie de l'action publique,* Paris : Arman Colin, coll. Sociologie, Série Domaines et approches de sciences sociales, 2e édition, 2012, p. 20.

étrangères, et surtout de celles américaines [910]. Cette focalisation traditionnelle sur la recherche publique atteint ses limites par la suite, notamment dans le domaine de l'IT[911] et fournit une explication de la réorientation partielle successive.

À cet égard, il fallut attendre le second plan quinquennal avec son chapitre relatif à la recherche scientifique pour que la politique en matière de recherche se développe post-guerre[912] et la fin des années 1950 pour qu'un véritable budget institutionnel soit prévu pour la recherche[913]. L'émergence d'une véritable politique d'innovation n'intervint, en revanche, que progressivement[914]. En effet, si dans l'immédiat après-guerre des cellules ministérielles en matière de recherche se multiplièrent, l'harmonisation générale n'intervint qu'avec la création du Comité interministériel de la Recherche scientifique et technique en 1958[915].

Les dépenses en matière de RDI pharmaceutique, tant celles de l'État français que celles des entreprises économiques, n'ont alors cessé de croître, particulièrement durant les années 1960 à 1970[916]. Durant cette même période fut créé l'Institut national de la santé et de la recherche médicale (ISERM), établissement public placé sous la tutelle du ministre de la recherche et du ministre de la santé[917]. Les années 1970 furent également marquées par le passage des grands programmes à la promotion de projets dans des domaines spécifiques considérés comme prioritaires, dont les biotechnologies[918].

Depuis lors un certain nombre de changements sont intervenus en termes de forme de l'intervention, résultant notamment des contraintes liées à l'adhésion de la France à la CEE[919]. Malgré l'évolution en faveur d'une plus

---

[910] V. sur ce point : *OECD Reviews of Innovation Policy : France*, 2014, p. 27.

[911] V. pour le constat de ces limites : *OECD Reviews of Innovation Policy : France*, 2014, p. 27.

[912] Sur ce point, v. : UNESCO, *La politique scientifique…, op.cit.*, p. 129.

[913] Pour l'introduction d'un véritable budget pour la recherche à la fin des années 1950, v. : UNESCO, *La politique scientifique…, op.cit.*, p. 129.

[914] Le déplacement en faveur de la recherche appliquée n'intervint ainsi uniquement avec le Ve plan, alors qu'elle occupe aujourd'hui une place centrale (UNESCO, *La politique scientifique…, op.cit.*, p. 130).

[915] Pour l'harmonisation générale avec la création du Comité interministériel de la Recherche scientifique et technique, v. : BURDEAU, François, *op.cit.*, p. 161.

[916] V. à cet égard : UNESCO, *La politique scientifique…, op.cit.*, p. 71, 74.

[917] Décret n°64-727 du 18 juillet 1964, relatif à l'organisation générale et au fonctionnement de l'Institut national de la santé et de la recherche médicale, JORF du 19 juillet 1964, p. 6413 (initialement celui-ci était placé sous la tutelle du ministre de la santé publique et de la population, v. art. 3 du décret).

[918] V. sur ce point : HESSELMAN, Linda, *loc.cit.*, p. 200.

[919] V. sur les répercussions de l'adhésion de la France à la CEE sur l'intervention étatique en termes d'évolution en faveur d'une plus grande place laissée au libéralisme : UNESCO, *La politique scientifique…, op.cit.*, p. 17.

grande part de libéralisme, la France n'a toutefois pas entièrement abandonné une part de dirigisme[920].

L'histoire constitutionnelle française comme facteur stabilisateur. Les incitations à la recherche, au développement et à l'innovation, leur multiplicité et variété, s'insèrent ainsi plus généralement dans la tradition interventionniste française. Cette typicité nationale n'est pas uniquement caractérisée par les éléments historiques et économiques exposés, mais a été renforcée et stabilisée par le droit constitutionnel français. À cet égard, l'influence de la pensée rousseauiste est d'importance particulière et, notamment, le concept de suprématie de la loi, expression de la volonté générale et par nature « non oppressive ». Suite à la Révolution française la loi s'était installée, du moins dans la réalité selon Jean Rivero, au sommet de la pyramide des normes juridiques[921]. L'article 6 de la Déclaration de 1789 reflète cette conception[922], alors que d'autres articles *« font référence aux fonctions de la loi et établissent ainsi sa centralité »*[923]. Selon Yves Guchet, certains articles de la Déclaration témoignèrent déjà d'un début d'incertitude quant à sa portée réelle, dont les articles 5 et 8 [924], sans pour autant contrecarrer, d'abord, l'effet de la souveraineté du parlement sur l'émergence d'un contrôle de constitutionnalité et, ensuite, sur les relations entre Conseil constitutionnel et législateur.

Les droits et libertés publiques de tradition française sont ainsi traditionnellement dirigés contre le pouvoir exécutif, alors que les droits fondamentaux de tradition allemande l'ont toujours été pareillement contre les pouvoirs exécutif et législatif, mais avant tout contre le pouvoir législatif[925]. La voie au constitutionnalisme fut ouverte avec la Constitution

---

[920] V. pour ce constat à titre exemplatif : UNESCO, *La politique scientifique..., op.cit.*, p. 17 (*« Celui-ci associe maintenant sur le fond libéral une certaine dose de dirigisme »*).

[921] V. sur ce point et en ce sens : RIVERO, Jean, *Le Conseil constitutionnel et les libertés*, Paris, Aix-en-Provence : Economica Presses universitaires d'Aix-Marseille, coll. Droit public positif, 2e édition, 1987, p. 9.

[922] Art. 6, phrase 1 : *« La loi est l'expression de la volonté générale. »*.

[923] Pierre Rosanvallon cité par ZARKA, Jean-Claude, *L'essentiel de l'histoire constitutionnelle et politique de la France (de 1789 à nos jours)*, Gualino, Lextenso éditions, 5e édition, 2011, p. 18.

[924] V. sur ce point : GUCHET, Yves, *Histoire constitutionnelle française (1789-1958)*, La Garenne-Colombes : Editions européennes Erasme, coll. Documents pédagogiques, 2e édition, 1990, p. 38 et 39 ; Art. 5 : *« La loi n'a le droit de défendre que les actions nuisibles à la société. Tout ce qui n'est pas défendu par la loi ne peut être empêché, et nul ne peut être contraint à faire ce qu'elle n'ordonne pas. »* ; Art. 8 : *« La loi ne doit établir que des peines qui sont strictement et évidemment nécessaires, et nul ne peut être puni qu'en vertu d'une loi établie et promulguée antérieurement au délit, et légalement appliquée. »*.

[925] Voir notamment : FAVOREU, Louis, « Université des droits fondamentaux et diversité culturelle » *in L'Effectivité des droits fondamentaux dans les pays de la communauté francophone, colloque international de Maurice, 29-30 septembre et 1er octobre 1993, Port Louis, République de l'Ile Maurice*, Montréal, éd. Aupelf-Uref, coll. Universités francophones. Prospectives francophones, 1994, p. 48.

de 1958. Désormais des limites sont posées à la puissance de la loi par la délimitation même du domaine de la loi par la Constitution[926]. Il fallut néanmoins attendre le début des années 1970 pour que le contrôle de conformité de la loi à la Constitution prenne également en compte la Déclaration de 1789 et le Préambule de la Constitution de 1946. En effet, à la différence de l'article 1 alinéa 3 de la Loi fondamentale allemande, qui pose explicitement que les droits fondamentaux s'imposent aux pouvoirs législatif, exécutif et judiciaire à titre de droit directement applicable[927], la Constitution française ne s'exprime pas à cet égard. Avec sa décision *Liberté d'association* de 1971 le Conseil procéda à l'intégration de ces deux textes à ce que l'on appelle communément le « bloc de constitutionnalité ».

Or, la Déclaration de 1789 fut le résultat de son époque, de *« l'esprit du siècle »*[928], *« machine de guerre »* contre l'Ancien régime[929], *« catéchisme d'un ordre nouveau »*[930] et *« acte fondateur des libertés publiques »*[931]. D'inspiration profondément individualiste, elle n'accorde des droits et libertés uniquement à l'individu. La liberté de la recherche n'y est pas expressément consacrée et n'a, en outre, pas été « découverte » par le Conseil constitutionnel en tant que liberté autonome. Elle revêt la forme d'une *« liberté implicite »*[932], proche d'autres libertés et cosubstantielle à celles-ci[933], dont la libre communication des pensées et des opinions[934], la

---

[926] V. en ce sens : RIVERO, Jean, *op.cit.*, p. 11 ; v. art. 34 de la Cst..

[927] V. aussi : Art. 20 al. 3 de la LF: *« Le pouvoir législatif est lié par l'ordre constitutionnel, les pouvoirs exécutif et judiciaire sont liés par la loi et le droit. »* ; SCHLAICH, Klaus, KORIOTH, Stefan, *Das Bundesverfassungsgericht : Stellung, Verfahren, Entscheidungen*, München : Verlag C. H. Beck, coll. Juristische Kurz-Lehrbücher, 10e édition, 2015, p. 9 ; Encore sous la Constitution de Weimar de 1919, la doctrine majoritaire estima que le législateur n'est pas lié par les droits fondamentaux (GRIMM, Dieter, « Die Entfaltung der Freiheitsrechte » *in* LIMBACH, Jutta (dir.), *Das Bundesverfassungsgericht. Geschichte, Aufgabe, Rechtsprechung*, Heidelberg : C. F. Müller Verlag, 2000, p. 57).

[928] Jean-Jacques Chevallier cité par GUCHET, Yves, *op.cit.*, p. 35.

[929] Citation issue de : AULARD, Alphonse, *Histoire politique de la révolution française : origines et développement de la démocratie et de la république 1789-1804*, Paris : A. Colin, 1901, p. 45 ; v. aussi : GUCHET, Yves, *op.cit.*, p. 44 : l'auteur citant Aulard à cet endroit.

[930] RIVERO, Jean, *op.cit.*, p. 20.

[931] Citation issue de : ZARKA, Jean-Claude, *op.cit.*, p. 17.

[932] V. pour cette qualification : HERMITTE, Marie-Angèle, « L'encadrement juridique de la recherche scientifique » *in* HERMITTE, Marie-Angèle (dir.), *La liberté de la recherche et ses limites. Approches juridiques*, Paris : Romillat, coll. Collection droit et technologies, 2001, p. 24.

[933] V. sur ce point de manière exemplative : MATHIEU, Bertrand, « La liberté de la recherche, droit fondamental constitutionnel et international » *in* HERMITTE, Marie-Angèle (dir.), *La liberté de la recherche et ses limites. Approches juridique*, Paris : Romillat, coll. Collection droit et technologies, 2001, p. 59.

[934] Art. 11 de la Déclaration des droits de l'Homme et du citoyen de 1789 : *« La libre communication des pensées et des opinions est un des droits les plus précieux de l'homme : tout citoyen peut donc parler, écrire, imprimer librement, sauf à répondre de l'abus de cette liberté dans les cas déterminés par la loi. »*.

liberté individuelle[935], ou encore la liberté d'exploration[936]. Si elle a été reconnue par le Conseil constitutionnel[937] ce n'est que sous la *« dimension statutaire »*[938] au travers de l'indépendance des chercheurs universitaires et publics[939]. Une protection efficace ne suppose certes pas la découverte continuelle de droits fondamentaux, lorsque les droits et libertés peuvent être rapprochés d'un droit fondamental d'ores-et-déjà découvert. Comme l'évoque Thomas Meindl, une telle retenue du Conseil présente avant tout l'avantage de *« réduire fortement la critique d'usurpation de pouvoir que les commentateurs, politiques ou juridiques, de ses décisions ne manqueraient pas de lui objecter »*[940] de telle sorte qu'en cas de méconnaissance il suffise à procéder *« à son intégration dans le champ de protection du droit fondamental-mère, sans que celui-ci n'accède pour autant à ce statut »*[941]. Toutefois, se décèle en arrière-plan un élément distinguant la situation française de celle allemande et dont les effets sont notables pour la perpétuation du paradigme national en matière d'incitation qu'est l'absence d'opposition fondamentale entre le corps des chercheurs et l'État.

L'absence d'opposition fondamentale entre le corps des chercheurs et l'État. En Allemagne, l'intégration explicite de la liberté de recherche dans le catalogue des droits fondamentaux fut considérée comme nécessaire à l'issue de la Seconde Guerre mondiale, sa consécration expresse par les constitutions de Francfort et de Weimar reposa quant à elle sur des circonstances particulières, dont le rôle du raisonnement scientifique pour le processus de démocratisation allemand. Par ailleurs, et au contraire des plus anciennes universités françaises, les universités allemandes furent créées par les autorités publiques et pendant de longues années sujettes à une influence considérable de leur part, mais également à l'influence ecclésiastique[942]. La

---

[935] V. en ce sens : MATHIEU, Bertrand, « La liberté de la recherche, droit fondamental constitutionnel et international » *in op.cit.*, p. 61.

[936] V. en ce sens : COHEN, Dany, « La liberté de la recherche scientifique » *in* HERMITTE, Marie-Angèle (dir.), *La liberté de la recherche et ses limites. Approches juridiques*, Paris : Romillat, coll. Collection droit et technologies, 2001, p. 82.

[937] C.const., décision n°83-165 DC, 20 janvier 1984, *Loi relative à l'enseignement supérieur* ; C.const., décision n°94-345 DC, 29 juillet 1994, *Loi relative à l'emploi de la langue française.*

[938] Voir : MOUTON, Stéphane, « Fondements constitutionnels de la liberté de la recherch » *in* LARRIEU, Jacques (dir.), *Qu'en est-il du droit de la recherche ?,* Toulouse : Presses de l'Université de Toulouse 1 Capitole, 2009, p. 94.

[939] WACHSMANN, Patrick, « Inconstitutionnalité partielle de la loi du 4 août 1994 relative à l'emploi de la langue française », *AJDA*, 1994, p. 731.

[940] Citation issue de : MEINDL, Thomas, *La notion de droit fondamental dans les jurisprudences et doctrines constitutionnelles française et allemande,* Paris : LGDJ, coll. Bibliothèque constitutionnelle et de science politique, 2003, p. 165.

[941] Citation issue de : *Ibid.*, p. 165.

[942] V. pour ce constat : UNESCO, *Science policy and organization of Research in the Federal Republic of Germany*, Paris : Unesco, coll. Etudes et documents de politique scientifique, 1969, p. 13.

France ne connut une situation de même ampleur ni avant ni après la Seconde Guerre mondiale. Bien que l'émergence de l'Université de Paris ne fût pas indépendante du pouvoir ecclésiastique, son indépendance et son autonomie avant tout en termes d'organisation interne et d'exercice de ses activités furent garantis par la bulle pontificale *Parens scientiarum* du pape Grégoire IX du 13 avril 1231 et par les privilèges accordés, alors que l'appartenance même au clergé les protégea d'une relativisation de leur indépendance et autonomie face au pouvoir royal[943]. L'époque qui suivit les XIVe et XVe siècles connut de changements importants avec la suppression de certains privilèges et de l'indépendance des universités vis-à-vis de l'État, une prise d'importance de la formation des futurs membres du corps politique au détriment des activités de recherche et la création d'instituts de recherche sous l'autorité de l'État[944]. Sous Napoléon Ier, l'université jouissait toutefois d'une relative « indépendance », notamment en termes de budget[945], bien que les enseignements aient dû prendre pour base les préceptes de la religion catholique et la fidélité à l'Empereur[946]. La recherche quant à elle ne fut mentionnée qu'en périphérie, en ce sens que l'éducation et l'instruction publique devaient sans relâche être perfectionnées et se baser sur les connaissances acquises en sciences[947]. Ce qui fut au centre de l'attention et mis sous l'autorité de l'État était l'enseignement dans un objectif de centralisation[948] et de réalisation d'un état unitaire[949]. Le caractère plus périphérique de la recherche conforte l'idée qu'elle bénéficia d'une « relative indépendance et liberté » de principe, plus ou moins prononcées au cours des siècles[950]. La différence principale entre les situations allemande et française ne se situe donc pas à cet égard au niveau de l'absence de toute influence sur la recherche, mais au niveau de la variabilité de l'influence et

---

943 FORTIER, Charles, *L'organisation de la liberté de la recherche en France*, thèse de droit public, Université de Bourgogne, 2004, p. 31, 32 : selon l'auteur cette appartenance aurait eu une influence sur l'autonomie et la liberté intellectuelle, toutefois il nous semble qu'elle ne soit pas de même nature que celle relevée pour l'Allemagne.

944 FORTIER, Charles, *op.cit.*, p. 33 et s..

945 Art. 131 et s. du Décret impérial n°3179, portant organisation de l'Université du 17 mars 1808, Bulletin des lois n°185, p. 145.

946 Art. 38 du Décret impérial n°3179.

947 Art. 143 du Décret impérial n°3179.

948 Qu'il s'agisse d'ailleurs des universités ou des institutions particulières destinées à former les cadres dirigeants futurs que sont les grandes écoles : DIJK, Henk van *in* FISCHER, Wolfram (dir.), *Europäische Wirtschafts- und Sozialgeschichte von der Mitte des 19. Jahrhunderts bis zum ersten Weltkrieg,* Handbuch der europäischen Wirtschafts- und Sozialgeschichte, Vol. 5, Stuttgart : Klett-Cotta, 1985, p. 317.

949 Tel que le relève van Dijk, l'enseignement permettait de combattre de manière suffisamment rigoureuse les particularités régionales tant en termes culturels que linguistiques (DIJK, Henk van *in op.cit.*, p. 318).

950 V. à cet égard : FORTIER, Charles, *op.cit.*, p. 38, 39 : l'auteur relève le pouvoir de certaines administrations sur la recherche scientifique, un changement radical intervenant en ce sens au XIXe siècle.

du dirigisme au cours du temps. Qui plus est, la longue histoire de l'université et de la recherche scientifique française n'a été jalonnée que pendant une période « relativement courte » par une instrumentalisation, alors que le contexte des *Länder* allemands, et plus particulièrement la concurrence entre les princes et l'influence ecclésiastique, ont eu une influence notable et continue dès les débuts jusqu'au XIXe siècle.

La temporalité et la périodicité n'ont, dès lors, pas conduit à une opposition comparable du corps scientifique dans son ensemble à l'État, et conséquemment à une exigence comparable et continue de consécration institutionnelle et individuelle de la liberté de recherche dans le texte constitutionnel. Ce qui semble avoir prévalu, même dans les phases de fort interventionnisme, dont au XIXe siècle, est l'aspect individuel[951].

Renforcé et précisé en ce sens, l'intervention du législateur français n'est pas perçue problématique *per se*.

De surcroît, le législateur est tout autant garant des droits et libertés fondamentaux de par l'ancrage d'une compétence générale pour l'application des droits et libertés publics constitutionnels à l'article 34 alinéa 1 de la Constitution[952] au sens d'une *« forme d'action positive en faveur d'une protection de la liberté »*[953]. Le législateur protège et aménage ainsi les droits et libertés sous contrôle du Conseil[954]. Or, sa marge de manœuvre est relativement étendue, notamment du fait d'une légitimité divergente entre Conseil constitutionnel français et Cour constitutionnelle allemande. En effet, pendant de longues années, d'aucuns ont considéré le Conseil être *« l'instrument docile de l'exécutif »*[955]. Si la possibilité d'un contrôle de constitutionnalité des lois fut longuement mise de côté au titre de la légitimité de la nation et de la peur d'un gouvernement des juges[956], le Conseil est désormais un véritable gardien des droits fondamentaux, ses décisions ayant autorité de chose jugée. Il fallut néanmoins attendre la décision *Liberté d'association* du 16 juillet 1971 et les révisions constitutionnelles de 1974 et 2008 pour voir l'évolution consacrée[957]. La Cour de Karlsruhe est quant à elle dès le début des années 1960 sortie vainqueuse des phases de conflits (politiques ou institutionnels), en affirmant

---

[951] V. sur le constat de l'absence de constitution d'une communauté solidaire et autonome : FORTIER, Charles, *op.cit.*, p. 39.

[952] Art. 34 al. 1 de la Cst. : *« La loi fixe les règles concernant : - les droits civiques et les garanties fondamentales accordées aux citoyens pour l'exercice des libertés publiques (…) »*.

[953] Citation issue de : ANDRIANTSIMBAZOVINA, Joël, « La conception des libertés par le Conseil constitutionnel et la Cour européenne des droits de l'Homme », *Les nouveaux cahiers du Conseil constitutionnel*, n°32, 2011.

[954] V. en ce sens et pour cette évolution : MEINDL, Thomas, *op.cit.*, p. 262.

[955] Citation issue de : RIVERO, Jean, *op.cit.*, p. 13.

[956] V. sur ce point notamment : AVRIL, Pierre, GICQUEL, Jean, *op.cit.*, pt. 8.

[957] V. pour cette correspondance à titre exemplatif : VELLEY, Serge, *Histoire constitutionnelle française de 1789 à nos jours*, Paris : Edition Ellipses, coll. Mise au point, 3e édition, 2009, p. 138.

et en renforçant son pouvoir d'interprétation de la loi fondamentale et des droits fondamentaux, en particulier[958]. Hiérarchiquement supérieure aux autres juridictions, ou autrement dit se situant à un *« niveau tout autre que les autres juridictions »*[959], la Cour constitutionnelle fédérale est cour suprême pour les questions constitutionnelles[960] et organe constitutionnel[961], son « pouvoir » d'interprétation trouvant sa consécration à l'article 94 alinéa 2, phrase 1 de la Loi fondamentale lu en combinaison avec le § 31 alinéa 1 et 2 de la loi sur le *Bundesverfassungsgericht*, posant que certaines décisions

---

958 V. notamment : VORLÄNDER, Hans, « Die Deutungsmacht des Bundesverfassungsgerichts » *in* VAN OOYEN, Robert Ch., MÖLLERS, Martin H. W. (dir.), *Das Bundesverfassungsgericht im politischen System*, Wiesbaden : VS Verlag für Sozialwissenschaften, 1e édition, 2006, p. 190 et s. : l'auteur cite ainsi l'exemple du conflit relatif à au projet d'une chaîne de télévision proche du gouvernement Adenauer et celui entourant la réforme du Code pénal relatif à l'avortement.

959 Traduit de l'allemand par l'auteure de Gerhard Leibholz cité dans : SCHLAICH, Klaus, KORIOTH, Stefan, *op.cit.*, p. 19 (*« ganz andere Ebene als alle anderen Gerichte »*).

960 La Cour constitutionnelle fédérale allemande a rappelé à plusieurs reprises que l'interprétation du droit commun et son application au cas d'espèce reviennent exclusivement aux juridictions de droit commun (BVerfG, 4 juin 1985 – 1 BvR 1222/82, relative à un litige de droit civil en matière de voisinage (*Hessisches Nachbarrechtsgesetz*) portant sur une haie de cyprès ; BVerfG, 14 janvier 1960 – 2 BvR 243/60, reporduite dans *NJW*, 1960, n°28, décision dans laquelle la Cour précise qu'elle n'est pas une Cour d'appel complémentaire (*zusätzliche Rechtsmittelinstanz*)). Uniquement en cas d'atteinte au droit constitutionnel spécifique (*spezifisches Verfassungsrecht*), la Cour peut se saisir de la question en tant que cour suprême (BVerfG, 10 juin 1964 – 1 BvR 37/63, reproduite dans *NJW*, 1964, n°37, p. 1715 et s. (v. en particulier p. 1716), relative à un litige portant sur le droit des brevets).

961 PAPIER, Hans-Jürgen, « Gericht und Verfassungsorgan. Der Status des Bundesverfassungsgerichts » *in* LIMBACH, Jutta (dir.), *Das Bundesverfassungsgericht. Geschichte, Aufgabe, Rechtsprechung*, Heidelberg, C. F. Müller Verlag, 2000, p. 27, 28 : la Cour constitutionnelle est, en raison de l'effet de ses décisions, organe constitutionnel et cour suprême, et fait partie avec le président, le *Bundestag*, le *Bundesrat* et le gouvernement fédéral des organes suprêmes fédéraux (*oberste Staatsorgane*), dont l'une des manifestations est une autonomie de gestion comparable aux autres organes fédéraux – notamment en termes d'autonomie financière et de règlement intérieur [v. notamment : art. 16 de l'ordonnance n°58-1067 du 7 novembre 1958 protant loi organique sur le Conseil constitutionnel], un décret pris en Conseil des ministres, sur proposition du Conseil constitutionnel déterminant l'organisation du secrétariat général [art. 15 de l'ordonnance n°58-1067]) ; v. aussi : § 19 GOBVerfG et § 1 al. 1 BVerfGG.
Si des positions différentes s'opposent en doctrine allemande pour savoir ce que recouvre ce qualificatif d'organe constitutionnel parfois attribué à la Cour (SCHLAICH, Klaus, KORIOTH, Stefan, *op.cit.*, p. 23, 24 : les auteurs relèvent, en citant Doehring et Roellecke, que la Cour n'est pas un quatrième pouvoir et, par ailleurs, n'exerce pas une compétence législative. Pourtant, dans certaines circonstances et à titre occasionnel la Cour doit, ou du moins peut, à titre intérimaire établir des politiques publiques. Selon Schlaich et Korioth cela doit néanmoins rester occasionnel, au titre d'une situation d'urgence, et ne doit devenir le principe en raison de l'attribution du titre d'organe constitutionnel parmi les autres organes constitutionnels), son rôle de garant de l'ordre constitutionnel n'est questionné ni en théorie, ni en pratique (ANTER, Andreas, « Ordnungsdenken in der Rechtsprechung des Bundesverfassungsgerichts. Wertordnung, Ordnungsmacht und Menschenbild des Grundgesetzes. » *in op.cit.*, p. 307).

de la Cour ont force de loi, alors que les autres lient les organes constitutionnels du *Bund* et des *Länder*, toute juridiction et toute autorité publique.

Ces différences en termes de légitimité ainsi que la réticence traditionnelle française à l'égard du pouvoir créateur du juge semblent d'ailleurs se répercuter sur les décisions du Conseil qui opte fréquemment pour une déclaration de (non-)conformité sous réserves au lieu d'une invalidation totale ou partielle pour éviter d'éventuelles tensions entre, d'un côté, la démocratie représentative et, de l'autre, un potentiel gouvernement des juges[962]. Le juge est compétent pour dire le droit, en revanche son autorité est *« plus vulnérable »* lorsqu'il souhaite le *« faire parler »* [963]. Certes, « les sages » de l'Aile Montpensier ont à de nombreuses reprises interprété les droits et libertés, il n'en reste pas moins que l'influence de l'acception antérieure du rôle et de l'autorité du juge semble influencer les décisions du Conseil et réaffirmer l'argument traditionnel d'un pouvoir d'appréciation et de décision différent du parlement[964].

L'histoire et le droit constitutionnel français ont ainsi directement ou indirectement conduit au renforcement et à la perpétuation des caractéristiques nationales en matière d'incitation à la RDI que sont la multiplicité et la variété des mesures incitatives, l'intervention du législateur et de l'exécutif n'étant pas perçue problématique *per se*.

Une illustration de la perpétuation de la typicité nationale peut être trouvée dans la loi de programmation pour la recherche de 2006[965]. Les moyens consacrés par l'État à la promotion de la recherche devaient augmenter de 19,4 milliards d'euros (montant cumulé sur la période 2005 - 2010) par rapport aux moyens consacrés en 2004[966]. Bien que la recherche publique y ait à nouveau eu une place d'importance, la recherche privée a bénéficié de l'augmentation des moyens prévus pour les allègements fiscaux bénéficiant aux entreprises actives en RDI, passant de 650 millions d'euros en 2004 à 1,57 milliards d'euros[967].

S'il est difficile d'établir exactement la part qui revient aujourd'hui aux entreprises pharmaceutiques et biotechnologiques actives en RDI, certains chiffres peuvent être relevés. En premier lieu, les incitations fiscales à la

---

[962] V. sur ce point : TURPIN, Dominique, *op.cit.*, p. 43.

[963] Citations issues de : RIVERO, Jean, *op.cit.*, p. 23.

[964] V. à cet égard : MEINDL, Thomas, *op.cit.*, p. 263 citant à titre d'exemple la décision C.const., décision n°94-343/344 DC, 27 juillet 1994, *loi relative au respect du corps humain et loi relative au don et à l'utilisation des éléments et produits du corps humain, à l'assistance médicale à la procréation et au diagnostic prénatal,* JORF du 29 juillet 1994, p. 11024, Rec. p. 100.

[965] Loi n°2006-450 du 18 avril 2006, de programme pour la recherche, JORF n°92 du 19 avril 2006, p. 5820.

[966] Art. 1 de la loi n°2006-450.

[967] V. art. 34 de la loi n°2006-450.

RDI s'élevaient à 0,26% du PIB en France en 2011[968]. Or, ces incitations fiscales bénéficient entre autres aux entreprises pharmaceutiques, bien qu'à proportion variable tel que relevé précédemment. Ainsi, plus de 12% des sommes engagées au titre du crédit d'impôt recherche reviennent aux entreprises pharmaceutiques actives en RDI[969]. S'y ajoutent les sommes engagées dans le cadre du P.I.A.. Le P.I.A. est ainsi doté de 57 milliards d'euros pour les phases 1 à 3 (2010, 2014 et 2017), sachant qu'est intégré au P.I.A. 3 le grand plan d'investissement[970]. Le premier vise à soutenir la recherche avec 8 milliards d'euros, ainsi que les filières industrielles et les PME avec 6,5 milliards d'euros. Le second promeut le secteur de la santé avec 400 millions d'euros, alors que le troisième soutient la valorisation de la recherche avec 3 milliards d'euros et l'innovation et le développement des entreprises avec 4,1 milliards d'euros[971]. Le P.I.A. 4 est doté de 20 milliards d'euros sur 4 ans, le volet régionalisé du P.I.A. passant de 250 millions d'euros à 500 millions d'euros[972]. Les incitations directes et indirectes pour la recherche privée représentent ainsi approximativement 0,4% du PIB, ce qui accorde à la France le second rang après la Russie en la matière[973].

Plus récemment la loi PACTE, qui vise à accroître la capacité de recherche et d'innovation française à travers une meilleure coopération entre recherche publique et le monde des entreprises[974] et un renforcement de la

---

968 V. pour cette estimation de manière exemplative : CAVALIER, Georges, PIERRE, Jean-Luc, « France » *in op.cit.*, p. 304.

969 V. à cet égard notamment : CAVALIER, Georges, *loc.cit.*, pt. 6.

970 Le Grand plan d'investissement est centré autour de l'accélération de la transition écologique, la société de compétences, une compétitivité ancrée sur l'innovation ainsi que la construction d'un État à l'âge du numérique. S'y ajoutent différents axes de politique publique, dont la santé (v. Projets annuels de performance. Annexe au projet de loi de finances pour 2019, « Investissements d'avenir », https://www.performance-publique.budget.gouv.fr/sites/performance_publique/files/farandole/ressources/2019/pap/pdf/PAP2019_BG_Investissements_avenir.pdf, p. 10).

971 Voir : https://www.gouvernement.fr/le-programme-d-investissements-d-avenir (consulté dernièrement le 08.06.2021); v. aussi : Projet de loi de finances pour 2014, n°1395, déposé le 25 septembre 2013 (en particulier l'exposé général des motifs) ; Projet de loi de finances pour 2017, n°4061, déposé le 28 septembre 2016 (en particulier l'exposé des motifs de l'art. 56), ainsi que l'art. 51 et Etat B annexé de la loi n°2016-1917 du 29 décembre 2016 de finances pour 2017.

972 V. pour une présentation succincte : https://www.entreprises.gouv.fr/fr/actualites/france-relance/4eme-programme-d-investissement-d-avenir-pia-dotation-de-20-mdeu#:~:text=Le%20PIA%204%20s'est,l'industrie%20ou%20accompagner%20la (consulté dernièrement le 08.06.2021) ; v. également les développements précédents.

973 V. pour ce constat : Gouvernement de la République française, *Vers une loi de programmation pluriannuelle de la recherche*, Dossier de presse, 1.2.2019, consultable sur : http://cache.media.enseignementsup-recherche.gouv.fr/file/Recherche/91/7/dp-loi_programmation_1069917.pdf, p. 5.

974 V. en ce sens : Gouvernement de la République française, *Vers une loi de programmation pluriannuelle de la recherche*, Dossier de presse, 1.2.2019, p. 8.

capacité de financement française de la recherche[975], définitivement adoptée par le Parlement le 11 avril 2019 et promulguée le 22 mai 2019, a renforcé les moyens financiers assignés à la promotion de la RDI et, spécifiquement, des innovations de rupture et des projets à forte intensité technologique[976].

L'effet de la tradition interventionniste sur les aides à la RDI. Dès lors, la volonté de l'État d'intervenir en matière économique et de recherche pour l'orienter, la soutenir et la renforcer est caractéristique de la France. Cette volonté d'intervention trouve son reflet dans la panoplie de mesures utilisées, qu'il s'agisse des aides directes ou indirectes à la RDI. De même en va-t-il de l'ampleur des fonds mis à disposition. La différence avec l'Allemagne et la Suisse y est particulièrement sensible. Toutefois, la question de l'efficacité et l'effectivité de certains régimes d'aide est aujourd'hui soulevée puisque l'effet des aides sur la RDI ne serait pas proportionnel aux fonds engagés [977] . Certaines mesures pourraient potentiellement se voir remises en cause dans le futur dont, en particulier, le régime des *patent box* et du crédit d'impôt recherche [978]. En effet, les instruments d'incitation sont constamment évalués au regard des objectifs à atteindre et, le cas échéant, révisés, modifiés, supprimés ou remplacés[979]. Si une remise en cause ne relativiserait pas le constat général d'une constance de l'interventionnisme étatique français en économie et en recherche, mais constituerait au contraire un processus habituel d'évaluation des politiques publiques et d'apprentissage, la question de l'adéquation des mesures incitatives à la RDI avec les besoins réels constatés sur le marché incite à développer les rapports s'établissant entre l'État, les acteurs de recherche et économiques afin de compléter la présentation du paradigme national.

L'effet de la coopération entre État, acteurs de recherche et économiques sur les incitations à la RDI. L'État français se trouverait selon Lanciano-Morandat et Verdier dans la catégorie d'état entrepreneur avec une évolution en faveur de l'état facilitateur[980]. L'état entrepreneur est défini par ces auteurs comme étant caractérisé par la définition de grands programmes et objectifs dans le cadre d'une politique publique orientée vers des projets de RDI considérés d'intérêt national[981]. La prise de décision est

---

[975] Gouvernement de la République française, *Vers une loi de programmation pluriannuelle de la recherche*, Dossier de presse, 1.2.2019, p. 11, 12.

[976] V. pour un exposé succinct : https://www.economie.gouv.fr/loi-pacte-innover-entreprise (consulté dernièrement le 08.06.2021).

[977] V. à cet égard notamment : CAVALIER, Georges, *loc.cit.*, § 15.

[978] V. sur ce point : CAVALIER, Georges, *loc.cit.*, §§ 15 et 16.

[979] V. sur ce point : RIBÉMONT, Thomas, BOSSY, Thibault, EVRARD Aurélien, GOURGUES, Guillaume, HOEFFLER, Catherine, *op.cit.*, p. 159.

[980] V. pour la catégorisation de la France : LANCIANO-MORANDAT, Caroline, VERDIER, Eric, *loc.cit.*, p. 31.

[981] V. pour une présentation claire de cette catégorie : LANCIANO-MORANDAT, Caroline, VERDIER, Eric, *loc.cit.*, p. 19-21 : les auteurs relèvent que dans tel cas de grands

centralisée et s'insère dans un modèle profondément colbertiste[982]. Le concept d'état facilitateur s'inscrirait, en revanche, dans le modèle de *chain link* de Kline et Rosenberg, qui pose un schéma linéaire depuis la recherche et le développement jusqu'au marché[983] et dans le cadre duquel le rôle de l'État est primairement de faciliter les initiatives privées prises par les acteurs[984]. La relation entre État et acteurs de recherche et économiques s'inscrirait alors dans une approche *bottom-up*. Pendant longtemps l'action publique en matière de RDI a, en effet, été caractérisée par de grands programmes technologiques dans une approche *top-down,* ce en particulier dans le domaine des biotechnologies[985]. Le déplacement vers le rôle d'état facilitateur débuta en 1999 avec la loi d'orientation de la recherche[986]. Il n'en reste pas moins que la France reste toujours marquée par une politique hiérarchisée, notamment en raison de la volonté de rattrapage des concurrents européens et internationaux[987].

Or, similairement à l'Allemagne et à la Suisse, l'État français se tourne pour la définition d'une politique de RDI judicieuse vers les acteurs de recherche. La coopération semble à cet égard avant tout insérée dans le processus de développement de la politique de recherche et d'innovation par et au sein des ministères, au sens d'une mission de soutien et d'appui des politiques publiques décidées. En effet, tel que l'a soulevé François Burdeau l'administration a adopté depuis fort longtemps *« une habitude de fuite devant les responsabilités »*[988], de telle sorte que la multiplication des comités et des conseils consultatifs, en particulier depuis le XIXe siècle, aurait eu pour objectif d'éclairer l'administration sur certaines thématiques en vue d'une meilleure prise de décision, mais également d'équilibrer les intérêts en présence et surtout de couvrir la responsabilité des acteurs politiques[989]. En même temps, la tradition administrative française serait caractérisée par le *« rejet de tout rapport intellectuel extérieur »*. Tel que le pose Gélinier : *« (...) la pensée et la recherche de chaque administration est*

programmes technologiques sont définis par l'État et dont la gestion se fait principalement dans le cadre de contrats d'État ou de marchés publics, mais non exclusivement.

982 Pour la mise en lien avec le modèle colbertiste, v. : LANCIANO-MORANDAT, Caroline, VERDIER, Eric, *loc.cit.*, p. 19.

983 V. sur ce point : LANCIANO-MORANDAT, Caroline, VERDIER, Eric, *lo.cit.*, p. 23.

984 Pour ce rôle de facilitateur, v. : LANCIANO-MORANDAT, Caroline, VERDIER, Eric, *loc.cit.*, p. 24, 25 : les auteurs exposent à cet égard les diverses formes que cela peut prendre, dont la mise en place de réseaux coopératifs pragmatiques (c'est-à-dire installés par l'État). À ses côtés peuvent également être développés des réseaux organiques, tels que la Silicon Valley.

985 V. également : LANCIANO-MORANDAT, Caroline, VERDIER, Eric, *loc.cit.*, p. 36 et 37.

986 V. en ce sens : LANCIANO-MORANDAT, Caroline, VERDIER, Eric, *loc.cit.*, p. 38.

987 V. pour ce constat : LANCIANO-MORANDAT, Caroline, VERDIER, Eric, *loc.cit.*, p. 39.

988 Citation issue de : BURDEAU, François, *op.cit.*, p. 340.

989 V. en ce sens : BURDEAU, François, *op.cit.*, p. 341 : l'auteur y citant Lucien Romier à cet égard.

profondément endogamique et tend à rejeter tout apport extérieur. Logiquement le recours à des bureaux d'études extérieurs est une anomalie choquante qui ne saurait durer. Des exceptions sont tolérées si ces bureaux d'études sont dirigés par des hommes ayant appartenu à la même caste. Cette jalousie intellectuelle de l'administration est spécifiquement française. »[990]. Si ce constat n'est pas transférable tel quel au contexte du développement de politiques en matière de recherche et innovation aujourd'hui, l'intégration de la coopération et de l'interaction dans le processus de prise de décision en matière de politiques publiques par et au sein des ministères semble néanmoins en être un reflet.

Ainsi, le Conseil stratégique de la recherche (C.S.R.) a pour mission de proposer au gouvernement les grandes orientations de l'agenda stratégique en matière de recherche et de participer à son suivi et à son évaluation, tout en étant placé auprès du Premier ministre, présidé par lui ou, par délégation, par le ministre en charge de l'Enseignement supérieur et de la Recherche et réuniant des experts et scientifiques[991]. Il peut, en outre, traiter de toute question qui lui est soumise par le Premier ministre ou par le ministre chargé de la recherche[992]. Le Commissariat général à la stratégie et à la prospective (C.G.S.P.), institué auprès du Premier ministre et apportant son soutien au gouvernement pour la détermination des grandes orientations d'avenir de la nation, les objectifs à moyen et long terme de son développement économique, social, culturel et environnemental, et pour la préparation des réformes décidées par les pouvoirs publics[993], occupe de surcroît un rôle d'intermédiaire entre le gouvernement et les parties intéressées[994].

Ces instances donnent leur avis avant tout sur les grandes lignes et orientations, bien que le C.S.R. puisse traiter de toute question relevant de son domaine de compétence qui lui est soumise par le Premier ministre ou par le ministre chargé de la recherche et que le C.G.S.P. réalise un travail de prospection et stratégique éclairant l'action du gouvernement en général. Il

---

[990] Citation de Octave Gélinier (GÉLINIER, Octave, *Le secret des structures compétitives*, 1966, p.93-118) reproduite dans : LEGENDRE, Pierre, *L'administration du XVIIIe siècle à nos jours*, Paris : Presses universitaires de France, coll. Thémis : Textes et documents, 1969, p. 333.

[991] Art. L. 120-1 du Code de la recherche.

[992] Art. 1 du Décret n°2013-943 du 21 octobre 2013, relatif au Conseil stratégique de la recherche.

[993] Pour ce faire, il conduit des travaux de prospective permettant d'éclairer les pouvoirs publics sur les trajectoires possibles pour la France à moyen et long terme, des études stratégiques permettant d'éclairer l'action du gouvernement et la préparation des réformes (analyse du contexte de la décision et impact prévisible), il participe à l'évaluation des politiques publiques, constitue un centre de ressources, et recense et fait connaître les expériences conduites à l'étranger ou au niveau territorial de nature à enrichir la réflexion sur les réformes utiles (v. art. 1 du Décret n°2013-333 du 22 avril 2013 portant création du Commissariat général à la stratégie et à la prospective). Les rapports et avis du Commissariat sont rendus publics (art. 6 du Décret).

[994] V. art. 1 du Décret n°2013-333.

semblerait qu'il y ait là une différence notamment avec le *Wissenschaftsrat* allemand qui a pour mission de rendre des *« recommandations sur le développement en termes de fond et de structure de la science, de la recherche scientifique et des universités, tout autant que sur le maintien de la compétitivité internationale de la science en Allemagne (...) »*[995]. Ces recommandations doivent tenir compte des exigences sociales, économiques et culturelles et prendre en compte des considérations relatives aux conséquences financières et quantitatives des recommandations et de leur réalisation[996]. Elles doivent, en outre, être prises en compte lors de l'établissement du budget au niveau du *Bund* et des *Länder* selon l'article 3 de l'accord administratif du 5 septembre 1957 créant le *Wissenschaftsrat*. La mission de conseil incombant au *Wissenschaftsrat* allemand pourrait ainsi être davantage rapprochée d'un pouvoir d'initiative plutôt que d'une simple fonction de soutien du gouvernement.

Ces caractéristiques sont susceptibles de se répercuter sur l'adéquation des mesures incitatives à la RDI avec les besoins réels du marché et renforcent indirectement la place prépondérante de l'État dans le processus et du paradigme national en matière d'incitation à la RDI.

Or, la pertinence et l'adéquation des mesures d'encouragement à la recherche et à l'innovation dépendent en matière pharmaceutique et biotechnologique de leur conformité avec le changement de paradigme le long de la chaîne de valeur d'un médicament innovant.

---

[995] Art. 2 phrase 1 du *Verwaltungsabkommen*, traduit par l'auteure.

[996] Art. 2 phrase 2 du *Verwaltungsabkommen*. Le *Wissenschaftsrat* peut d'ailleurs traiter des questions qui lui sont adressées et exercer une activité d'expertise.

PARTIE 2

Le changement de paradigme le long de la chaîne de valeur du médicament innovant

La France est vraisemblablement le pays présentant la plus grande variété et multiplicité d'incitations directes et indirectes à la recherche et à l'innovation parmi les pays soumis à l'étude. L'Allemagne et la Suisse présentent, au contraire, une propension moindre d'encourager la recherche et l'innovation au moyen d'aides. Il en va en particulier ainsi des aides directes à la RDI. Pour ce qui est des incitations indirectes, les deux pays optent avant tout pour les aides indirectes de type entrepreneurio-structurelles afin de créer un environnement favorable au développement des activités d'innovation et d'accroître l'attractivité de leur site entrepreneurial et de recherche. L'Allemagne et la Suisse ont néanmoins récemment opté pour une institution prudente d'incitations indirectes de type économico-structurelles sous forme respectivement de primes fiscales pour la recherche et d'une déduction supplémentaire des dépenses en recherche et développement en complément d'une *patent box*.

Les différences en matière d'incitation à la recherche, au développement et à l'innovation sont donc prononcées, non uniquement pour ce qui est du type d'instruments mis en place et de leur multiplicité, mais encore pour ce qui est du fondement de l'intervention choisi. Ces caractéristiques nationales particulières insérées dans une perspective temporelle participent à un paradigme national en matière d'incitation à la RDI qui s'est perpétué au fil du temps. Ce paradigme national forme l'environnement général dans lequel s'insèrent les incitations à la recherche et à l'innovation. L'environnement particulier des aides à la RDI est, en revanche, constitué par les changements disruptifs affectant l'innovation pharmaceutique et la commercialisation du médicament innovant. L'opportunité et l'attractivité des mesures nationales incitatives à la RDI pour les entreprises pharmaceutiques et biotechnologiques apparaît alors une fois ces mesures pondéréés au changement de paradigme le long de la chaîne de valeur du médicament innovant. Doivent à cet égard être distingués le volet scientifique et technique du changement de paradigme (Chapitre 1) et son volet stratégique (Chapitre 2).

CHAPITRE 1

Le volet scientifique et technique

La fragmentation du processus de recherche, développement et innovation. L'innovation pharmaceutique s'est sensiblement éloignée d'un processus fermé et internalisé qui se déroulerait au sein d'une seule et même entreprise. Les entreprises pharmaceutiques interagissent et coopèrent, au contraire, avec d'autres entreprises et des instituts ou organismes de recherche publics, que cela soit dans le cadre de l'*in-* ou de l'*out-licensing*[997], de la recherche partenariale, ou encore de l'*outsourcing* de certaines tâches le long du processus, tel qu'en phase d'essais cliniques aux *Clinical Research Organizations*.

De nouvelles exigences scientifiques et techniques. La révolution biotechnologique, définie comme l'application de la science et de la technologie à des organismes vivants, composantes, produits ou modélisations pour en modifier des matériaux vivants ou non-vivants[998], et initiée par des start-ups spécialisées dès les années 1970/1980[999], s'est largement diffusée et a induit un réajustement des entreprises de toute taille et, notamment, des *Big Pharma*[1000] [1001].

Les produits biotechnologiques représentent désormais environ 50% des médicaments nouvellement mis sur le marché[1002]. Gleevec de Novartis fut le premier traitement oral spécifique au génotype de la leucémie myéloïde

---

[997] La coopération peut être proactive, dans quel cas une coopération constante est susceptible de se développer, ou selon les opportunités qui se présentent (v. REEPMEYER, Gerrit, *op.cit.*, p. 144).

[998] La définition de l'OCDE est complétée par l'objectif poursuivi, qu'est la production de connaissances et de biens.

[999] V. sur ce point : SABATIER, Valérie, *op.cit.*, p. 24.

[1000] Entreprises pharmaceutiques dont les ventes annuelles sont égales ou supérieures à 10 milliards de dollars.

[1001] Tufts Center for the Study of Drug Developments, « Biotech Products in Big Pharma Clinical Pipelines Have Grown Dramatically », *Impact Report*, 2013, vol. 15, n°6.

[1002] Dont la plupart en oncologie (v. PROUX, Vanessa (dir.), *Biotechnologies. Les promesses du vivant*, FYP éditions, coll. Innovation, 2015, p. 113).

chronique[1003], Glybera de uniQure le premier médicament obtenant une AMM européenne pour le traitement d'une maladie rare du métabolisme par thérapie génique [1004] et Yervoy de Bristol-Myers Squibb le premier médicament innovant d'immunothérapie en oncologie[1005].

Cette reconfiguration va de pair avec l'avènement de la médecine personnalisée [1006]. Elle correspond au développement de molécules personnalisées, adaptées aux besoins particuliers de petits groupes de patients ciblés[1007], ou médicaments de niche, dont les avantages sont une meilleure réponse des patients au traitement et une diminution des risques d'effets secondaires et indésirables graves[1008].

Les répercussions sur le processus de RDI dans son entièreté. Tant les biotechnologies que la médecine personnalisée font appel à des « savoirs spécialisés » internes et externes[1009] en raison de la spécificité et complexité des produits pharmaceutiques développés et de l'éloignement d'une approche purement chimique. Si jusqu'alors la logique sous-jacente au processus de recherche et de développement fut celle d'une conception linéaire classique du traitement médical, qui consiste en l'application d'un traitement après identification de la cible chez le patient[1010], la plupart des

---

[1003] V. SIMON, Françoise, GIOVANNETTI, Glen, *Managing Biotechnology. From Science to Market in the Digital Age*, New York : John Wiley and Sons, 2017, p. 4 (introduit sur le marché européen en 2001).

[1004] La thérapie génique consiste à introduire un gène dans une cellule par l'intermédiaire d'un virus qui agit comme galénique. Elle a ouvert de nouvelles voies pour le traitement de l'immunodéficience (p.ex. des « bébés-bulle ») et pour les recherches sur le traitement de la maladie de Parkinson (v. sur ce point et pour l'exemple du Glybera : REVAH, Frédéric, « La thérapie génique » *in* PROUX, Vanessa (dir.), *Biotechnologies. Les promesses du vivant*, FYP éditions, coll. Innovation, 2015, p. 144 et 147).

[1005] L'immunothérapie consiste à réveiller les défenses propres de l'organisme humain pour les diriger contre les cellules cancéreuses (v. à cet égard et pour l'exemple de l'Yervoy : COSTANTINI, Dominique, « L'immunothérapie » *in* PROUX, Vanessa (dir.), *Biotechnologies. Les promesses du vivant*, FYP éditions, coll. Innovation, 2015, p. 134-140).

[1006] Sur l'extension de la médecine personnalisée à des domaines thérapeutiques autres que l'oncologie : SIMON, Françoise, GIOVANNETTI, Glen, *op.cit.*, p. 91.

[1007] ABECASSIS, Philippe, COUTINET, Nathalie, « Politique d'austérité … », *loc.cit.*, p. 138.

[1008] V. sur ce point : CLAEYS, Alain, VIALATTE, Jean-Sébastien au nom de l'Office parlementaire d'évaluation des choix scientifiques et technologiques, « Les progrès de la génétique : Vers une médecine de précision ? Les enjeux scientifiques, technologiques, sociaux et éthiques de la médecine personnalisée », Sénat Rapport n°306, Assemblée nationale Rapport n°1724, p. 82.

[1009] CHIARONI, Davide, CHIESA, Vittorio, FRATTINI, Federico, « Investigating the adoption of open innovation in the biopharmaceutical industry. A framework and an empirical analysis », *European Journal of Innovation Management*, 2009, vol. 12, n°3, p. 285 et s. (v. notamment p. 286).

[1010] ARMAND, Jean-Pierre, BIOT, Jacques, « La médecine personnalisée » *in* PROUX, Vanessa (dir.), *Biotechnologies. Les promesses du vivant*, FYP éditions, coll. Innovation, 2015, p. 116 et 123.

médicaments innovants désormais développés nécessitent une connaissance plus étendue des pathologies et l'utilisation de nouveaux outils.

À cet égard, les recherches sur les cellules souches pourraient se révéler particulièrement prometteuses pour une meilleure compréhension des pathologies et pour le développement de nouveaux traitements. Tel que le relève Brigitte Onteniente, les recherches sur les cellules souches sont susceptibles d'ouvrir des voies d'intérêt majeur, notamment, pour la thérapie cellulaire[1011]. Or, ces recherches n'ont été autorisées qu'avec la Loi de bioéthique de 2013[1012] en France, restent strictement encadrées et soulèvent de nombreux questionnements juridiques et éthiques.

Pour la médecine personnalisée, l'association étroite entre un médicament, son procédé de production et les tests de diagnostic associés[1013] introduit de nouvelles exigences en matière de données au sens d'un croisement d'un nombre important de données de nature différente, d'un rapprochement des utilisateurs et développeurs du médicament innovant et de gestion des incertitudes juridiques et pratiques attachées à l'irruption du *Big Data* en matière médicale. Ce dernier point renvoie, notamment, aux questionnements juridiques liés au regroupement d'un grand nombre de données dans les biobanques. Ceux-ci tiennent au droit d'autodétermination, au droit à la vie privée et au traitement de données personnelles, parmi d'autres[1014].

En tout état de cause, l'intervention de différents acteurs le long du processus en devient une exigence [1015], en complément de nouvelles

---

[1011] V. ONTENIENTE, Brigitte, « Les cellules souches » *in* PROUX, Vanessa (dir.), *Biotechnologies. Les promesses du vivant*, FYP éditions, coll. Innovation, 2015, p. 128 et s., v. p. 130, 131.

[1012] Loi n°2013-715 du 6 août 2013 tendant à modifier la loi n°2011-814 du 7 juillet 2011 relative à la bioéthique en autorisant sous certaines conditions la recherche sur l'embryon et les cellules souches embryonnaires, JORF n°0182 du 7 août 2013 p. 13449.

[1013] ABECASSIS, Philippe, COUTINET, Nathalie, « Politique d'austérité ... », *loc.cit.*, p. 134 et 138.

[1014] Le regroupement de données implique, en effet, un risque de stigmatisation et de discrimination éventuel d'individus ou de populations (STANTON-JEAN, Michèle, « Introduction. Réconcilier la médecine personnalisée, la santé publique et le bien commun est-il possible ? » *in* HERVÉ, Christian, STANTON-JEAN, Michèle, *Les nouveaux paradigmes de la médecine personnalisée ou médecine de précision. Enjeux juridiques, médicaux et éthiques*, Paris : Dalloz, coll. Thèmes & commentaires : éthique biomédicale et normes juridiques, 2014, p. 5, 6 ; Pour d'éventuels effets pervers, v. aussi : BELRHOMARI, Nadia, « Epigénétique et médecine personnalisée, la liberté de choix du patient » *in* HERVÉ, Christian, STANTON-JEAN, Michèle, *Les nouveaux paradigmes de la médecine personnalisée ou médecine de précision. Enjeux juridiques, médicaux et éthiques*, Paris : Dalloz, coll. Thèmes & commentaires : éthique biomédicale et normes juridiques, 2014, p. 141 et s..

[1015] V. SERUSCLAT, Franck au nom de l'Office parlementaire d'évaluation des choix scientifiques et technologiques, « Génomique et informatique : L'impact sur les thérapies et sur l'industrie pharmaceutique », Sénat Rapport n°20, Assemblée nationale Rapport n°1871, p. 100 et s. (notamment p. 103 et s.) et p. 180.

exigences de gestion de données, de logistique de données[1016] et financières. En effet, ces mutations du processus de recherche et développement pharmaceutique accroissent la durée, le risque et le coût du processus[1017].

Les répercussions sur les essais cliniques de médicaments à usage humain. Les évolutions susvisées affectent particulièrement la phase des essais cliniques. Les essais cliniques sont des recherches « impliquant la personne humaine », visant à évaluer *« l'efficacité et la sécurité de la réalisation d'actes ou de l'utilisation et de l'administration de produits dans un but de diagnostic, de traitement ou de prévention d'états pathologiques »* (article R. 1121-1 alinéa 1, 2° du Code de la santé publique) et pour lesquels l'intervention sur la personne n'est pas justifiée par la prise en charge habituelle (article L. 1121-1 alinéa 2, 1° du Code de la santé publique), c'est-à-dire des essais réalisés en dehors de la pratique médicale individuelle courante et dans un objectif scientifique[1018] [1019].

La disposition correspondante allemande les définit comme *« toute étude pratiquée sur l'Homme dont l'objectif est d'étudier ou de démontrer les effets cliniques et pharmacologiques de médicaments ou leurs effets secondaires, ou d'étudier la résorption, la distribution, le métabolisme ou l'élimination en vue d'établir l'innocuité et l'efficacité du médicament »*[1020] (§ 4 alinéa 23, phrase 1 de la Loi fédérale sur les médicaments (*Arzneimittelgesetz*)), la disposition suisse comme un *« projet de recherche sur des personnes dans lequel les participants sont affectés dès le départ à des interventions liées à la santé afin d'évaluer les effets de ces dernières sur la santé ou sur la structure et le fonctionnement du corps humain »* (article 3, 1) de la Loi fédérale relative à la recherche sur l'être humain).

[1016] V. pour les exigences croissantes en matière de gestion et logistique de données, ainsi que pour l'irruption du *Big Data* dans la pratique médicale : THIERRY, Jean-Pierre, « Ethique biomédicale et normes juridiques » *in* HERVÉ, Christian, STANTON-JEAN, Michèle, *Les nouveaux paradigmes de la médecine personnalisée ou médecine de précision. Enjeux juridiques, médicaux et éthiques*, Paris : Dalloz, coll. Thèmes & commentaires : éthique biomédicale et normes juridiques, 2014, p. 101.

[1017] V. sur ce point notamment : CLAEYS, Alain, VIALATTE, Jean-Sébastien au nom de l'Office parlementaire d'évaluation des choix scientifiques et technologiques, *op.cit.*, notamment p. 80.

[1018] V. en ce sens notamment : EBERHARDT, Reinhild, HERRLINGER, Charlotte, *op.cit.*, p. 26, 27.

[1019] La loi n°2012-300 du 5 mars 2012 relative aux recherches impliquant la personne humaine, JORF n°0056 du 6 mars 2012, p. 4138, dite loi *Jardé*, a remplacé les catégories de recherches biomédicales, en soins courants et observationnelles par la catégorie de recherches impliquant la personne humaine (CHEMTOB-CONCE, Marie-Catherine, « Un cadre juridique unique pour les recherches impliquant la personne humaine », *Petites affiches*, 2012, n°168, p. 6 et s. (notamment p. 6) ; v. pour l'évolution du cadre juridique depuis la loi Huriet (1988) : BRISSY, Stéphane, « Les définitions des catégories de recherches sur la personne et leurs évolutions », *Gazette du Palais*, 2009, n°143, p. 11 et s.).

[1020] Traduit de l'allemand par l'auteure.

Les essais, généralement menés de manière décentralisée ou multicentrique et transfrontalière[1021], sont subdivisés en phases I à III, dont les deux premières visent à déterminer la tolérance, l'efficacité et la posologie optimale[1022] et la dernière à prouver l'efficacité du candidat-médicament sur un groupe de personnes plus étendu et dans des conditions comparables au quotidien médical[1023]. Or, l'organisation et le déroulement des essais pourrait se voir bouleverser dans les années à venir par l'avènement de la médecine personnalisée, puisqu'elle implique une participation accrue des participants à cette phase du développement[1024] et exige leur sélection rigoureuse au moyen de biomarqueurs, c'est-à-dire de caractéristiques biologiques mesurables[1025], et de leur environnement général, en vue de la détermination des sous-populations susceptibles de profiter le mieux du médicament[1026]. Une telle délimitation est souvent peu aisée[1027], réduit le nombre de participants et pourrait même compromettre la constitution de groupes placébo en phase III[1028].

Les essais en deviennent plus complexes et onéreux en termes d'organisation, de réalisation et de coordination, du moins à court et moyen terme[1029], alors que la pertinence statistique des résultats s'en verra vraisemblablement affectée et, potentiellement, la possibilité de suivre les étapes traditionnelles des essais cliniques[1030].

[1021] V. HENßLER, Thomas, IRMER, Franziska, « Die klinische Prüfung von Arzneimitteln im Lichte der 15. AMG-Novelle », *PharmR*, 2010, n°2 p. 45 et LAUFS, Adolf, « § 130. Heilversuch und klinisches Experiment » *in* LAUFS, Adolf, KERN, Bernd-Rüdiger (dir.), *Handbuch des Arztrechts*, München : C. H. Beck, 4e édition, 2010, p. 1466.

[1022] Voir notamment : DEBARRE, Jean-Michel, *op.cit.*, p. 56.

[1023] HART, Dieter, *loc.cit.*, p. 775 ; Il est procédé à une sélection moindre des participants, notamment en termes de pathologies secondaires, et à la comparaison au traitement médical standard ou, le cas échéant, à un placébo (EBERHARDT, Reinhild, HERRLINGER, Charlotte, *op.cit.*, p. 42).

[1024] Voir : THIERRY, Jean-Pierre, « Ethique biomédicale et normes juridiques » *in op.cit.*, notamment p. 115.

[1025] V. la définition du *Dictionnaire médical de l'Académie de Médecine*.

[1026] V. à cet égard : BEVIÈRE-BOYER, Bénédicte, « Médecine personnalisée : de la délimitation entre le soin et la recherche » *in* HERVÉ, Christian, STANTON-JEAN, Michèle, *Les nouveaux paradigmes de la médecine personnalisée ou médecine de précision. Enjeux juridiques, médicaux et éthiques*, Paris, Dalloz, coll. Thèmes & commentaires : éthique biomédicale et normes juridiques, 2014, voir notamment p. 133-136.

[1027] OEHLRICH, Marcus, MARTIN, Sebastian, « Aktuelle Herausforderungen an die klinische Prüfung », *A&R*, 2010, n°6, p. 258 et s. (voir p. 262).

[1028] REVAH, Frédéric, « La thérapie génique » *in op.cit.*, p. 148 : selon l'auteur s'ajoute la difficulté liée à la détermination de la pureté pour certains types de produits biotechnologiques, dont les médicaments de thérapie génique, puisqu'il s'agit alors de médicaments biologiques.

[1029] V. en ce sens : GASSMANN, Oliver, REEPMEYER, Gerrit, ZEDTWITZ, Maximilian von, *op.cit.*, p. 78.

[1030] V. notamment : OEHLRICH, Marcus, MARTIN, Sebastian, *loc.cit.*, p. 261.

Les difficultés pour les entreprises résident donc à la fois dans l'adaptation aux changements intervenus dans la sphère technique et scientifique et dans une compatibilité uniquement partielle de ces derniers avec les exigences réglementaires. Ce constat s'étend d'ailleurs à l'étape suivant les activités de R&D et trouve une illustration dans la problématique liée à la détermination de la pureté de certains produits biotechnologiques, dont ceux de thérapie génique, au moment de la commercialisation du produit innovant[1031].

Une complexité scientifique et technique concomitamment accrue par les maladies importantes pour notre temps. Le médicament innovant n'est, en outre, pas toujours en mesure de rétablir l'état de santé du patient, en particulier en présence de maladies graves et du fait des pathologies importantes pour notre temps à caractère souvent chronique, de telle sorte que le « succès » d'un traitement peut avoir des acceptions multiples. Divers événements cliniques peuvent être considérés d'importance équivalente (*composite endpoints*), alors qu'il peut également y avoir prise en compte d' « objectifs secondaires » relatifs à la qualité de vie du patient[1032]. Pour les premiers la complexité réside avant tout dans la preuve du lien causal entre l'administration du produit et la survenance de l'évènement clinique considéré [1033]. Les seconds sont à eux seuls insuffisants pour fonder l'efficacité du médicament innovant. En raison de leur particularité d'objectifs subjectifs et par conséquent non mesurables, leur preuve est particulièrement complexe à rapporter [1034]. En tout état de cause, la multiplication des objectifs cliniques accroît le nombre d'études nécessaires, ce qui se répercute sur la complexité et le coût des essais[1035]. Ce constat est renforcé en présence de pathologies pour lesquelles existent des traitements de première, deuxième et troisième intention. Une pluralité d'essais est alors nécessaire pour déterminer l'efficacité du candidat-médicament[1036].

Une complexité scientifique et technique à l'étape des essais précliniques. Les essais précliniques forment la première étape du développement expérimental [1037] et font partie du dossier de demande d'AMM adressé aux autorités compétentes nationales ou européenne, la procédure européenne centralisée étant obligatoire pour les médicaments biotechnologiques et orphelins, ceux innovants permettant de traiter le

---

[1031] REVAH, Frédéric, « La thérapie génique » *in* PROUX, Vanessa (dir.), *Biotechnologies. Les promesses du vivant,* FYP éditions, coll. Innovation, 2015, p. 148.
[1032] V. sur ce point : OEHLRICH, Marcus, MARTIN, Sebastian, *loc.cit.*, v. p. 260 et 261.
[1033] EBERHARDT, Reinhild, HERRLINGER, Charlotte, *op.cit.*, p. 416 et 417.
[1034] V. à cet égard : OEHLRICH, Marcus, MARTIN, Sebastian, *loc.cit.*, v. p. 260 et 261.
[1035] V. EBERHARDT, Reinhild, HERRLINGER, Charlotte, *op.cit.*, p. 416 et 417.
[1036] Ceux-ci correspondent aux médicaments administrés lorsque les traitements respectivement de première et seconde intention ne sont plus efficaces ou ne l'ont jamais été (notamment en oncologie).
[1037] DEBARRE, Jean-Michel, *op.cit.*, p. 45.

diabète, le VIH, les cancers, les maladies virales, neurodégénératives, auto-immunes et les autres dysfonctionnements immunitaires, alors qu'elle est optionnelle pour les autres médicaments innovants[1038]. Par une pluralité d'études de pharmacologie[1039], de toxicologie[1040], de sécurité et de pharmacocinétique[1041], ils visent à établir l'efficacité du produit, les doses à respecter et les premiers effets secondaires potentiels qui devront être étudiés plus en détail au cours des essais cliniques[1042]. Un principe actif qui se révèle avoir des risques potentiels pour l'Homme supérieurs aux bénéfices attendus, ne pourra passer cette étape du développement[1043]. Les essais *in vivo* sur animaux restent à cet égard une étape essentielle pour asseoir l'action du candidat-médicament et élargir les connaissances avant son administration à l'Homme[1044]. Leur remplacement à terme a néanmoins été l'un des objectifs affichés par la directive n°2010/63/UE du Parlement européen et du Conseil du 22 septembre 2010 relative à la protection des animaux utilisés à des fins scientifiques (règle dite des « 3R »[1045]). Les avancées basées sur l'intelligence artificielle sont à cet égard particulièrement prometteuses, tel que le montre le remplacement depuis 2016 de certains tests *in vivo* par des tests *in vitro* par l'entreprise Sanofi grâce aux avancées en cette matière[1046]. Les tests sur cultures de cellules humaines pourraient d'ailleurs à l'avenir remplacer les études de toxicité sur animaux[1047]. Ce réajustement renforcera vraisemblablement l'importance de l'intelligence artificielle en recherche et innovation pharmaceutique tout en ajoutant périodiquement une couche de complexité scientifique et technique supplémentaire. À terme, cette évolution est toutefois susceptible d'aboutir à des méthodes moins coûteuses, financièrement et en vies animales[1048].

[1038] V. l'annexe du Règlement (CE) n°726/2004 du Parlement européen et du Conseil du 31 mars 2004 établissant des procédures communautaires pour l'autorisation et la surveillance en ce qui concerne les médicaments à usage humain et à usage vétérinaire et instituant une Agence européenne des médicaments.

[1039] Elles visent à étudier l'action du candidat-médicament et le mécanisme d'action prédit *in vivo et in vitro*.

[1040] Elles visent à étudier la toxicité du candidat-médicament en administrant différentes doses, afin de déterminer celles non toxiques pour un organisme vivant.

[1041] Elles visent à déterminer le comportement du candidat-médicament dans l'organisme vivant, sa transformation et son élimination *in vivo*, lors d'essais pratiqués sur animaux.

[1042] https://www.leem.org/le-developpement-preclinique-ou-la-premiere-evaluation (consulté dernièrement le 08.06.2021).

[1043] EBERHARDT, Reinhild, HERRLINGER, Charlotte, *op.cit.*, p. 30.

[1044] V. notamment : https://www.leem.org/le-developpement-preclinique-ou-la-premiere-evaluation (consulté dernièrement le 08.06.2021).

[1045] Réduire, raffiner, remplacer (v. notamment art. 1 de la Directive n°2010/63/UE).

[1046] V. WIERZBICKI, Julie, « Expérimentation animale. La lente progression des méthodes alternatives », *Pharmaceutiques*, 2018, n°260, p. 20 et 21.

[1047] https://www.leem.org/le-developpement-preclinique-ou-la-premiere-evaluation (consulté dernièrement le 08.06.2021).

[1048] https://www.leem.org/le-developpement-preclinique-ou-la-premiere-evaluation (consulté dernièrement le 08.06.2021).

Une nouvelle exigence de gain d'efficience. Cette complexification du processus affecte le déroulement de la recherche et de l'innovation pharmaceutique et l'organisation et la logistique des essais cliniques, en particulier en termes de conception du protocole d'essai, de recrutement des participants et du nombre d'études à réaliser[1049]. Cela affecte simultanément le coût et les chances de succès [1050]. En effet, 46% des candidats-médicaments sont en moyenne abandonnés en phase I, 43% en phase II et 11% en phase III, avec une probabilité moyenne de passer l'ensemble des étapes de 11,83%[1051], alors que la majeure partie des essais abandonnés en phase II ou III le sont pour des raisons économiques[1052]. La tendance croissante à l'*outsourcing* aux *Clinical Research Organizations*, retracée par le tableau ci-dessous, peut être vue comme la réaction des entreprises à ces nouvelles exigences scientifiques et techniques[1053].

[1049] V. notamment : LAUFS, Adolf, « § 130. Heilversuch und klinisches Experiment » *in op.cit.*, p. 1466.

[1050] V. en ce sens : GETZ, Kenneth A., « Assessing the Downstream Impact of Protocol Design Complexity », *Touch Briefings*, 2009, p. 93 et s. (voir p. 94) ; v. aussi : GETZ, Kenneth A., « Improving Protocol Design Feasability to Drive Drug Development Economics and Performance », *International Journal of Environmental Research and Public Health*, 2014, vol. 11, n°5, p. 5069 et s..

[1051] DIMASI, Joseph A., GRABOWSKI, Henry G., HANSEN, Ronald W., *loc.cit.*, voir p. 23. Les raisons du non-passage peuvent également être de nature médicale, l'évaluation du rapport bénéfice-risque pouvant conduire à un arrêt temporaire ou anticipé des essais pour des raisons de sécurité des participants (v. art. 38 du Règlement (UE) n°536/2014 du Parlement européen et du Conseil du 16 avril 2014 relatif aux essais cliniques de médicaments à usage humain et abrogeant la directive 2001/20/CE, JO. 27.05.2014, p. 1-76, auquel fait référence l'art. L. 1124-1, I. du CSP ; v. également : art. 41 al. 2 (sur les obligations de notification des évènements indésirables et indésirables graves par l'investigateur) et art. 53 al. 1 (sur les obligations de notification de l'investigateur de tout évènement inattendu affectant la sécurité des participants) du règlement ; Pour l'Allemagne voir : § 40 al. 1, 2) AMG ; Pour la Suisse voir : art. 54 al. 7 de la LPTh et art. 12 (sur les risques et contraintes), art. 15 al. 2 (sur les mesures de sécurité et de protection) et art. 46 (sur les obligations d'annoncer et d'informer) de la LRH).

[1052] DIMASI, Joseph A., « Risks in new drug development : Approval success rates for investigational drugs », *Clinical Pharmacology & Therapeutics*, 2001, vol. 69, n°5, p. 297 et s. (notamment p. 297, 298 et 304).

[1053] V. sur cette opportunité : MONTFORT, Kees van, OUD, Johan, GHIDEY, Wendimagegn, *Developments in Statistical Evaluation of Clinical Trials,* Heidelberg, New York etc. : Springer, 2014, p. 73 et s..

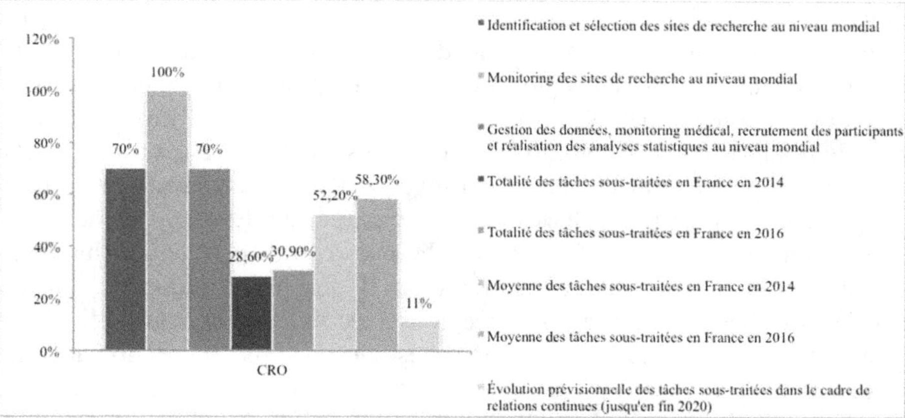

Part approximative des essais sous-traités en fonction des tâches concernées au niveau mondial et leur évolution en France

Données issues de: Tufts Center for the Study of Drug Developments, « Drug Companies Outline Ways Strategic Partnerships Can Boost Innovation » », *Impact Report*, 2014, vol. 9, n°4; Tufts Center for the Study of Drug Developments, « Innovation in Drug Development Process Remains a Key Challenge », *Impact Report*, 2015, vol. 10, n°4, https://static1.squarespace.com/static/5a9eb0c8e2ccd1158288d8dc/t/5aa9256d0d9297e66d0a94c2/1521034605357/october2015-pr.pdf; https://static1.squarespace.com/static/5a9eb0c8e2ccd1158288d8dc/t/5aa924e60d9297e66d0a7f62/1521034470560/oct2014-pr.pdf; ; https://www.leem.org/sites/default/files/2018-02/LEEM-Enque%25CC%2582te-2016_synthe%25CC%2580se%2520VF%2520-%2520152%2520Mo.pdf

L'attrait de l'externalisation. En effet, puisque les *Clinical Research Organizations* ont désormais acquis une expérience égalant celle des grandes entreprises et groupes pharmaceutiques[1054] et que celle-ci est un élément clef du succès des essais, tout particulièrement dans les phases avancées du développement expérimental[1055], la sous-traitance présente un intérêt pour les entreprises indépendamment de leur taille. On compte aujourd'hui autour de 49 entreprises exclusivement spécialisées en essais cliniques en Allemagne, 27 en France et 19 en Suisse[1056] parmi les respectivement 1041[1057], 530[1058] et 267[1059] *Contract Research Organizations* et les 780, 410 et 193 entreprises spécialisées en essais précliniques et cliniques[1060].

Une nouvelle exigence d'inventivité. Les nouvelles exigences d'inventivité ne découlent non seulement des éléments susvisés mais

[1054] Pour les considérations relatives à l'expérience (nombre de médicaments développés) : DANZON, Patricia M., NICHOLSON, Sean, PEREIRA, Nuno Sousa, *Productivity in pharmaceutical-biotechnology R&D : The role of experience and alliances*, National Bureau of Economic Research, NBER Working Paper Series, Working Paper 9615, 2003, p. 4.

[1055] DANZON, Patricia M., NICHOLSON, Sean, PEREIRA, Nuno Sousa, *op.cit.*, v. p. 1, 3, 6, 22 et 29.

[1056] V. pour ces chiffres : https://ichgcp.net/cro-list/ (consulté dernièrement le 08.06.2021).

[1057] http://www.contractresearchmap.com/places/germany (consulté dernièrement le 08.06.2021).

[1058] http://www.contractresearchmap.com/places/france (consulté dernièrement le 08.06.2021).

[1059] http://www.contractresearchmap.com/places/switzerland (consulté dernièrement le 08.06.2021).

[1060] http://www.contractresearchmap.com/locations/1/-549.1406249999999/-64.77412531292872/452.8125/87.9535588895499 (consulté dernièrement le 08.06.2021).

trouvent une déclinaison complémentaire au niveau structurel. D'aucuns estiment qu'une mauvaise allocation des ressources vers la production de génériques et de pseudo-innovations, ainsi qu'une accomodation des structures internes à des objectifs court-termistes, a réduit l'inventivité des *Big Pharma* au cours du temps[1061]. Le processus d'*in-licensing* peut alors être qualifié de palliatif au manque d'inventivité. Il intervient la plupart du temps dans les premières phases de découverte et de développement d'une nouvelle molécule. En 2005, près de 40% des accords ont été conclus pour des molécules se trouvant en phase I ou II des essais cliniques[1062], les entreprises allemandes y faisant exception avec une acquisition de licences primairement dans les phases tardives des essais voire lorsque le médicament bénéficiait d'ores-et-déjà d'une AMM[1063]. Pour les petites entreprises innovantes il s'agit d'un moyen de partage des risques avant tout financiers[1064]. L'*out-licensing* est souvent un des seuls moyens de profiter en aval des retombées positives[1065], le flux financier constant leur permettant de réinvestir dans de nouvelles recherches[1066].

La question de la correspondance entre changement de paradigme en matière d'innovation pharmaceutique et paradigme national en matière d'incitation. Les réajustements en matière de recherche et innovation pharmaceutique conduisent donc corrélativement à un accroissement de la complexité scientifique et technique et à une fragmentabilité et fragmentation du processus de RDI. Or, le paradigme national en matière d'incitation à la RDI s'est perpétué au fil des siècles, malgré certaines phases atypiques principalement dues à des facteurs extérieurs extraordinaires. La pérennité relative de la typicité nationale forme ainsi l'environnement général dans lequel s'insèrent les mesures incitatives, pérennité à laquelle s'oppose le changement de paradigme en matière d'innovation pharmaceutique caractérisé sous son volet scientifique et technique.

L'opportunité et l'efficacité des mesures incitatives sont alors dépendantes de la correspondance entre paradigme national en matière d'incitation et changement de paradigme en matière d'innovation pharmaceutique, un élément clef à cet égard étant une prise en compte adéquate et suffisante de la coopération interentreprises (I.) et des relations s'établissant entre entreprises et recherche publique (II.).

1061 SEDLACEK, Hans-Harald, *op.cit.*, p. 30 : les profits ne seraient alors plus suffisants pour maintenir une activité innovante par ailleurs.

1062 CHIARONI, Davide, CHIESA, Vittorio, FRATTINI, Federico, *loc.cit.*, voir les p. 294 et 300.

1063 V. pour le cas allemand : NUSSER, Michael, GAISSER, Sibylle, *loc.cit.*, p. 415.

1064 Sur les possibilités limitées de financement et leurs effets, voir : CHIARONI, Davide, CHIESA, Vittorio, FRATTINI, Federico, *loc.cit.*, p. 296.

1065 BIANCHI, Mattia, CHIARONI, Davide, CHIESA, Vittorio, FRATTINI, Federico, « Organizing for external technology commercialization: evidence from a multiple case study in the pharmaceutical industry », *R&D Management*, 2011, vol. 41, n°2, p. 120 et s., v. p. 127.

1066 V. CHIARONI, Davide, CHIESA, Vittorio, FRATTINI, Federico, *loc.cit.*, p. 299.

I. LES RELATIONS INTERENTREPRISES

La fragmentation intervient tout au long du processus de recherche et de développement pharmaceutique, occasionnant la mise en lien d'entreprises soit dans un objectif de gain d'efficience soit d'accès à une expertise et un savoir spécialisé.

État des lieux de la recherche coopérative en France, Allemagne et Suisse. Or, les caractéristiques de la recherche coopérative diffèrent entre les pays soumis à l'étude. Si en France les entreprises se tournent avant tout vers d'autres entreprises en pratique, les entreprises allemandes coopèrent avant tout avec le milieu universitaire[1067]. La recherche coopérative au sens global, couvrant les projets de recherche collaboratifs, la recherche contractuelle et le *consulting*, a d'ailleurs été financée à hauteur de 2 milliards d'euros en 2011 par l'État français, alors que l'État allemand n'a que dépensé 1 milliard d'euro[1068], le constat pour la Suisse étant vraisemblablement plus substantiel puisque la majeure partie de la RDI des entreprises économiques est financée par elles.

Une prise en compte divergente de la recherche sous-traitée par les incitations à la RDI. La recherche sous-traitée ou contractuelle est ainsi un facteur potentiel d'optimisation et de gain d'efficience, en particulier au moment de la réalisation des essais cliniques de médicaments à usage humain. Les entreprises auraient à cet égard relevé à maintes reprises que les activités de RDI sous-traitées seraient prises en compte d'une manière insuffisante en France[1069].

Le crédit d'impôt recherche prend en compte les dépenses de recherche externalisée, toutefois cette prise en compte est limitée. Les dépenses ne sont éligibles que lorsque les activités de recherche sont soit confiées à des organismes publics, des universités, des fondations reconnues d'utilité publique, des associations ayant pour fondateur et membre une université ou un organisme de recherche, soit à des organismes agréés par le ministère de la recherche[1070].

Certaines aides directes prennent, en outre, en compte les dépenses en matière de recherche contractuelle, dont le programme « Innov'up ». Tel que précédemment relevé, le programme est mis en place par la BpiFrance et la région Île-de-France et bénéficie aux très petites, petites et moyennes entreprises ainsi qu'aux entreprises de taille intermédiaire pour les projets de RDI relatifs à des produits, services, procédés, organisation ou à l'innovation sociale. Il accompagne les phases de faisabilité, de développement et

---

1067 V. pour ce constat : OECD, *Reviews of Innovation Policy : France*, 2014, p. 161.

1068 V. pour ces chiffres : OECD, *Reviews of Innovation Policy : France*, 2014, p. 158-161.

1069 V. en ce sens les développements de Baulinet, Duraffourg et Vanackere : BAULINET, Chistophe, DURAFFOURG, Michel, VANACKERE, Simon, La fiscalité spécifique applicable aux produits de santé et à l'industrie qui les fabrique, Rapport IGF n°2012-M-013-03 et IGAS n°RM 2012-132-P, 2012, p. 49.

1070 V. art. 244 quater B, II., d) du CGI.

d'expérimentation, alors que les dépenses éligibles recouvrent en particulier les frais de personnel et prestations externes, c'est-à-dire les honoraires et la sous-traitance en matière de recherche et développement. Il en allait également ainsi de l'appel à projets « Innov'up Leader PIA » désormais clôturé.

En Suisse, l'introduction récente d'une déduction supplémentaire des dépenses de recherche et développement par le projet fiscal 17 rend compte de l'importance de la recherche externalisée ou contractuelle pour le processus de recherche et développement en général, et en particulier pour celui pharmaceutique. Ainsi, l'article 25a de la Loi fédérale sur l'harmonisation des impôts directs des cantons et des communes pose en son alinéa 1 que *« sur demande, les cantons peuvent autoriser la déduction des dépenses de recherche et de développement que le contribuable a engagé en Suisse, directement ou par l'intermédiaire de tiers, à raison d'un montant dépassant de 50% au plus les dépenses de recherche et de développement justifiées par l'usage commercial. »*. 80% des dépenses pour travaux de recherche et développement externalisés, c'est-à-dire facturés par des tiers, peuvent alors bénéficier de la déduction augmentée (article 25a, alinéa 3, b) de la Loi fédérale sur l'harmonisation des impôts directs des cantons et des communes).

De plus, les dépenses de recherche externalisée sont prises en compte par un autre instrument d'incitation suisse qu'est la possibilité d'une constitution de provisions pour futurs mandats de recherche et développement confiés à des tiers. Ainsi, la possibilité ouverte aux entreprises par l'article 63 alinéa 1, d) de la Loi fédérale sur l'impôt fédéral direct d'une constitution de provisions à charge du compte de résultat pour *« les futurs mandats de recherche et de développement confiés à des tiers, jusqu'à 10% au plus du bénéfice imposable, mais au total jusqu'à 1 million de francs au maximum »* se retrouve également au niveau cantonal. Tel qu'analysé plus haut, les cantons suisses ont introduit dans leur droit fiscal cantonal une disposition similaire ou identique. Il en va notamment ainsi des cantons du Jura[1071], Zurich[1072], Grisons[1073] et Lucerne[1074]. Au-délà d'une prise en compte adéquate de la réalité des activités de recherche et développement, et de la nécessité d'accès à un savoir et des compétences particulières, ces dispositions offrent l'avantage de la prévisibilité et de la facilité d'organisation.

Il semblerait qu'en Allemagne un nombre relativement important de programmes et régimes d'aides visent explicitement la recherche sous-

---

[1071] Art. 27 al. 1bis de la Loi d'impôt du canton de Jura, du 26.5.1988, RSJU 641.11.

[1072] § 27 al. 2, b) de la Loi fiscale du canton de Zurich, du 8.6.1997.

[1073] Art. 32 al. 1, c) et art. 81 al. 1, d) de la Loi fiscale du canton de Grison, du 8.6.1986, BR 720.000 et art. 12 des dispositions d'exécution concernant la législation fiscale (*Ausführungsbestimmungen zur Steuergesetzgebung*), BR 720.015.

[1074] § 36 al. 2 et § 77 al. 2 de la Loi fiscale du canton de Lucerne du 22.11.1999.

traitée. Ainsi en va-t-il du *« Zentrales Innovationsprogramm Mittelstand »*[1075], du *« ERP-Mezzanine für Innovation »* de la KfW[1076], du Coupon d'innovation de la Bavière [1077], du programme *« ProFit Brandenburg »*[1078], du programme *« Förderung von Forschung Entwicklung und Innovation »* du Mecklembourg-Poméranie occidentale [1079], de la *« Niederschwellige Innovationsförderung für KMU »* de la Nbank en Basse Saxe[1080], du programme *« Technologieförderung im Saarland »*[1081], ainsi que du programme *« Forschung und Entwicklung ab 2018 »* de Saxe-Anhalt[1082], parmi d'autres.

La récente loi sur les primes fiscales à la recherche et au développement (*Gesetz zur steuerlichen Förderung von Forschung und Entwicklung*) compte parmi les dépenses éligibles les frais de recherche contractuelle dans la limite de 60% de la rémunération payée à l'entreprise mandatée pour la réalisation des travaux de recherche (§ 3 alinéa 4 de la loi sur l'incitation fiscale à la recherche et au développement).

Une prise en compte divergente de la recherche coopérative interentreprises par les incitations à la RDI. Les aides orientées vers les projets de recherche coopératifs interentreprises sont, en revanche, peu nombreuses. En Allemagne, un certain nombre d'aides, dont notamment le *« Förderprogramm zur Stärkung der Gesundheitswirtschaft »* du *Land* Hambourg [1083], le programme *« ProFit »* du Brandembourg [1084] et le programme *« ProFit Projektfinanzierung »* de Berlin[1085], rendent compte de

---

1075 V. Bundesministerium für Wirtschaft und Energie, Richtlinie « Zentrales Innovationsprogramm Mittelstand (ZIM) », 20.01.2020 (https://www.zim.de/ZIM/Redaktion/DE/Downloads/Richtlinien/richtlinie-zim-2020.pdf?__blob=publicationFile&v=10).

1076 V. les développements p. 77 et s..

1077 https://www.stmwi.bayern.de/service/foerderprogramme/innovationsgutscheine/ (consulté dernièrement le 09.06.2021).

1078 V. les développements p. 79.

1079 https://www.foerderdatenbank.de/FDB/Content/DE/Foerderprogramm/Land/Mecklenburg-Vorpommern/foerderung-forschung-entwicklung.html (consulté dernièrement le 09.06.2021).

1080 https://www.nbank.de/Unternehmen/Innovation/Niedrigschwellige-Innovationsf%C3%B6rderung-f%C3%BCr-KMU-und-Handwerk/index.jsp (consulté dernièrement le 09.06.2021).

1081 V. Richtlinie für die Technologieförderung im Saarland « Zentrales Technologieprogramm Saar », consultable sur https://www.saarland.de/SharedDocs/Downloads/DE/stk/wissenschaft-forschung-technologie/richtlinie_zentrales_technologieprogramm_saar.pdf?__blob=publicationFile&v=1 (consulté dernièrement le 09.06.2021).

1082 https://www.ib-sachsen-anhalt.de/unternehmen/innovativ-sein/forschung-und-entwicklung-ab-2018 (consulté dernièrement le 09.06.2021).

1083 V. les développements p. 79.

1084 V. les développements p. 79.

1085 https://www.ibb.de/de/foerderprogramme/pro-fit-projektfinanzierung.html (consulté dernièrement le 09.06.2021).

l'importance de la coopération interentreprises en recherche et développement. Le *« Förderprogramm zur Stärkung der Gesundheitswirtschaft »* promeut ainsi en particulier les projets de recherche coopératifs entre une grande entreprise et une ou plusieurs PME lorsque ces dernières supportent au moins 30% des dépenses éligibles.

En France, les aides directes au soutien de projets collaboratifs visent ceux associant des entreprises et une structure complémentaire. En alla-t-il ainsi des projets collaboratifs d'innovation stratégique du Fonds unique interministériel. Il en va tout autant ainsi des aides accordées par la BpiFrance, dont l'aide aux projets de recherche et développements structurants pour la compétitivité.

Les conséquences du constat contrasté sur l'opportunité et l'efficacité des incitations. Les incitations à la RDI françaises, allemandes et suisses rendent donc compte de l'importance de la recherche contractuelle et de la recherche coopérative interentreprises à des degrés différents. En France, certaines aides directes et indirectes prennent en compte la recherche contractuelle, toutefois cette prise en compte est relativement limitée, due notamment aux critères d'éligibilité des dépenses de l'article 244 quater B, II., d) du Code général des impôts pour le crédit d'impôt recherche. En Allemagne, tant les aides directes qu'indirectes prennent en compte la recherche contractuelle, il en va en particulier ainsi des primes fiscales à la recherche et au développement nouvellement introduites en droit fiscal allemand. En Suisse, la recherche externalisée est également prise en compte par les incitations à la RDI, notamment pour la déduction supplémentaire des dépenses de recherche et pour la constitution de provisions pour futurs mandats de recherche et développement.

Or, la recherche contractuelle est d'importance particulière pour le milieu pharmaceutique. L'externalisation des essais cliniques pour médicaments à usage humain aux *Clinical Research Organizations* est réalisée dans un objectif de gain d'efficience à l'une des étapes les plus onéreuses du processus de R&D. En effet, la moyenne des tâches sous-traitées est généralement élevée et peut dans certains cas atteindre jusqu'à 100%. Tel que précédemment relevé, il en va ainsi du monitoring des sites de recherche. Sa part est, de surcroît, susceptible de s'accroître à l'avenir en réponse aux exigences scientifiques et techniques croissantes le long du processus de recherche et développement d'un nouveau médicament innovant et leur pendant financier.

Les projets de recherche coopératifs interentreprises ne sont promues que de manière limitée. En France, certaines aides incitent à la recherche coopérative interentreprises tout en exigeant l'association d'une structure complémentaire, alors qu'en Allemagne les aides semblent plus diversifiées mais tout autant en nombre limité.

Si les projets de recherche coopératifs et la recherche contractuelle se trouvent prises en compte à des degrés différents en France, en Allemagne et en Suisse, certains auteurs relèvent, en outre, une persistance des difficultés à trouver des partenaires de coopération en France[1086]. Ce constat constitue, semble-t-il, un élément de potentialisation d'ordre pratique de l'intérêt d'un meilleur soutien en ce sens, cela indistinctement de s'il s'agit de la coopération interentreprises ou des projets de recherche collaboratifs entre entreprises et instituts ou organismes de recherche publics.

Cette dernière semble mieux prise en compte par les systèmes nationaux d'incitation à la recherche, au développement et à l'innovation dans les trois pays soumis à l'étude.

II. Les relations entre entreprises et recherche publique

La fragmentation du processus de recherche et d'innovation au niveau de la collaboration entre entreprises et recherche publique. Les collaborations entre entreprises et instituts ou organismes de recherche publics, c'est-à-dire les collaborations entre industrie et secteur académique et scientifique, sont d'une importance non négligeable pour la RDI pharmaceutique en vue d'accéder aux connaissances et compétences nécessaires au développement des innovations d'aujourd'hui, dont celles biotechnologiques.

État des lieux de la recherche collaborative en France, Allemagne et Suisse. L'OCDE avait souligné dans son rapport sur la politique d'innovation en France les difficultés se rapportant à l'établissement de liens entre recherche publique et entreprises économiques en France. Ainsi, uniquement 2% du budget de la recherche publique aurait été financé par les entreprises économiques en 2010, alors que la part s'élevait à 15% en Allemagne et à 10% en Suisse[1087]. Ce même manque d'interaction se retrouve au niveau des publications communes, dont le nombre est moins important en France comparé à la Suisse et l'Allemagne[1088].

Une prise en compte suffisante de la collaboration entre entreprises et recherche publique par les incitations à la RDI. Pourtant, les aides visant à améliorer et prendre en compte cette forme de collaboration sont nombreuses en France. L'exemple du crédit d'impôt recherche a d'ores-et-déjà été développé. S'ajoutent pour la France, les aides pour les projets de recherche et développement structurants pour la compétitivité, ainsi que les appels à projets génériques de l'Agence nationale de la recherche qui visent surtout les projets collaboratifs entre industrie et secteur académique. Doit finalement être mentionné la loi n°2019-486 du 22 mai 2019 relative à la

[1086] V. à cet égard notamment : GALIA, Fabrice, MANCINI, Sara, MORANDI, Valentina, Obstacles to innovation : what hampers innovation in France and Italy ?, Paper presented to DRUID Society, 2012, p. 14 et 15.
[1087] Voir : OECD, *Reviews of Innovation Policy : France*, 2014, p. 151, tableau 5.1.
[1088] V. pour ce constat : OECD, *Reviews of Innovation Policy : France*, 2014, p. 150.

croissance et la transformation des entreprises, dite loi PACTE, dont l'objectif était d'améliorer le passage entre recherche publique et privée par un encouragement des chercheurs publics à la participation à ou à la fondation d'une entreprise économique[1089].

Le nombre est pareillement important en Allemagne. Sont à mentionner, en particulier, le *« Förderprogramm Hochtechnologien des 21. Jahrhunderts »* [1090] de la Bavière, qui vise avant tout à favoriser la collaboration entre industrie et secteur scientifique, ainsi que le programme *« ProFit Projektfinanzierung »* de Berlin [1091], la collaboration entre entreprises et recherche publique y étant considérée comme un élément clef, ainsi que le programme *« Wissens- und Technologietransfer. Innovationsberatung für kleine und mittlere Unternehmen »*[1092] qui vise à soutenir le transfert de technologies et de connaissances, notamment, entre entreprises et universités ou instituts de recherche extrauniversitaires en promouvant les services de conseil afférents.

De surcroît, et lié aux priorités clairement définies par le programme-cadre du gouvernement fédéral relatif à la recherche en matière de santé (*Rahmenprogramm Gesundheitsforschung der Bundesregierung*) précédemment mentionné, le Ministère fédéral pour l'Éducation et la Recherche a créé l'initiative nationale « principe actif » (*Nationale Wirkstoffinitiative*). Son objectif est de favoriser le développement de nouveaux médicaments en améliorant le transfert de connaissances entre industrie et secteur académique, en promouvant la collaboration entre entreprises, recherche publique et en y associant les autorités compétentes pour l'octroi d'une autorisation de mise sur le marché[1093].

Le concept directeur *« Offene Innovationskultur »* rassemble, en outre, les moyens mis en œuvre pour favoriser les structures et méthodes de transfert dans l'objectif d'une innovation ouverte et d'une transformation plus

---

[1089] En effet, avec la loi PACTE le chercheur public peut consacrer la quotité de temps de travail fixée par la convention et dans la limite fixée par voie réglementaire à la collaboration avec l'entreprise. Lorsque cette collaboration n'est pas compatible avec un exerice à temps plein des fonctions publiques, il est considéré mis à disposition de l'entreprise, alors qu'auparavant la collaboration devait être compatible avec un tel exercice à temps plein. Par ailleurs, il peut conserver une participation au capital dans la limite de 49% lorsqu'il décide de retourner dans le secteur public (art. 119 de la loi PACTE; art. L. 531-8 du Code de la recherche ; v. également : PULICANI, Muriel, « Loi Pacte : L'État mise sur les PME », *Pharmaceutiques*, 2018, n°262, p. 19).

[1090] V. les développements p. 79.

[1091] https://www.ibb.de/de/foerderprogramme/pro-fit-projektfinanzierung.html (consulté dernièrement le 09.06.2021).

[1092] https://isa.stage.comwrap.eu/unternehmen/wissens-und-technologietransfer (consulté dernièrement le 09.06.2021).

[1093] https://www.gesundheitsforschung-bmbf.de/files/White_Paper_AG_Wertschoepfungskette_final.pdf ; https://www.gesundheitsforschung-bmbf.de/de/wirkstoffentwicklung-9466.php (consulté dernièrement le 08.06/2021)

efficiente des résultats de la recherche en des innovations économiques, sociales et sociétales[1094].

Il s'agit là également d'une des formes d'incitation choisies par la Suisse. Innosuisse apporte ainsi son soutien aux projets collaboratifs entre entreprises et recherche publique dans le cadre des aides aux projets innovants. Plus récemment, et afin de maintenir le degré d'innovation des entreprises suisses face à la pandémie Covid-19, le programme d'impulsion « Force d'innovation suisse » a ouvert la possibilité d'une réduction de la contribution des partenaires de mise en œuvre. Ainsi, la contribution du partenaire de mise en œuvre est réduite pour les nouveaux projets d'innovation de 50% à 30% pour autant que l'entreprise-partenaire de mise en œuvre démontre que la pandémie Covid-19 ait affecté son entreprise et que cette réduction soit nécessaire au démarrage du projet. Elle peut être réduite à 20% lorsque le projet collaboratif est un projet d'innovation à potentiel disruptif ou radical qui porte sur des changements structurels induits ou accélérés par la pandémie[1095].

Certaines aides d'Innosuisse visent, en outre, explicitement d'améliorer et de faciliter pour les projets innovants collaboratifs entre une petite et moyenne entreprise et un partenaire de recherche public, la recherche des partenaires adéquats. L'aide prend alors la forme d'un mentoring[1096].

Le rapport de l'OCDE de 2014 avait, en effet, relevé un effort croissant en France de favoriser le développement de collaborations entre recherche publique et privée et le transfert de connaissances entre recherche publique et industrie, tout en relevant la complexité du système d'incitation en résultant, du fait d'une multiplication des aides au cours du temps et de leur manque de coordination[1097].

De manière générale, cette forme de coopération semble mieux prise en compte par les pays soumis à l'étude que la coopération interentreprises, ce qui est susceptible de se répercuter favorablement sur l'innovation pharmaceutique. Le constat est d'ailleurs corroboré par l'efficacité de la collaboration entre entreprises et recherche publique en Allemagne et en Suisse en pratique et le continuel effort de la France à améliorer le statu quo qui trouve sa traduction, notamment, dans les modifications apportées par la loi PACTE de 2019.

[1094] Bundesregierung, *Forschung und Innovation für die Menschen. Die Hightech-Strategie 2025*, consultable sur : https://www.bmbf.de/upload_filestore/pub/Forschung_und_Innovation_fuer_die_Menschen.pdf, p. 46.

[1095] https://www.innosuisse.ch/inno/fr/home/start-your-innovation-project/projets-dinnovation/programme-impulsion-innovation-suisse.html (consulté dernièrement le 08.06.2021).

[1096] https://www.innosuisse.ch/inno/en/home/be-connected/mentoring.html (consulté dernièrement le 08.06.2021).

[1097] OECD, *Reviews of Innovation Policy : France*, 2014, p. 154, 155.

Au volet scientifique et technique s'adjoint un second volet qu'est celui stratégique. Ce volet complète la présentation du changement de paradigme le long de la chaîne de valeur du médicament innovant.

CHAPITRE 2

Le volet stratégique

L'innovation pharmaceutique repose sur une chaîne circulaire d'éléments interdépendants en constante rétroaction : innovation pharmaceutique initiale, production et commercialisation efficientes, réinvestissement des profits réalisés dans de nouvelles recherches[1098]. Si le changement de paradigme sous son volet scientifique et technique affecte le coût, la durée et les incertitudes attachés au processus de RDI, il accroît corrélativement l'importance de l'élément commercial, du fait de la dépendance et de l'interaction entre les étapes du processus.

L'acceptation sociétale de l'innovation en tant que facteur de complexité stratégique. L'élément stratégique lie ainsi les phases précédant et succédant l'introduction d'un nouveau médicament innovant sur le marché. À cet égard, la perception sociétale de l'innovation pharmaceutique mise sur le marché constitue un facteur non négligeable. Elle repose *« en bonne partie sur la confiance et la crédibilité des activités scientifiques qui sont menées »*[1099]. Or, les scandales sanitaires ont rendu la société plus critique vis-à-vis des activités de RDI des entreprises pharmaceutiques, sensibilité accrue par la communication médiatique afférente[1100]. En effet, la qualité d'entreprise économique semble être à l'origine d'une certaine méfiance de la population et, plus particulièrement, les objectifs de réalisation de profits et de rentabilisation de l'effort financier en RDI[1101].

[1098] V. pour ces éléments interdépendants : SABATIER, Valérie, *op.cit.*, p. 15, l'auteure citant Jean-Paul Clozel à cet égard.

[1099] DESCHENES, Mylène, STANTON-JEAN, Claude, OLIVIER, Catherine, DUPRAS-LEDUC, Raphaëlle, « La conduite responsable en recherche : de la théorie à la pratique » *in* HERVÉ, Christian, STANTON-JEAN, Michèle, MAMZER, Marie-France (dir.), *Autour de l'intégrité scientifique, la loyauté et la probité. Aspects cliniques, éthiques et juridiques*, Paris : Dalloz, coll. Thèmes & commentaires : Ethique biomédicale et normes juridiques, 2016, p. 10.

[1100] DAHAN, Robert, « L'art de l'innovation » *in op.cit.*, p. 80, 81.

[1101] Pour la critique relative aux profits importants réalisés durant la période d'exclusivité, v. : BELLEFLAMME, Paul, YPERSELE, Tanguy van, « Comment favoriser l'innovation dans le

D'aucuns estiment qu'un regard critique, s'il est justifié en raison de la qualité de bien particulier du médicament, s'avère propice uniquement pourvu qu'il soit suffisamment objectif et empreint d'une certaine forme de bienveillance[1102]. Des exigences dépassant ce qui est possible au regard de l'état de la science pourraient, au contraire, avoir des répercussions négatives sur la décision d'investissement des entreprises. Le potentiel effet est aujourd'hui renforcé par le passage des patients *« de l'univers de la maladie à l'univers de la santé »*[1103] introduisant un degré d'exigence nouveau ainsi qu'une sensibilité croissante, qui se présentent, en outre, comme le revers paradoxal d'une tendance consumériste en matière de médicaments. Les patients seraient simultanément rassurés par les performances des innovations passées et par les promesses politiques et sociales, de telle sorte à faire naître et amplifier des exigences et attentes particulières tenant à la qualité, à la sécurité et au prix des médicaments innovants[1104].

Ainsi, le scandale de la thalidomide a induit un mouvement de retour[1105] vers l'utilisation de médicaments barbituriques voire de type bromures, au détriment des médicaments à activité de type benzodiazépine modernes, dont l'usage de longue date était garant de sécurité. Fut non seulement atteinte l'image de l'entreprise, mais remis en cause la révolution psychopharmaceutique initiée dans son ensemble[1106]. Une autre illustration semble pouvoir être trouvée dans la faible part des dépenses investies pour les recherches en santé mentale, alors même que le coût de leur traitement représente aujourd'hui 33% du total des dépenses de santé [1107]. Les répercussions sont susceptibles de se faire sentir à l'étape initiale de décision d'investissement en innovation pharmaceutique, avec un potentiel

---

secteur pharmaceutique : brevets et/ou récompenses ? » *Reflets et perspectives de la vie économique*, 2006, n°4, Tome XLV, p. 23 et s. (voir p. 24) ; Pour le rôle de la confiance/méfiance face à une pression des coûts grandissante en Suisse : ULRICH, Georges, *Repositioning of a Stakeholder Issue applied at Pfizer Switzerland,* Berne, Stuttgart, Wien : Haupt Verlag, 2009, notamment p. 11 et s. : l'auteur met en lumière le lien existant entre coût des médicaments et confiance accordée à l'industrie pharmaceutique. Ainsi, la population suisse se plaindrait des coûts importants et d'une politique de communication des entreprises faiblement développée.

[1102] V. en ce sens : SEDLACEK, Hans-Harald, *op.cit.*, p. 49.

[1103] Citation issue de : DAHAN, Robert, « L'art de l'innovation » *in* LE SOURD, Pierre (dir.), *La société du médicament ?*, Paris, Le cherche midi, coll. Documents, 2006, p. 80.

[1104] Voir DAHAN, Robert, « L'art de l'innovation » *in op.cit.*, p. 80, 81.

[1105] Les médicaments anciens furent alors fréquemment prescrits aux côtés du médicament innovant.

[1106] V. KESSEL, Nils, BONAH, Christian, « Revolutionary Markets ? Approaching Therapeutic Innovation and Change through the Lens of West German IMS Health Data, 1959-1980 » *in* GREENE, Jeremy A., CONDRAU, Flurin, SIEGEL WATKINS, Elizabeth (dir.), *Therapeutic Revolutions. Pharmaceuticals and Social Change in the Twentieth Century,* Chicago, London : The University of Chicago Press, 2016, p. 117.

[1107] V. ARMAND, Jean-Pierre, BIOT, Jacques, « La médecine personnalisée » *in op.cit*, p. 123.

détournement de l'intérêt de certains domaines d'indication et un accroissement du nombre de projets abandonnés au cours du processus de RDI suite à une réévaluation de ses risques et bénéfices.

Les évolutions réglementaires en tant que facteur de complexité stratégique. La « sensibilité » relevée au niveau sociétal se poursuit au niveau des autorités compétentes du fait des risques sériels[1108] présentés par les médicaments et, en particulier, des incertitudes attachées aux effets concrets du médicament dans l'usage médical quotidien. La procédure d'autorisation de mise sur le marché ne peut, dès lors, reposer que sur une évaluation la plus complète du médicament, ce qui justifie l'ampleur, la robustesse et la fiabilité des données, notamment précliniques et cliniques, réunies dans un dossier de demande d'AMM[1109].

Les entreprises sont notamment tenues d'indiquer les effets secondaires du médicament, les contre-indications, les résultats d'expériences chimiques, biologiques, microbiologiques, physiques, les résultats d'essais pharmacologiques et toxicologiques, ainsi que les résultats d'essais cliniques[1110]. Les renseignements fournis sur les résultats d'expériences et sur les essais visant à établir l'efficacité et l'innocuité du produit, doivent être suffisamment détaillés pour s'assurer d'une évaluation objective[1111]. Doivent y figurer, en outre, l'ensemble des informations utiles négatives ou positives sur le produit, susceptibles d'affecter l'évaluation du rapport bénéfice-risque, à défaut de quoi l'AMM peut être refusée[1112]. Il n'est alors

[1108] V. notamment : CRISTOL, Danièle, « La responsabilité des autorités nationale et communautaire relative au contrôle de la mise sur le marché des médicaments », *RDSS*, 2004, p. 123 et s.

[1109] Uniquement en procédant à une évaluation la plus complète et objective du médicament, les autorités nationales et européenne peuvent satisfaire à leur obligation de protection de la santé publique (v. à titre exemplatif: TABUTEAU, Didier, « Sécurité sanitaire et droit de la santé », *RDSS*, 2007, p. 823 et s. (p. 826)) ; Pour l'ampleur du dossier de demande d'AMM, v. notamment : GETZ, Kenneth A., Assessing the Downstream Impact of Protocol Design Complexity », *Touch Briefings*, 2009, p. 93.

[1110] Pour les données et documents à fournir, v. en particulier : art. 11 al. 2 de la LPTh ; art. R. 5121-25 du CSP ; § 22 AMG.

[1111] V. notamment : Module 4 et 5 de la directive 2001/83/CE du Parlement européen et du Conseil du 6 novembre 2001 instituant un code communautaire relatif aux médicaments à usage humain, JO L 311 du 28.11.2001, p. 67 ; v. également : art. 11 al. 1 de la LPTh et art. 2 et s. de l'OEMéd.

[1112] Pour le refus de l'AMM, v. notamment : § 22 al. 2, phrase 3 AMG et § 25 al. 2, n°1 AMG ; v. par ailleurs l'art. R. 5121-21-2 al. 2 du CSP (sur la transmission sans délai de toute donnée pouvant modifier l'évaluation du rapport à l'Agence) ; art. L. 5121-9 du CSP (sur le refus de l'AMM) ; v. pour comparaison les art. 3 et s. OEMéd et les art. 11 et 16 LPTh ; Le dossier doit, par ailleurs, comporter le système de pharmacovigilence et de gestion des risques (§ 22 AMG ; art. R. 5121-25 du CSP ; AW-Aide-mémoire, RMP/ICH E2E - Informations relatives à l'envoi de rapports de Swissmedic).

pas rare que le dossier de demande d'AMM comprenne plus de 1000 pages, et souvent même plus de 25.000 pages[1113].

La sensibilité des autorités compétentes est susceptible d'affecter l'évaluation du rapport bénéfice-risque, pierre angulaire de la procédure d'AMM, un rapport bénéfice-risque défavorable conduisant au refus de l'autorisation de mise sur le marché (article L. 5121-9 alinéa 1 du Code de la santé publique, § 25 alinéa 2, n°5 de la Loi fédérale allemande sur les médicaments, articles 16 et 10 de la Loi sur les produits thérapeutiques suisse). La constitution du dossier d'AMM et la conception des essais en deviennent un facteur de complexité stratégique qui trouve sa traduction indirecte dans la possibilité ouverte aux entreprises de consulter les autorités compétentes avant une demande d'AMM [1114]. Ce *Scientific Advice* et *Protocol Assistance*, s'il est facultatif au niveau national, est obligatoire dans une procédure d'AMM européenne centralisée.

Une multitude de textes nationaux et supranationaux établissent, par ailleurs, des principes qui restent encore aujourd'hui au cœur de la réglementation des essais cliniques, dont le Code de Nuremberg (1947), la Déclaration d'Helsinki (1964), les Bonnes pratiques cliniques du Conseil international d'harmonisation des exigences techniques pour l'enregistrement de médicaments à usage humain (1996), ou encore la Convention d'Oviedo (1997). Le règlement (UE) n°536/2014 relatif aux essais cliniques de médicaments à usage humain s'y adjoint, la « nouvelleté » résidant avant tout dans l'élargissement considérable des obligations de publication nationales des résultats d'études [1115]. Ses répercussions ne se limite d'ailleurs pas aux pays membres de l'Union puisqu'il déploie des effets à l'égard d'états tiers, dont la Suisse, lorsque les sites d'essais suisses sont en lien avec des essais réalisés dans l'Union ou lorsque les essais réalisés en Suisse sont mentionnés dans une demande d'AMM dans l'Union (article 1er a) et c) du Règlement d'exécution (UE) n°2017/556 de la Commission du 24 mars 2017 sur les modalités des procédures d'inspection relatives aux bonnes pratiques cliniques

---

[1113] GETZ, Kenneth A., « Assessing the Downstream Impact ... », *loc.cit.*, p. 93 ; v. aussi pour l'ampleur du dossier : DETTLING, Heinz-Uwe, « Schutz von Studienergebnissen : eine neue Kategorie geistigen Eigentums ? », *PharmR*, 2016, n°7, p. 271 et s. (voir p. 275).

[1114] Pour l'Allemagne, v. en particulier : WINNANDS, Simone *in* KÜGEL, J. Wilfried, MÜLLER, Rolf-Georg, HOFMANN, Hans-Peter (dir.), *Arzneimittelgesetz*, München : Verlag C. H. Beck, coll. Beck'sche Kurz-Kommentare, 2e édition, 2016, p. 450 ; v. aussi : https://www.bfarm.de/EN/BfArM/Organisation/Advice_Procedures/Scientific_Advice/_node.html (consulté dernièrement le 08.06.2021), ainsi que les §§ 27 (sur la déclaration solennelle) et 71c (sur les obligations d'information de l'autorité compétente) VwVfG ; Pour la France v. https://ansm.sante.fr/vos-demarches/industriel/guichet-innovation-et-orientation-gio (consulté dernièrement le 08.06.2021); Pour la Suisse v. Guidance Document. Meetings for applicants held with the authorisation sector ; https://www.swissmedic.ch/swissmedic/en/home.html (consulté dernièrement le 08.06.2021).

[1115] Considérant 67, art. 37 § 4 et annexes IV et V du Règlement.

conformément au règlement (UE) n°536/2014 du Parlement et du Conseil[1116]).

Désormais l'obligation de publication couvre le rapport d'étude, le protocole d'étude, les données issues d'autres essais portant sur le même médicament, le résumé de l'essai, un résumé compréhensible par un profane, et ce, que les résultats soient positifs ou négatifs, la transmission devant intervenir dans le délai d'un an à compter de la fin de l'essai (considérant 67, article 37 § 4 et annexes IV et V du Règlement)[1117]. Toutefois, la publication sur la base de données européenne exclut les données personnelles des patients. Les données couvertes par le secret commercial ou industriel peuvent, en principe, être exclues ou bénéficier d'une publication différée[1118], l'effet pratique est pourtant limité puisque les données du rapport d'étude ne seront plus couvertes par le secret commercial une fois l'AMM accordée (considérant 68 du Règlement) alors que les résultats d'essais ne seront pas considérés comme confidentiels pour des motifs d'intérêt public général[1119]. De surcroît, et à la différence de la POLICY/0070[1120] de l'Agence européenne du médicament[1121] dans la continuité de laquelle s'inscrit cette volonté de transparence et d'accès au grand public, le règlement n'impose pas le respect de Terms of Use pour la consultation et pour l'enregistrement des données, ni l'utilisation non commerciale des données.

[1116] JO L 80 du 25 mars 2017, p. 7 et s.

[1117] V. article 81 sur la base de données européenne ; v. aussi : WACHENHAUSEN, Heike, « Datentransparenz versus Datenschutz bei klinischen Prüfungen mit Arzneimitteln », *A&R*, 2016, n°4, p. 147 et s. (voir p. 147).

[1118] V. sur ce point notamment : WACHENHAUSEN, Heike, *loc.cit.*, p. 149.

[1119] Certains auteurs allemands considèrent que l'ampleur des obligations de publication s'accorde difficilement avec la liberté de profession garantie par les art. 12 et 1er de la LF et par l'art. 16 de la Charte des droits fondamentaux de l'Union européenne (v. sur ces considérations : DOMANN, Carolin, *loc.cit.*, p. 435) ; Pour une prise de position critique : BVerwG, 10 décembre 2015 – 3 C 18. 14, *Clopidogrel* : le Tribunal administratif fédéral y tente de préciser les contours du droit à la protection des données cliniques, le qualifiant de *sui generis*, et relève la nécessité d'une protection de ces données, en tant qu'informations confidentielles, en raison d'une protection insuffisante de l'effort de développement expérimental (très onéreux) par le droit des brevets.

[1120] La POLICY/0070 sur la publication des données cliniques relatives aux médicaments à usage humain est sans préjudice du Règlement (CE) 1049/2001 relatif à l'accès aux documents du Parlement européen, du Conseil et de la Commission et ne remplace pas la POLICY/0043 sur l'accès aux documents relatifs aux médicaments humains et vétérinaires (http://www.ema.europa.eu/docs/en_GB/document_library/Other/2014/10/WC500174796.pdf).

[1121] WACHENHAUSEN, Heike, *loc.cit.*, p. 147 ; v. également sur cette politique s'étendant à la phase pré-AMM centralisée : DENNINGER, Erhard, « Zur Veröffentlichungspolitik der Europäischen Arzneimittel-Agentur », *PharmR*, 2015, n°1, p. 7 et s. (voir p. 7).

Pour la Suisse, les différences d'exigences entre règlement et législation nationale en termes de fiabilité et robustesse des données[1122] est susceptible d'avoir des répercussions substantielles sur l'utilisation éventuelle des résultats d'essais pour une demande déposée dans l'Union[1123] et sur la charge supplémentaire découlant des volumes et formats des données inscrits sur la base de données européenne, en particulier pour les petites et moyennes entreprises[1124]. La crainte d'importants investissements en infrastructure, en temps et en effectifs, avant tout pour les PME,[1125] est dès lors commune aux pays soumis à l'étude, alors qu'une relativisation de la sécurité des investissements en RDI du fait de la divulgation d'informations critiques[1126] adjoint une nouvelle couche de complexité stratégique.

Cette évolution réglementaire est indirectement liée à celle relative à la protection des données personnelles. Le règlement (UE) n°2016/679 relatif à la protection des personnes physiques à l'égard du traitement de données à caractère personnel, entré en vigueur le 25 mai 2018 (RGPD), s'applique ainsi aux entreprises du secteur dès lors que des données personnelles sensibles sont collectées durant les essais, enregistrées et utilisées, alors que se juxtaposent des exigences nouvelles, notamment en termes de pénalités (article 83 du Règlement), et des incertitudes d'interprétation relatives aux dispositions du RGPD et aux lois de transposition nationales.

Bien que la Suisse n'est pas membre de l'Union, le champ d'application territorial du RGPD est suffisamment étendu pour affecter les activités des entreprises suisses puisqu'il s'applique notamment au traitement de données à caractère personnel *« relatives à des personnes (…) qui se trouvent sur le territoire de l'Union par un responsable du traitement ou un sous-traitant qui n'est pas établi dans l'Union, lorsque les activités de traitement sont liées : a) à l'offre de biens ou services à ces personnes concernées dans l'Union (…) ; ou b) au suivi du comportement de ces personnes, dans la mesure où il s'agit d'un comportement qui a lieu au sein de l'Union »*

1122 Consortium d'experts de l'Institut de droit européen et de droit international économique de l'université de Berne (IEW), du Centre du droit de la santé et management de la santé de l'université de Berne, de la chaire d'économie politique de l'université de Bayreuth et de l'entreprise INFRAS Forschung und Beratung (rédac.), HAHN, Michael (dir.), « Synthèse. Projet de recherche sectorielle : effets en Suisse du règlement UE relatif aux essais cliniques de médicaments à usage humain », Berne, 14 février 2019, p. 2.

1123 *Ibid.*, p. 1.

1124 *Ibid.*, p. 7.

1125 V. en ce sens en particulier : DIENEMANN, Susanna, WACHENHAUSEN, Heike, « Der Vorschlag für eine neue EU-Verordnung über klinische Prüfungen – Fortschritt oder Rückschritt ? » *PharmR*, 2012, n°10, p. 429 et s. (voir p. 431) ; v. aussi : WACHENHAUSEN, Heike, *loc.cit.*, p. 150.

1126 V. à cet égard : DETTLING, Heinz-Uwe, « Studientransparenz und Redaktion – Umfang und Grenzen », *PharmR*, 2016, n°5 p. 170 et s. (voir p. 177) ; v. aussi : FULDA, Christian B., « EMA gefährdet Investitionen in die Arzneimittelentwicklung », *PharmR*, 2013, n°10, p. 452 et s..

(article 3 § 2, a) et b) du RGPD), tout autant qu'aux succursales ou filiales suisses établies sur le territoire de l'Union et y exerçant leurs activités (article 3 § 1 et considérant 22 du RGPD). Les entreprises suisses ne peuvent dès lors pas échapper à l'application du RGPD lorsque les essais réalisés par des chercheurs suisses concernent des citoyens de l'Union ou que l'appel à participer à un essai s'adresse également à ces derniers, mais encore lorsque des données de santé sont échangées au niveau international[1127].

Afin de répondre au changement du statu quo les entreprises ont progressivement réajusté leurs structures internes et méthodes, ont opté pour différentes formes de coopération et s'efforcent d'assurer une commercialisation efficiente du médicament innovant.

Une nouvelle exigence de gain d'efficience. La rentabilisation de l'effort financier en RDI est, en principe, conditionnée par une distribution ou commercialisation du produit innovant au niveau international. Or, les entreprises pharmaceutiques et biotechnologiques n'agissent pas toujours au niveau mondial[1128], ce qui implique une nécessaire fragmentation du processus à l'étape de la commercialisation du médicament innovant dans un objectif stratégique. En l'absence de structures de commercialisation dans des pays étrangers, les entreprises sont alors susceptibles de recourir à des partenaires par l'intermédiaire de licences de commercialisation en vue d'accéder aux marchés locaux[1129].

Le co-marketing et la co-promotion poursuivent, au contraire, l'objectif d'une potentialisation des capacités de commercialisation et d'extension des parts de marché. Tous deux renvoient à la commercialisation d'un médicament par deux ou plusieurs entreprises différentes et sur un même marché, la différence résidant dans les modalités concrètes de la coopération. Alors que le co-marketing vise le cas d'une commercialisation du principe actif sous des noms différents[1130], la co-promotion vise celui d'une commercialisation sous le même nom[1131], de telle sorte que l'objectif de rentabilisation de l'effort financier est respectivement envisagé par l'intermédiaire d'un positionnement différent des produits sur le marché ou d'une *« pression commerciale »* accrue[1132]. Une différenciation en termes de

---

[1127] V. notamment : Rapport de l'OFSP, *Loi relative à la recherche sur l'être humain (LRH) : résultats de l'évaluation et suite de la procédure*, 2019, p. 21.

[1128] V. en ce sens, notamment : WOLF, Dieter, *Pharma Marketing : Einführung und Überblick über Pharma Marketing und Pharma Markt Deutschland*, Norderstedt : Books on Demand, 1e édition, 2017, p. 116.

[1129] V. pour cette forme de coopération par l'intermédiaire de licences de commercialisation et la nécessité d'une commercialisation au niveau international en vue de la rentabilisation de l'effort financier en RDI pharmaceutique : WOLF, Dieter, *op.cit.*, p. 116.

[1130] WOLF, Dieter, *op.cit.*, p. 117, 118.

[1131] Voir : WOLF, Dieter, *op.cit.*, p. 118.

[1132] Citation traduite par l'auteure et issue de : WOLF, Dieter, *op.cit.*, p. 118 (*Vertriebsdruck*) ; v. également au même endroit pour les considérations relatives à la co-promotion ; v. p. 117 pour les considérations relatives au co-marketing.

galénique ou de message publicitaire et informatif n'est, dès lors, possible que dans le premier cas[1133], pour lequel la vente de la substance Lisinopril par Merck & Co (Lisinopril) et AstraZeneca (Zestril) est un exemple adéquat[1134]. Un exemple pour la co-promotion peut être trouvé dans la commercialisation du Ranitidin sous le nom de *Zantac* par Glaxo en coopération avec un certain nombre d'entreprises locales[1135].

L'échange de produit, désigné de « Quid pro Quo » par Dieter Wolf[1136], complète les possibilités de coopération interentreprises à l'étape de la commercialisation du produit dans un objectif d'efficacité de la stratégie d'innovation de l'entreprise et de rentabilisation de l'effort financier en RDI. Les entreprises « échangent » alors des produits innovants qui correspondent respectivement mieux à la stratégie globale, c'est-à-dire au portfolio, de l'autre, en vue d'éviter qu'un médicament innovant soit négligé au moment de sa commercialisation[1137].

L'aléa attaché à l'*out-licensing* pour les grandes entreprises et groupes pharmaceutiques. Dans un objectif stratégique similaire, l'*out-licensing* est un moyen pour les entreprises de « transférer » un projet de recherche qui serait autrement abandonné pour des raisons scientifiques, financières ou commerciales à une autre entreprise. Ce moyen de « transfert » financièrement intéressant se présente simultanément comme un moyen d'accès à de nouveaux marchés[1138]. Or, le nombre de projets abandonnés en cours de processus de RDI ne cesse d'augmenter sous l'effet combiné de la complexité scientifique, technique et stratégique du processus d'innovation et de la concurrence croissante au niveau national et international. L'intérêt de l'*out-licensing* ne se limite alors pas aux petites et moyennes entreprises mais est susceptible de s'étendre aux grandes entreprises et groupes pharmaceutiques[1139]. Il ne faut, toutefois, pas omettre le risque que courent les *Big Pharma* d'« abandonner » un principe actif qui se révélerait ultérieurement être un *blockbuster*[1140] et de participer ainsi à

[1133] WOLF, Dieter, *op.cit.*, p. 117, 118.

[1134] V. pour cet exemple : UMBACH, Günter, *Erfolgreich im Pharma-Marketing*, Wiesbaden : Springer-Verlag, 3e édition, 2018, p. 73 : l'auteur y relève, par ailleurs, que le co-marketing est susceptible d'être porteur de désavantages considérables. Ainsi, en va-t-il de l'impossibilité de développer une marque globale pour le principe actif considéré, dont les effets seraient particulièrement sensibles au moment de congrès scientifiques internationaux.

[1135] V. pour cet exemple : UMBACH, Günter, *op.cit.*, 3e édition, 2018, p. 73, 74.

[1136] WOLF, Dieter, *op.cit.*, p. 118.

[1137] V. en ce sens : WOLF, Dieter, *op.cit.*, p. 118.

[1138] REEPMEYER, Gerrit, *op.cit.*, p. 77-79.

[1139] M. Bianchi *et al.* évoquent un département spécialisé dans les accords de licence chez Pfizer (BIANCHI, Mattia, CHIARONI, Davide, CHIESA, Vittorio, FRATTINI, Federico, *loc.cit.*, p. 121), alors que G. Reepmeyer cite les exemples de Eli Lilly, Shering Plough, Bayer, Roche et Novartis (REEPMEYER, Gerrit, *op.cit.*, p. 75).

[1140] REEPMEYER, Gerrit, *op.cit.*, p. 75.

l'émergence d'un nouveau concurrent. Cela ajoute une nouvelle couche de complexité stratégique aux coopérations interentreprises.

La publicité et l'information sur le médicament innovant. Si ces coopérations interentreprises, en tant qu'éléments stratégiques à l'étape de la commercialisation du médicament innovant, permettent d'accroître l'efficacité du processus, les éléments d'une commercialisation efficace du médicament par l'entreprise innovante complètent la présentation. Une commercialisation efficace dépend du succès de la stratégie marketing de l'entreprise et, en particulier, de la publicité et de l'information sur les médicaments innovants[1141]. En effet, la majeure partie des informations à disposition des professionnels de la santé leur sont communiquées par les entreprises[1142]. Les entreprises ont ainsi intérêt à planifier soigneusement ces activités en vue de profiter des effets long terme positifs d'une stratégie efficace et d'un produit innovant de qualité élevée[1143]. Dans les faits un médicament innovant est connu de 90% des prescripteurs dans le mois suivant sa commercialisation grâce aux informations diffusées[1144].

Définition juridique de la publicité. La directive 2001/83/CE a imposé une harmonisation complète de la définition de publicité au niveau européen, avec la finalité poursuivie par la mesure comme élément central de la définition[1145]. La définition de l'article 86 a été reprise littéralement par le droit français à l'article L. 5122-1 du Code de la santé publique, à savoir toute mesure de démarchage, d'information, de prospection ou d'incitation visant à promouvoir la prescription, la délivrance, la vente ou la consommation de médicaments, mise en œuvre par les entreprises ou par des tiers. Une mesure pour laquelle un objectif non-commercial prévaudrait ne pourrait, au contraire, pas être qualifiée de publicité[1146]. Le droit allemand

---

[1141] LEGLER, Harald, GEHRKE, Birgit, BELTZ, Heike, GRENZMANN, Christoph, *Forschungslandschaft Deutschland : Dynamik, Struktur, Globalisierung und Regionalverteilung von FuE im Internationalen Umfeld*, Essen : Wissenschaftsstatistik GmbH, coll. Materialien zur Wissenschaftsstatistik, 2008, p. 5 ; v. aussi : GASSMANN, Oliver, REEPMEYER, Gerrit, ZEDTWITZ, Maximilian von, *op.cit.*, p. 97.

[1142] V. notamment : HERMANGE, Marie-Thérèse, PAYET, Anne-Marie, « Rapport d'information fait au nom de la commission des Affaires sociales sur les conditions de mise sur le marché et de suivi des médicaments », Sénat Rapport n°382, p. 39.

[1143] V. pour l'importance du facteur qualité et nouveauté des produits de la stratégie marketing sur les ventes long terme : ATAMAN, M. Berk, HEERDE, Harald J. Van, MELA, Carl F., « The Long-Term Effect of Marketing Strategy on Brand Sales », *Journal of Marketing Research,* 2010, vol. 47, n°5, p. 866 et s. (voir p. 879).

[1144] RENZE-WESTENDORF, Martin, *Kundenbeziehungsmanagement pharmazeutischer Unternehmen : Entwicklung eines Kundenbeziehungsmanagementkonzepts mit Fokus auf medizinische Versorgungszentren und unter Berücksichtigung der Einflusspotentiale gesetzlicher Krankenkassen*, München, Mering : Rainer Hampp Verlag, coll. Hamburger Schriften zur Marketingforschung, 2012, p. 41.

[1145] CJCE, 8 novembre 2007, *Gintec*, aff. C-374/05.

[1146] V. notamment : CJUE, 2 avril 2009, *Damgaard*, aff. C-421/07 ; TILLMANNS, Christian, « Werbung vs Information : Patienten-Compliance-Programme und andere neue Wege der

n'ayant pas opté pour l'introduction d'une définition dans la Loi fédérale relative à la publicité dans le domaine thérapeutique (*Heilmittelwerbegesetz*), il fallait avant l'harmonisation induite par la directive 2001/83/CE se référer aux définitions données dans d'autres domaines juridiques, qualifiant de publicité toute mesure visant à promouvoir la vente de produits. Le § 1 alinéa 3 de la Loi fédérale relative à la publicité dans le domaine thérapeutique complète cette définition en y ajoutant les messages publicitaires « annoncés ou proposés »[1147].

La définition suisse est semblable à celle européenne définissant la publicité comme toute forme d'information, de prospection ou d'incitation visant à encourager la prescription, la remise, la vente, la consommation ou l'utilisation de médicaments (article 2, a) de l'Ordonnance sur la publicité pour les médicaments). Il est à noter que le Tribunal fédéral a jugé en 2006 que l'intention subjective peut toujours être présumée car inhérente à toute entreprise à but lucratif, bien qu'une analyse au cas d'espèce soit toujours nécessaire[1148].

Les exigences de réactivité et d'adaptabilité liées à la publicité pour les médicaments. Face à une concurrence nationale et internationale constamment croissante et un raccourcissement continuel du cycle de vie des produits pharmaceutiques et biotechnologiques, notamment sous l'effet des politiques publiques nationales tournées vers la réduction des dépenses de santé, les entreprises pharmaceutiques doivent faire preuve de réactivité et d'adaptabilité. Si des études empiriques avaient relevé durant les années 1960 une focalisation des dépenses en matière de publicité en phase de croissance[1149], il est désormais nécessaire non uniquement de promouvoir les caractéristiques spécifiques du produit après l'obtention de l'autorisation de mise sur le marché, mais de préparer le marché à l'arrivée du médicament

---

Patienteninformation » *in* VOIT, Wolfgang (dir.), *Kommunikation und Transparenz im Gesundheitswesen. 15. Symposium von Wissenschaft und Praxis*, Baden-Baden : Nomos, Marburger Schriften zum Gesundheitswesen, 2013, p. 48.

[1147] WUTZO, Petra, *Arzneimittelwerbung des Herstellers und Verbraucheransprüche im deutschen und französischen Recht*, Frankfurt am Main, Berlin etc. : Peter Lang GmbH, coll. Berliner Schriften zum internationalen und ausländischen Privatrecht, 2009, p. 40 ; v. aussi : NITSCHE, Myriam, *Zulässigkeit und Grenzen der Werbung und Information für Humanarzneimittel vor und außerhalb der Zulassung vor dem Hintergrund des Werberechts unter besonderer Berücksichtigung der pharmazeutischen Unternehmen*, Berlin, Münster : LIT Verlag, coll. Medizin-Recht-Wirtschaft, 2014, p. 7 ; GELLIßEN Georg, *Arzneimittelwerbung im Internet*, Hamburg : Verlag Dr. Kovac, coll. Schriftreihe Studium zur Rechtswissenschaft, 2008, p. 148, 149.

[1148] BG, 10 août 2006, 2A.63/2006 ; v. pour de plus amples développements : WILLI, Christoph, « Der informierte Patient ist der beste Patient », *PharmR*, 2007, n°10, p. 412 et s. (v. notamment p. 418).

[1149] V. COX, William E., « Product Life Cycles as Marketing Models », *The Journal of Business*, 1967, vol. 40, n°4, p. 375 et s., p. 380.

innovant en amont de sa commercialisation[1150]. Ces activités pré-AMM débutent souvent dès les premières phases des essais cliniques[1151]. En effet, le futur message « publicitaire et informatif », véhiculé notamment au moyen de visites médicales promotionnelles et par la presse médicale et spécialisée, aura alors une fonction de rappel post-AMM[1152] susceptible d'améliorer son efficacité, indépendamment de l'existence ou de l'absence de produits concurrents sur le marché[1153]. Elle passe nécessairement par une information scientifique détachée du produit, et notamment par l'échange et le débat scientifique[1154], puisqu'une entreprise n'est pas autorisée de promouvoir un médicament qui ne bénéficie pas encore d'une AMM (article 87 alinéa 1 de la Directive 2001/83/CE, article L. 5122-3 du Code de la santé publique, article 32 alinéa 1, c) de la Loi fédérale suisse sur les produits thérapeutiques et § 3a de la Loi fédérale allemande relative à la publicité dans le domaine thérapeutique)[1155].

Les opportunités de la stratégie pré-AMM. À cet égard, la préparation du marché ne se limite pas toujours à mettre en exergue ce qui a d'ores-et-déjà été relevé par les professionnels de la santé dans la pratique médicale quotidienne. L'entreprise est, au contraire, intéressée à « créer » un nouveau domaine d'indication, c'est-à-dire un nouveau « besoin »[1156] qu'elle sera en mesure de satisfaire une fois le médicament innovant mis sur le marché[1157], avant tout en raison des répercussions favorables au moment de la fixation du prix du nouveau produit et de son remboursement en France (articles L. 162-16-4 et L. 162-17 du Code de la sécurité sociale, article L. 5123-2 du Code de la santé publique), en Allemagne (§ 35a et § 130b du Code social V) et en Suisse (article 52 alinéa 1, b) de la Loi fédérale sur l'assurance-maladie et article 65 et s. de l'Ordonnance sur l'assurance-maladie) par

---

[1150] V. GASSMANN, Oliver, REEPMEYER, Gerrit, ZEDTWITZ, Maximilian von, *op.cit.*, p. 20 et 21.

[1151] V. sur ce point : SCHÄFFNER, Nina, *Lifecycle Management im Arzneimittelsektor,* Baden-Baden : Nomos, coll. Schriften zum Bio-, Gesundheits- und Medizinrecht, 2015, p. 70.

[1152] V. sur ce point : RENZE-WESTENDORF, Martin, *op.cit.*, p. 40.

[1153] La courbe d'adaptation et de diffusion des innovations d'Everett Roger ressemble ainsi fortement à celle du cycle de vie des produits.

[1154] UMBACH, Günter, *op.cit.*, p. 77 : notamment au moyen de colloques, congrès scientifiques, *workshops* ou publications scientifiques, mais encore par la mise en place de comités consultatifs composés de médecins (v. sur ce dernier point : RENZE-WESTENDORF, Martin, *op.cit.*, p. 40).

[1155] Cette interdiction est le pendant de l'interdiction de la distribution de médicaments sans AMM (v. sur ce point notamment : NITSCHE, Myriam, *op.cit.*, p. 90 et 95).

[1156] Certains auteurs estiment que l'entreprise ne pourra jamais créer un véritable « besoin » mais simplement générer un désir pour un produit particulier (v. KOTLER, Philip, KELLER, Kevin, MANCEAU, Delphine, *Marketing Management,* Paris : Pearson France, 14e édition, 2012, p. 12 et s.).

[1157] Cette possibilité avait déjà été relevée par John M. Brion en 1967 : BRION, John M., *Corporate Marketing Planning*, New York etc. : John Wiley & Sons, Inc., coll. The Wiley Marketing Series, 1967, p. 64.

l'intermédiaire de la détermination du progrès thérapeutique et des modalités d'inscription sur la liste des médicaments remboursables en France et en Suisse. Cette opportunité repose sur la considération que les pathologies naissent et meurent le long des mutations sociales et historiques[1158]. Ainsi, les antidépresseurs ont trouvé leur entrée dans la médecine générale au cours des années 1970 grâce à la création d'un nouveau domaine d'indication – la dépression larvée – et par la même occasion d'un nouveau marché pour Ciba-Geigy avec leur médicament Ludiomil[1159]. La complexité des produits développés pourrait en accroître simultanément l'importance puisqu'une connaissance plus étendue des pathologies implique corrélativement une multiplication potentielle des domaines d'indication[1160], et la nécessité d'une prise en compte adéquate côté entreprise.

Les défis de la stratégie post-AMM. Cette considération relative à l'exigence d'adaptabilité et de réactivité des entreprises s'étend à l'étape suivant l'obtention de l'AMM et la commercialisation du produit. Le préalable de toute stratégie post-AMM repose sur une segmentation du marché, c'est-à-dire sur la détermination des groupes cibles potentiels du message publicitaire[1161]. Les entreprises pharmaceutiques et biotechnologiques doivent, dès lors, duement prendre en compte la multiplicité des destinataires dans le contexte particulier du médicament, ainsi que le potentiel de leur individualisation en termes de rétroaction positive.

Bien que le grand public ne fasse pas partie des groupes cibles potentiels pour les médicaments sur ordonnance (article 32 alinéa 2, a) de la Loi fédérale suisse sur les produits thérapeutiques ; § 10 alinéa 1 de la Loi fédérale allemande relative à la publicité dans le domaine thérapeutique ; article L. 5122-6 du Code de la santé publique ; article 88 de la Directive 2001/83/CE), une grande diversité subsiste tout de même. Il s'agit avant tout des médecins, des grossistes et des pharmaciens. Un autre groupe cible prend

1158 FELDER, Stephan, GAUDILLIÈRE, Jean-Paul, THOMS, Ulrike, « Ads, Ads, Ads : The Gephama Database and its Uses » *in* GAUDILLIÈRE, Jean-Paul, THOMS, Ulrike (dir.), *The Development of Scientific Marketing in the Twentieth Century : Research for Sales in the Pharmaceutical Industry*, London : Pickering & Chatto, 2015, p. 78.

1159 GAUDILLIÈRE, Jean-Paul, « Marketing Loops : Clinical Research and Consumption of Antidepressants and the Reorganization of Promotion at Geigy in the 1960s and 1970s » *in* GAUDILLIÈRE, Jean-Paul, THOMS, Ulrike (dir.), *The Development of Scientific Marketing in the Twentieth Century : Research for Sales in the Pharmaceutical Industry*, London : Pickering & Chatto, 2015, notamment p. 187.

1160 Ainsi, selon Armand et Biot il se pourrait que l'on découvre à l'avenir différentes maladies de schizophrénie, exigeant des prises en charge et traitements différents en fonction des caractéristiques du patient et en vue d'une meilleure réponse au et effectivité du traitement (ARMAND, Jean-Pierre, BIOT, Jacques, « La médecine personnalisée » *in op.cit.*, p. 123).

1161 Voir : DAYAN, Armand, *Le marketing industriel*, Paris : Presses universitaires de France, coll. Que sais-je, 3e édition, 1991, p. 68.

aujourd'hui de l'importance. Il s'agit de l'assurance-maladie. Il en va particulièrement ainsi en Allemagne et en Suisse en raison de la multiplicité des caisses d'assurance-maladie légales et privées[1162]. Il n'en reste pas moins qu'une étude Eurostaf de 2012 a relevé pour la France une prise d'importance du rôle joué par la Caisse nationale d'assurance maladie des travailleurs salariés (CNAMTS) et les complémentaires santé, qui en deviennent de véritables interlocuteurs stratégiques, avant tout de par la coopération relative aux données sur l'utilisation des médicaments dans la vie réelle, aux données épidémiologiques et informations produits, mais encore du fait des programmes d'accompagnement client pour les complémentaires santé[1163]. Pour un médicament innovant peuvent s'ajouter certains leaders d'opinion et professeurs de médecine et de pharmacie d'influence[1164].

En raison de la multiplicité des destinataires potentiels, et dans un objectif d'efficience, la détermination des sous-groupes, en particulier de prescripteurs, se fera souvent en fonction du volume des prescriptions attendu par chaque membre du groupe et de leur spécialisation particulière (gros prescripteurs, spécialistes de niche), mais encore de leur positionnement à l'égard du produit (absence de connaissance, connaissance, compréhension, conviction, préférence, évaluation, rachat)[1165], ce qui accroît la complexité en ce sens[1166] et simultanément l'intérêt de profiter d'un effet de potentialisation éventuel qui découlerait de l'intégration des destinataires dans un réseau en continuelle interaction. En effet, dans le domaine médical, la position d'un des destinataires face au produit innovant ou l'entreprise est susceptible d'affecter celle des autres par « effet réseau »[1167].

Une nouvelle couche de complexité est aujourd'hui introduite par l'évolution en faveur d'une plus grande implication du patient dans la décision thérapeutique. Le patient souhaite avoir une meilleure connaissance

---

[1162] V. notamment sur ce point : UMBACH, Günter, *op.cit.*, p. 107 et 108.

[1163] LAVIELLE-MALIFARGE, Stéphane, GILLET, Cécile (réal.), MARRAUD DES GROTTES, Cécile (dir.), « L'avenir de la visite médicale : vers une disparition de la profession ? », Etude Eurostaf - Echos, coll. Dynamique des marchés, 2012, p. 88.

[1164] DÉCAUDIN, Jean-Marc, BOUGUERRA, Afifa, *La Communication Marketing Intégrée*, Paris : Economica, coll. Gestion, 4e édition, 2011, p. 107.

[1165] JENKINS, John R. G., *Marketing and Customer Behaviour*, Oxford, New York : Pergamon Press, coll. The Commonwealth and international library. Essentials of Marketing, 1972, p. 89.

[1166] V. à cet égard et sur les techniques de criblage et d'optimisation de la visite médicale : ABECASSIS, Philippe, COUTINET, Nathalie, « Le colloque singulier sur ordonnance des firmes pharmaceutiques », *Journal d'économie médicale*, 2009, vol. 27, n°3, p. 146 et s. (voir p. 150).

[1167] GEHRING, Walter, « Kapitel 9. Der Kunde im Fokus oder : Das Janus-Prinzip » *in* HARMS, Fred, GÄNSHIRT, Dorothee, RUMLER, Robin (dir.), *Pharmamarketing. Gesundheitsökonomische Aspekte einer innovativen Industrie am Beispiel von Deutschland, Österreich und der Schweiz*, Stuttgart : Lucius & Lucius, coll. Forum Marketing & Management, 2e édition, 2008, p. 171, 173-175.

des avantages et risques d'un traitement et même participer activement à la décision de prescription pour qu'elle soit adaptée à son train de vie et ses exigences [1168], dans un contexte simultanément caractérisé par la complexification du choix du meilleur traitement du fait d'une multiplicité d'options [1169] ainsi qu'un rapprochement et une interaction étroite entre médecin et patient dans le cadre de la médecine personnalisée[1170]. Cette logique d'interaction demandera vraisemblablement au médecin de s'adapter et de mieux éclairer sur son choix de prescription[1171] en transmettant des informations claires et adaptées au patient [1172], alors que s'adjoint une opportunité supplémentaire pour les entreprises de fidélisation indirecte des patients, d'importance particulière en France à l'étape de l'entrée de médicaments génériques sur le marché en raison de la réglementation particulière applicable à la substitution[1173].

[1168] V. HARMANN, Lena, *Patienteninformation und shared decision making im Lichte des Publikumswerbeverbots für verschreibungspflichtige Arzneimittel*, Stuttgart : ibidem-Verlag, coll. Schriftreihe Masterstudiengang Consumer Health Care, 2010, p. 17, 18 et 23.

[1169] Une absence de traitements alternatifs et un médecin mieux placé et légitimé du fait de son expérience et de ses obligations éthiques et professionnelles à opérer ce choix (v. HARMANN, Lena, *op.cit.*, p. 17 et s.).

[1170] MARSICO, Giovanna, « Des patients acteurs face aux défis du système de santé » *in* HERVÉ, Christian, STANTON-JEAN, Michèle, *Les nouveaux paradigmes de la médecine personnalisée ou médecine de précision. Enjeux juridiques, médicaux et éthiques*, Paris, Dalloz, coll. Thèmes & commentaires : éthique biomédicale et normes juridiques, 2014, p. 227.

[1171] SCHULZE, Gerhard, « Kapitel 5. Unterwegs zu einem neuen Gesundheitsmarkt » *in* HARMS, Fred, GÄNSHIRT, Dorothee, RUMLER, Robin (dir.), *Pharmamarketing. Gesundheitsökonomische Aspekte einer innovativen Industrie am Beispiel von Deutschland, Österreich und der Schweiz*, Stuttgart : Lucius & Lucius, coll. Forum Marketing & Management, 2e édition, 2008, p. 122).

[1172] Pour le passage d'une communication B to C à une communication B to B to C en matière de médicaments incluant, notamment, médecins et associations de patients le long du parcours de soins : SILVAN, François, « Tendances. À la recherche du bénéfice d'image », *Pharmaceutiques*, 2018, Supplément n°1 au n°258, p. 7.

[1173] Le patient peut refuser la substitution, toutefois il se verra alors exposé aux conséquences financières de son choix que sont, en principe, la perte du bénéfice du tiers payant (art. L. 162-16-7 al. 3 du CSS) et un remboursement à moindre niveau, puisque la base de remboursement des frais exposés par l'assuré est limitée à celle la plus chère en vigueur pour les spécialités génériques et hybrides appartenant au même groupe, la différence étant à charge des patients (art. L. 162-16, III. du CSS et art. L. 5125-23, II. du CSP). Cela introduit une sensibilité au prix, dont l'importance temporaire est accure au regard de l'évolution future prévisible, l'art. L. 162-16, III. du CSS n'étant qu'une phase transitoire avant *« l'entrée en vigueur de l'égalité de base de remboursement entre princeps et génériques »* (Projet de loi de financement de la sécurité sociale pour 2020 – Rapport n°153 de VANLERENBERGHE, Jean-Marie, fait au nom de la Commission des affaires sociales, déposé le 27 novembre 2019, Art. 29 Prise en charge et régulation des prix de certains médicaments particuliers, II., B). Dès lors, une fidélisation indirecte réussie du patient grâce à son implication dans le processus de prescription par l'intermédiaire du prescripteur mais encore du pharmacien pourrait être susceptible de réduire l'élasticité de sa demande au prix. En effet, le rôle du pharmacien dans le processus de distribution du médicament innovant gagne en importance. Il en est ainsi pour

Une modification des préférences côté destinataires comme élément de complexité stratégique. Aux côtés de la détermination des destinataires du message publicitaire, les entreprises pharmaceutiques et biotechnologiques doivent choisir le support adéquat pour le message publicitaire. La visite médicale demeure pour une partie des prescripteurs indispensable en raison de l'adaptation de l'information fournie à leurs besoins de praticien et un coût de recherche d'information peu important[1174], en particulier en présence de médicaments innovants. Une part grandissante devient, au contraire, moins accessible[1175] en raison de leur scepticisme quant à la qualité de l'information délivrée[1176], à la fréquence des visites et l'existence de moyens d'information alternatifs[1177], dont la base Vidal, la base Claude Bernard, la base de l'ANSM ou encore la revue indépendante Prescrire, en France[1178], l'IQWiG[1179], PharmSearch, AMIS, les recommandations médicales opposables, publiées par le Comité joint fédéral allemand au Journal officiel fédéral et dans les bulletins des médecins, et la presse professionnelle, en Allemagne[1180] ou encore le registre national des recommandations de posologies de médicaments utilisés en pédiatrie

---

son rôle dans le processus de communication B to B to C et ses effets sur l'image de l'entreprise et du produit. Un reflet de cette importance croissante semble se trouver dans l'accroissement récent du nombre de délégués pharmaceutiques auprès des officines et attachés médico-pharmaceutiques habilités à faire de la promotion auprès des officines et soumis à la Charte de la visite médicale (v. MOULLE, Valérie, « Visite médicale. Plus digitalisée, plus personnalisée », *Pharmaceutiques*, 2019, Supplément au n°268, p. 22).

[1174] BRAS, Pierre-Louis, RICORDEAU, Pierre, ROUSSILLE, Bernadette, SAINTOYANT, Valérie, « L'information des médecins généralistes sur le médicament », Sénat Rapport n°RM 2007-136P, p. 6 ; Pour le même constat relevé pour les prescripteurs anglais : JANAKIRAMAN, Ramkumar, DUTTA, Shantanu, SISMEIRO, Catarina, STERN, Philip, « Physicians' Persistence and Its Implications for Their Response to Promotion of Prescription Drugs », *Management Science*, 2008, vol. 54, n°6, p. 1080 et s. (voir p. 1088) : la visite médicale promotionnelle conduirait ainsi à une adoption plus rapide de nouvelles innovations et à l'absence d'inertie des habitudes de prescription.

[1175] V. pour ce constat et pour la France : BRAS, Pierre-Louis, RICORDEAU, Pierre, ROUSSILLE, Bernadette, SAINTOYANT, Valérie, *op.cit.*, p. 8.

[1176] Pour un jugement différent en termes d'objectivité porté par les médecins sur les diverses sources d'information (sources scientifiques officielles / d'origine commerciale) dès les années 1960, v. : BAUER, Raymond A., WORTZEL, Lawrence H., « Doctor's Choice : The Physician and His Sources of Information about Drugs », *Journal of Marketing Research*, 1966, vol. 3, n°1, p. 40 et s..

[1177] RENZE-WESTENDORF, Martin, *op.cit.*, p. 78 et s. ; v. aussi en ce sens : HERMANGE, Marie-Thérèse, PAYET, Anne-Marie, « Rapport d'information fait au nom de la commission des Affaires sociales sur les conditions de mise sur le marché et de suivi des médicaments », Sénat Rapport n°382, p. 46.

[1178] V. HERMANGE, Marie-Thérèse, PAYET, Anne-Marie, *op.cit.*, p. 49 et s.

[1179] V. RENZE-WESTENDORF, Martin, *op.cit.*, p. 80.

[1180] V. BRAS, Pierre-Louis, RICORDEAU, Pierre, ROUSSILLE, Bernadette, SAINTOYANT, Valérie, *op.cit.*, p. 237 et s.

(Swisspeddose) et la Revue médicale suisse, en Suisse[1181], mais encore les logiciels d'aide à la prescription. Cette préférence se renforcerait avec la durée et la complexité du traitement[1182].

L'importance d'un choix adéquat et la complexité stratégique sont reflétés par le constat que 30% à 70% prescripteurs seraient perdus chaque année en raison d'une modification du traitement de malades chroniques, dont 65% seraient dûs à un manque de connaissance des besoins particuliers des destinataires du message publicitaire[1183]. D'aucuns estiment que les entreprises seront amenées à mettre en œuvre des moyens complémentaires aux enquêtes standardisées sous forme de procédés exploratifs, dont les interviews et les discussions de groupe, et intégrer de supports divers, dont les médias de masse et internet[1184]. La mise en lien de différentes banques de données au niveau de l'entreprise est susceptible de s'y ajouter à long terme, ce qui imposera une rationalisation du processus grâce aux technologies d'information modernes [1185]. Cette réorientation nécessitera vraisemblablement des investissements à court et moyen terme et exigera des entreprises une grande capacité d'adaptation.

Le nécessaire choix de palliatifs à l'inaccessibilité croissante des prescripteurs s'y ajoute. L'une des options pourrait être la visite médicale à distance à laquelle 38% des médecins seraient favorables[1186], une autre la coopération entre professionnels de la santé et entreprises dans le cadre de projets qui ne portent pas nécessairement sur le produit innovant considéré[1187], tel que dans le cadre d'études d'observation. Celles-ci ont avant tout pour objectif de collecter des informations sur d'éventuels effets indésirables et secondaires d'un médicament. La fidélisation des

---

1181 Revue médicale scientifiquement indépendante consacrée à la formation continue des prescripteurs (https://www.revmed.ch/).

1182 BAUER, Raymond A., WORTZEL, Lawrence H., *loc.cit.*.

1183 STREMERSCH, Stefan, VAN DYCK, Walter, *loc.cit.*, p. 13 ; v. aussi : HARMS, Fred, « Kapitel 10. Customer-Relationship-Management (CRM) » *in* HARMS, Fred, GÄNSHIRT, Dorothee, RUMLER, Robin (dir.), *Pharmamarketing. Gesundheitsökonomische Aspekte einer innovativen Industrie am Beispiel von Deutschland, Österreich und der Schweiz*, Stuttgart : Lucius & Lucius, coll. Forum Marketing & Management, 2e édition, 2008, p. 187.

1184 SCHULZE, Gerhard, « Kapitel 5. Unterwegs zu einem neuen Gesundheitsmarkt » *in op.cit.*, p. 123.

1185 V. pour de plus amples développements sur les investissements à réaliser en matière de Data Management et Multichanneling : HARMS, Fred, « Kapitel 10. Customer-Relationship-Management (CRM) » *in op.cit.*, p. 195 et s. : l'auteur relève ainsi le manque de succès de ce modèle de CRM dans certaines entreprises, en citant à cet égard Booz, Allen et Hamilton, la raison pouvant résider dans un manque d'efficacité en termes d'intégration des divers domaines pertinents de l'entreprise dans le processus (v. p. 203).

1186 Voir : LAVIELLE-MALIFARGE, Stéphane, GILLET, Cécile (réal.), MARRAUD DES GROTTES, Cécile (dir.), « L'avenir de la visite médicale : vers une disparition de la profession ? », Etude Eurostaf - Echos, coll. Dynamique des marchés, 2012, p. 98.

1187 GEHRING, Walter, « Kapitel 9. Der Kunde im Fokus oder : Das Janus-Prinzip » *in op.cit.*, v. notamment p. 180.

professionnels de la santé passerait ainsi, selon certains, à l'avenir par une relation de collaboration et de complémentarité entre professionnels de la santé et entreprises pharmaceutiques et biotechnologiques. Des incertitudes juridiques (pour le cas des études d'observation leur éventuelle qualification d'outil de marketing[1188]) affectent toutefois la marge de manœuvre des entreprises.

Les évolutions disruptives en termes scientifiques et techniques introduisent et accroissent donc en aval l'importance des considérations stratégiques liées aux exigences d'efficience, d'adaptabilité et de réactivité des entreprises. Celles-ci se traduisent primairement sous deux volets que sont les éléments commercial (I.) et financier (II.).

I. L'ÉLÉMENT COMMERCIAL

L'importance des compétences commerciales pour les innovations pharmaceutiques proches du marché. Tel que le relèvent Victor dos Santos Paulino et Najoua Tahri, la plupart des innovations sont des innovations proches du marché et continues pour lesquelles les compétences commerciales sont d'importance primordiale[1189]. Certaines entreprises pharmaceutiques créent, dès lors, leur avantage concurrentiel grâce à leur proximité avec les patients. Elles tendent notamment d'améliorer une caractéristique d'un produit dont le brevet est tombé dans le domaine public (galénique, dosage, utilisation), en optant ainsi pour une stratégie axée sur l'*output*. Un exemple en ce sens est l'entreprise suisse Mepha[1190]. D'autres adaptent une caractéristique particulière de leur produit aux besoins constatés sur le marché au cours du processus d'innovation. Les Laboratoires Borla Montaigne fournissent un exemple pertinent à cet égard. Grâce à une coopération étroite entre les départements recherche et marketing, fût

---

[1188] Pour une analyse plus détaillée et un exposé des critiques, v. : KOCH, Cora, APPEL, Andrea Susanne, LUBNER, Saskia Marieke, KÖBEL, Ralf, LIEB, Klaus, « Sind Anwendungsbeobachtungen ein Marketing-Tool ? », *MedR,* 2018, n°4, p. 225 et s ; v. aussi pour le manque de netteté pour leur qualification respectivement d'outil de marketing ou d'étude scientifique : KOCH, Cora, APPEL, Andrea Susanne, LUBNER, Saskia Marieke, KÖBEL, Ralf, LIEB, Klaus, « Sind Anwendungsbeobachtungen ein Marketing-Tool ? », *MedR,* 2018, n°4, p. 225 et s..

[1189] SANTOS PAULINO, Victor dos, TAHRI, Najoua, « Les obstacles à l'innovation en France : analyse et recommandations », *Management & Avenir*, 2014, vol. 69, n°3, p. 70 et s. (voir § 39).

[1190] SCHÜLIN, Philipp, *Strategisches Innovationsmanagement. Ein konzeptioneller Ansatz zur strategischen Steuerung der betrieblichen Innovationstätigkeit – dargestellt am Beispiel pharmazeutischer Unternehmen,* Hallstadt : Rosch-Buch, 1995, p. 235.

constamment réduit le nombre de prises quotidiennes du produit pour répondre au mieux aux exigences et préférences relevées sur le marché[1191].

L'importance croissante des compétences commerciales pour les innovations pharmaceutiques de rupture. Même pour les innovations de rupture les compétences commerciales sont un facteur d'importance. Un manque de prise en compte de ce facteur peut, en effet, avoir des répercussions importantes pour l'entreprise considérée. Ainsi, les chercheurs de la société Wellcome furent récompensés par plusieurs prix Nobel et la société très innovante, pourtant cette inventivité ne se traduisit aucunement par une percée économique de l'entreprise[1192]. En tout état de cause, la coordination voire la coopération entre fonctions marketing et R&D est primordiale ou, autrement dit, l'agencement et la coordination des compétences scientifiques et commerciales, cela d'autant plus face au changement de paradigme à l'étape de la commercialisation du produit innovant.

Différents facteurs complexifient ainsi les choix techniques et stratégiques à l'étape de la commercialisation du médicament innovant. Cette complexité tient notamment à l'effet conjugué d'une multiplication des groupes cibles potentiels, leur accessibilité décroissante et d'une complexité liée à la détermination d'un message adéquat et convainquant dans le respect des exigences réglementaires relatives au contenu et à la fréquence du message publicitaire.

Les moyens « traditionnels » visant à garantir la mémorisation du message, dont les options de présentation visuelle, les mots-clefs et les accroches[1193], sont insérés dans un contexte réglementaire particulier exigeant clarté, complétude, concision et non-ambiguïté. Les propriétés du médicament doivent être présentées de manière objective et non trompeuse en vue d'une information adéquate des professionnels de la santé et du bon usage du produit (article L. 5122-2 alinéa 1 du Code de la santé publique, § 3 de la Loi fédérale allemande relative à la publicité dans le domaine thérapeutique, § 5 alinéa 1 et § 5a de la Loi allemande contre la concurrence déloyale, article 32 alinéa 1 de la Loi fédérale suisse sur les produits thérapeutiques). Ainsi, l'Agence française de sécurité sanitaire des produits de santé (Afssaps), désormais dénommée Agence nationale de la sécurité des médicaments et des produits de santé (ANSM), avait estimé qu'une publicité faisant croire à des vertus, qui ne sont ni prouvées ni vérifiées, est trompeuse[1194], alors que l'appréciation de la tromperie doit prendre en

---

[1191] BORGÉ, Mathieu, LADURÉE, Patrick, « Développer un nouveau produit en alliant recherche scientifique et démarche marketing : l'exemple d'un complément alimentaire », *Décisions Marketing*, 2008, n°51, p. 73 et s.

[1192] SCHÜLIN, Philipp, *op.cit.*, p. 286.

[1193] V. en ce sens : DAYAN, Armand, *op.cit.*, p. 68.

[1194] Décision de l'Afssaps du 11 juillet 2008, interdisant une publicité pour Prokinyl LP et Fegenos 140 mg, JORF n°0210, 9 septembre 2008, p. 14035.

compte la spécificité des destinataires-professionnels de la santé[1195]. La jurisprudence allemande avait, en outre, précisé qu'une publicité peut être trompeuse lorsqu'elle s'appuie sur des études qui ne sont pas en mesure de soutenir les affirmations faites[1196], alors que la mise en l'avant de l'absence d'une certaine substance peut être trompeuse lorsque l'entreprise n'est pas en mesure de démontrer l'avantage scientifique en résultant[1197]. Pour le caractère de nouveauté, la jurisprudence allemande avait estimé que telle affirmation peut être trompeuse lorsqu'il n'en est pas ainsi au regard de l'état de la science au moment de l'AMM[1198]. L'article 5 alinéa 6 de l'Ordonnance sur la publicité des médicaments suisse pose à cet égard explicitement qu'une publicité pour médicaments peut avancer la nouveauté du produit au cours des 18 mois suivant leur première AMM pourvu que la publicité exprime clairement en quoi consiste cette nouveauté. Finalement, la Cour fédérale allemande (*Bundesgerichtshof*) a précisé en Allemagne qu'une publicité est trompeuse lorsqu'elle fait référence à des effets bénéfiques pour la santé qui font l'objet de débats, sauf à exposer les opinions contraires[1199].

Elle doit, dès lors, comporter les informations essentielles sur le médicament compatibles avec le résumé des caractéristiques et l'AMM, ainsi que la classification en matière de délivrance (articles L. 5122-2 et R. 5122-1 du Code de la santé publique, article 5 alinéas 1 et 2 de l'Ordonnance sur la publicité pour les médicaments suisse, § 3a de la Loi fédérale allemande relative à la publicité dans le domaine thérapeutique), afin de permettre au destinataire de se faire une idée personnelle de la valeur thérapeutique du médicament. Certaines mentions sont alors obligatoires (article 91 alinéa 1, article 92, ainsi que les articles 87 alinéas 2 et 3 et 89 alinéa 1, b) de la directive 2001/83/CE, § 4 de la Loi fédérale allemande relative à la publicité dans le domaine thérapeutique, article 6 de l'Ordonnance sur la publicité pour les médicaments suisse, article R. 5122-8 du Code de la santé publique), dont le nom de la préparation, la composition en principes actifs (qualitative et quantitative) avec leur abréviation. La France y adjoint les constituants de l'excipient, dont la connaissance est nécessaire à la bonne administration du produit (article R. 5122-8 alinéa 1, n°4 du Code de la santé publique). En complément, doivent être indiqués le nom et l'adresse du titulaire de l'autorisation, les domaines d'indication du

[1195] Cass. Com, 7 juillet 2009, p. n°08-11.660.

[1196] BGH, *Basisinsulin mit Gewichtsvorteil*, décision du 6 février 2013 – I ZR 62/11 : le BGH rappelle à cet égard que les résultats d'essais répondent en principe à l'exigence de preuve scientifique établie s'ils sont réalisés selon les principes et règles de la recherche scientifique (la plupart du temps études randomisées, en double aveugle et placébo-contrôlées accompagnées d'une évaluation statistique adéquate des résultats et soumis au débat scientifique grâce à leur publication.

[1197] OLG Hamburg, 28 mai 2009, Az. 3 U 173/08.

[1198] OLG Celle, 6 février 2018, Az. 13 U 134/17.

[1199] BGH, *Eusovit*, décision du 7 décembre 2000 – I ZR 260/98 et BGH, *Basisinsulin mit Gewichtsvorteil*, décision du 6 février 2013 – I ZR 62/11.

produit, la Suisse exigeant la mention d'au moins une indication ou possibilité d'emploi (article 6, d) de l'Ordonnance sur la publicité pour les médicaments suisse) alors que la France y ajoute les contre-indications (article R. 5122-8 alinéa 1, n°7 du Code de la santé publique), les effets indésirables et interactions médicamenteuses ou encore les mises en garde spéciales et précautions particulières d'emploi. En France, trouve-t-on, par ailleurs, l'exigence de mentionner la situation du médicament au regard du remboursement par les organismes d'assurance-maladie ou de l'agrément pour les collectivités territoriales (article R. 5122-8 alinéa 1, n°15 du Code de la santé publique), alors que l'Allemagne exige qu'il soit mentionné si le médicament est un médicament sur ordonnance (§ 4 alinéa 1, n°7a de la Loi fédérale allemande relative à la publicité dans le domaine thérapeutique). La Loi fédérale allemande relative à la publicité dans le domaine thérapeutique et l'Ordonnance sur la publicité pour les médicaments suisse mentionnent finalement l'interdiction d'affirmer l'absence d'effets secondaires, le caractère inoffensif ou sans danger du médicament, l'absence d'accoutumance, alors qu'il faut également éviter le qualificatif « sûr », sauf lorsque ce dernier est objectivement fondé ce qui est rarement le cas (article 13 de l'Ordonnance suisse, § 3, 2) de la Loi fédérale allemande).

De manière générale, le message devra répondre aux exigences d'exactitude, de vérifiabilité et de complétude en France (article R. 5122-9 du Code de la santé publique) et aux exigences de précision, de pondération, de véracité et de vérifiabilité en Suisse (article 5 alinéa 3 de l'Ordonnance sur la publicité pour les médicaments suisse), ce qui complique la tâche des entreprises qui peinent à concilier concision et complétude tout en cherchant à attirer l'intérêt des destinataires du message publicitaire, ce qui relativise son objectivité[1200].

En outre, la détermination du besoin particulier d'un groupe cible ou d'un membre du groupe cible n'est pas toujours aisée et ajoute à la complexité découlant d'ores-et-déjà de la détermination des groupes cibles adéquats et leur inaccessibilité croissante. Si la publicité et l'information sur un médicament innovant diffèrent globalement selon le groupe cible considéré (pédiatre, généraliste, grossiste, pharmacien, assurance-maladie)[1201], le besoin particulier d'un médecin pourrait résider dans l'amoindrissement des effets secondaires constatés lors de l'administration d'un médicament dans la pratique médicale quotidienne[1202].

[1200] Voir : BRAS, Pierre-Louis, RICORDEAU, Pierre, ROUSSILLE, Bernadette, SAINTOYANT, Valérie, *op.cit.*, p. 2, 3.

[1201] V. en ce sens : UMBACH, Günter, *op.cit.*, p. 109 et s..

[1202] Ils sont le reflet des préoccupations et des problèmes rencontrés lors du traitement des patients, bien qu'il soit parfois complexe de déterminer l'efficacité d'un médicament avec certitude, chaque patient réagissant différemment au traitement proposé et aux modalités d'administration (LEFFLER, Keith B., « Persuasion or Information ? The Economics of Prescription Drug Advertising », *The Journal of Law & Economics,* 1981, vol. 24, n°1, p. 45

Or, le médecin prend sa décision de prescription à l'issue d'un processus délibératif sur la base conjointe des informations sur les médicaments, de son savoir professionnel, de son expérience professionnelle, des normes professionnelles, des exigences réglementaires et de la situation particulière du patient[1203]. Malgré le changement de préférences des destinataires du message publicitaire et informatif exposé précédemment, les entreprises préfèrent aujourd'hui encore la visite médicale à la presse générale ou spécialisée[1204]. Cette préférence tient avant tout au coût des publications et leur manque de rentabilité[1205], mais encore aux nombreuses études confortant l'influence positive des visites médicales sur les habitudes de prescription des médecins[1206], en particulier lorsqu'il s'agit de médicaments innovants[1207]. Il n'en reste pas moins qu'à moyen ou long terme un changement d'approche s'imposera dans un objectif d'efficacité du fait des évolutions relevées. Ce réajustement reposera nécessairement sur un accroissement des compétences commerciales, avant tout des petites et moyennes entreprises.

Cette nécessité de précision et la multiplicité des facteurs décisionnels à prendre en compte pour le succès du message publicitaire et informatif

---

et s. (voir p. 54)), et communiquant les désagréments ou problèmes dans une ampleur variable à son médecin. Il n'en reste pas moins que les prescripteurs sont en mesure de relever des tendances et préoccupations générales.

1203 JONES, Miren I., GREENFIELD, Sheila M., BRADLEY, Colin P., « A survey of the advertising of nine new drugs in the general practice literature », *Journal of Clinical Pharmacy and Therapeutics*, 1999, vol. 24, n°6, p. 451 et s. (voir p. 451).

1204 HERMANGE, Marie-Thérèse, PAYET, Anne-Marie, *op.cit.*, p. 45.

1205 V. GAILLARD, Martine, DUSSART, Christian, « Le marketing pharmaceutique est-il (encore) spécifique ? », *Décisions Marketing*, 1997, n°11, p. 81 et s., voir p. 85 et 86 ; Sur l'efficacité respective de la publicité directe aux médecins et de la presse médicale : BELLEY, Bernard, « Towards a Measure of Pharmaceutical Advertising Effectiveness », *Journal of Business of the University of Chicago*, 1943, vol. 16, n°2, p. 107 et s. (voir p. 110 et 111) ; Pour l'absence d'influence effective de la publicité dans les revues médicales sur le comportement de prescription de nouveaux médicaments, v. : JONES, Miren I., GREENFIELD, Sheila M., BRADLEY, Colin P., « A survey of the advertising of nine new drugs in the general practice literature », *Journal of Clinical Pharmacy and Therapeutics*, 1999, vol. 24, n°6, p. 451 et s. : bien que les auteurs relativisent la portée des résultats du fait des caractéristiques de l'enquête.

1206 V. notamment : DARMON, David, BELHASSEN, Manon, QUIEN, Sophie, LANGLOIS, Carole, STACCINI, Pascal, LETRILLIART, Laurent, « Facteurs associés à la prescription médicamenteuse en médecine générale : une étude transversale multicentrique », *Santé Publique*, 2015, vol. 27, n°3, p. 353 et s. : la corrélation positive pour les médecins généralistes y est relativisée puisqu'ils ne sont pas toujours primo-prescipteurs du médicament innovant ; Pour un avis plus mitigé, notamment en raison de la multiplicité d'entreprises procédant à ces visites, v. : GÖNÜL, Füsun F., CARTER, Franklin, PETROVA, Elina, SRINIVASAN, Kannan, « Promotion of Prescription Drugs and Its Impact on Physicians' Choice Behavior », *Journal of Marketing,* 2001, vol. 65, n°3, p. 79 et s. (v. notamment p. 82 et 89).

1207 V. en ce sens : CAPLOW, Theodore, RAYMOND, John J., « Factors Influencing the Selection of Pharmaceutical Products », *Journal of Marketing,* 1954, vol. 19, n°1, p. 18 et s. (voir p. 21).

renforce, par conséquent, pareillement la complexité technique et stratégique, mais encore les exigences en termes de compétences commerciales.

Les répercussions sur les besoins particuliers des entreprises. Les petites et moyennes entreprises dans le domaine pharmaceutique et biotechnologique ne disposent toutefois pas toujours des compétences commerciales requises pour mener à bout le projet d'innovation considéré. Certains estiment ainsi que les *Big Pharma*, souvent moins innovantes que les petites et moyennes entreprises du secteur, devraient abandonner leurs activités de RDI et se concentrer sur les tâches pour lesquelles leur taille présente une véritable plus-value que sont, en particulier, les compétences commerciales[1208]. En tout état de cause, la coopération et le bénéfice de services de conseil en devient essentiel pour les PME pharmaceutiques et biotechnologiques. Pourtant, Victor dos Santos Paulino et Najoua Tahri relèvent à cet égard que la plupart des aides ne correspondent pas nécessairement aux besoins des entreprises puisqu'elles sont avant tout orientées vers les compétences technologiques et non commerciales[1209].

Une prise en compte divergente et relative par les incitations à la RDI nationales. Pour le secteur pharmaceutique, tant la promotion de compétences technologiques que commerciales s'imposent ainsi aujourd'hui et bien que les compétences commerciales ne soient considérées être au cœur de l'attention des états au regard du constat dressé par ces auteurs, elles ne sont pas totalement négligées pour autant. En Allemagne, doivent notamment être soulevés le programme ZIM (*Zentrales Innovationsprogramm Mittelstand*) qui, pour son volet exclusivement destiné aux PME, vise à promouvoir l'introduction de nouveaux produits sur le marché en finançant complémentairement et partiellement les services de conseil, et le programme « *Beratungsprogramm für den Mittelstand* » de la ISB Bank de la Rhénanie-Palatinat, spécifiquement orienté vers les compétences commerciales et le marché, dont l'objectif est de soutenir les PME du *Land* dans l'accès aux services de conseil stratégique, économique, organisatoire et technique, ainsi que les services de conseil relatifs au design et à la communication sur le produit. Plus récemment, le programme du Ministère fédéral pour l'Éducation et la Recherche allemand « *Mehr Chancen für Gründungen – Fünf Punkte für eine neue Gründerzeit* » tend à améliorer les opportunités de valorisation et de bénéfices pour les petites et moyennes entreprises actives en recherche et développement pharmaceutique, en reconnaissant l'importance des connaissances et compétences commerciales, même lorsque ces entreprises ne sont pas celles qui mettent in fine le produit sur le marché et le commercialisent. La

---

[1208] Mais également les essais cliniques et la production (v. en ce sens : SIMON, Françoise, GIOVANNETTI, Glen, *op.cit.*, p. 48).

[1209] SANTOS PAULINO, Victor dos, TAHRI, Najoua, *loc.cit.*, §§ 39 et 40.

focalisation se portera, dès lors, sur une meilleure information des entreprises, notamment des besoins du marché, et sur un accompagnement des entreprises et de leurs projets[1210].

En Suisse, existent les contributions aux études de marché au niveau cantonal, notamment dans les cantons d'Argovie et de Neuchâtel, et les chèques innovation d'Innosuisse visant à financer les études préliminaires, dont celles commerciales.

En France peut être mentionnée l'Aide pour la faisabilité de l'innovation de la BpiFrance.

Il n'en reste pas moins que la plupart des aides proposées, surtout en France, sont orientées vers les innovations de rupture et les compétences techniques et scientifiques, de telle sorte que les compétences commerciales semblent globalement promues dans une moindre mesure par les pays soumis à l'étude.

Outre les compétences commerciales, le changement de paradigme le long de la chaîne de valeur du médicament innovant accroît l'importance de l'élément financier.

II. L'ÉLÉMENT FINANCIER

Nécessité de rentabilisation et exigence de gain d'efficience. Les exigences auxquelles sont exposées les entreprises pharmaceutiques et biotechnologiques dans leurs activités de recherche, développement et innovation sont multiples. Elles conduisent à un accroissement du coût, de la durée et des incertitudes attachés au processus et, concomitamment, à une prise d'importance de considérations stratégiques, notamment en termes financiers et de gains d'efficience.

Une commercialisation réussie et efficiente est alors un facteur primordial pour la rentabilisation de l'effort financier en RDI. Une fois la phase de maturité atteinte, les entreprises réduiront progressivement leurs dépenses en promotion[1211] puisque tout investissement supplémentaire visant à réaliser de plus amples profits, notamment par l'extension de la part de marché du médicament, semble disproportionné par rapport aux opportunités de profits. Ainsi, durant cette phase les profits réalisés sont relativement faibles. Seuls les prescripteurs habitués au médicament et convaincus de sa qualité suite à leurs bonnes expériences continuent à le prescrire[1212].

[1210] Bundesministerium für Bildung und Forschung, *Rahmenprogramm Gesundheitsforschung der Bundesregierung*, consultable sur : https://www.bmbf.de/upload_filestore/pub/Rahmenprogramm_Gesundheitsforschung.pdf, p. 34.

[1211] RENZE-WESTENDORF, Martin, *op.cit.*, p. 42 ; v. également et pour une position différente : COX, William E., *loc.cit.*, notamment p. 379, 380.

[1212] V. en ce sens : RENZE-WESTENDORF, Martin, *op.cit.*, p. 42 ; En effet, une stratégie de promotion réussie peut avoir des effets positifs à long terme, tout particulièrement en cas d'affections de longue durée. Les prescripteurs ne pouvant pas connaître en détail les

Pourtant, certains exemples illustrent le renversement de cet impact du cycle de vie sur les activités de promotion, au sens d'une interdépendance[1213]. Si l'adéquation entre les activités de promotion et les phases du cycle de vie permet aux entreprises de rentabiliser au mieux leur investissement en innovation tout en évitant que leurs investissements ne dépassent les profits réalisés le long des phases, certains estiment qu'une stratégie particulièrement réussie pourrait avoir un impact sur les phases du cycle de vie. La stratégie de marketing pourrait, dès lors, introduire une nouvelle phase de croissance remplaçant les phases de maturité et de déclin[1214], phénomène désigné par *« cycle-recycle »*[1215], ou affecter d'une autre manière la forme de la courbe du cycle de vie traditionnellement représentée en forme de S[1216]. Cox fut ainsi en mesure de relever, dans une étude portant sur 754 produits pharmaceutiques introduits sur le marché américain entre 1955 et 1960, six courbes différentes[1217].

Une telle évolution de la forme de la courbe repose vraisemblablement sur un effort en communication d'intensité et de qualité importantes et un effort financier considérable, tout en se présentant comme une opportunité face au continuel raccourcissement du cycle de vie des produits pharmaceutiques et en complément d'une stratégie qui exploite les possibilités ouvertes par les activités préparatoires pré-AMM.

La divergence des réponses apportées. Les considérations financières sont, dès lors, multiniveaux et s'étendent de la phase de recherche à celle de

---

avantages et inconvénients respectifs de l'ensemble des traitements disponibles, ils développent dans la pratique médicale quotidienne des « pratiques de prescription établies ». Les activités de promotion peuvent les informer rapidement et les familiariser avec un médicament, les induisant à le prescrire à long terme en cas d'expériences favorables avec le produit (v. sur ce point également : RIZZO, John A., *loc.cit.*, p. 96).

[1213] Pour rappel les ajustements des activités marketing au cycle de vie des produits suppose une indépendance entre le cycle de vie des produits et ces mêmes activités (v. également sur ce point : POLLI, Rolando, COOK, Victor, « Validity of the Product Life Cyle », *The Journal of Business*, 1969, vol. 42, n.4, p. 385 et s., notamment p. 385).

[1214] UMBACH, Günter, *op.cit.*, p. 76.

[1215] V. sur ce point : VANDAELE, Michel, « Le cycle de vie du produit : concepts, modèles et évolution », *Recherche et Applications en Marketing*, 1986, vol. 1, n°2, p. 75 et s., notamment p. 76 et 78 : l'auteur cite à cet égard Joël Hinckle qui a mis en évidence le « cycle-recycle ».

[1216] VANDAELE, Michel, *loc.cit.*, p. 77 ; En effet, le succès de la stratégie de promotion commerciale peut affecter d'une part le nombre de destinataires décidant d'acheter (puis de racheter) le médicament ainsi que la fluctuation de ce nombre et, d'autre part, l'intervalle de temps séparant les achats successifs [bien que ces facteurs dans le cas d'un médicament innovant dépendent également d'autres éléments tel que, parmi d'autres, le nombre de patients consommateurs finaux du médicament, le type de pathologie et donc le type de traitement (continu ou ponctuel)], éléments se répercutant sur la forme de la courbe (v. sur les facteurs influençant la forme de la courbe : DOWLING, Graham R., COOPER, Joan A., « Simulation des systèmes. La simulation des cycles de vie des produits et services », *Recherche et Applications en Marketing*, 1990, vol. 5, n°4, p. 25 et s.).

[1217] V. à cet égard les développements de Vandaele : VANDAELE, Michel, *loc.cit.*, p. 77.

commercialisation par effet de l'interdépendance réciproque entre ces étapes du processus d'innovation pharmaceutique. Or, le soutien apporté aux entreprises dans les trois pays soumis à l'étude diffère globalement en termes d'ampleur. Tel que relevé précédemment, la Suisse ne promeut la recherche et l'innovation réalisée par les entreprises économiques que de manière restreinte. Pareillement, le constat d'une décroissance continuelle des fonds mis à disposition en Allemagne depuis les années 1990 a pu être relevé. Pour la France le niveau est, en revanche, assez élevé. Ainsi en 2010, elle a dépensé environ 1,3 milliards d'euros en aides directes et 4,5 milliards d'euros en aides indirectes au profit des entreprises économiques, 157 millions d'euros ayant été capitalisés par le régime applicable aux jeunes entreprises innovantes [1218]. Certaines évolutions réglementaires récentes dirigées vers la RDI, dont les incitations fiscales sous forme d'une déduction supplémentaire des dépenses de R&D et d'une *patent box*, en Suisse, et les primes fiscales à la recherche et au développement, en Allemagne, permettent toutefois non uniquement d'accroître l'attractivité du site entrepreneurial et de recherche, mais de répondre spécifiquement aux besoins relevés sur le marché.

Les évolutions en faveur d'une meilleure adéquation avec les exigences financières nouvelles. D'autres sont également susceptibles de se répercuter favorablement sur les entreprises du secteur, voire témoignent d'une prise en compte de sa spécificité.

En va-t-il ainsi du crédit d'impôt recherche, dont le visage a changé au cours du temps en vue d'une meilleure adéquation de cet outil aux besoins des entreprises de petite et moyenne taille. D'une conception incrémentale basée sur l'évolution des dépenses de R&D par rapport à l'année précédente, est-il passé à la prise en compte du simple volume des dépenses de R&D, et ce dans l'objectif d'une limitation des dépenses afférentes à cet instrument pour les PME. En effet, les petites et moyennes entreprises recouraient à des entreprises de conseil en vue de l'identification des dépenses éligibles[1219]. Il s'agit là d'une prise en compte des besoins des entreprises et d'une volonté de simplification d'un instrument potentiellement avantageux, entre autres, pour le secteur pharmaceutique.

Une autre évolution plus récente est celle ayant attrait au PEA-PME. Tel que le relève Florent Ruault, le fonctionnement du PEA-PME, potentiellement favorable pour les petites et moyennes entreprises du secteur, est plus souple depuis 2019. Ainsi, le PEA-PME s'ouvre au *crowdlending* (titres participatifs, minibons et obligations à taux fixe), les obligations remboursables en actions de sociétés non cotées sont désormais éligibles, alors que les contraintes pour les titres de sociétés cotées sont

[1218] V. pour ces chiffres : OECD, *Reviews of Innovation Policy : France*, 2014, p. 186-188.
[1219] V. à titre exemplatif pour cette évolution : OECD, *Reviews of Innovation Policy : France*, 2014, p. 189.

assouplies[1220]. Si certaines de ces évolutions profiteront vraisemblablement avant tout à d'autres secteurs, dont celui immobilier (*crowdlending* immobilier), il semblerait qu'elles pourraient également se répercuter favorablement sur les PME du secteur pharmaceutique et biotechnologique, du moins pour ce qui est de l'éligibilité des obligations remboursables en actions de sociétés non cotées.

En l'Allemagne, l'évolution introduite par la réforme du 23 novembre 2018 précédemment évoquée relative à la limitation de la déduction fiscale des pertes en cas de cession de parts de sociétés, avec le passage d'une limite de 25% des parts de société à celle de 50%, avait notamment permis de contrer l'effet particulièrement restrictif et peu cohérent avec les besoins des start-ups innovantes, d'importance non négligeable pour le secteur pharmaceutique et biotechnologique (§ 8c alinéa 1, phrase 1 de la Loi sur l'impôt sur les sociétés).

Bien que non spécifiquement dirigées et motivées par l'adéquation des aides au changement de paradigme le long de la chaîne de valeur du médicament innovant, ces évolutions semblent tout autant conduire à une meilleure correspondance au niveau de l'élément financier.

Une structure économique générale divergente en termes de dépenses en RDI. Si le choix d'investir en RDI est certes guidé par des considérations d'offre et de demande[1221] qui reposent sur l'évaluation de l'existence d'un besoin médical, de la gravité de la pathologie et de sa diffusion[1222], du prix potentiel du médicament innovant, de la rapidité et de l'efficacité prévisible de sa diffusion, des dépenses nécessaires à cette fin et de la protection accordée par les droits de propriété intellectuelle[1223], d'autres facteurs internes et externes sont pris en compte[1224]. Ces facteurs influent sur l'élément financier directement ou indirectement.

Ainsi, des différences se constatent globalement entre les pays soumis à l'étude en termes d'ampleur des dépenses en recherche et développement. Celles-ci n'ont représenté en France que 28,8 milliards d'euros en 2010, alors qu'elles s'élevaient à 50,3 milliards en Allemagne la même année[1225].

[1220] V. sur ce point les développements de Florent Ruault : RUAULT, Florent, « PEA et PEA-PME : un fonctionnement plus souple dès 2019 », *Option Finance*, 2019, n°1516, p. 52 et s. (voir p. 52, 53) : l'auteur relève ainsi qu'avec la loi PACTE de 2019, pour ce qui est de l'allègement des contraintes pour titres de sociétés cotées, l'interdiction d'une détention de 25% du capital de ces sociétés par une personne morale disparaît, alors que le plafond de capitalisation boursière de 1 milliard d'euro doit désormais être apprécié sur quatre exercices ; v. en particulier les art. 89 et 93 de la loi PACTE.

[1221] V. sur ce point et pour des considérations relatives au choix du site de recherche : NUSSER, Michael, GAISSER, Sibylle, *loc.cit.*, p. 411 et 412.

[1222] V. SEDLACEK, Hans-Harald, *op.cit.*, p. 19.

[1223] SEDLACEK, Hans-Harald, *op.cit.*, p. 211 et 212.

[1224] SEDLACEK, Hans-Harald, *op.cit.*, p. 211 et 212.

[1225] Le rapport de l'OCDE relève, par ailleurs, que ces dépenses des entreprises en R&D représentent 63,9% de toutes les dépenses en la matière en France et 67,3% en Allemagne. Le

La Suisse dépensait quant à elle sur la période 2000-2003 10,7 milliards de francs suisses par an, ce qui place ce pays de petite taille parmi les pays dépensant le plus pour la recherche et le développement[1226]. La même différence existe spécifiquement pour l'industrie pharmaceutique. Les dépenses s'élevaient à 3,2 milliards d'euros en France en 2010, illustrant la moindre importance du secteur pharmaceutique pour l'économie nationale, surtout comparé à l'Allemagne et la Suisse[1227].

Une répartition divergente selon la taille des entreprises. Pour ce qui est de l'investissement en fonction de la taille de l'entreprise les différences se renforcent dans l'ensemble. En Allemagne, l'investissement en RDI croît avec la taille de l'entreprise. Ainsi, Bayer a investi 3,182 milliards d'euros en R&D en 2012, Boehringer Ingelheim 2,795 milliards d'euros et Merck 1,511 milliards d'euros[1228]. De même en va-t-il de la Suisse où la majeure partie des dépenses en R&D ont été réalisées en 2012 par les entreprises Novartis et Roche, à hauteur respectivement de 7,17 milliards d'euros et 7,07 milliards d'euros[1229].

La France constitue à cet égard un cas particulier. Les entreprises de moins de 1000 employés ont dépensé 10,1 milliards d'euros en 2010, les entreprises de 1000 à 5000 employés que 5,9 milliards d'euros. Celles de plus de 5000 employés ont dépensé autour de 10,3 milliards d'euros[1230]. Une grande part avait d'ailleurs été portée par l'entreprise Sanofi-Aventis en 2012. Ses dépenses en R&D se sont élevées à 4,757 milliards d'euros[1231]. Les dépenses en R&D selon la taille des entreprises évoluent ainsi en forme de U en France, alors que le nombre d'entreprises qualifiées d'« innovantes » est plus faible qu'en Allemagne et en Suisse[1232].

---

rapport relève, en outre, qu'une grande partie de ces dépenses est financée indirectement par l'État à travers d'une part les nombreuses aides mises à disposition des entreprises et les contrats publics. Dès lors, il faut réévaluer les chiffres, tant pour l'Allemagne que pour la France, à respectivement 49,6 milliards d'euros et 24,8 milliards d'euros. Le constat ne semble d'ailleurs pas remis en cause lorsque sont comparées ces dépenses en pourcentage du PIB (v. OECD, *Reviews of Innovation Policy : France*, 2014, p. 58).

[1226] Voir : OECD, *Reviews of Innovation Policy : Switzerland*, 2006, p. 29, 30.

[1227] V. pour ce constat : OECD, *Reviews of Innovation Policy : France*, 2014, p. 60, 61.

[1228] V. pour ces chiffres : DOLATA, Ulrich, « Forschung und Entwicklung in der Wirtschaft » *in* SIMON, Dagmar, KNIE, Andreas, HORNBOSTEL, Stefan, ZIMMERMANN, Karin (dir.), *Handbuch Wissenschaftspolitik*, Wiesbaden : Springer VS, coll. Springer Reference Sozialwissenschaften, 2e édition, 2016, p. 614, tableau 1.

[1229] V. pour ces chiffres : DOLATA, Ulrich, « Forschung und Entwicklung in der Wirtschaft » *in op.cit.*, p. 615, tableau 2.

[1230] Voir : OECD, *Reviews of Innovation Policy : France*, 2014, p. 61 (respectivement 9,9 milliards d'euros, 10 milliards d'euros et 25,3 milliards d'euros en Allemagne).

[1231] V. à cet égard : DOLATA, Ulrich, « Forschung und Entwicklung in der Wirtschaft » *in op.cit.*, p. 615, tableau 2.

[1232] Pour le constat d'un nombre moins importants d'entreprises innovantes, v. : OECD, *Reviews of Innovation Policy : France*, 2014, p. 64.

Les divergences en termes de taille et de structure des entreprises nationales. Complétant les facteurs ainsi exposés, la taille des entreprises pharmaceutiques n'est pas parfaitement similaire en France, Allemagne et Suisse, bien que ces trois pays aient des entreprises de taille particulièrement importante, dont Sanofi pour la France, Novartis et Roche pour la Suisse et la Bayer AG pour l'Allemagne. Ces divergences sont avant tout le résultat de l'évolution historico-économique et des caractéristiques nationales précédemment analysées.

La Suisse est caractérisée par un nombre relativement faible de grandes entreprises et d'entreprises de taille intermédiaire nationales. Sont à mentionner, en particulier, Vifor Pharma avec un chiffre d'affaires de 1,5 milliards de francs suisses en 2018, ou encore l'entreprise Biogen, spécialisée en biotechnologies, avec un chiffre d'affaires de 13,4 milliards de dollars en 2018 [1233]. S'ajoutent à cela un certain nombre de petites entreprises [1234]. Les autres entreprises pharmaceutiques présentes sur le territoire national suisse sont primairement de grands groupes internationaux tel que Bayer, Boehringer Ingelheim, Johnson & Johnson et Pfizer[1235].

Pour la France le constat semble différent. Elle présente un nombre relativement important de petites et moyennes entreprises pharmaceutiques et biotechnologiques et d'entreprises de taille intermédiaire, dont Aguettant, Ipsen pharma et Gifre Barbezat [1236], ainsi qu'un nombre plus faible d'entreprises de grande taille, dont Servier.

[1233] V. pour ces chiffres : https://de.statista.com/statistik/daten/studie/199329/umfrage/umsatz-und-gewinn-des-biotechnologie-unternehmens-biogen-idec/, Vifor Pharma, Annual Report 2018. At a glance, consultable sur :
https://www.viforpharma.com/sites/vifor-corp/files/reports-and-presentations/Vifor%20Pharma%202018%20Annual%20Report_Short%20Version_EN.pdf.

[1234] Tel que le relève Monika Güntensperger en se référant aux données relevées par le Bundesamt für Statistik en 2005, 24 entreprises pharmaceutiques en suisse ont plus de 250 employés, alors que 48 ont entre 51 et 250 employés. Ainsi, 71% des 245 entreprises pharmaceutiques suisses emploient moins de 50 personnes, alors que le nombre d'entreprises biotechnologiques y est particulièrement élevé avec 137 entreprises en 2006 (v. GÜNTENSPERGER, Monika, « Kapitel 2. Pharmazeutische Industrie in der Schweiz » *in* HARMS, Fred, GÄNSHIRT, Dorothee, RUMLER, Robin (dir.), *Pharmamarketing. Gesundheitsökonomische Aspekte einer innovativen Industrie am Beispiel von Deutschland, Österreich und der Schweiz*, Stuttgart : Lucius & Lucius, coll. Forum Marketing & Management, 2e édition, 2008, p. 63, 64).

[1235] V. à cet égard en particulier : Interpharma, « Pharmaceutical Hub Switzerland : Basel Region », *Faits et statistiques*, 2018, p. 32 et s. ; v. par ailleurs : Interpharma, « Pharmaceutical Hub Switzerland : Zurich, Zug, Lucerne », *Faits et statistiques*, 2018, p. 32 et s.

[1236] Parmi les entreprises pharmaceutiques et biotechnologiques de taille intermédiaire peuvent être mentionnées l'entreprise Aguettant, dont le chiffre d'affaires s'élevait à 122 millions d'euros en 2018 avec un effectif compris entre 255 et 499 salariés (https://www.societe.com/societe/laboratoire-aguettant-447800210.html), l'entreprise Guerbert, dont le chiffre d'affaires s'élevait à 484 millions d'euros en 2018 avec un effectif compris entre 250 et 499 salariés (https://www.societe.com/societe/guerbet-308491521.html),

L'Allemagne est, au contraire, caractérisée par un nombre relativement important de grandes entreprises pharmaceutiques, dont l'entreprise Merck KGaA, l'entreprise Boehringer Ingelheim et l'entreprise Stada[1237]. S'y ajoutent nombre d'entreprises de petite et moyenne taille et de taille intermédiaire, dont Engelhard Arzneimittel et l'entreprise Hennig Arzneimittel[1238].

Le manque de capital humain comme obstacle majeur à l'innovation en Allemagne. Ces divergences structurelles se répercutent sur les éléments ou facteurs considérés comme obstacles majeurs à l'innovation au niveau national. La France et l'Allemagne sont généralement regroupées avec la Belgique, le Danemark, la Finlande, l'Islande, le Luxembourg, la Norvège et la Suède. Pour ce groupe les obstacles premiers à l'innovation sont le manque de personnel qualifié, le manque de connaissances relatives au

---

l'entreprise Ipsen Pharma, dont le chiffre d'affaires s'élevait à 1,34 milliards d'euros en 2018 avec un effectif compris entre 500 et 999 salariés (https://www.societe.com/societe/ipsen-pharma-308197185.html), l'entreprise Théa Laboratoires, dont le chiffre d'affaires s'élevait à 316 millions d'euros en 2017 avec un effectif compris entre 250 et 499 salariés (https://www.societe.com/societe/laboratoires-thea-390813988.html), ou encore l'entreprise Pierre Fabre, dont le chiffre d'affaires s'élevait à 826 millions d'euros en 2018 avec un effectif compris entre 100 et 199 salariés (https://www.societe.com/societe/pierre-fabre-medicament-326118502.html). Parmi les entreprises de petite et moyenne taille peuvent être mentionnées à titre d'exemple la société Gifrer Barbezat avec un chiffre d'affaires de 49 millions d'euros en 2017 et un effectif compris entre 200 et 249 salariés (https://www.societe.com/societe/soc-gifrer-barbezat-775645757.html), ou encore la société Transgene avec un chiffre d'affaires de 1,8 millions d'euros en 2018 et un effectif entre 100 et 199 salariés (https://www.societe.com/societe/transgene-317540581.html). L'entreprise Servier avait quant à elle un chiffre d'affaires de 2,05 milliards d'euros en 2017 avec un effectif compris entre 20 et 49 salariés (https://www.infogreffe.fr/entreprise-societe/085480796-les-laboratoires-servier-920188B021230000.html).

[1237] Ainsi, l'entreprise Merck réalisait un chiffre d'affaires de 14,8 milliards d'euros en 2018 (https://de.statista.com/statistik/daten/studie/169334/umfrage/umsatz-des-pharma--und-chemiekonzerns-merck-kgaa/), l'entreprise Boehringer Ingelheim un chiffre d'affaires de 17,49 milliards d'euros en 2018 (https://www.boehringer-ingelheim.de/unternehmensprofil/unser-unternehmen/zahlen-und-fakten) et l'entreprise Stada un chiffre d'affaires de 2,3 milliards d'euros en 2017 (https://www.stada.de/presse/pressemitteilungen/detailansicht/news/detail/News/stada-verzeichnet-2017-gute-geschaeftsentwicklung.html).

[1238] L'entreprise Engelhard Arzneimittel réalisa un chiffre d'affaires de 111,6 millions d'euros en 2017 (https://www.engelhard.de/presse/pressemeldungen/detail/news/starkes-umsatzwachstum-sorgt-fuer-rekordjahr/?tx_news_pi1%5Bcontroller%5D=News&tx_news_pi1%5Baction%5D=detail&cHash=7bc09bc74c9a53afd7d7877a6c27e7ac), alors que celui de l'entreprise Hennig Arzneimittel était de 43,3 millions d'euros en 2017 (https://www.northdata.de/Hennig+Arzneimittel+GmbH+%26+Co.+KG,+Fl%C3%B6rsheim+am+Main/Amtsgericht+Wiesbaden+HRA+6722).

marché, ainsi que le manque de financements[1239]. Toutefois, d'autres études empiriques ont relevé des différences entre l'Allemagne et la France.

Les entreprises allemandes considéreraient dans une moindre mesure les difficultés de financement comme obstacle majeur à l'innovation [1240]. L'Office statistique fédéral a relevé, dans une étude de 2011 couvrant la période de 2007 à 2010, qu'uniquement 7%-8% des petites et moyennes entreprises ont indiqué ressentir des difficultés d'accès au crédit, en particulier[1241]. La plupart des entreprises indiqueraient, en outre, que les conditions et la hauteur du crédit correspondent à leurs attentes[1242]. Dès lors, le manque de financements n'arriverait qu'en quatrième position en Allemagne, selon des études récentes, après le capital humain, l'accès aux clients innovants et l'emploi de technologies innovantes.

L'introduction d'instruments d'incitation semble alors opportune uniquement pourvu que ceux-ci soient directement orientés vers la résolution des obstacles majeurs identifiés. La loi allemande sur les primes fiscales est un exemple pertinent à cet égard. Si l'Allemagne a introduit un instrument fiscal semblable au crédit d'impôt recherche français, la conception même de cet instrument semble orientée vers le besoin premier identifié de manière empirique qu'est la difficulté d'accès au personnel qualifié.

Le coût de l'innovation et le manque de financements comme obstacles majeurs à l'innovation en France. En revanche, en France, le manque de financements est considéré comme particulièrement problématique par les entreprises de petite et moyenne taille[1243]. Les grandes

---

1239 V. HÖLZL, Werner, JANGER, Jürgen, *Innovation barriers across firm types and countries*, WIFO Working Papers, n°426, Austrian Institute of Economic Research (WIFO), p. 12 (l'auteur se base à cet égard sur les données CIS 2004 et CIS 2006).

1240 V. pour ce constat à titre exemplatif les développements de Reinhart W. Wettmann : WETTMANN, Reinhart W., « PME : le très envié 'Mittelstand' allemand », *loc.cit.*, p. 67-78, § 29.

1241 L'étude menée par l'Office statistique fédéral visait en particulier à étudier l'accès aux financements sur la durée de 2007-2010 par une étude menée en 2010. L'étude subdivise les entreprises de petite et moyenne taille entre gazelles, entreprises à forte croissance et les autres entreprises. Par ailleurs, elle procède à une subdivision entre secteurs. L'étude consistait en la soumission d'un questionnaire aux entreprises remplissant les critères de taille, d'effectif et d'indépendance ;
Statistisches Bundesamt, *Zugang kleinerer und mittlerer Unternehmen zu Finanzmitteln*, 2011, p. 17 (bien que sur cette période cette part s'accroît légèrement).

1242 Statistisches Bundesamt, *Zugang kleinerer und mittlerer Unternehmen zu Finanzmitteln*, 2011, p. 17 ; L'étude relève, par ailleurs, que la demande d'autres moyens de financement que le crédit par les petites et moyennes entreprises s'est accru entre 2007 et 2010. La demande de crédits subventionnés a particulièrement augmenté en passant de 4% de l'ensemble des entreprises cherchant des moyens de financement alternatifs en 2007 à 11% en 2010, alors que pour ce qui est des subventions et autres aides de l'État, la part s'est amoindrie en passant de 11% en 2007 à 9% en 2010 (v. *Ibid.*, p. 21).

1243 V. pour ce constat : IAMMARIO, Simona, SANNA-RANDACCIO, Francesca, SAVONA, Maria, « The perception of obstacles to innovation. Foreign multinationals and domestic firms in Italy », *Revue d'économie industrielle*, 2009, n°125, p. 75 et s. (pt. 15).

entreprises se voient davantage face à des obstacles organisationnels[1244]. Le coût de l'innovation est perçu comme un obstacle majeur à l'innovation pareillement par les entreprises de petite, moyenne et grande taille[1245].

Se basant sur les données CIS 2002-2004, certaines études empiriques relèvent la hiérarchie suivante pour les entreprises innovantes : l'obstacle premier serait le manque de financements internes (30%), suivi du coût important de l'innovation (26%) et du manque de financements externes (10%). Ce dernier obstacle n'arriverait pour les entreprises innovantes qu'après l'existence d'entreprises concurrentes sur le marché, l'incertitude relative à l'existence d'une demande pour des biens innovants et le manque de personnel qualifié[1246]. Les obstacles du manque de financements internes et du coût de l'innovation augmenteraient, par ailleurs, selon l'étude et sur la période considérée avec la petitesse de l'entreprise, alors que les entreprises appartenant à l'industrie manufacturière ressentiraient surtout le coût de l'innovation et la domination du marché par certaines entreprises et produits comme problématiques[1247].

D'autres études pour la même période relèvent le manque de financements et le coût excessif de l'innovation comme obstacles premiers, de même que l'incertitude relative à l'existence d'une demande pour des biens innovants et l'existence d'entreprises concurrentes dominant le marché[1248]. Du moins, la plupart des études se rejoignent sur l'effet négatif des problèmes de financement et du coût du processus sur la propension des entreprises du secteur à débuter un projet innovant[1249].

L'introduction de nouveaux instruments d'incitation semble à cet égard judicieux uniquement pourvu que ceux-ci soient en accord avec les besoins particuliers relevés, c'est-à-dire orientés vers l'amélioration du financement interne et l'amoindrissement du coût de l'innovation, ainsi que l'amélioration du financement externe et l'amoindrissement des incertitudes relatives à l'existence d'une demande effective sur le marché, ce dernier point rejoignant et renforçant indirectement celui de l'importance des compétences commerciales.

Des initiatives existent d'ores-et-déjà en France, dont en particulier la mise à disposition de fonds d'amorçage par le Fonds national d'amorçage, le régime applicable aux FCPR et FCPI, ou encore le traitement préférentiel des dépenses de fonctionnement réalisées dans les opérations de recherche

---

[1244] Voir : *Ibid.*.

[1245] V. en ce sens : *Ibid.*.

[1246] Pour cette hiérarchisation des obstacles à l'innovation, v. : GALIA, Fabrice, MANCINI, Sara, MORANDI, Valentina, *Obstacles to innovation : what hampers innovation in France and Italy ?*, Paper presented to DRUID Society, 2012, tableau 3, p. 12.

[1247] Voir : GALIA, Fabrice, MANCINI, Sara, MORANDI, Valentina, *op.cit.*, tableau 4, p. 14.

[1248] V. SANTOS PAULINO, Victor dos, TAHRI, Najoua, *loc.cit.*, tableau 3, pt. 43.

[1249] V. également : IAMMARIO, Simona, SANNA-RANDACCIO, Francesca, SAVONA, Maria, *loc.cit.*, pt. 18 : les auteurs se référant à Savignac (2006) à cet égard.

de l'article 236 du Code général des impôts. En effet, le choix de la déduction immédiate permet à l'entreprise de réduire sa base imposable et de réinvestir les économies faites dans de nouvelles recherches grâce à l'amélioration de ses capacités de financement interne. S'inspirer du modèle allemand, ne semble pourtant pas dépourvu d'intérêt. En effet, l'amélioration des fonds propres des entreprises par voie de prises de participations semble fonctionner de manière relativement efficace en Allemagne, en particulier les initiatives en matière de *venture capital*. Cela pourrait tenir à une coordination efficace des initiatives au niveau de la Fédération et des *Länder*, tout autant qu'à une coopération étroite des *Länder* allemands et des investisseurs privés. Pour ce qui est de l'amoindrissement du coût de l'innovation, il convient de se référer aux éléments précédemment développés que sont une meilleure prise en compte de la fragmentation le long du processus dans un objectif de gain d'efficience et des compétences commerciales, susceptibles de réduire le coût de l'innovation.

Le coût de l'innovation comme obstacle majeur à l'innovation en Suisse. En Suisse, les obstacles pour l'innovation ont subi de changements relativement importants sur la période 2009-2012. Désormais, l'obstacle le plus important semble être le coût du processus de RDI, alors que les besoins de financement internes et externes ne jouent qu'un rôle peu important en Suisse, surtout pour les entreprises actives en RDI[1250]. L'introduction récente d'une déduction supplémentaire des dépenses de RDI et d'une *patent box* en droit fiscal suisse par le projet fiscal 17 semble témoigner de la prise en compte de ce déplacement en termes d'obstacles à l'innovation.

Un besoin de sécurité et prévisibilité croissant. Les caractéristiques nationales conduisent par voie de conséquence à l'existence de besoins divergents côté entreprises bien que confrontées au même changement de paradigme le long de la chaîne de valeur du médicament innovant et conditionnent l'opportunité des instruments d'incitation insérées dans le système national. Si les obstacles à l'innovation sont, de manière générale, perçus comme plus problématiques par les entreprises innovantes que par celles qui ne le sont pas encore[1251], ils sont en outre liés à un besoin de

---

[1250] V. pour ce constat et cette évolution : WÖRTER, Martin, SPESCHA, Andrin, « Innovationsaktivitäten in der Schweizer Privatwirtschaft : was sind hemmende und was förderne Faktoren : Teilergebnisse der Innovationsumfrage 2016 », *Soutien public à l'innovation en Suisse*, conférence annuelle 2019, 27 mars 2019, organisée par le Secrétariat de l'État à l'économie (SECO) et Innosuisse en collaboration avec la Conférence des Chefs des Départements cantonaux de l'Economie publique (CDEP), consultable sur : https://regiosuisse.ch/fr/soutien-public-linnovation-suisse-conference-annuelle-2019-mercredi-27-mars-2019-9h00-16h30 (consulté dernièrement le 08.06.2021).

[1251] V. pour ce constat : IAMMARIO, Simona, SANNA-RANDACCIO, Francesca, SAVONA, Maria, *loc.cit.*, pt. 16 : les auteurs relèvent, en citant Galia et Legros, que l'explication pourrait être trouvée dans la circonstance que ces entreprises sont davantage en mesure de déceler les obstacles, puisqu'elles les ont d'ores-et-déjà effectivement rencontrées. Ce constat a été nuancé par d'autres études empiriques rapprochant les entreprises non

sécurité et de prévisibilité croissant du côté entreprise, dans un contexte par ailleurs caractérisé par des incertitudes non négligeables et un processus de RDI particulièrement long et onéreux. Pour rappel, le coût moyen capitalisé du processus de RDI avant mise sur le marché du produit innovant s'élève à 2558 millions de dollars en 2013[1252], avec une phase de développement moyenne de 12 à 15 ans[1253]. Ce facteur se voit indirectement renforcé par la complexité et l'hétérogénéité du système incitatif à la recherche, au développement et à l'innovation pharmaceutique et par le coût de recherche de l'information associé pour les entreprises, en tant que pendant financier[1254].

Un manque d'adéquation au niveau des conditions d'octroi de certaines aides. Or, les différentes phases du processus de recherche et développement d'un nouveau médicament innovant ne présentent pas le même coût pour l'entreprise. Les essais cliniques pour médicaments à usage humain comptabilisent ainsi environ 78% des coûts engagés et la moitié de la durée totale[1255]. Cette étape du développement est subdivisée en phases qui sont successives et peuvent partiellement se chevaucher[1256]. Dès lors, non seulement les étapes du processus de RDI mais encore les phases du développement expérimental peuvent être délimitées et se succèdent.

Stober et Eisenberg ont à cet égard identifié un manque d'adéquation des aides directes avec la réalité économique sous l'angle des exigences préliminaires à l'octroi des aides. La plupart du temps les projets ne doivent avoir débuté avant la demande d'aide considérée, bien qu'il ne soit pas toujours possible pour l'entreprise de suspendre la réalisation du projet jusqu'à l'octroi de l'aide[1257]. Ainsi, la directive administrative n°1.3. relative au § 44 du Règlement financier fédéral allemand précitée indique que le

---

innovantes mais qui souhaiteraient s'engager dans une activité innovante des entreprises innovantes sur le point de la perception des obstacles à l'innovation (v. HÖLZL, Werner, JANGER, Jürgen, *op.cit.*, p. 5, citant D'Este et al. (2008) à cet égard).

[1252] Le coût moyen non capitalisé s'élèverait à 1395 millions de dollar en 2013 (v. pour ces estimations : DIMASI, Joseph A., GRABOWSKI, Henry G., HANSEN, Ronald W., *loc.cit.*, (voir p. 20) ; Pour une estimation du coût à environ un milliard d'euro, v. : DION, Hervé, CHAMPAGNE, Xavier, *Droit pharmaceutique*, Paris : Gualino, coll. Master Pro, 2008, p. 194.

[1253] SEDLACEK, Hans-Harald, *op.cit.*, p. 201 ; D'autres avancent une moyenne entre 9 et 15 ans (v. ABECASSIS, Philippe, COUTINET, Nathalie, *loc.cit.*, (voir p. 119)).

[1254] V. en ce sens : HERBORLD, Sabine, *op.cit.*, p. 93.

[1255] Proportions déterminées au regard des données fournies par le Leem : https://www.leem.org/recherche-et-developpement (consulté dernièrement le 08.06.2021).

[1256] DIMASI, Joseph A., GRABOWSKI, Henry G., HANSEN, Ronald W., *loc.cit.*, notamment p. 22.

[1257] V. en ce sens : STOBER, Rolf, EINSENMENGER, Sven, *Besonderes Wirtschaftsverwaltungsrecht. Gewerbe- und Regulierungsrecht, Produkt- und Subventionsrecht*, Stuttgart : Verlag W. Kohlhammer, coll. Rechtswissenschaften und Verwaltung : Studienbücher, 15e édition, 2011, p. 310.

subventionnement de projets de recherche ne peut intervenir uniquement pourvu que le projet n'ait pas encore débuté.

En France, un certain nombre d'aides semblent prendre en compte le besoin de prévisibilité côté entreprise et la réalité économique du processus de R&D. En va-t-il ainsi de l'aide à l'innovation de BpiFrance ou encore de l'aide « Innov'up » mise en place par BpiFrance et la région Île-de-France, précédemment analysés, pour lesquels la forme de l'aide dépend du stade d'avancement du projet ou de la nature du projet.

Une stabilité divergente des mesures concrètes d'incitation à la RDI au niveau national. Un facteur complémentaire s'introduit en termes de sécurité et de stabilité au niveau du changement des instruments d'incitation au cours du temps. À cet égard, la situation allemande semble caractérisée par une relative stabilité. Les programmes et régimes d'aides s'inscrivent pour la plupart sur le moyen voire le long terme, alors que les instruments fiscaux ne furent utilisés qu'avec particulière parcimonie jusqu'à présent. La récente loi sur les primes fiscales présente une nouveauté en ce sens. Toutefois, les mesures fiscales sont de manière générale susceptibles de renforcer la sécurité de planification des entreprises en matière de recherche, développement et innovation, du moins pourvu que ces dispositions ne soient fréquemment remises en cause. Il en va de même en Suisse. L'introduction récente d'une *patent box* et d'une déduction supplémentaire des frais de R&D présente alors les mêmes caractéristiques que la réforme allemande.

La France, au contraire, semble davantage caractérisée par une variabilité des mesures. L'un des exemples est la suppression récente de l'ISF-PME, conséquemment à la suppression de l'impôt sur la fortune, auquel s'ajoute le risque de remise en cause d'autres incitations fiscales dans le futur. Bien qu'il s'agisse là du résultat d'un processus d'évaluation de l'efficacité des aides proposées pleinement justifié et d'une évolution des incitations directes insérées dans des programmes et plan généraux variables au cours du temps[1258], les risques de remises en cause et les incertitudes attachées

[1258] V. pour une évaluation de l'efficacité des aides en France, notamment : LHUILLERY, Stéphane, MARIANO, Marianna, PARROTTA, Pierpaolo, *Rapport pour le Ministère de l'Enseignement Supérieur et de la Recherche. Évaluation de l'impact des aides directes et indirectes à la R&D en France*, 2013, v. en particulier p. 4, 45-47 : le rapport analyse les subventions et le CIR dans une approche intra-groupe évaluant l'efficacité des aides en prenant en compte leur modulation sur la période 1993-2009. Le rapport se limite à cet égard aux *inputs*, sans prendre en compte la modification interne des *inputs* de l'entreprise, en termes de structure de la R&D ou encore en matière de ressources humaines, des *inputs* complémentaires, en termes de coopération, des *outputs*, en termes d'innovations technologiques ou non technologiques, ou encore des moyens d'appropriation utilisés, en termes de droits de propriété intellectuelle. Il relève pour la France une additionnalité des aides à la RDI de manière générale au lieu d'un effet de substitution, bien que pour le CIR il a été constaté une efficacité plus importante pour les montants d'aide très faibles et très élevés, alors que les montants d'aide modérés revêtent une efficacité moindre ce qui ouvre à des

s'ajoutant à celles du processus de RDI pharmaceutique et biotechnologique dans son ensemble. Une meilleure coordination et stabilité des mesures sur le moyen et long terme est, dès lors, souhaitable et correspondrait aux changements affectant l'innovation pharmaceutique et la commercialisation du médicament innovant[1259]. La loi PACTE, définitivement adoptée par le Parlement le 11 avril 2019 et promulguée le 22 mai 2019, rend compte de ce besoin constaté sur le marché, son objectif étant non uniquement d'améliorer les conditions de la recherche collaborative et de renforcer le modèle d'innovation français, mais de déterminer plus précisément l'ampleur des investissements sur le moyen terme et de les asseoir sur des bases juridiques et institutionnelles solides[1260].

---

possibilités d'amélioration. En revanche, le rapport relève une faible efficacité des subventions voire un effet substitutif pour les doses médianes, alors que de manière générale leur rendement était moins élevé que ceux du CIR.

[1259] Ce souhait de stabilisation a d'ailleurs été exprimé par le Leem, au sens d'une régulation pluriannuelle en vue de la stabilisation de l'environnement financier et régulatoire des entreprises pharmaceutiques (v. LAMOUREUX, Philippe, *loc.cit.*, p. 48).

[1260] Gouvernement de la République française, *Vers une loi de programmation pluriannuelle de la recherche*, Dossier de presse, 1.2.2019, p. 11, 12.

CONCLUSION GÉNÉRALE

L'innovation pharmaceutique commerciale et la distribution ou commercialisation de médicaments innovants sont aujourd'hui affectées d'un changement de paradigme conduisant à un accroissement des exigences financières, scientifiques, techniques, logistiques, stratégiques, d'adaptabilité et de réactivité des entreprises pharmaceutiques et biotechnologiques. Leur importance est renforcée par le raccourcissement continuel du cycle de vie des produits innovants de par les diverses politiques publiques nationales en faveur d'une réduction des dépenses de santé, la globalisation et l'évolution en faveur de la médecine personnalisée et des biotechnologies.

Ainsi, le coût, la durée et les incertitudes attachés au processus de R&D n'ont cessé de croître sous l'effet des exigences réglementaires, scientifiques et techniques, alors qu'à l'étape de la commercialisation du médicament innovant, complexité stratégique et technique se voient intégrées à une marge de manœuvre strictement encadrée.

Cette mutation du cadre de l'innovation pharmaceutique et de la commercialisation du médicament innovant est susceptible d'affecter à moyen et long terme la disponibilité de produits innovants sur le marché, c'est-à-dire l'approvisionnement des patients en médicaments innovants, et la compétitivité nationale, puisqu'il en résulte une véritable redéfinition de l'équilibre sous-jacent entre investissement dans l'innovation pharmaceutique et rentabilité du processus de RDI côté entreprise.

Pour cette même raison les aides directes et indirectes au bénéfice des entreprises pharmaceutiques et biotechnologiques innovantes, mais encore des *Clinical Research Organizations*, gagnent en importance en tant que facteur supplémentaire et extérieur aux entreprises. Les incitations à la RDI diffèrent sensiblement entre les pays soumis à l'étude, tant en terme de nature, de multiplicité que de variété.

Tant la Suisse que l'Allemagne usent peu d'aides directes à la RDI pour promouvoir les activités de R&D des entreprises pharmaceutiques et biotechnologiques. Les aides indirectes semblent, en revanche, principalement être de type entrepreneurio-structurelles, bien que le constat doive être relativisé tant pour la Suisse que pour l'Allemagne, en particulier compte tenu des évolutions récentes avec respectivement l'introduction d'une déduction supplémentaire des dépenses de recherche et développement et d'une *patent box* en droit fiscal suisse et de primes fiscales pour la recherche en droit fiscal allemand.

L'intervention de la Fédération allemande en matière d'encouragement de la RDI pourrait, en outre, en principe reposer sur sa compétence législative concurrente, c'est-à-dire pourrait s'effectuer sur le fondement d'une loi fédérale ou d'une loi-cadre fédéral. Toutefois, elle repose, dans les faits, sur sa compétence administrative par la nature des choses, ce qui différencie l'intervention allemande de celle suisse.

Les incitations directes à la RDI sont, au contraire, multiples et variées en France. Celles-ci sont, à la différence de la Suisse, ciblées tant en termes de secteurs qu'en termes de type de projets.

Se juxtapose également une grande variété d'aides indirectes de type entrepreneurio-structurelles et économico-structurelles, avant tout de nature fiscale, dont les effets incitatifs pour l'industrie pharmaceutique sont plus ou moins établis en pratique. S'y constate une différence primairement avec la situation allemande.

Or, le contexte particulier dans lequel s'insère l'industrie pharmaceutique en France, et plus particulièrement les dispositions fiscales spécifiquement applicables aux entreprises pharmaceutiques, sont susceptibles de se répercuter défavorablement sur les choix stratégiques de l'entreprise en matière de RDI pharmaceutique, en raison de l'interdépendance entre investissements en R&D et possibilités de rentabilisation. Il s'agit là d'une particularité française qui ne se retrouve ni en Allemagne, ni en Suisse.

Les mesures incitatives à la RDI insérées dans une perspective temporelle révèlent ainsi une typicité nationale particulière ou paradigme national en matière d'incitation à la RDI. La France a ainsi toujours été caractérisée par un interventionnisme en recherche et en économie dont les fondements théoriques et l'intensité ont évolué au cours du temps. La Suisse a, au contraire, toujours été relativement réticente à intervenir en recherche et en économie, préférant aux aides à la RDI la création d'un environnement bénéfique au développement de ces activités. Elle est dès lors caractérisée par la faveur donnée au libre jeu des forces du marché associée à une dose légère de protectionnisme orienté. L'Allemagne, si elle est de manière générale caractérisée par un interventionnisme faible ou modéré, fut périodiquement caractérisée par un interventionnisme voire dirigisme plus prononcé en recherche et en économie, notamment à l'approche de la Seconde Guerre mondiale ou encore en phase de reconstruction post-guerre. La périodicité fut alors soit de nature atypique, conditionnée par des éléments extérieurs, soit dépendante de besoins particuliers relevés sur le marché. Il s'agit là de la flexibilité caractéristique allemande.

La nature, la multiplicité et la variété des aides à la RDI ne sont toutefois pas nécessairement les éléments décisifs pour conclure à leur opportunité pour la recherche, le développement et l'innovation pharmaceutique. Leur adéquation avec les évolutions disruptives le long de la chaîne de valeur du médicament innovant ou changement de paradigme, en tant qu'élément environnemental particulier de la R&D pharmaceutique et biotechnologique, est à cet égard d'une importance particulière. Or, cette correspondance n'est que partielle.

Les incitations à la RDI nationales ne semblent ainsi que partiellement prendre en compte la fragmentation croissante du processus de R&D pharmaceutique dans le double objectif de gains d'efficience et d'accès à des savoirs et compétences particulières nécessaires aux innovations d'aujourd'hui. La collaboration entre entreprises économiques et recherche publique est à cet égard mieux prise en compte dans les pays soumis à l'étude que la coopération interentreprises.

L'évolution des moyens financiers assignés à l'encouragement de la R&D et procurés aux entreprises économiques ne semble, en outre, que partiellement correspondre aux exigences financières croissantes le long du processus de recherche et innovation pharmaceutique et biotechnologique. Une meilleure correspondance ponctuelle des mesures nationales aux exigences côté entreprise en termes financiers et subséquemment de prévisibilité et de sécurité en termes de planification doit néanmoins être relevée.

Les incitations nationales semblent toutefois refléter que partiellement l'importance croissante des compétences commerciales pour les innovations proches du marché et continues, mais encore pour les innovations de rupture, avant tout pour les petites et moyennes entreprises. Cette nécessité d'une meilleure correspondance se trouve par ailleurs indirectement corroborée et renforcée par les obstacles à l'innovation considérés par les entreprises économiques comme majeurs, dont l'accès aux clients en Allemagne et les incertitudes relatives à l'existence d'une demande effective sur le marché en France.

Dès lors, des possibilités d'amélioration du statu quo existent pour l'ensemble des pays soumis à l'étude. L'opportunité et l'attractivité des options ainsi ouvertes pour le système national repose à cet égard sur leur pondération au cas par cas à la typicité nationale ou paradigme national en matière d'incitation à la RDI relevé.

En effet, la stabilité relative des politiques publiques au cours du temps, contextualisée dans un paradigme national en matière d'incitation et dépendant d'éléments historico-économiques, idéologiques, sociologiques et institutionnels, est désignée en sciences politiques et sociologie politique par « dépendance du sentier » ou *« path dependence »*.

Pour North, cette dépendance du sentier créerait un lien entre les décisions de politiques publiques au cours du temps, tout en conduisant à une limitation des choix futurs possibles en fonction des décisions passées[1261]. Levi, Arthur, David et Pierson optent, au contraire, pour une

[1261] Douglass North cité par KAY, Adrian, « A critique of the use of path dependency in policy studies », *Public Administration*, 2005, vol. 83, n°3, p. 553 et s. (p. 553, 554).

définition de la dépendance du sentier articulée autour du principe de rétroaction positive des décisions passées, qui générerait de multiples issues possibles selon la séquence dans laquelle les évènements ont lieu[1262]. Selon, Ribémont, Bossy, Evrard, Gourgues et Hoeffler, l'élément commun serait la difficulté croissante d'un changement de politiques publiques radical avec le temps, c'est-à-dire une contrainte croissante représentée par les choix historiques avec l'écoulement du temps[1263] [1264]. Ou, tel que le posent Lagroye, François et Sawicki, il s'agirait là de ce que les approches culturalistes appellent les *« cultures nationales particulières »*[1265].

Une promotion accrue de la coopération interentreprises et de la collaboration entre entreprises et instituts ou organismes de recherche publics pourrait se révéler bénéfique dans les pays soumis à l'étude. Certaines évolutions se constatent d'ores-et-déjà en ce sens, dont l'initiative nationale « principe actif » en Allemagne qui tend à améliorer le transfert de connaissances entre industrie et secteur académique en promouvant les collaborations entre entreprises et recherche publique, tout en y associant les autorités compétentes pour l'octroi d'une autorisation de mise sur le marché. L'Allemagne pourrait considérer de renforcer les initiatives existantes.

La France pourrait considérer de compléter les mesures visant à encourager à la collaboration entre recherche publique et privée et renforcer les initiatives en faveur des coopérations interentreprises. Une planification cohérente et claire de l'intervention à moyen voire à long terme permettrait en outre de tenir compte des exigences de sécurité et de prévisibilité côté entreprises. Son importance est d'ailleurs reflétée par la loi relative à la croissance et la transformation des entreprises, dite loi PACTE, qui visait notamment à donner aux mesures des bases juridiques et institutionnelles

---

[1262] PIERSON, Paul, *Politics in time : history, institutions, and social analysis,* Princeton, Oxford : Princeton Univeristy Press, 2004, p. 20.

[1263] RIBÉMONT, Thomas, BOSSY, Thibault, EVRARD Aurélien, GOURGUES, Guillaume, HOEFFLER, Catherine, *op.cit.*, p. 165 ; v. aussi : HASSEL, Anke, *Wage Setting, Social Pacts and the Euro : a New Role for the State,* Amsterdam University Press, 2006, p. 121.

[1264] V. également : KAY, Adrian, *loc.cit.*, p. 555, 556 : l'auteur cite l'institutionnaliste historique Pierson à cet égard tout en mentionnant les limites que celui-ci apporte à cette affirmation, tenant au difficile rapprochement des politiques publiques des « institutions ». Les « institutions » seraient alors les règles du jeu ou contraintes par acceptation collective alors que les politiques publiques représenteraient les choix d'intervention ou de non-intervention de l'État.

[1265] LAGROYE, Jacques, FRANÇOIS, Bastien, SAWICKI, Frédéric, *op.cit.*, p. 542 ; La dépendance du sentier s'ajouterait selon l'approche néoinstitutionnaliste aux autres « institutions » comprises extensivement et formant le contexte de la décision en matière de politiques publiques tout autant que le système de valeurs, les symboles, les schémas cognitifs et moraux (v. RIBÉMONT, Thomas, BOSSY, Thibault, EVRARD Aurélien, GOURGUES, Guillaume, HOEFFLER, Catherine, *op.cit.*, p. 161, 162 : les auteurs y évoquent que les néoinstitutionnalistes sociologiques développent une vision particulièrement extensive des « institutions » allant au-delà des règles de procédure et des normes).

solides et de planifier les moyens financiers mis en œuvre sur le moyen terme.

La Suisse pourrait potentiellement considérer d'opter pour une meilleure promotion de la coopération interentreprises, au lieu d'une focalisation sur l'encouragement de la collaboration entre industrie et recherche publique, notamment en renforçant les initiatives tendant à la création d'un environnement favorable à l'établissement de ces liens. En effet, puisque la Suisse est caractérisée par une grande parcimonie en matière d'incitation à la RDI, la création d'un environnement favorable plutôt que des aides spécifiquement dirigées vers la coopération interentreprises semble plus en phase avec le paradigme national caractérisé.

Une amélioration de l'accès de petites et moyennes entreprises aux services de conseil pourrait également se révéler favorable.

Si les compétences commerciales semblent mieux prises en compte en Allemagne et en Suisse, la France ne les néglige pas pour autant. Il n'en reste pas moins que face à des exigences stratégiques et commerciales croissantes, une meilleure intégration d'un soutien pour les services de conseil stratégique et commercial dans les aides d'ores-et-déjà existantes voire dans des mesures incitatives complémentaires pourrait se révéler bénéfique à la recherche et à l'innovation pharmaceutique.

Une amélioration du soutien apporté aux petites et moyennes entreprises, ainsi qu'aux entreprises de taille intermédiaire, pourrait en outre se révéler favorable pour l'industrie pharmaceutique et biotechnologique à plusieurs.

La France pourrait considérer de renforcer le soutien apporté aux entreprises de taille intermédiaire employant entre 1000 et 5000 employés avant tout. Une prise en compte du constat d'un moindre investissement de ces entreprises spécifiquement pourrait se faire dans le cadre des régimes d'incitation d'ores-et-déjà existants, c'est-à-dire en augmentant leur efficacité en ce sens.

L'Allemagne pourrait considérer de renforcer le soutien apporté aux petites et moyennes entreprises de manière générale. La multitude d'instruments mis en œuvre dans cet objectif par la France pourrait être source d'inspiration à cet égard. En particulier un soutien sous forme d'incitation fiscale ne nous semble pas inopportun pour renforcer le niveau des investissements en RDI de ces entreprises, avant tout en raison de l'avantage en termes de sécurité de planification. Bien que les incitations fiscales soient moins ancrées dans la tradition allemande, elles pourraient s'accomoder du paradigme national en raison de leur moindre sélectivité comparé aux aides directes et leur caractère ciblé sur un problème particulier.

Une amélioration du financement externe et interne des entreprises de petite et moyenne taille pourrait, de surcroît, se révéler favorable aux activités de RDI des entreprises pharmaceutiques et biotechnologiques en France. Le modèle allemand pourrait se révéler une inspiration pertinente à cet égard en raison notamment d'une coopération étroite et, semble-t-il, relativement efficace entre les *Länder* et les investisseurs privés, dans le cadre, en particulier, de fonds de placement. Des initiatives existantes en ce sens en France. Les régions peuvent ainsi souscrire des parts dans un FCPR et FCPI à vocation régionale ou interrégionale. Ces initiatives pourraient, dès lors, être renforcées et/ou multipliées.

Il pourrait finalement se révéler opportun de mieux prendre en compte la réalité économique d'un processus de recherche et développement subdivisé en phases et caractérisé par sa variabilité et son imprévisibilité en Allemagne. Si l'octroi de subventions est conditionné à l'exigence d'un retardement du projet jusqu'à leur octroi, la réalité de la R&D pharmaceutique semble mieux prise en compte en France, nombre d'aides distinguant pour le type d'aide octroyée entre l'avancement du projet de RDI ou le type de projet. Il faut pourtant remarquer que certaines aides procèdent à une distinction comparable en Allemagne. En va-t-il notamment ainsi du programme *« ProFit Brandenburg »*. Un renforcement pourrait néanmoins se révéler potentiellement bénéfique pour les entreprises du secteur.

Or, la contre-pièce des incitations à la RDI côté étatique, se trouve côté entreprise au niveau de l'exploitation des possibilités ouvertes par le droit national, primairement en termes de coopération. Les entreprises sont, en effet, avant tout elles-mêmes responsables de répondre efficacement au changement de paradigme affectant le processus d'innovation pharmaceutique et la commercialisation du médicament innovant, indépendamment des décisions en matière de politiques publiques, par ailleurs caractérisées par un processus complexe et jalonné d'incertitudes.

Les petites et moyennes entreprises ont ainsi une capacité d'innovation généralement plus prononcée que les grandes entreprises[1266]. Pourtant, elles ne sont pas toujours à même de faire face à la concurrence nationale et internationales croissante en matière pharmaceutique. Il semblerait que les PME et ETI allemandes soient aujourd'hui mieux en mesure d'y répondre efficacement. L'un des facteurs souvent avancé pour expliquer cet état de fait, est l'esprit de coopération des entreprises allemandes. En effet, ces entreprises adhèrent pour la plupart à des associations leur permettant d'affirmer, ensemble, leur position sur le marché et de croître[1267], bien qu'il

---

[1266] V. sur ce point à titre exemplatif : ASSMANN, Lothar, *Mittelstand, Innovation und staatliche Forschungs- und Technologiepolitik*, Göttingen : Vandenhoeck & Ruprecht, coll. Marburger Schriften zum Genossenschaftswesen, 1979, notamment p. 3, 4, v. également p. 11.

[1267] Wettmann remarque à cet égard que la coopération interentreprises est pilotée par des entités juridiques indépendantes dans des domaines divers et variés touchant notamment au marketing, à la logistique, au conseil ou autres (WETTMANN, Reinhart W., « PME : le très envié 'Mittelstand' allemand », *loc.cit.*, § 31); Le même constat a été dressé par le rapport de l'OCDE sur la politique d'innovation en France de 2014 (p. 63).

faille remarquer qu'une volonté de coopération côté français existe bel et bien dans le secteur pharmaceutique[1268].

En raison des exigences croissantes le long du processus, la coopération interentreprises devient pour de multiples raisons un facteur clef de la réussite[1269]. Si la collaboration entre industrie et recherche publique est promue par l'ensemble des pays soumis à l'étude, la coopération interentreprises l'est dans une moindre mesure. Certes, les accords de coopération interentreprises en matière de R&D, dont ceux procédant à des répartitions de tâches, ne sont pas jugés *prima facie* anticoncurrentiels[1270]. Reste-t-il que les entreprises ont soulevé la nécessité d'une meilleure prise en compte du montant de la R&D sous-traitée, et ce tout particulièrement en France.

Pour la RDI pharmaceutique les acteurs phares sont à cet égard les *Clinical Research Organizations*, intervenant dans la phase la plus onéreuse du processus d'innovation. Des gains d'efficience à leur niveau se révéleraient vraisemblablement bénéfiques pour les *Clinical Research Organizations*, mais encore pour les entreprises pharmaceutiques en raison des opportunités de réduction du coût des essais cliniques et subséquemment de l'innovation pharmaceutique. La coopération interentreprises, en tant qu'instrument de gains d'efficience, pourrait alors prendre des formes diverses, dont celle de société coopérative. En effet, l'utilisation du modèle de société coopérative dans le domaine de la santé devient de plus en plus fréquente depuis le début des années 2000[1271] et pourrait être étendu à la coopération entre *Clinical Research Organizations*.

Né de la réalité économique et sociale, de l'industrialisation et de la difficulté d'accès au crédit des PME[1272], l'objectif de la société coopérative fut celui du maintien de leur compétitivité dans un environnement en pleine

---

[1268] Ainsi, existent un certain nombre de groupements d'intérêt économique, dont le GIE Pharma Barrois (https://www.societe.com/etablissement/gie-pharma-barrois-32629931000036-0a.html) ou encore le GIE MEDIPHARM (https://french-corporate.com//french-corporate.v6.php?siren=502844632-groupement-d-interet-economique-medipharm-les-plaines-sud-13250-saint-chamas).

[1269] V. à titre exemplatif sur la stratégie d'externalisation des activités le long de la chaîne de valeur du médicament : CHEMTOB-CONCÉ, Marie-Catherine, « Marché pharmaceutique et innovation : offrir une juste protection (1er volet) », *Propriété industrielle*, 2011, n°3, étude 7, § 19.

[1270] V. pour un exposé succinct : POILLOT PERUZZETTO, Sylvaine, « Les stratégies coopératives entre laboratoires pharmaceutiques au regard du droit des pratiques anticoncurrentielles : le cas des accords de recherche et développement en commun et des accords de transfert de technologie », *Revue Lamy de la concurrence*, 2015, n°43.

[1271] V. pour ce constat : GLENK, Harmut, *Genossenschaftsrecht*, München : Verlag C. H. Beck, coll. Studium und Praxis, 2e édition, 2013, p. 9.

[1272] V. sur ce point : EICHHORN, Gerd, *Genossenschaften und Genossenschaftsrecht in Frankreich*, Marburg: Schriften des Instituts für Genossenschaftswesen an der Philipps-Universität Marburg, 1957, p. 10.

mutation[1273]. La situation des PME dans le secteur pharmaceutique, confrontées à des difficultés d'accès aux financements, tout autant qu'à un environnement scientifique, réglementaire et économique particulier et mouvant, ne semble pas si différente. La société coopérative fut ainsi conçue comme un moyen voire un garant d'autonomie[1274] et d'optimisation[1275], au sens d'une *« autonomie économique et force commune »*[1276]. Pour reprendre les mots de Volker Beuthien, la société coopérative *« n'est pas une entreprise, mais exploite une entreprise »*[1277]. Le modèle se répercute positivement sur la situation de concurrence sur le marché, tout en réduisant les besoins de financements des entreprises par voie publique, ce qui réduit la charge financière s'imposant en ce sens à l'État. D'une certaine manière la coopération et l'entraide remplacent l'aide publique[1278].

Certes, le mouvement coopératif fut profondément inspiré d'objectifs de politique sociale et de réforme sociale[1279]. Il s'en est toutefois progressivement détaché, en faveur d'objectifs économiques en France et Allemagne[1280]. En Suisse, la réforme du droit des sociétés en 1936 avait certes eu pour objectif de faire cesser l'utilisation du modèle pour des

---

[1273] V. à titre exemplatif : Institut für Genossenschaftswesen der Westphälischen Wilhelms-Universität, SCHUBERT, Werner (dir.), *100 Jahre Genossenschaftsgesetz : Quellen zur Entstehung und jetziger Stand*, Tübingen : J.C.B. Mohr (Paul Siebeck), 1989, p. 6.

[1274] V. Institut für Genossenschaftswesen der Westphälischen Wilhelms-Universität, SCHUBERT, Werner (dir.), *op.cit.*, p. 1.

[1275] V. à cet égard notamment : LOUIS, Dieter, *Zu einer allgemeinen Theorie der ökonomischen Kooperation : verhaltenstheoretische Grundlegung der wirtschaftlichen Zusammenarbeit*, Göttingen : Vandenhoeck & Ruprecht, coll. Marburger Schriften zum Genossenschaftswesen, 1979, p. 11.

[1276] Citation issue et traduite par l'auteure de : STEDING, Rolf, *Genossenschaftsrecht*, Baden-Baden : Nomos, coll. Recht Kompakt, 1e édition, 2002, p. 25 ; En effet les membres de la *Genossenschaft* conservent leur indépendance (v. aussi sur ce point : GLENK, Harmut, *op.cit.*, p. 1).

[1277] Citation issue et traduite par l'auteure de : BEUTHIEN, Volker, *Die eingetragene Genossenschaft im Strukturwandel,* Göttingen : Vandenhoeck & Ruprecht, coll. Marburger Schriften zum Genossenschaftswesen, 2003, p. 2.

[1278] V. pour ces effets positifs : BEUTHIEN, Volker, *Die eingetragene Genossenschaft ...*, *op.cit.*, p. 32 ; v. aussi : BEUTHIEN, Volker, *100 Jahre Genossenschaftsgesetz – wie genossenschaftlich ist die genossenschaftliche Rechtsform ?*, Marburg : Institut für Genossenschaftswesen, coll. Marburger Beiträge zum Genossenschaftswesen, 1989, p. 9.

[1279] V. sur ce point : LOUIS, Dieter, *op.cit.*, p. 9 : l'auteur y cite Robert Owen pour le mouvement coopératif britannique et les Rochdale Pioneers, ainsi que Charles Fourier.

[1280] Sur cette évolution en Allemagne, voir à titre exemplatif : LOUIS, Dieter, *op.cit.*, p. 10, 11 : l'auteur y citant notamment à cet égard les noms de Liegermann, Pataleoni et Valenti ; v. aussi pour la France : Communautés européennes, Direction générale Politique d'entreprise, commerce, tourisme et économie sociale, Instituto Italiano di Studi comparativi « Luigi Luzzatti », *La législation en vigueur dans les pays de la Communauté européenne en matière d'entreprises coopératives dans la perspective du marché commun*, Luxembourg: Office des publications officielles des Communautés européennes, 1993, p. 91 et s.

activités capitalistes[1281], il n'en reste pas moins qu'il s'est accommodé de certaines exigences économiques[1282]. Le modèle en devient propice pour l'obtention de gains d'efficience dans le domaine des études cliniques de médicaments à usage humain.

À cet égard, la décision de coopération repose sur une analyse des bénéfices et des coûts attendus de la coopération[1283]. Le coût tient non seulement à la perte de liberté individuelle[1284], mais également aux apports faits par les membres, à la rémunération des prestations de la société coopérative[1285], à la difficulté potentielle pour l'entreprise de sortir de la situation coopérative une fois celle-ci établie[1286], ainsi qu'à l'*input* des membres. Deux éléments caractérisent, en effet, la société coopérative que sont la volonté et l'obligation de soutien mutuel. Le lien établi est, dès lors, particulièrement intense et exige un *input* différent des autres formes de société, *input* caractérisé par la nécessité d'un fort sens de responsabilité et de loyauté à la société coopérative et ses membres[1287]. Or, les entreprises du secteur actives en recherche et développement semblent bien conscientes des avantages que peut présenter la coopération le long de la chaîne de valeur du médicament innovant. Ainsi, les *Clinical Research Organizations* sont

---

[1281] V. pour la constance du droit applicable au cours du temps: PUTSCHER, Robert, BECCARELLI, Claudio, « Genossenschaften in der Schweiz zwischen Bedeutungsverlust und wirtschaftlicher Dynamik – ein empirischer Befund » *in* PUTSCHER, Robert (dir.), *Das Genossenschaftswesen in der Schweiz*, Berne, Haupt Verlag, 1e édition, 2005, p. 57 ; v. aussi : NATSCH, Regina, « Stand und Revision des Genossenschaftsrechts » *in* Robert Putscher (dir.), *Das Genossenschaftswesen in der Schweiz*, Berne : Haupt Verlag, 1e édition, 2005, p. 89.

[1282] Ainsi, l'admission de membres qui ne contribueraient pas à la *Genossenschaft* (*beitragslose Mitgliedschaft*) a été admise en jurisprudence par le Tribunal fédéral (BG, 21 mars 1967, BGE 93 II 30), bien qu'une jurisprudence plus récente (BG 25 mai 2012, BGE 138 III 407) remette l'accent sur l'importance de la garantie et de la promotion des intérêts économiques des membres de la société coopérative par un effort commun (*Selbsthilfe*) (v. aussi : JUNGMEISTER, Alexander, TAISCH, Franco, « Der Beitrag der genossenschaftsrechtlichen DNA als Basis für Wachstum und Differenzierungsstrategien » *in* LAURINKARI, Juhani, SCHEDIWY, Robert, TODEV, Tode (dir.), *Genossenschaftswissenschaft zwischen Theorie und Geschichte. Festschrift für Professor Johann Brazda zum 60. Geburtstag*, Bremen : EHV Academicpress, 1e édition, 2014, p. 395 et art. 867 du CO).

[1283] V. à titre exemplatif sur ce point : LOUIS, Dieter, *op.cit.*, p. 257.

[1284] Citation issue et traduite par l'auteure de : PAULICK, Heinz, *Das Recht der eingetragenen Genossenschaft* : *Ein Lehr- und Handbuch*, Karlsruhe : Verlag C. F. Müller, coll. Quellen und Studien des Instituts für Genossenschaftswesen an der Universität Münster, Vol. 9, 1956, p. 11.

[1285] V. sur ce point : GLENK, Harmut, *op.cit.*, p. 72.

[1286] Pour ce facteur supplémentaire, v. : LOUIS, Dieter, *op.cit.*, p. 298, 299 ; v. aussi pour l'exemple du droit suisse à cet égard : ENGLER, Urs *in* KREN KOSTKIEWICZ, Jolanta, WOLF Stefan, AMSTUTZ, Marc, RANKHAUSER, Roland (dir.), OR : Schweizerisches Obligationenrecht, Zürich : Orell Füssli Verlag, coll. Orell Füssli Kommentar, 3e édition, 2016, § 839, p. 2211.

[1287] V. pour cette particularité : PAULICK, Heinz, *op.cit.*, p. 7.

confrontées à des exigences nouvelles, dont celles de gestion et de logistique de données. La gestion des données ne soulève non uniquement des problèmes techniques auxquelles ces entreprises ne sont pas toutes en mesure de répondre, mais également juridiques. Le RGPD est, en effet, à l'origine d'un certain nombre d'incertitudes. L'effet conjugué de ces évolutions et d'un besoin croissant d'efficience et de qualité, qui est commun aux entreprises pharmaceutiques et *Clinical Research Organizations,* fonderait vraisemblablement un bénéfice individuel pour ces entreprises suffisamment important pour justifier le choix de la coopération.

Si le modèle de société coopérative diffère selon les pays[1288] (type particulier d'association économique (*wirtschaftlicher Sonderverein*) en Allemagne[1289] ; absence de statut particulier cohérent et complet en France ; *Non-Profit-Organization* en Suisse[1290]), un modèle *sui generis* pourrait se présenter comme une option adéquate. Cette société coopérative *sui generis* pourrait permettre aux *Clinical Research Organizations* de procéder à une division du travail en fonction de la qualification et de la compétence de chaque membre, alors qu'elle pourrait, par ailleurs, être prestataire de services en vue d'améliorer la situation des entreprises membres sur le marché et face aux exigences et défis grandissants par suite du changement de paradigme dans l'innovation pharmaceutique. Ce modèle semble d'ailleurs s'insérer dans le droit français en raison de la juxtaposition de règles communes à toutes les sociétés coopératives et de dispositions spécifiques applicables à certaines coopératives. Pour le droit allemand et le droit suisse, caractérisés par une conception libérale des dispositions pertinentes et la place de la liberté statutaire, une *Genossenschaft sui generis* serait tout autant concevable, nous semble-t-il.

Son attractivité apparaît notamment par comparaison au groupement d'intérêt économique (GIE) français. Ainsi, pour le GIE, la responsabilité des membres est indéfinie et solidaire[1291]. Au contraire, les membres de la *Genossenschaft* de droit allemand ont une responsabilité limitée à leurs apports[1292]. En France et en Suisse, ce sont les statuts qui prévoient l'étendue et les modalités de la responsabilité (solidaire et illimitée ou restreinte et à

[1288] V. à titre exemplatif notamment : BEUTHIEN, Volker, *100 Jahre Genossenschaftsgesetz..., op.cit.*, p. 8.

[1289] Voir : GLENK, Harmut, *op.cit.*, p. 40.

[1290] V. à titre exemplatif : PUTSCHER, Robert, « Bestandsaufnahme und Perspektiven der Genossenschaft in der Schweiz » *in* Robert Putscher (dir.), *Das Genossenschaftswesen in der Schweiz*, Berne : Haupt Verlag, 1e édition, 2005, p. 5 ; v. aussi : ARNOLD, Martin, « Stand und Veränderung des schweizerischen Genossenschaftswesens aus rechtshistorischer Perspektive » *in* PUTSCHER, Robert (dir.), *Das Genossenschaftswesen in der Schweiz*, Berne : Haupt Verlag, 1e édition, 2005, p. 72.

[1291] Art. L. 251-6 du C.com. ; v. également sur ce point : LAIRE, Jean-Pierre, *Guide juridique des sociétés coopératives*, Paris : Editions De Vecchi, 1985, p. 53.

[1292] § 105 GenG ; v. également: GLENK, Harmut, *op.cit.*, p. 73.

titre subsidiaire) qui leur incombe[1293]. Par ailleurs, l'activité du GIE n'est que le prolongement de l'activité de ses membres et auxiliaire à celle-ci. Elle repose sur la mise en commun de facteurs de production pour une durée déterminée et dans un objectif de gains d'efficience[1294]. Au contraire, la société coopérative peut en principe exercer toute activité utile pourvu que celle-ci vise à satisfaire les besoins des membres (actuels et potentiels)[1295].

Il semblerait que le modèle de société coopérative *sui generis* pourrait se révéler être un cadre propice aux gains d'efficience pour les *Clinical Research Organizations* à différents égards et pourrait se répercuter favorablement sur le prix des essais cliniques pour médicaments à usage humain, phase la plus onéreuse du processus d'innovation. Une coopération à leur niveau serait, de surcroît, moins empreinte d'un regard critique voire défavorable, puisque la probabilité d'ententes anticoncurrentielles qui affecteraient la distribution de médicaments innovants y est moins importante. En effet, leur activité se concentre au moment du développement du médicament innovant, en tant qu'activité indépendante d'appui aux activités de RDI des entreprises pharmaceutiques. Par ailleurs, un modèle *sui generis* semble porteur d'opportunités en vue de la conception d'un modèle commun pour les pays soumis à l'étude dans l'objectif d'une amélioration de la coopération interentreprises transfrontalière. En tout état de cause, s'agit-il là de réflexions qui pourraient faire l'objet de plus amples développements dans le futur.

[1293] Art. 7 de la loi n°47-1775 modifié par la loi n°2008-649 ; Art. 868 et s. du CO ; v. également : art. 833 du CO.

[1294] Art. L. 251-1 al. 3 du C.com. ; v. également : RAKOTOVAHINY, Marie-Andrée, MAS-BELLISSENT, Christine, *Droit coopératif*, Paris : éditions Ellipses, coll. Mise au point, 2016, p. 32, 33.

[1295] V. sur ce point : HIEZ, David, *Coopératives : création, organisation, fonctionnement*, Paris : Editions Delmas, coll. Encyclopédie Delmas pour la vie des affaires, ce qu'il faut savoir, 1e édition, 2013, p. 80 ; v. pour l'autonomie d'organisation en droit allemand : § 18 GenG ; v. aussi : WEBER, Heinz-Otto, *Die eingetragene Genossenschaft als wirtschaftlicher Sonderverein : Zur Anwendbarkeit von Vorschriften des Vereinsrechts sowie des Rechts der Kapitalgesellschaften im Genossenschaftsrecht*, Göttingen : Vandenhoeck & Ruprecht, coll. Marburger Schriften zum Genossenschaftswesen, 1984, p. 144, 145 ; pour une application équivalente de l'universalisme en droit français : art. 1 loi n°47-1775 modifié par la loi n°2014-856.

BIBLIOGRAPHIE

Le présent ouvrage est une version actualisée et allégée de la thèse de doctorat soutenue le 17.09.2020 à l'Université Paris 2 Panthéon-Assas. La bibliographie comporte l'ensemble des sources ayant servi de fondement intellectuel aux développements de cet ouvrage.

I. OUVRAGES

A. Dictionnaires et encyclopédies

(par ordre alphabétique des auteurs)

Académie nationale de Médecine, *Dictionnaire médical de l'Académie de Médecine,* version 2019, consultable en ligne sur : http://dictionnaire.academie-medecine.fr/

BRUNET, Pierre, « Ve Constitution », *Encyclopédie Universalis*, 2007

CORNU, Gérard, *Vocabulaire juridique*, Paris : Presses universitaires de France, 11e édition, 2016

DOUCET, Michael, FLECK, Klaus E. W., *Wörterbuch Recht und Wirtschaft. Deutsch-Französisch. Tome 2*, München : Verlag C. H. Beck, 7e édition, 2012

FLECK, Klaus E. W., *Wörterbuch Recht. Französisch-Deutsch. Deutsch-Französisch*, München : Verlag C. H. Beck, 2e édition, 2013

KETTLER, Stefan, *Lexique de l'allemand juridique. Français/allemand. Allemand/français*, Paris : Ellipses éditions, 2002

KÖBLER, Gerhard, *Rechtsfranzösisch. Deutsch-französisches und französisch-deutsches Rechtswörterbuch für jedermann*, München : Verlag Franz Vahlen, 4e édition, 2004

LAINÉ, Hugues, WARNEKE, Ulrike, *Wörterbuch/Lexikon Wirtschafts- und Steuerrecht. Französisch-Deutsch*, München : Verlag C. H. Beck, 2e édition, 2012

Larousse (consultable en ligne sur : https://www.larousse.fr/)

VILLIERS, Michel de, DIVELLEC, Armel le, *Dictionnaire du droit constitutionnel,* SIREY, coll. Dictionnaires Sirey, 11e édition, 2017

B. Ouvrages généraux et spécialisés, manuels, traités, actes de colloque, études

(par ordre alphabétique des auteurs)

ALBRECHT, Eike, KÜCHENHOFF, Benjamin, *Staatsrecht*, Berlin : Erich Schmidt Verlag, 2e édition, 2011, XXXII-346 p.

ANSCHÜTZ, Gerhard, *Die Verfassung des Deutschen Reichs vom 11. August 1919*, Aalen : Scientia-Verlag, 1987, XXXXVIII-800 p.

AUBERT, Jean-François, *Petite histoire constitutionnelle de la Suisse,* Berne : Francke Editions, 1974, 119 p.

AUER, Andreas, MALINVERNI, Giorgio, HOTTELIER, Michel, *Droit constitutionnel suisse*, vol. II. Les droits fondamentaux, Berne : Stämpfli Editions SA, coll. Précis de droit Stämpfli, 2e édition, 2006, XXXIV-728 p.

AUTUME, Antoine d', MICHEL, Philippe, *Politique économique, recherche-développement et croissance*, Paris : Université de Paris I, coll. Cahiers Eco & Maths, 1994, 27 p.

AVRIL, Pierre, GICQUEL, Jean, *Le Conseil constitutionnel*, Paris : Montchrestien-Lextenso édition, coll. Clefs/Politique, 6e édition, 2011, 160 p.

BEUTHIEN, Volker, *100 Jahre Genossenschaftsgesetz – wie genossenschaftlich ist die genossenschaftliche Rechtsform ?*, Marburg : Institut für Genossenschaftswesen, coll. Marburger Beiträge zum Genossenschaftswesen, 1989, 31 p.

BEUTHIEN, Volker, *Die eingetragene Genossenschaft im Strukturwandel,* Göttingen : Vandenhoeck & Ruprecht, coll. Marburger Schriften zum Genossenschaftswesen, 2003, VII-110 p.

BRION, John M., *Corporate Marketing Planning*, New York etc. : John Wiley & Sons, Inc., coll. The Wiley Marketing Series, 1967, XIV-577 p.

BUISSON, Jean-Philippe, GIORGI, Dominique, *La politique du médicament*, Paris : Montchrestien, coll. Clefs Economie, 1997, 159 p.

BULLA, Simon, LORENZMEIER, Stefan, *Kommunale Beihilfen für Forschung, Entwicklung und Innovation : europarechtliche Anforderungen an die Förderung von Technologie- und Gründerzentren*, Baden-Baden : Nomos, 2013, 213 p.

BURDEAU, François, *Histoire de l'administration française : du 18e au 20e siècle*, Paris : Montchrestien, coll. Domat Droit public, 2e édition, 1994, 377 p.

CHRETIEN, Patrice, CHIFFLOT, Nicholas, TOURBE, Maxime, *Droit administratif*, Paris : Sirey, coll. Université. Droit public, 16e édition, 2018, XV-877 p.

CHRISTEN, Hervé de, *Suisse-Communauté européenne : l'illusion*, Genève : Editions GVA SA, 1992, coll. Connaissance de la Suisse, 88 p.

CLASSEN, Claus Dieter, *Wissenschaftsfreiheit außerhalb der Hochschule : zur Bedeutung von Artikel 5 Absatz 3 Grundgesetz für außeruniversitäre Forschung und Forschungsförderung,* Tübingen : J.C.B. Mohr, 1994, 396 p.

DAJ-MINEFE, *Vade-mecum des aides d'État*, Paris : La documentation française, 2010, 293 p.

DAJ-MINEFE, *Vade-mecum des aides d'État*, 2016, p.254, consultable en ligne sur : https://www.economie.gouv.fr/daj/vade-mecum-aides-etat-edition-2016-format-pdf

DARCET, Jean, PIGANOL, Pierre, *La recherche scientifique, l'état et la société*, Paris : Presses universitaires de France, coll. Prospective n°12, 1965, VII-217 p.

DAYAN, Armand, *Le marketing industriel*, Paris : Presses universitaires de France, coll. Que sais-je, 3e édition, 1991, 127 p.

DÉCAUDIN, Jean-Marc, BOUGUERRA, Afifa, *La Communication Marketing Intégrée*, Paris : Economica, coll. Gestion, 4e édition, 2011, 431 p.

DION, Hervé, CHAMPAGNE, Xavier, *Droit pharmaceutique : officine, industrie, pharmacies vétérinaires et des établissements de santé*, Paris : Gualino, coll. Master Pro, 2008, 277 p.

EBERHARDT, Reinhild, HERRLINGER, Charlotte, *Management und Monitoring klinischer Prüfungen*, Aulendorf : Editio Cantor Verlag, coll. pharmind-Serie Dokumentation, 6e édition, 2014, 516 p.

EICHHORN, Gerd, *Genossenschaften und Genossenschaftsrecht in Frankreich*, Marburg: Schriften des Instituts für Genossenschaftswesen an der Philipps-Universität Marburg, 1957, 224 p.

ELSCHNER, Christina, ERNST, Christof, SPENGEL, Christoph, *Fiskalische Kosten einer steuerlichen Förderung von Forschung und Entwicklung in Deutschland - eine empirische Analyse verschiederner Gestaltungsoptionen*, Mannheim : ZEW, coll. ZEW : Discussion Paper No. 10-019 : Public finance and coporate taxation, 2010, 24 p.

EPPING, Volker, *Grundrechte*, Berlin, Heidelberg : Springer-Verlag, 4e édition, 2010, XVIII-471 p.

ESPUGLAS, Pierre, EUZET, Christophe, MOUTON, Stéphane, VIGUIER, Jacques, *Droit constitutionnel*, Paris : Ellipses, coll. Spécial Droit, 4e édition, 2008, 381 p.

FLEINER, Thomas, FORSTER, Peter, MISIC, Alexander, THALMANN, Urs, *Die neue schweizerische Bundesverfassung : Föderalismus, Grundrechte, Wirtschaftsrecht und Staatsstruktur*, Basel, Genf, München : Helbing & Lichtenhahn, coll. Publications de l'Institut du Fédéralisme Fribourg (Suisse), 2000, XV-256 p.

GASSMANN, Oliver, REEPMEYER, Gerrit, ZEDTWITZ, Maximilian von, *Leading Pharmaceutical Innovation : Trends and Drivers for Growth in the Pharmaceutical Industry*, Berlin, Heidelberg etc. : Springer-Verlag, 1e édition, 2004, XI-178 p.

GAUDIN, Jean-Pierre, *L'action publique : Sociologie et politique*, Paris : Presses de Sciences Po et Dalloz, coll. Amphi, 2004, IX-242 p.

GLENK, Harmut, *Genossenschaftsrecht*, München : Verlag C. H. Beck, coll. Studium und Praxis, 2e édition, 2013, XXX-443 p.

GONIN, Luc, *Droit constitutionnel suisse : fondements, institutions et défis*, Genève : Schulthess éditions romandes, coll. Quid iuris ?, 2015, XVI-198 p.

GRÉGORY, Pierre, *Marketing*, Paris : Dalloz, coll. Mémentos. Gestion, 2e édition, 1996, XII-205 p.

GROSCLAUDE, Jacques, MARCHESSOU, Philippe, TRESCHER, Bruno, *Droit fiscal général*, Dalloz, coll. Cours, 12e édition, 2019

GROß Thomas, ARNOLD, Natalie, *Regelungsstrukturen der außeruniversitären Forschung : Organisation und Finanzierung der Forschungseinrichtungen in Deutschland*, Baden-Baden : Nomos, coll. Interdisziplinäre Schriften zur Wissenschaftsforschung, 2007, 174 p.

GROß, Thomas, KARAALP, Remzi N., WILDEN, Anke, *Regelungsstrukturen der Forschungsförderung : staatliche Projektfinanzierung mittels Peer-Review in Deutschland, Frankreich und der EU*, Baden-Baden : Nomos, coll. Interdisziplinaire Schriften zur Wissenschaftsforschung, 2010, 198 p.

GUCHET Yves, *Histoire constitutionnelle française (1789-1958)*, La Garenne-Colombes : Editions européennes Erasme, coll. Documents pédagogiques, 2e édition, 1990, 316 p.

HARMANN, Lena, *Patienteninformation und shared decision making im Lichte des Publikumswerbeverbots für verschreibungspflichtige Arzneimittel*, Stuttgart : ibidem-Verlag, coll. Schriftreihe Masterstudiengang Consumer Health Care, 2010, XII-111 p.

HASSEL, Anke, *Wage Setting, Social Pacts and the Euro : a New Role for the State,* Amsterdam University Press, 2006, 334 p.

HASSENTEUFEL, Patrick, *Sociologie politique : l'action publique,* Armand Colin, coll. U Sociologie, 2e édition, 2014, 318 p.

HECKSCHER, Eli F., *Mercantilism*, vol. 2 (trad. angl. par M. Shapiro et révisé par E. F. Söderlund), London, New York : Georg Allen & Unwin, 2e édition, 1962, 453 p.

HERNEL, Laurent, ACHARD, Pierre, *Le benchmarking*, Afnor éditions, coll. 100 questions pour comprendre et agir, 2e édition, 2007, 202 p.

HESSE, Konrad, *Grundzüge des Verfassungsrechts in der Bundesrepublik Deutschland*, Heidelberg : C. F. Müller, 20e édition, 1999, 335 p.

HESSE, Konrad, *Grundzüge des Verfassungsrechts der Bundesrepublik Deutschland*, Heidelberg : C. F. Müller, 15e édition, 1985, XVI-307 p.

HIEZ, David, *Coopératives : création, organisation, fonctionnement*, Paris : Editions Delmas, coll. Encyclopédie Delmas pour la vie des affaires, ce qu'il faut savoir, 1e édition, 2013, 515 p.

HINZE, Christian, GLEITER, Christoph H., MENG, Paul, *Klinische Arzneimittelprüfung*, Aulendorf : Editio Cantor Verlag, coll. pharmind-Serie Dokumentation, 2e édition, 2012, 334 p.

HUG, Peter et al., *Principes de la liberté de la recherche et de l'enseignement scientifiques de l'histoire*, Berne, SSH, 2004, 18 p. consultable sur : http://www.sgg-ssh.ch/sites/default/files/files/principes_homepage_erg.pdf

Institut für Genossenschaftswesen der Westphälischen Wilhelms-Universität, SCHUBERT, Werner (dir.), *100 Jahre Genossenschaftsgesetz : Quellen zur Entstehung und jetziger Stand*, Tübingen : J.C.B. Mohr (Paul Siebeck), 1989, 419 p.

JENKINS, John R. G., *Marketing and Customer Behaviour*, Oxford, New York : Pergamon Press, coll. The Commonwealth and international library. Essentials of Marketing, 1972, 143 p.

JUÈS Jean-Paul, *L'industrie pharmaceutique*, Paris : Presses universitaires de France, coll. Que sais-je ?, 1e édition, 1998, 127 p.

KAUFMANN, Vincent, AUDIKANA, Ander, *Mobilité et libre circulation en Europe. Un regard suisse,* Paris, Lausanne : Economica, coll. Les Cahiers Rouges. Fondation Jean Monnet pour l'Europe, 2017, VIII-127 p.

KÖLZ, Alfred, *Histoire constitutionnelle de la Suisse moderne : l'évolution institutionnelle de la Confédération et des cantons depuis 1848*, (trad. fr. par Jean-François et Béatrice Aubert), Berne : Stämpfli Editions, 2013, XXXII-914 p.

KOTLER, Philip, KELLER, Kevin, MANCEAU, Delphine, *Marketing Management,* Paris : Pearson France, 14e édition, 2012, XL-841 p.

KRAUS, Daniel, JAAG, Tobias, UMBRICHT, Georg C., *L'Union européenne : ses institutions et ses relations avec la Suisse,* Bruxelles, Genève, Zurich etc. : Schulthess, coll. Quid iuris ?, 2009, XXVIII-171 p.

KULICKE, Marianne, BROß, Ulrike, GUNDRUM, Uwe, *Innovationsdarlehen als Instrument zur Förderung kleiner und mittlerer Unternehmen : Evaluierung des FuE-Darlehensprogramms für kleine Unternehmen zur Anwendung neuer Technologien und des KfW-Innovationsprogramms*, Heidelberg : Physica-Verlag, 1997, XIV-293 p.

LAGROYE, Jacques, FRANÇOIS, Bastien, SAWICKI, Frédéric, *Sociologie politique*, Paris : Presses de Sciences Po et Dalloz, coll. Amphi, 6e édition, 2012, 623 p.

LAIRE, Jean-Pierre, *Guide juridique des sociétés coopératives*, Paris : Editions De Vecchi, 1985, 203 p.

LASCOUMES, Pierre, GALÈS, Patrick le, *Sociologie de l'action publique,* Paris : Arman Colin, coll. Sociologie, Série Domaines et approches de sciences sociales, 2e édition, 2012, 126 p.

LECA, Antoine, *Droit pharmaceutique*, Bordeaux : LEH Edition, coll. Intempora, 8e édition, 2015, 524 p.

LEGENDRE, Pierre, *L'administration du XVIIIe siècle à nos jours*, Paris : Presses universitaires de France, coll. Thémis : Textes et documents, 1969, 344 p.

LEGLER, Harald, GEHRKE, Birgit, BELTZ, Heike, GRENZMANN, Christoph, *Forschungslandschaft Deutschland : Dynamik, Struktur, Globalisierung und Regionalverteilung von FuE im Internationalen Umfeld*, Essen : Wissenschaftsstatistik GmbH, coll. Materialien zur Wissenschaftsstatistik, 2008, VI-63 p.

LENGLET, Robert, *Lobbying & santé. Ou comment certains industriels font pression contre l'intérêt général*, Paris : éditions Pascal, coll. Tapage, 447 p.

LEVRAT, Nicolas, SCHWOK, René, *Les accords bilatéraux entre l'Union européenne et la Suisse : conséquences pour la région franco-genevoise,* Genève : Georg Editeur, Publications de l'Institut européen de l'Université de Genève, coll. Euryopa, 2000, XIV-110 p.

LIJPHART, Arend, *Patterns of democracy : government forms and performance in thirty-six countries,* New Haven, Londres : Yale University Press, 2e édition, 2012, XX-348 p.

LÖHR, Sebastian, *Steuerliche Förderung von Forschung und Entwicklung*, Bonn : IFSt, 2009, V-100 p.

MEUSEL, Ernst-Joachim, *Außeruniversitäre Forschung im Wissenschaftsrecht*, Köln, Berlin, Bonn, München : Carl Heymanns Verlag, 2e édition 1999, XLV-768 p.

MICHEL, Daniel, SALLE, Robert, VALLA, Jean-Paul, *Marketing Industriel : stratégies et mise en œuvre*, Paris : Economica, coll. Gestion. Série politique générale, finance, marketing, 1999, 588 p.

MONTFORT, Kees van, OUD, Johan, GHIDEY, Wendimagegn, *Developments in Statistical Evaluation of Clinical Trials*, Heidelberg, New York etc. : Springer, 2014, XI-361 p.

MÜLLER, Jörg Paul, *Elemente einer schweizerischen Grundrechtstheorie*, Berne : Verlag Stämpfli & Cie AG, 1982, XI-201 p.

MÜLLER, Jörg Paul, *Die Grundrechte der schweizerischen Bundesverfassung*, Berne : Verlag Stämpfli & Cie AG, 2e édition, 1991, XXVII-410 p.

OCDE, *Manuel de Frascati 2015 : Lignes directrices pour le recueil et la communication des données sur la recherche et le développement expérimental.*

Mesurer les activités scientifiques, technologiques et d'innovation, Paris : OECD Publishing, 2016

PAULICK, Heinz, *Das Recht der eingetragenen Genossenschaft : Ein Lehr- und Handbuch*, Karlsruhe : Verlag C. F. Müller, coll. Quellen und Studien des Instituts für Genossenschaftswesen an der Universität Münster, Vol. 9, 1956, XV-391 p.

PIERRE, Jean-Luc, *Fiscalité de la recherche, de la propriété industrielle et des logiciels*, Paris : EFE, 2011, XIII-507, p.

PIERSON, Paul, *Politics in time : history, institutions, and social analysis*, Princeton, Oxford : Princeton Univeristy Press, 2004, XII-196 p.

PILTZ, Carlo, *BDSG : Praxiskommentar für die Wirtschaft*, Frankfurt am Main : Fachmedien Recht und Wirtschaft, dfv Mediengruppe, coll. Kommunikation & Recht 2018, XV-356 p.

POLANYI, Michael, *Implizites Wissen*, (trad. angl. par Horst Brühmann), Frankfurt am Main : Suhrkamp, coll. Suhrkamp Taschenbuch Wissenschaft, 1e édition, 1985, 93 p.

PROUX, Vanessa (dir.), *Biotechnologies. Les promesses du vivant*, FYP éditions, coll. Innovation, 2015, 256 p.

RAKOTOVAHINY, Marie-Andrée, MAS-BELLISSENT, Christine, *Droit coopératif*, Paris : éditions Ellipses, coll. Mise au point, 2016, 223 p.

RHINOW, René, *Die Bundesverfassung 2000 : Eine Einführung*, Basel, Genf, München : Helbing & Lichtenhahn, 2000, XLIII-412 p.

RIBÉMONT, Thomas, BOSSY, Thibault, EVRARD Aurélien, GOURGUES, Guillaume, HOEFFLER, Catherine, *Introduction à la sociologie de l'action publique*, Louvain-la-Neuve : De Boeck Supérieur, coll. Ouvertures politiques, 2018, 287 p.

RIVERO, Jean, *Le Conseil constitutionnel et les libertés*, Paris, Aix-en-Provence : Economica Presses universitaires d'Aix-Marseille, coll. Droit public positif, 2e édition, 1987, 192 p.

SABBADINI, Pierre-Marie, *Les Aides d'État : Aspects juridiques et économiques*, Bruxelles : Larcier, coll. Concurrence et pratiques du marché, 2015, 180 p.

SCHLAICH, Klaus, KORIOTH, Stefan, *Das Bundesverfassungsgericht : Stellung, Verfahren, Entscheidungen*, München : Verlag C. H. Beck, coll. Juristische Kurz-Lehrbücher, 10e édition, 2015, XIII-434 p.

SCHREINER, Klaus, *Disziplinierte Wissenschaft. Gedankliche Begründung und geschichtliche Praxis freien Forschens, Lehrens und Lernens an der Universität Tübingen (1477-1945)*, Tübingen : J.C.B Mohr (Paul Siebeck), coll. Contubernium, 1981, 151 p.

Schweizerischer Wissenschaftsrat, *Projektlandkarte Schweiz 1999 : finanzstatistische Indikatoren ausgewählter Instrumente der Forschungsförderung des Bundes aus den Jahren 1992-1999*, Berne : Geschäftsstelle des Schweizerischen Wissenschaftsrates, 2000, III-97 p.

SEDLACEK, Hans-Harald, *Arzneimittelforschung : durch Innovation zum Markterfolg*, Berlin : De Gruyter, 2015, XII-297 p.

SEERLOTEN, Patrick, DEBAT, Olivier, *Droit fiscal des affaires*, Paris : Dalloz, coll. Précis, 17e édition, 2018, XII-874 p.

SIMON, Françoise, GIOVANNETTI, Glen, *Managing Biotechnology. From Science to Market in the Digital Age*, New York : John Wiley and Sons, 2017, 296 p.

SPENGEL, Christoph et al., *Steuerliche Förderung von Forschung und Entwicklung (FuE) in Deutschland : ökonomische Begründung, Handlungsbedarf und Reformbedarf*, Berlin, Heidelberg : Springer-Verlag, 2009, XXX-117 p.

STAPFF, Manfred, STAPFF, Isabella, *Arzneimittelstudien*, Germering, München : Zuckschwerdt Verlag, 6e édition, 2012, XII-255 p.

STEDING, Rolf, *Genossenschaftsrecht*, Baden-Baden : Nomos, coll. Recht Kompakt, 1e édition, 2002, 261 p.

STOBER, Rolf, EISENMENGER, Sven, *Besonderes Wirtschaftsverwaltungsrecht. Gewerbe- und Regulierungsrecht, Produkt- und Subventionsrecht*, Stuttgart : Verlag W. Kohlhammer, coll. Rechtswissenschaften und Verwaltung : Studienbücher, 15e édition, 2011, XXVIII-339 p.

TARONDEAU, Jean-Claude, *Recherche et développement,* Paris : Vuibert, coll. Gestion, 1994, 236 p.

TODD, David, *L'identité économique de la France : libre échange et protectionnisme (1814-1851),* Paris, Bernard Grasset, 2008, 487 p.

TSEBELIS, George, *Veto players : How political institutions work,* Princeton, New Jersey, New York : Princeton University Press, Russell Sage Foundation, 2002, XVII-317 p.

TURPIN, Dominique, *Le Conseil constitutionnel. Son rôle, sa jurisprudence*, Paris : Hachette, coll. Les Fondamentaux, 2e édition, 2000, 159 p.

UMBACH, Günter, *Erfolgreich im Pharma-Marketing,* Wiesbaden : Springer-Verlag, 2e édition, 2013, 403 p.

UMBACH, Günter, *Erfolgreich im Pharma-Marketing*, Wiesbaden : Springer-Verlag, 3e édition, 2018, 435 p.

UNESCO, *La politique scientifique et l'organisation de la recherche en France*, Paris : Unesco, coll. Etudes et documents de politique scientifique, 1971, 144 p.

UNESCO, *Science policy and organization of Research in the Federal Republic of Germany*, Paris : Unesco, coll. Etudes et documents de politique scientifique, 1969, 94 p.

UNESCO, *Science and technology policy and the organization of Research in the German Democratic Republic*, Paris : Unesco ; Berlin (RDA) : Akademie Verlag, coll. Etudes et documents de politique scientifique, 1985, 95 p.

VELLEY, Serge, *Histoire constitutionnelle française de 1789 à nos jours*, Paris : Edition Ellipses, coll. Mise au point, 3e édition, 2009, 210 p.

VERLEY, Patrick, *Nouvelle histoire économique de la France contemporaine,* tome 2 : l'industrialisation 1830-1914, Paris, Editions La Découverte, coll. Repères, 2003, 121 p.

VOGEL, Louis, *Droit européen des affaires,* Paris : Dalloz, coll. Précis Droit privé, 1e édition, 2012, VI-945 p.

VOGEL, Louis, *Du droit commercial au droit économique*, Issy-les-Moulineaux : LGDJ-Lextenso éditions, Traité de droit des affaires. Tome 1, 20e édition, 2016, 1454 p.

VOGEL, Louis, *Droit du marché intérieur*, Paris, Bruxelles : LawLex Bruylant, coll. JuriStrateg, 2016, 376 p.

VOGEL, Louis, *Contrôle des aides d'État,* Paris : LawLex Bruxelles Bruylant, coll. JuriStrateg, 2017, 437 p.

VOIGT, Paul, BUSSCHE, Axel von dem, *EU-Datenschutz-Grundverordnung (DSGVO). Praktikerhandbuch*, Berlin : Springer-Verlag, 1e édition, 2018, XII-531 p.

VOIT, Wolfgang (dir.), *Marktzugang unter den Bedingungen des AMNOG - Werbung auf dem Markt. 17. Marburger Gespräche zum Pharmarecht*, Baden-Baden : Nomos, coll. Marburger Schriften zum Gesundheitswesen, 2016, 300 p.

VOLKMANN, Uwe, *Grundzüge einer Verfassungslehre der Bunderepublik Deutschland,* Tübingen : Mohr Siebeck, 2013, XII-355 p.

WOLF, Dieter, *Pharma Marketing : Einführung und Überblick über Pharma Marketing und Pharma Markt Deutschland,* Norderstedt : Books on Demand, 1e édition, 2017, 137 p.

ZARKA, Jean-Claude, *L'essentiel de l'histoire constitutionnelle et politique de la France (de 1789 à nos jours),* Paris : Gualino-Lextenso éditions, coll. Les Carrés : droit, science politique, 5e édition, 2011, 123 p.

II. THÈSES/DISSERTATIONEN, HABILITATIONSSCHRIFTEN

(par ordre alphabétique des auteurs)

ASSMANN, Lothar, *Mittelstand, Innovation und staatliche Forschungs- und Technologiepolitik*, Göttingen : Vandenhoeck&Ruprecht, coll. Marburger Schriften zum Genossenschaftswesen, 1979, XI-231 p.

BILOBRK, Andrija, *Steuerliche Förderung unternehmerischer Forschung und Entwicklung : eine Simulation alternativer steuerlicher Fördermaßnahmen für Personen- und Kapitalgesellschaften*, Lohmar : JOSEF EUL VERLAG, 2016, XXIII-340 p.

BLEIDORN, Jutta, *Bedeutung, Machbarkeit und Problematik klinischer Arzneimittelstudien in der hausärztlichen Versorgung am Beispiel des unkomplizierten Harninfekts*, Hannover : Medizinische Hochschule Hannover, 2015, 49 p.

BRAUN, Dietmar, *Die politische Steuerung der Wissenschaft : Beitrag zum « kooperativen Staat »*, Frankfurt, New York : Campus Verlag, coll. Schriften aus dem Max-Planck-Institut für Gesellschaftsforschung Köln, 1997, 450 p.

CAPITANT, David, *Les effets juridiques des droits fondamentaux en Allemagne*, Paris : LGDJ, coll. Thèses « Bibliothèque constitutionnelle et de science politique », 2001, XII-348 p.

DEBARRE, Jean-Michel, *Prescription de médicaments hors autorisation de mise sur le marché: fondements, limites, nécessités et responsabilités*, Bordeaux: LEH édition, coll. Thèses, 2017, 559 p.

DURINKE, Corinna, *Der neue Gemeinschaftsrahmen für Forschungs-, Entwicklungs- und Innovationsbeihilfen : Inhalt, Bedeutung und Rechtsnatur*, Berlin : Duncker&Humblot, coll. Schriften zum europäischen Recht, 2010, 278 p.

EDLER, Fabrice, *L'organisation de la distribution du médicament en Europe*, thèse sciences pharmaceutiques et biologiques, Université Henri Poincaré – Nancy I, 2004, 148 p.

FIER, Andreas, *Staatliche Förderung industrieller Forschung in Deutschland. Eine empirische Wirkungsanalyse der direkten Projektförderung des Bundes*, Baden-Baden : Nomos, 2002, 303 p.

FORTIER, Charles, *L'organisation de la liberté de la recherche en France*, thèse de droit public, Université de Bourgogne, 2004, 601 p.

GELLIẞEN, Georg, *Arzneimittelwerbung im Internet*, Hamburg : Verlag Dr. Kovac, coll. Schriftreihe Studium zur Rechtswissenschaft, 2008, LV-296 p.

HEINRICH, Oliver, *Die rechtliche Systematik der Forschungsförderung in Deutschland und den Europäischen Gemeinschaften unter Beachtung von Wissenschaftsfreiheit und Wettbewerbsrecht*, Münster : LIT Verlag, coll. Kölner Schriften zum internationalen und europäischen Recht, 2003, XLII-238 p.

HERBOLD, Sabine, *Steuerliche Anreize für Forschung und Entwicklung im internationalen Vergleich. Eine qualitative und quantitative Analyse für die EU-27-Mitgliedstaaten und die USA unter besonderer Berücksichtigung Deutschlands*, Lohmar, Köln : JOSEF EUL VERLAG, coll. Steuer, Wirtschaft und Recht, 2009, XXXVI-390 p.

HOFFMANN, Axel, *Erfindungsbezogene Auflagen in öffentlich-geförderten FuE-Projekten*, Baden-Baden : Nomos, coll. Schriften zum geistigen Eigentum und zum Wettbewerbsrecht, 2016, 235 p.

KLEMENT, Bernhard, *Ökonomische Kriterien und Anreizmechanismen für eine effiziente Förderung von industrieller Forschung und Innovation*, Frankfurt am Main, Berlin etc. : Peter Lang GmbH, coll. Forschungsergebnisse der Wirtschaftsuniversität Wien, 2006, 223 p.

KOECHLIN BÜTTIKA, Monica, *Schranken der Forschungsfreiheit bei der Forschung an menschlichen Embryonen*, Basel, Frankfurt am Main : Helbing Lichtenhahn, coll. Basler Studien zur Rechtswissenschaft. Reihe B, Öffentliches Recht, 1997, XLIX 251 p.

KÖNIG, Beat Kunihiko, *Grundlagen der staatlichen Forschungsförderung*, Zürich, Basel, Genf : Schulthess Juristische Medien AG, coll. Züricher Studien zum öffentlichen Recht, 2007, LIV-312 p.

LOUIS, Dieter, *Zu einer allgemeinen Theorie der ökonomischen Kooperation : verhaltenstheoretische Grundlegung der wirtschaftlichen Zusammenarbeit*, Göttingen : Vandenhoeck & Ruprecht, coll. Marburger Schriften zum Genossenschaftswesen, 1979, XXII-346 p.

MAUREL, Amélie, *Les chercheurs publics saisis par la norme. Contribution à l'étude des droits et devoirs des chercheurs*, Toulouse : Presses universitaires Toulouse 1 Capitole, coll. des thèses de l'IFR Droit privé, 2014, 722 p.

MEINDL, Thomas, *La notion de droit fondamental dans les jurisprudences et doctrines constitutionnelles française et allemande,* Paris : LGDJ, coll. Bibliothèque constitutionnelle et de science politique, 2003, XVI-514 p.

MOERS, Christian M., *Dezentrale Arzneimittelrabattvereinbarungen : der Selektivvertrag zwischen markt- und staatsförmigen Allokationsmechanismen*, Frankfurt am Main : Peter Lang Verlag, coll. Schriften zum Handels- und Wirtschaftsrecht, 2013, XXVI-299 p.

NITSCHE, Myriam, *Zulässigkeit und Grenzen der Werbung und Information für Humanarzneimittel vor und außerhalb der Zulassung vor dem Hintergrund des Werberechts unter besonderer Berücksichtigung der pharmazeutischen*

Unternehmen, Berlin, Münster : LIT Verlag, coll. Medizin-Recht-Wirtschaft, 2014, X-262 p.

PELZER, Christina M., *Die Kompetenzen der EG im Bereich Forschung : eine Analyse ihrer Rechweite und Grenzen vor dem Hintergrund des Art. 5 Abs. 3 GG.*, Frankfurt am Main, Berlin etc. : Peter Lang GmbH, coll. Kölner Schriften zu Recht und Staat, 2004, 218 p.

PIEROTH, Bodo, *Störung, Streik und Aussperrung an der Hochschule : ein Beitrag zur Konkretisierung von Grundrechten und zum Hochschulverwaltungsrecht*, Berlin : Duncker & Humblot, coll. Schriften zum öffentlichen Recht, 1976, 308 p.

PILNIOK, Arne, *Governance im europäischen Forschungsförderverbund : eine rechtswissenschaftliche Analyse der Forschungspolitik und Forschungsförderung im Mehrebenensystem*, Tübingen : Mohr Siebeck, coll. Jus internationale et Europaeum, 2011, XV-434 p.

POSER, Mareen, *Das Werbe- und Informationsverbot für verschreibungspflichtige Arzneimittel*, Hamburg : Verlag Dr. Kovac, coll. Schriftreihe Medizinrecht in Forschung und Praxis, 2013, XI-159 p.

REEPMEYER, Gerrit, *Risk-sharing in the Pharmaceutical Industry : the case of Out-licensing*, Heidelberg : Physica-Verlag, coll. Contributions to management science, 2006, XIII-296 p.

RENZE-WESTENDORF, Martin, *Kundenbeziehungsmanagement pharmazeutischer Unternehmen : Entwicklung eines Kundenbeziehungsmanagementkonzepts mit Fokus auf medizinische Versorgungszentren und unter Berücksichtigung der Einflusspotentiale gesetzlicher Krankenkassen*, München, Mering : Rainer Hampp Verlag, coll. Hamburger Schriften zur Marketingforschung, 2012, XIV-444 p.

RODI, Michael, *Die Subventionsrechtsordnung : die Subvention als Instrument der öffentlichen Zweckverwirklichung nach Völkerrecht, Europarecht und deutschem innerstaatlichen Recht*, Tübingen : Mohr Siebeck, coll. Jus publicum, 2000, XXXVIII-845 p.

ROßMAYER, Martha, *Das deutsche Forschungssystem und die Forschungsförderung der EU - kompatibel oder auf lange Sicht problematisch ?*, Würzburg : Ergon Verlag, coll. Spektrum Politikwissenschaft, 2002, 293 p.

ROULHAC, Cédric, *L'opposabilité des droits et libertés*, Bayonne, Institut universitaire Varenne, Collection des Thèses, 2018, XV-685 p.

RUPPRATH, Philip, *Die Rechte an den Ergebnissen aus Forschungs- und Entwicklungsprojekten im Siebten Forschungsrahmenprogramm*, Frankfurt am Main, Berlin etc. : Peter Lang GmbH, coll. Europäische Hochschulschriften, 2011, 245 p.

SABATIER, Valérie, *Discontinuités technologiques et business models : Analyse des mécanismes de transformation de l'industrie du médicament*, thèse gestion et management, Université de Grenoble, 2011, 270 p.

SCHÄFFNER, Nina, *Lifecycle Management im Arzneimittelsektor,* Baden-Baden : Nomos, coll. Schriften zum Bio-, Gesundheits- und Medizinrecht, 2015, 358 p.

SCHLÄPER, Lea, *Probandenschutz, Qualität und Transparenz in der klinischen Arzneimittelforschung : die Rolle des Sponsors,* Basel : Helbing Lichtenhahn Verlag, coll. Gesundheitsrecht und Bioethik, 2016, XLV-215 p.

SCHMIDT, Christoph, *Die Zulassung von Arzneimitteln nach dem Heilmittelgesetz. Unter Berücksichtigung der Zulassung nach EG-Recht und nach deutschem*

Recht, Basel : Helbing Lichtenhahn Verlag, coll. Basler Studien zur Rechtswissenschaft, 2008, XL-276 p.

SCHÜLIN, Philipp, *Strategisches Innovationsmanagement. Ein konzeptioneller Ansatz zur strategischen Steuerung der betrieblichen Innovationstätigkeit – dargestellt am Beispiel pharmazeutischer Unternehmen,* Hallstadt : Rosch-Buch, 1995, XIII-375 p.

ULRICH, Georges, *Repositioning of a Stakeholder Issue applied at Pfizer Switzerland,* Berne, Stuttgart, Wien : Haupt Verlag, 2009, XV-241 p.

VOGEL, Thorsten, *Die Einflussnahme steuerlicher Lenkungsnormen auf Entscheidungen von Wirtschaftssubjekten : eine ökonomische Analyse am Beispiel der Zinsschranke, einer steuerlichen Förderung von Forschung und Entwicklung sowie einer Finanztransaktionssteuer*, Lohmar, Köln : JOSEF EUL VERLAG, coll. Steuer, Wirtschaft und Recht, 1e édition, 2015, XXXV-387 p.

WEBER, Heinz-Otto, *Die eingetragene Genossenschaft als wirtschaftlicher Sonderverein : Zur Anwendbarkeit von Vorschriften des Vereinsrechts sowie des Rechts der Kapitalgesellschaften im Genossenschaftsrecht,* Göttingen : Vandenhoeck & Ruprecht, coll. Marburger Schriften zum Genossenschaftswesen, 1984, XXVII-281 p.

WILDEN, Anke, *Die Erforderlichkeit gesetzlicher Regelungen für die außeruniversitäre Forschung und die Forschungsförderung*, Frankfurt am Main, Berlin etc. : Peter Lang GmbH, coll. Europäische Hochschulschriften, 2009, XXVIII-137 p.

WILLMANN, Daniel, *Myopic Management and R&D Management in the Context of Corporate Financing : An Empirical Investigation of Manifestations and Consequences*, Aachen : Edition Wissenschaft Apprimus, 2017, X-220 p.

WISBERT, Helena, *Konzeption eines Fördermittelmanagements für Forschungsprojekte in der europäischen Automobilindustrie*, Hamburg : Verlag Dr. Kovac, coll. Schriftreihe strategisches Management, 2013, LXXV-386 p.

WUTZO, Petra, *Arzneimittelwerbung des Herstellers und Verbraucheransprüche im deutschen und französischen Recht,* Frankfurt am Main, Berlin etc. : Peter Lang GmbH, coll. Berliner Schriften zum internationalen und ausländischen Privatrecht, 2009, 382 p.

III. LES ARTICLES, COMMUNICATIONS, CONTRIBUTIONS ET ENTRÉES

A. Contributions dans les commentaires de lois (Kommentare)

(par ordre alphabétique des auteurs)

ALVERMANN, Jörg *in* STRECK, Michael, BINNEWIES, Burkhard (dir.), *Körperschaftsteuergesetz : mit Nebengesetzen*, München : Verlag C. H. Beck, 9e édition, 2018

ANTONI, Michael *in* HÖMIG, Dieter, WOLFF Heinrich Amadeus (dir.), *Grundgesetz für die Bundesrepublik Deutschland*, Baden-Baden : Nomos, coll. Nomos Kommentar. Handkommentar, 11e édition, 2016

BLESINGER, Karl *in* KÜHN, Rolf, WEDELSTÄDT, Alexander von (dir.), *Abgabenordnung und Finanzgerichtsordnung*, Stuttgart : Schäffer-Poeschel Verlag, coll. Kommentar, 21e édition, 2015

BUCHNER, Benedikt, KÜHLING, Jürgen *in* KÜHLING, Jürgen, BUCHNER, Benedikt (dir.), *Datenschutz-Grundverordnung/BDSG : Kommentar*, München : C. H. Beck, 2e édition, 2018

CASPAR, Johannes *in* SIMITIS, Spiros, HORNUNG, Gerrit, SPIECKER, Indra (dir.), *Datenschutzrecht : DSGVO mit BDSG*, Baden-Baden : Nomos, 2019

DREIER, Horst *in* DREIER, Horst (dir.), *Grundgesetz. Band 1, Präambel, Artikel 1-19*, Tübingen : Mohr Siebeck, 3e édition, 2013

ENGLER, Urs *in* KREN KOSTKIEWICZ, Jolanta, WOLF Stefan, AMSTUTZ, Marc, RANKHAUSER, Roland (dir.), OR : Schweizerisches Obligationenrecht, Zürich : Orell Füssli Verlag, coll. Orell Füssli Kommentar, 3e édition, 2016

FECHNER, Frank *in* STERN, Klaus, BECKER, Florian (dir.), *Grundrechte-Kommentar. Die Grundrechte des Grundgesetzes mit ihren europäischen Bezügen*, Köln : Carl Heymanns Verlag, coll. Heymanns Kommentare, 2e édition, 2016

GASSMANN, Jean-Luc *in* FLEINER, Thomas, FOSTER, Peter, MISIC, Alexander, THALMANN, Urs (dir.), *La nouvelle Constitution suisse. Fédéralisme, droits fondamentaux, droit économique et structure de l'État*, Fribourg, Bâle, etc. : Helbing & Lichtenhahn, 2000

GERBER, Michael *in* RÜTSCHE, Bernhard (dir.), *Humanforschungsgesetz (HFG)*, Berne : Stämpfli Verlag, coll. Stämpflis Handkommentar, 2015

GRAW, Christian *in* WENDT, Michael, SUCHANEK, Markus, MÖLLMANN, Peter, HEINEMANN, Peter (dir.), *Gewerbesteuer : Kommentar*, Köln : Otto Schmidt, 2019

GREVE, Holger *in* AUERNHAMMER, Herbert (fond.), EßER, Martin, KRAMER, Philipp, LEWINSKI, Kai von, *DSGVO, BDSG : Datenschutzgrundverordnung, Bundesdatenschutzgesetz und Nebengesetze*, Köln : Carl Heymanns Verlag, coll. Heymanns Kommentare, 6e édition, 2018

GRÖPL, Christoph *in* GRÖPL, Christoph, WINDTHORST Kay, COELLN, Christian von (dir.), *Grundgesetz*, München : Verlag C. H. Beck, coll. Studienkommentar, 3e édition, 2017

HERBST, Tobias *in* KÜHLING, Jürgen, BUCHNER, Benedikt (dir.), *Datenschutz-Grundverordnung/BDSG : Kommentar*, München : C. H. Beck, 2e édition, 2018

HOFMANN, Hans *in* SCHMIDT-BLEIBTREU, Bruno (fond.), HOFMANN, Hans, HENNEKE, Hans-Günter (dir.), *Kommentar zum Grundgesetz*, Köln : Carl Heymanns Verlag, 14e édition, 2018

JARASS, Hans D. *in* JARASS, Hans D., PIEROTH, Bodo, *Grundgesetz für die Bundesrepublik Deutschland*, München : Verlag C. H. Beck, 14e édition, 2016

LEVEDAG, Christian *in* SCHMIDT, Ludwig (fond.), WEBER-GRELLET, Heinrich (dir.), *Einkommenssteuergesetz*, München : C. H. Beck, 38e édition, 2019

LOSCHELDER, Friedrich *in* SCHMIDT, Ludwig (fond.), WEBER-GRELLET, Heinrich (dir.), *Einkommensteuergesetz*, München : C. H. Beck, 38e édition, 2019

MÜLLER-FRANKEN, Sebastian *in* SCHMIDT-BLEIBREU, Bruno (fond.), HOFMANN, Hans, HOPFAUF, Axel, *Kommentar zum Grundgesetz*, Köln : Carl Heymanns Verlag, 12e édition, 2011

MUSIL, Andreas *in* HÜBSCHMANN, Walter (fond.), HEPP, Ernst, SPITALER, Armin, *Abgabenordnung, Finanzgerichtsordnung*, Köln : Otto Schmidt Verlag, coll. Kommentar, 2017

OLBING, Klaus *in* STRECK, Michael, BINNEWIES, Burkhard (dir.), *Körperschaftsteuergesetz : mit Nebengesetzen*, München : Verlag C. H. Beck, 9e édition, 2018

PÖTTERS, Stephan *in* GOLA, Peter, EICHLER, Carolyn (dir.), *Datenschutz-Grundverodnung : VO (EU) 2016/679*, München : C. H. Beck, 2e édition, 2018

RODE, Oliver *in* WENDT, Michael, SUCHANEK, Markus, MÖLLMANN, Peter, HEINEMANN, Peter (dir.), *Gewerbesteuer : Kommentar*, Köln : Otto Schmidt, 2019

ROSSI, Matthias *in* GRÖPL, Christoph (dir.), *Bundeshaushaltsordnung, Landeshaushaltsordnungen : Staatliches Haushaltsrecht : Kommentar*, München : Verlag C. H. Beck, 2e édition, 2019

RÜSCH, Gary *in* WENDT, Michael, SUCHANEK, Markus, MÖLLMANN, Peter, HEINEMANN, Peter (dir.), *Gewerbesteuer : Kommentar*, Köln : Otto Schmidt, 2019

SANNWALD, Rüdiger *in* SCHMIDT-BLEIBTREU (fond.), Bruno, HOFMANN, Hans, HENNEKE, Hans-Günter (dir.), *Kommentar zum Grundgesetz*, Köln : Carl Heymanns Verlag, 13e édition, 2014

SANNWALD, Rüdiger *in* SCHMIDT-BLEIBTREU, Bruno (fond.), HOFMANN, Hans, HOPFAUF, Axel (dir.), *Kommentar zum Grundgesetz*, Köln : Carl Heymanns Verlag, 12e édition, 2011

SCHMID, Gerhard, SCHOTT, Marktus *in* EHRENZELLER, Bernhard, SCHWEIZER, Rainer J., MASTRONARDI, Philippe, VALLENDER, Klaus A. (dir.), *Die schweizerische Bundesverfassung : Kommentar*, Zürich, St. Gallen : Dike Verlag, Zürich, Basel, Genf : Schulthess Juristische Medien, 2e édition, 2008

SCHULZ, Sebastian *in* GOLA, Peter, EICHLER, Carolyn (dir.), *Datenschutz-Grundverodnung : VO (EU) 2016/679*, München : C. H. Beck, 2e édition, 2018

SCHWEDHELM, Rolf *in* STRECK, Michael, BINNEWIES, Burkhard (dir.), *Körperschaftsteuergesetz : mit Nebengesetzen*, München : Verlag C. H. Beck, 9e édition, 2018

SCHWEIZER, Rainer J., HAFNER, Felix *in* EHRENZELLER, Bernhard, SCHWEIZER, Rainer J., MASTRONARDI, Philippe, VALLENDER, Klaus A. (dir.), *Die schweizerische Bundesverfassung : Kommentar*, Zürich, St. Gallen : Dike Verlag, Zürich, Basel, Genf : Schulthess Juristische Medien, 2e édition, 2008

SEER, Roman *in* TIPKE, Klaus, KRUSE, Heinrich Wilhelm (fond.), *AO. FGO* Kommentar, Köln : Otto Schidt Verlag, coll. Kommentar, 2017

WACKER, Roland *in* SCHMIDT, Ludwig (fond.), WEBER-GRELLET, Heinrich (dir.), *Einkommensteuergesetz*, München : C. H. Beck, 38e édition, 2019

WINDTHORST, Kay *in* GRÖPL, Christoph, WINDTHORST, Kay, COELLN, Christian von (dir.), *Grundgesetz*, München : Verlag C. H. Beck, coll. Studienkommentar, 2e édition, 2015

WINNANDS, Simone *in* KÜGEL, J. Wilfried, MÜLLER, Rolf-Georg, HOFMANN, Hans-Peter (dir.), *Arzneimittelgesetz*, München : Verlag C. H. Beck, coll. Beck'sche Kurz-Kommentare, 2e édition, 2016

B. Contributions dans des mélanges, ouvrages collectifs, actes de colloque

(par ordre alphabétique des auteurs)

AFONSO, Alexandre, MACH, André, « Coming together but staying apart : Continuity and change in the Austrian and Swiss Varieties of Capitalism » *in* BECKER, Uwe (dir.), *The Changing Political Economies of Small West European Countries*, Amsterdam University Press, coll. Changing Welfare States, 2011, p. 99 et s.

ANTER, Andreas, « Ordnungsdenken in der Rechtsprechung des Bundesverfassungsgerichts. Wertordnung, Ordnungsmacht und Menschenbild des Grundgesetzes » *in* VAN OOYEN, Robert Chr., MÖLLERS, Martin H. W. (dir.), *Das Bundesverfassungsgericht im politischen System*, Wiesbaden : VS Verlag für Sozialwissenschaften, 1e édition, 2006, p. 307 et s.

ARMAND, Jean-Pierre, BIOT, Jacques, « La médecine personnalisée » *in* PROUX, Vanessa (dir.), *Biotechnologies. Les promesses du vivant*, FYP éditions, coll. Innovation, 2015, p. 114 et s.

ARNOLD, Martin, « Stand und Veränderung des schweizerischen Genossenschaftswesens aus rechtshistorischer Perspektive » *in* PUTSCHER, Robert (dir.), *Das Genossenschaftswesen in der Schweiz*, Berne : Haupt Verlag, 1e édition, 2005, p. 67 et s.

BELRHOMARI, Nadia, « Epigénétique et médecine personnalisée, la liberté de choix du patient » *in* HERVÉ, Christian, STANTON-JEAN, Michèle, *Les nouveaux paradigmes de la médecine personnalisée ou médecine de précision. Enjeux juridiques, médicaux et éthiques*, Paris : Dalloz, coll. Thèmes & commentaires : éthique biomédicale et normes juridiques, 2014, p. 141 et s.

BETHGE, Herbert, « Der Grundrechtseingriff » *in* HOFFE, Werner (dir.), *Der Grundrechtseingriff. Öffentlich-rechtliche Rahmenbedingungen einer Informationsordnung*, Berlin, New York : De Gruyter, coll. Veröffentlichungen der Vereinigung der deutschen Staatsrechtslehrer, 1998, p.7 et s.

BEVIÈRE-BOYER, Bénédicte, « Médecine personnalisée : de la délimitation entre le soin et la recherche » *in* HERVÉ, Christian, STANTON-JEAN, Michèle, *Les nouveaux paradigmes de la médecine personnalisée ou médecine de précision. Enjeux juridiques, médicaux et éthiques*, Paris : Dalloz, coll. Thèmes & commentaires : éthique biomédicale et normes juridiques, 2014, p. 129 et s.

BONAH, Christian, « Marketing Film : Audio-Visuals for Scientific Marketing and Medical Training in Psychiatry : The Sandoz Example in the 1960s » *in* GAUDILLIÈRE, Jean-Paul, THOMS, Ulrike (dir.), *The Development of Scientific Marketing in the Twentieth Century : Research for Sales in the Pharmaceutical Industry*, London : Pickering & Chatto, 2015, p. 87 et s.

BRITT, Fritz, BROMBACHER STEINER, Maria Verena, STREIT, Peter, « Assurance-maladie » *in* KOCHER, Gerhard, OGGIER, Willy (dir.), *Système de santé suisse 2004-2006. Survol de la situation actuelle,* Berne : Edition Hans Huber, 2005, p. 36 et s.

BROCKE, Bernhard vom *in* VIERHAUS, Rudolf, BROCKE, Bernhard vom (dir.), *Forschung im Spannungsfeld von Politik und Gesellschaft : Geschichte und Struktur der Kaiser-Wilhelm-/Max-Planck-Gesellschaft*, Stuttgart : Deutsche Verlags-Anstalt, 1990

CAVALIER, Georges, PIERRE, Jean-Luc, « France » *in* DANON, Robert J., SHAY, Stephen, *Tax incentives on Research and Development (R&D)*, The Hague : Sdu Uitgevers, Numéro spécial de *Cahiers de droit fiscal international*, vol.100a, 2015, p. 303 et s.

CHAMPEY, Yves, « Médecine personnalisée, génomique et choix thérapeutiques médicamenteux. Bouleversements, perspectives » *in* HERVÉ, Christian, STANTON-JEAN, Michèle, *Les nouveaux paradigmes de la médecine personnalisée ou médecine de précision. Enjeux juridiques, médicaux et éthiques*, Paris : Dalloz, coll. Thèmes & commentaires : éthique biomédicale et normes juridiques, 2014, p. 69 et s.

CHATZIMARKAKIS, Jorgo, « Kapitel 27. Perspektiven des europäischen Gesundheitsmarktes aus liberaler Sicht ; Informationnelle Autonomie : Katalysator innovativer Gesundheitssysteme » *in* HARMS, Fred, GÄNSHIRT, Dorothee, RUMLER, Robin (dir.), *Pharmamarketing. Gesundheitsökonomische Aspekte einer innovativen Industrie am Beispiel von Deutschland, Österreich und der Schweiz*, Stuttgart : Lucius & Lucius, coll. Forum Marketing & Management, 2e édition, 2008, p. 559 et s.

COHEN, Dany, « La liberté de la recherche scientifique » *in* HERMITTE, Marie-Angèle (dir.), *La liberté de la recherche et ses limites. Approches juridiques*, Paris : Romillat, coll. Collection droit et technologies, 2001, p. 79 et s.

CORON, Xavier, « La promotion du médicament. Libre propos » *in* FRISON-ROCHE, Marie-Anne (dir.), *Concurrence, santé publique, innovation et médicament*, Paris : LGDJ-Lextenso éditions, coll. Droit & Economie, 2010, p. 75 et s.

COSTANTINI, Dominique, « L'immunothérapie » *in* PROUX, Vanessa (dir.), *Biotechnologies. Les promesses du vivant*, FYP éditions, coll. Innovation, 2015, p. 134 et s.

DAHAN, Robert, « L'art de l'innovation » *in* LE SOURD, Pierre (dir.), *La société du médicament ?*, Paris : Le cherche midi, coll. Documents, 2006, p. 75 et s.

DESCHENES, Mylène, STANTON-JEAN, Claude, OLIVIER, Catherine, DUPRAS-LEDUC, Raphaëlle, « La conduite responsable en recherche : de la théorie à la pratique » *in* HERVÉ, Christian, STANTON-JEAN, Michèle, MAMZER, Marie-France (dir.), *Autour de l'intégrité scientifique, la loyauté et la probité. Aspects cliniques, éthiques et juridiques*, Paris : Dalloz, coll. Thèmes & commentaires : Ethique biomédicale et normes juridiques, 2016, p. 7 et s.

DEUTSCH, Ewin, « Ursprung und Funktion der EU-Richtlinie zur Arzneimittelprüfung » *in* DEUTSCH, Erwin, DUTTGE, Gunnar, SCHREIBER, Hans-Ludwig, SPICKHOFF, Andreas, TAUPITZ, Jochen (dir.), *Die Implementierung der GCP-Richtlinie und ihre Ausstrahlungswirkungen*, Berlin : Springer-Verlag, 2011, p. 3 et s.

DIJK, Henk van *in* FISCHER, Wolfram (dir.), *Europäische Wirtschafts- und Sozialgeschichte von der Mitte des 19. Jahrhunderts bis zum ersten Weltkrieg*, Handbuch der europäischen Wirtschafts- und Sozialgeschichte, Vol. 5., Stuttgart : Klett-Cotta, 1985, p. 302 et s.

DOLATA, Ulrich, « Forschung und Entwicklung in der Wirtschaft » *in* SIMON, Dagmar, KNIE, Andreas, HORNBOSTEL, Stefan, ZIMMERMANN, Karin (dir.), *Handbuch Wissenschaftspolitik*, Wiesbaden : Springer VS, coll. Springer Reference Sozialwissenschaften, 2e édition, 2016, p. 609 et s.

DUTTGE, Gunnar, « Landesbericht Deutschland » *in* DEUTSCH, Erwin, DUTTGE, Gunnar, SCHREIBER, Hans-Ludwig, SPICKHOFF, Andreas, TAUPITZ, Jochen (dir.), *Die Implementierung der GCP-Richtlinie und ihre Ausstrahlungswirkungen*, Berlin : Springer-Verlag, 2011, p. 77 et s.

EIFERT, Martin, « Wissenschaftsfreiheit und Rundfunkfreiheit. Grundrechte mit spezifischem Organisationsgehalt im Vergleich » *in* BRITZ, Gabriele (dir.), *Forschung in Freiheit und Risiko*, Tübingen : Mohr Siebeck, 2012, p. 17 et s.

FAURAN, Blandine, LAUDE, Anne, « Informations et responsabilités » *in* LAUDE, Anne, TABUTEAU, Didier (dir.), *Information et produits de santé, quelles perspectives ?*, Paris : Presses universitaires de France, coll. Droit et Santé, 2006, p. 163 et s.

FAVOREU, Louis, « Universalité des droits fondamentaux et diversité culturelle » *in L'Effectivité des droits fondamentaux dans les pays de la communauté francophone, colloque international de Maurice, 29-30 septembre et 1er octobre 1993, Port Louis, République de l'Ile Maurice*, Montréal, éd. Aupelf-Uref, coll. Universités francophones. Prospectives francophones, 1994, p. 38 et s.

FELDER, Stephan, GAUDILLIÈRE, Jean-Paul, THOMS, Ulrike, « Ads, Ads, Ads : The Gephama Database and its Uses », *in* GAUDILLIÈRE, Jean-Paul, THOMS, Ulrike (dir.), *The Development of Scientific Marketing in the Twentieth Century : Research for Sales in the Pharmaceutical Industry*, London : Pickering & Chatto, 2015, p. 63 et s.

FISCHER, Wolfram *in* FISCHER, Wolfram (dir.), *Europäische Wirtschafts- und Sozialgeschichte von der Mitte des 19. Jahrhunderts bis zum ersten Weltkrieg,* Handbuch der europäischen Wirtschafts- und Sozialgeschichte, Vol. 5., Stuttgart : Klett-Cotta, 1985, p. 357 et s.

FORKERT, Stefan, « Technologieführerschaft durch systematisches Innovationsmanagement » *in* SCHRAFT, Rolf Dieter (dir.), *Innovations- und Technologiemanagement. Fraunhofer-IPA-Innovationsforum, 2. Juli 2003, Stuttgart*, Stuttgart : FpF-Verein zur Förderung Produktionstechnischer Forschung, 2003, p. 173 et s.

GASSER, Peter, « Grundsätzliche Charakteristik des Abkommens über die Freizügigkeit der Personen, inklusive Arbeitslosenversicherung » *in* FELDER, Daniel, KADDOUS, Christine (dir.), *Accords bilatéraux Suisse – UE : (commentaires)*, Bâle, Genève : Helbing & Lichtenhahn, Bruxelles : Bruylant, coll. Dossier de droit européen, 2001, p. 268 et s.

GAUDILLIÈRE, Jean-Paul, « Marketing Loops : Clinical Research and Consumption of Antidepressants and the Reorganization of Promotion at Geigy in the 1960s and 1970s » *in* GAUDILLIÈRE, Jean-Paul, THOMS, Ulrike (dir.), *The Development of Scientific Marketing in the Twentieth Century : Research for Sales in the Pharmaceutical Industry*, London : Pickering & Chatto, 2015, p. 167 et s.

GEHRING, Walter, « Kapitel 9. Der Kunde im Fokus oder : Das Janus-Prinzip » *in* HARMS, Fred, GÄNSHIRT, Dorothee, RUMLER, Robin (dir.), *Pharmamarketing. Gesundheitsökonomische Aspekte einer innovativen Industrie am Beispiel von Deutschland, Österreich und der Schweiz*, Stuttgart : Lucius & Lucius, coll. Forum Marketing & Management, 2e édition, 2008, p. 169 et s.

GRIMM, Dieter, « Die Entfaltung der Freiheitsrechte » *in* LIMBACH, Jutta (dir.), *Das Bundesverfassungsgericht. Geschichte, Aufgabe, Rechtsprechung*, Heidelberg : C. F. Müller Verlag, 2000, p. 56 et s.

GROSSEN, Dieter, « Appréciation politique de l'Accord sur la libre circulation des personnes » *in* FELDER, Daniel, KADDOUS, Christine (dir.), *Accords bilatéraux Suisse – UE : (commentaires)*, Bâle, Genève : Helbing & Lichtenhahn, Bruxelles : Bruylant, coll. Dossier de droit européen, 2001, p. 259 et s.

GÜNTENSPERGER, Monika, « Kapitel 2. Pharmazeutische Industrie in der Schweiz » *in* HARMS, Fred, GÄNSHIRT, Dorothee, RUMLER, Robin (dir.), *Pharmamarketing. Gesundheitsökonomische Aspekte einer innovativen Industrie am Beispiel von Deutschland, Österreich und der Schweiz*, Stuttgart : Lucius & Lucius, coll. Forum Marketing & Management, 2e édition, 2008, p. 61 et s.

HARMS, Fred, « Kapitel 10. Customer-Relationship-Management (CRM) » *in* HARMS, Fred, GÄNSHIRT, Dorothee, RUMLER, Robin (dir.), *Pharmamarketing. Gesundheitsökonomische Aspekte einer innovativen Industrie am Beispiel von Deutschland, Österreich und der Schweiz*, Stuttgart : Lucius & Lucius, coll. Forum Marketing & Management, 2e édition, 2008, p. 183 et s.

HARMS, Fred, GÄNSHIRT, Dorothee, SAHIN Aydin, KLAHN, Dominik, « Kapitel 28. Compliance Management in der gesetzlichen Krankenversicherung » *in* HARMS, Fred, GÄNSHIRT, Dorothee, RUMLER, Robin (dir.), *Pharmamarketing. Gesundheitsökonomische Aspekte einer innovativen Industrie am Beispiel von Deutschland, Österreich und der Schweiz*, Stuttgart : Lucius & Lucius, coll. Forum Marketing & Management, 2e édition, 2008, p. 577 et s.

HAUSBERG, Bernhard, « Mitwirkung von rahmensetzenden Akteuren » *in* BULLINGER, Hans-Jörg (dir.), *Beschleunigte Innovation mit regionalen und industrienahen Forschungsclustern. Konferenzschrift*, Stuttgart : Fraunhofer-IRB-Verlag, 2007, p. 110 et s.

HÉNIN, Christophe, CHAUVEAU, Floriane, « Les différents systèmes de régulation des prix et du remboursement du médicament. Comparaisons européennes et convergences » *in* FRISON-ROCHE, Marie-Anne (dir.), *Concurrence, santé publique, innovation et médicament*, Paris : LGDJ-Lextenso éditions, coll. Droit & Economie, 2010, p. 117 et s.

HERMITTE, Marie-Angèle, « L'encadrement juridique de la recherche scientifique » *in* HERMITTE, Marie-Angèle (dir.), *La liberté de la recherche et ses limites. Approches juridiques*, Paris : Romillat, coll. Collection droit et technologies, 2001, p. 19 et s.

JONGE, Jan Aart de *in* FISCHER, Wolfram (dir.), *Europäische Wirtschafts- und Sozialgeschichte von der Mitte des 19. Jahrhunderts bis zum ersten Weltkrieg*, Handbuch der europäischen Wirtschafts- und Sozialgeschichte, Vol. 5., Stuttgart : Klett-Cotta, 1985, p. 319 et s.

JOUAN-FLAHAULT, Chrystel, ARNOUX, Pierre-Yves, DELATTRE, Isabelle, « Recherche, innovation et progrès thérapeutique dans le secteur du médicament : état des lieux, enjeux, perspectives » *in* FRISON-ROCHE, Marie-Anne (dir.), *Concurrence, santé publique, innovation et médicament*, Paris : LGDJ-Lextenso éditions, coll. Droit & Economie, 2010, p. 135 et s.

JUNGMEISTER, Alexander, TAISCH, Franco, « Der Beitrag der genossenschaftsrechtlichen DNA als Basis für Wachstum und Differenzierungsstrategien » *in* LAURINKARI, Juhani, SCHEDIWY, Robert, TODEV, Tode (dir.), *Genossenschaftswissenschaft zwischen Theorie und Geschichte. Festschrift für Professor Johann Brazda zum 60. Geburtstag*, Bremen : EHV Academicpress, 1e édition, 2014, p. 381 et s.

KADDOUS, Christine, « Les accords sectoriels dans le système des relations extérieures de l'Union européenne » *in* FELDER, Daniel, KADDOUS, Christine (dir.), *Accords bilatéraux Suisse – UE : (commentaires)*, Bâle, Genève : Helbing & Lichtenhahn, Bruxelles : Bruylant, coll. Dossier de droit européen, 2001, p. 77 et s.

KELLENBERGER, Jakob, « Der politische und wirtschaftliche Stellenwert der sieben bilateralen sektorielles Abkommen » *in* FELDER, Daniel, KADDOUS, Christine (dir.), *Accords bilatéraux Suisse – UE : (commentaires)*, Bâle, Genève : Helbing & Lichtenhahn, Bruxelles : Bruylant, coll. Dossier de droit européen, 2001, p. 3 et s.

KESSEL, Nils, « Beyond Innovation : Pharmaceutical Marketing, Market Structure and the Importance of the "Old" in West Germany, 1950-70 » *in* GAUDILLIÈRE, Jean-Paul, THOMS, Ulrike (dir.), *The Development of Scientific Marketing in the Twentieth Century : Research for Sales in the Pharmaceutical Industry*, London : Pickering & Chatto, 2015, p. 15 et s.

KESSEL, Nils, BONAH, Christian, « Revolutionary Markets ? Approaching Therapeutic Innovation and Change through the Lens of West German IMS Health Data, 1959-1980 » *in* GREENE, Jeremy A., CONDRAU, Flurin, WATKINS, Elizabeth Siegel (dir.), *Therapeutic Revolutions. Pharmaceuticals and Social Change in the Twentieth Century,* Chicago, London : The University of Chicago Press, 2016, p. 97 et s.

KESSLER, Wolfgang, PFUHL, Andreas, « Steuergesetzgeberische Bemühungen zur Förderung der Eigenkapitalbildung bei Personenunternehmen. Eine Analyse der Thesaurierungsbegünstigung nach § 34a EStG » *in* DITTMERS, Hermann (dir.), *Den Mittelstand begleiten : Wege zum Eigenkapital und gelungener Nachfolge. Festschrift für Horst Kary zu seinem 65. Geburtstag am 1. November 2009*, Freiburg : Sparkasse Freiburg-Nördlicher Breisgau, 2009, p. 59 et s.

KÖTSCHKE, Rudolf, *Allgemeine Wirtschaftsgeschichte des Mittelalters in* BRODNITZ, Georg (dir.), Handbuch der Wirtschaftsgeschichte, vol. 2, Jena : Verlag Gustav Fischer, 1924, XIV-626 p.

KRIELE, Martin, « Grundrechte und demokratischer Gestaltungsspielraum » *in* ISENSEE, Josef, KIRCHHOF, Paul, *Handbuch des Staatsrechts der Bundesrepublik Deutschland*, Vol. IX. Allgemeine Grundrechtslehren, Heidelberg : C. F. Müller, 3e édition, 2011, § 188, p. 183 et s.

LAUFS, Adolf, « § 130. Heilversuch und klinisches Experiment » *in* LAUFS, Adolf, KERN, Bernd-Rüdiger (dir.), *Handbuch des Arztrechts*, München, C. H. Beck, 4e édition, 2010, p. 1443 et s.

LAUTENBERG, Alexis P., « Les accords bilatéraux vus de Bruxelles » *in* FELDER, Daniel, KADDOUS, Christine (dir.), *Accords bilatéraux Suisse – UE : (commentaires)*, Bâle, Genève : Helbing & Lichtenhahn, Bruxelles : Bruylant, coll. Dossier de droit européen, 2001, p. 21 et s.

LEJEUNE, Yves, « Retour aux sources de l'idée fédéraliste » *in* BERROD, Frédérique, GERKRATH, Jörg, KOVAR, Robert et al. (dir.), *Europe(s), Droits européen(s) : Une passion universitaire, Liber Amicorum en l'honneur du professeur Vlad Constantinesco*, Bruxelles : Bruylant, 2015, p. 739 et s.

LENTSCH, Justus, « Wissenschaftspolitische Beratung : Organisationsformen und Gestaltungselemente » *in* SIMON, Dagmar, KNIE, Andreas, HORNBOSTEL, Stefan, ZIMMERMANN, Karin (dir.), *Handbuch Wissenschaftspolitik*, Wiesbaden : Springer VS, coll. Springer Reference Sozialwissenschaften, 2e édition, 2016, p. 317 et s.

LÉVY, Michel, « L'innovation et les brevets » *in* PROUX, Vanessa (dir.), *Biotechnologies. Les promesses du vivant*, FYP éditions, coll. Innovation, 2015, p. 240 et s.

LÖWER, Wolfgang, « Freiheit wissenschaftlicher Forschung und Lehre » *in* Detlef Merten, Hans-Jürgen Papier (dir.), *Handbuch der Grundrechte in Deutschland und Europa*, Vol. IV. Grundrechte in Deutschland : Einzelgrundrechte I, Heidelberg : C. F. Müller Verlag, 2011, § 99 (p. 699 et s.)

MACH, Olivier, « L'Accord sur la libre circulation des personnes dans l'optique des praticiens » *in* FELDER, Daniel, KADDOUS, Christine (dir.), *Accords bilatéraux Suisse – UE : (commentaires)*, Bâle, Genève : Helbing & Lichtenhahn, Bruxelles : Bruylant, coll. Dossier de droit européen, 2001, p. 311 et s.

MALINVERNI, Giorgio, « Die Sozialrechte in der Schweiz » *in* MATSCHER, Franz *(dir.)*, *Erweitertes Grundrechtsverständnis : Internationale Rechtsprechung und nationale Entwicklungen – EGMR, EuGH, Österreich, Deutschland, Schweiz. Konferenzchrift*, Kehl, Straßburg, Alington : N.P. Engel Verlag, coll. Schriften des Österreichischen Instituts für Menschenrechte, 2003, p. 289 et s.

MALKE, Christiane, SCHLIE, Ina, SPENGEL, Christoph, « Germany » *in* DANON, Robert J., SHAY, Stephen, *Tax incentives on Research and Development (R&D)*, The Hague : Sdu Uitgevers, Numéro spécial de *Cahiers de droit fiscal international*, vol.100a, 2015, p. 319 et s.

MANGEOT, Dominique, « Le cœur de notre métier » *in* LE SOURD, Pierre (dir.), *La société du médicament ?*, Paris : Le cherche midi, coll. Documents, 2006, p. 105 et s.

MARITZ, Daniel, « Der Dienstleistungsverkehr im Abkommen über die Freizügigkeit der Personen » *in* FELDER, Daniel, KADDOUS, Christine (dir.), *Accords bilatéraux Suisse – UE : (commentaires)*, Bâle, Genève : Helbing & Lichtenhahn, Bruxelles : Bruylant, coll. Dossier de droit européen, 2001, p. 331 et s.

MARSICO, Giovanna, « Des patients acteurs face aux défis du système de santé » *in* HERVÉ, Christian, STANTON-JEAN, Michèle, *Les nouveaux paradigmes de la médecine personnalisée ou médecine de précision. Enjeux juridiques, médicaux et éthiques*, Paris : Dalloz, coll. Thèmes & commentaires : éthique biomédicale et normes juridiques, 2014, p. 221 et s.

MATHIEU, Bertrand, « La liberté de la recherche, droit fondamental constitutionnel et international » *in* HERMITTE, Marie-Angèle (dir.), *La liberté de la recherche et ses limites. Approches juridiques*, Paris : Romillat, coll. Collection droit et technologies, 2001, p. 57 et s.

MAYNTZ, Renate, SCHARPF, Fritz W., « Kapitel 1. Steuerung und Selbstorganisation in Staatsnahen Sektoren » *in* MAYNTZ, Renate, SCHARPF, Fritz W. (dir.), *Gesellschaftliche Selbstregelung und politische Steuerung*, Fankfurt, New York : Campus Verlag, coll. Schriften aus dem Max-Planck-Institut für Gesellschaftsforschung Köln, 1995, p. 9 et s.

MAZAS, Anne-Sophie, « Images, Visualization and the Practices of Scientific Marketing in Post-War France » *in* GAUDILLIÈRE, Jean-Paul, THOMS, Ulrike (dir.), *The Development of Scientific Marketing in the Twentieth Century : Research for Sales in the Pharmaceutical Industry*, London : Pickering & Chatto, 2015, p. 105 et s.

MOUTON, Stéphane, « Fondements constitutionnels de la liberté de la recherche » *in* LARRIEU, Jacques (dir.), *Qu'en est-il du droit de la recherche ?*, Toulouse : Presses de l'Université de Toulouse 1 Capitole, 2009, p. 93 et s.

MÜLLER, Georg, « Schutzwirkung der Grundrechte » *in* MERTEN, Detlef, PAPIER, Hans-Jürgen (dir.), *Handbuch der Grundrechte in Deutschland und Europa*, Vol. VII/2. Grundrechte in der Schweiz und Liechtenstein, Heidelberg : C. F. Müller Verlag, 2007, § 204 (p. 59 et s.)

MÜLLER, Jörg Paul, « Geschichtliche Grundlagen, Zielsetzung und Funktion der Grundrechte » *in* MERTEN, Detlef, PAPIER, Hans-Jürgen (dir.), *Handbuch der Grundrechte in Deutschland und Europa*, Vol. VII/2. Grundrechte in der Schweiz und Liechtenstein, Heidelberg : C. F. Müller Verlag, 2007, § 202 (p. 3 et s.)

NATSCH, Regina, « Schweizerisches Genossenschaftsrecht : Stand und Revisionspostulate » *in* PUTSCHER, Robert (dir.), *Das Genossenschaftswesen in der Schweiz*, Berne : Haupt Verlag, 1e édition, 2005, p. 87 et s.

NORTH, Arielle, « La notion d'information scientifique et son accessibilité » *in* LAUDE, Anne, TABUTEAU, Didier (dir.), *Information et produits de santé, quelles perspectives ?*, Paris : Presses universitaires de France, coll. Droit et Santé, 2006, p. 17 et s.

OBRIST, Thierry, « Switzerland » *in* DANON, Robert J., SHAY, Stephen, *Tax incentives on Research and Development (R&D)*, The Hague : Sdu Uitgevers, Numéro spécial de *Cahiers de droit fiscal international*, vol.100a, 2015, p. 723 et s.

ONTENIENTE, Brigitte, « Les cellules souches » *in* PROUX, Vanessa (dir.), *Biotechnologies. Les promesses du vivant*, FYP éditions, coll. Innovation, 2015, p.128 et s.

OSSENBÜHL, Fritz, « Grundsätze der Grundrechtsinterpretation » *in* MERTENS, Detlef, PAPIER, Hans-Jürgen (dir.), *Handbuch der Grundrechte in Deutschland und Europa*, Vol. I. Entwicklung und Grundlagen, Heidelberg : C. F. Müller Verlag, 2004, § 15

PAPIER, Hans-Jürgen, « Gericht und Verfassungsorgan. Der Status des Bundesverfassungsgerichts » *in* Jutta Limbach (dir.) *in* LIMBACH, Jutta (dir.), *Das Bundesverfassungsgericht. Geschichte, Aufgabe, Rechtsprechung*, Heidelberg : C. F. Müller Verlag, 2000, p. 26 et s.

PIEROTH, Bodo, « Die Grundrechte des Grundgesetzes in der Verfassungstradition » *in* MERTEN, Detlef, PAPIER, Hans-Jürgen (dir.), *Handbuch der Grundrechte in Deutschland und Europa*, Vol. II Grundrechte in

Deutschland : Allgemeine Lehren I, Heidelberg : C. F. Müller Verlag, 2006, § 25 (p. 3 et s.)

PODOLSKY, Scott H., KVEIM LIE, Anne, « Futures and Their Uses : Antibiotics and Therapeutic Revolution » *in* GREENE, Jeremy A., CONDRAU, Flurin, SIEGEL WATKINS, Elizabeth (dir.), *Therapeutic Revolutions. Pharmaceuticals and Social Change in the Twentieth Century,* Chicago, London : The University of Chicago Press, 2016, p. 18 et s.

PUTSCHER, Robert, « Bestandsaufnahme und Perspektiven der Genossenschaften in der Schweiz » *in* PUTSCHER, Robert (dir.), *Das Genossenschaftswesen in der Schweiz*, Berne : Haupt Verlag, 1e édition, 2005, p. 3 et s.

PUTSCHER, Robert, BECCARELLI, Claudio, « Genossenschaften in der Schweiz zwischen Bedeutungsverlust und wirtschaftlicher Dynamik – ein empirischer Befund » *in* PUTSCHER, Robert (dir.), *Das Genossenschaftswesen in der Schweiz*, Berne : Haupt Verlag, 1e édition, 2005, p. 39 et s.

RAMMER, Christian, BINZ, Hanna, « Zur Förderung von FuE in der Wirtschaft durch den Staat » *in* LEGLER, Harald, GRENZMANN, Christoph (dir.), *FuE-Aktivitäten der deutschen Wirtschaft : Analysen auf der Basis von FuE-Erhebungen*, Essen : Wissenschaftsstatistik GmbH, coll. Materialien zur Wissenschaftsstatistik, 2006, p. 131 et s.

REINHARDT, Carten, CARRIER, Marcus B., « Wissenschaftspolitik aus wissenschaftshistorischer Perspektive » *in* SIMON, Dagmar, KNIE, Andreas, HORNBOSTEL, Stefan, ZIMMERMANN, Karin (dir.), *Handbuch Wissenschaftspolitik*, Wiesbaden : Springer VS, coll. Springer Reference Sozialwissenschaften, 2e édition, 2016, p. 207 et s.

REVAH, Frédéric, « La thérapie génique » *in* PROUX, Vanessa (dir.), *Biotechnologies. Les promesses du vivant*, FYP éditions, coll. Innovation, 2015, p. 141 et s.

SCHULZE, Gerhard, « Kapitel 5. Unterwegs zu einem neuen Gesundheitsmarkt » *in* HARMS, Fred, GÄNSHIRT, Dorothee, RUMLER, Robin (dir.), *Pharmamarketing. Gesundheitsökonomische Aspekte einer innovativen Industrie am Beispiel von Deutschland, Österreich und der Schweiz,* Stuttgart : Lucius & Lucius, coll. Forum Marketing & Management, 2e édition, 2008, p. 115 et s.

SCHWEIZER, Rainer J., « Wissenschaftsfreiheit und Kunstfreiheit » *in* MERTEN, Detlef, PAPIER, Hans-Jürgen (dir.), *Handbuch der Grundrechte in Deutschland und Europa*, Vol. VII/2. Grundrechte in der Schweiz und Liechtenstein, Heidelberg : C. F. Müller Verlag, 2007, § 218 (p. 445 et s.)

SÉGUR, Philippe, « La dimension historique des libertés et droits fondamentaux » *in* CABRILLAC, Rémy (dir.), *Libertés et droits fondamentaux*, Paris : Dalloz, Hors collection, 23e édition, 2017, p. 7 et s.

SIEGENTHALER, Hansjörg *in* FISCHER, Wolfram (dir.), *Europäische Wirtschafts- und Sozialgeschichte von der Mitte des 19. Jahrhunderts bis zum ersten Weltkrieg,* Handbuch der europäischen Wirtschafts- und Sozialgeschichte, Vol. 5., Stuttgart : Klett-Cotta, 1985, p. 443 et s.

SIHN, Wilfried, « Jede Innovation braucht individuelles Management » *in* SCHRAFT, Rolf Dieter (dir.), *Innovations- und Technologiemanagement. Fraunhofer-IPA-Innovationsforum, 2. Juli 2003, Stuttgart*, Stuttgart : FpF-Verein zur Förderung Produktionstechnischer Forschung, 2003, p. 7 et s

SPINNER, Bruno, « Rechtliche Grundlagen und Grenzen für bilaterale Abkommen » *in* FELDER, Daniel, KADDOUS, Christine (dir.), *Accords bilatéraux Suisse – UE : (commentaires)*, Bâle, Genève : Helbing & Lichtenhahn, Bruxelles : Bruylant, coll. Dossier de droit européen, 2001, p. 13 et s.

STANTON-JEAN, Michèle, « Introduction. Réconcilier la médecine personnalisée, la santé publique et le bien commun est-il possible ? » *in* HERVÉ, Christian, STANTON-JEAN, Michèle, *Les nouveaux paradigmes de la médecine personnalisée ou médecine de précision. Enjeux juridiques, médicaux et éthiques*, Paris : Dalloz, coll. Thèmes & commentaires : éthique biomédicale et normes juridiques, 2014, p. 1 et s.

THIERRY, Jean-Pierre, « Ethique biomédicale et normes juridiques » *in* HERVÉ, Christian, STANTON-JEAN, Michèle, *Les nouveaux paradigmes de la médecine personnalisée ou médecine de précision. Enjeux juridiques, médicaux et éthiques*, Paris : Dalloz, coll. Thèmes & commentaires : éthique biomédicale et normes juridiques, 2014, p. 97 et s.

THOMS, Ulrike, « Innovation, Life Cycles and Cybernetics in Marketing : Theoretical Concepts in the Scientific Marketing of Drugs and their Consequences » *in* GAUDILLIÈRE, Jean-Paul, THOMS, Ulrike (dir.), *The Development of Scientific Marketing in the Twentieth Century : Research for Sales in the Pharmaceutical Industry*, London : Pickering & Chatto, 2015, p. 29 et s.

THÜRER, Daniel, « Verfassungsrechtlicher und völkerrechtlicher Status der Grundrechte » *in* MERTEN, Detlef, PAPIER, Hans-Jürgen (dir.), *Handbuch der Grundrechte in Deutschland und Europa*, Vol. VII/2. Grundrechte in der Schweiz und Liechtenstein, Heidelberg : C. F. Müller Verlag, 2007, § 203 (p. 31 et s.)

TILLMANNS, Christian, « Werbung vs Information : Patienten-Compliance-Programme und andere neue Wege der Patienteninformation » *in* VOIT, Wolfgang (dir.), *Kommunikation und Transparenz im Gesundheitswesen.* 15. Symposium von Wissenschaft und Praxis, Baden-Baden : Nomos, coll. Marburger Schriften zum Gesundheitswesen, 2013, p. 37 et s.

VEUVE, Daniel, « Mesures d'accompagnement de l'Accord sur la libre circulation des personnes » *in* FELDER, Daniel, KADDOUS, Christine (dir.), *Accords bilatéraux Suisse – UE : (commentaires)*, Bâle, Genève : Helbing & Lichtenhahn, Bruxelles : Bruylant, coll. Dossier de droit européen, 2001, p. 289 et s.

VIERHAUS, Rudolf *in* VIERHAUS, Rudolf, BROCKE, Bernhard vom (dir.), *Forschung im Spannungsfeld von Politik und Gesellschaft : Geschichte und Struktur der Kaiser-Wilhelm-/Max-Planck-Gesellschaft*, Stuttgart : Deutsche Verlags-Anstalt, 1990, p. 3 et s.

VORLÄNDER, Hans, « Die Deutungsmacht des Bundesverfassungsgerichts » *in* VAN OOYEN, Robert Ch., MÖLLERS, Martin H. W. (dir.), *Das Bundesverfassungsgericht im politischen System*, Wiesbaden : VS Verlag für Sozialwissenschaften, 1e édition, 2006, p. 189 et s.

VOßKAMP, Rainer, SCHMIDT-EHMCKE, Jens, « FuE in der Wirtschaft – Auswirkungen auf Produktivität und Wachstum » *in* LEGLER, Harald, GRENZMANN, Christoph (dir.), *FuE-Aktivitäten der deutschen Wirtschaft :*

Analysen auf der Basis von FuE-Erhebungen, Essen : Wissenschaftsstatistik GmbH, 2006, p. 7 et s.

WAHL, Rainer, « Die objektiv-rechtliche Dimension der Grundrechte im internationalen Vergleich » *in* MERTEN, Detlef, PAPIER, Hans-Jürgen (dir.), *Handbuch der Grundrechte in Deutschland und Europa*, Vol. I. Entwicklung und Grundlagen, Heidelberg : C. F. Müller Verlag, 2004, §19

WARNECKE, Hans-Jürgen, « Mit Innovationen seine Position im internationalen Wettbewerb sichern » *in* SCHRAFT, Rolf Dieter (dir.), *Innovations- und Technologiemanagement. Fraunhofer-IPA-Innovationsforum, 2. Juli 2003, Stuttgart*, Stuttgart : FpF-Verein zur Förderung Produktionstechnischer Forschung, 2003, p. 29 et s.

WEINGART, Peter, « Wissenschaftssoziologie » *in* SIMON, Dagmar, KNIE, Andreas, HORNBOSTEL, Stefan, ZIMMERMANN, Karin (dir.), *Handbuch Wissenschaftspolitik*, Wiesbaden : Springer VS, coll. Springer Reference Sozialwissenschaften, 2e édition, 2016, p.141 et s.

C. Articles de revues et fascicules

(par ordre alphabétique des auteurs)

ABECASSIS, Philippe, COUTINET, Nathalie, « Politique d'austérité et politique du médicament en France et au Royaume-Uni : une analyse de leurs répercussions sur le modèle de la production pharmaceutique », *La Revue de l'Ires*, 2017, vol. 91-92, n°1, p. 111 et s.

ABECASSIS, Philippe, COUTINET, Nathalie, « Le colloque singulier sur ordonnance des firmes pharmaceutiques », *Journal d'économie médicale*, 2009, vol. 27, n°3, p. 146 et s.

ABECASSIS, Philippe, COUTINET, Nathalie, « Caractéristiques du marché des médicaments et stratégies des firmes pharmaceutiques », *Horizons stratégiques*, 2008, vol. 7, n°1, p. 111 et s.

ABROL, Dinesh, PRAJAPATI, Pramod, SINGH, Nidhi, « Globalization of the Indian Pharmaceutical Industry : Implications for Innovation », *International Journal of Institutions and Economies*, 2011, vol. 3, n°2, p. 327 et s.

ANDRIANTSIMBAZOVINA, Joël, « La conception des libertés par le Conseil constitutionnel et la Cour européenne des droits de l'Homme », *Les nouveaux cahiers du Conseil constitutionnel*, 2011, n°32, consultable sur : https://www.conseil-constitutionnel.fr/nouveaux-cahiers-du-conseil-constitutionnel/la-conception-des-libertes-par-le-conseil-constitutionnel-et-par-la-cour-europeenne-des-droits-de-l

ANKRI, Joël, « La politique du médicament », *ADSP*, 2016, n°97, p. 2

ATAMAN, M. Berk, VAN HEERDE, Harald J., MELA, Carl F., « The Long-Term Effect of Marketing Strategy on Brand Sales », *Journal of Marketing Research*, 2010, vol. 47, n°5, p. 866 et s.

BAHRI KORBI, Fadia, SAID, Karim, « Alliances asymétriques et dynamique d'innovation : quelle articulation ? », *La Revue des Sciences de Gestion*, 2016, vol. 281-282, n°5, p. 35 et s.

BARJOT, Dominique, « Histoire économique et historiographie française : crise ou renouveau ? », *Histoire, économie et société*, 2012, n°2, p. 5 et s.

BAUER, Raymond A., WORTZEL, Lawrence H., « Doctor's Choice : The Physician and His Sources of Information about Drugs », *Journal of Marketing Research*, 1966, vol. 3, n°1, p. 40 et s.

BELLEFLAMME, Paul, YPERSELE, Tanguy van, « Comment favoriser l'innovation dans le secteur pharmaceutique : brevets et/ou récompenses ? », *Reflets et perspectives de la vie économique*, 2006, n°4, Tome XLV, p. 23 et s.

BELLEY, Bernard, « Towards a Measure of Pharmaceutical Advertising Effectiveness », *Journal of Business of the University of Chicago*, 1943, vol. 16, n°2, p. 107 et s.

BIANCHI, Mattia, CHIARONI, Davide, CHIESA, Vittorio, FRATTINI, Federico, « Organizing for external technology commercialization : evidence from a multiple case study in the pharmaceutical industry », *R&D Management*, 2011, vol. 41, n°2, p. 120 et s.

BONNEMAIN, Henri, BONNEMAIN, Bruno, « Les relations entre l'industrie pharmaceutique et les pouvoirs publics en France au cours des deux derniers siècles : de la liberté à la liberté surveillée », *Revue d'histoire de la pharmacie*, 2002, n°334, p. 239 et s.

BORGÉ, Mathieu, LADURÉE, Patrick, « Développer un nouveau produit en alliant recherche scientifique et démarche marketing : l'exemple d'un complément alimentaire », *Décisions Marketing*, 2008, n°51, p. 73 et s.

BOUCHER, Daniel, « Crédit d'impôt innovation », Fasc. 253-20, *JurisClasseur Fiscal. Impôts directs. Traité*, 2017

BOURMONT, Jacques-Henry de, BULLINGER, Patrick, « Comparaison fiscale franco-allemande en matière d'impôt sur les sociétés : les similarités et les différences », *Option Finance*, 2019, n°1501, p. 40 et s.

BRAITHWAITE, Dorothea, « The Economic Effects of Advertisement », *The Economic Journal*, 1928, vol. 38, n°149, p. 16 et s.

BRISSY, Stéphane, « Les définitions des catégories de recherches sur la personne et leurs évolutions », *Gazette du Palais*, 2009, n°143, p. 11 et s.

BRONDEL, Séverine, « Attributions des nouveaux ministres : qui fait quoi ? », *Dalloz actualité*, 31.05.2012

BROWN, James R., MARTINSSON, Gustav, PETERSEN, Bruce C., « What promotes R&D ? Comparative evidence from around the world », *Research Policy,* 2017, vol. 46, n°2, p. 447 et s.

BRUHN, Manfred, GEORGI, Dominik, TREYER, Mathias, LEUMANN, Simon, « Wertorientiertes Relationship Marketing : Vom Kundenwert zum Customer Lifetime Value », *Die Unternehmung,* 2000, vol. 54, n°3, p. 167 et s.

BUCHNER, Benedikt, « Der mündige Patient im Heilmittelwerberecht », *MedR,* 2010, n°1, p. 1 et s.

BUCHNER, Benedikt, « Datenschutz und Datensicherheit in der digitalisierten Medizin », *MedR,* 2016, n°9, p. 660 et s.

CAO, Hui, FOLAN, Paul, « Product Life Cycle : the evolution of a paradigm and literature review from 1950-2009 », *Production Planning & Control*, 2012, vol. 23, n°8, p. 641 et s.

CAPELLA, Michael L., TAYLOR, Charles R., CAMPBELL, Randall C., LONGWELL, Lance S., « Do Pharmaceutical Marketing Activities Raise Prices ? Evidence from Five Major Therapeutic Classes », *Journal of Public Policy & Marketing*, 2009, vol. 28, n°2, p. 146 et s.

CAPLOW, Theodore, RAYMOND, John J., « Factors Influencing the Selection of Pharmaceutical Products », *Journal of Marketing,* 1954, vol. 19, n°1, p. 18 et s.

CARPANO, Eric, « La dynamique dérégulatoire de l'entrave dans le marché intérieur », *Revue du marché commun et de l'Union européenne*, 2018, p. 140 et s.

CAVALIER, Georges, « Les outils d'incitation fiscale et l'industrie pharmaceutique. Considérations de finances publiques. », *Revue Lamy droit des affaires*, Supplément, 2017, n°127, p. 51 et s.

CHAUVEAU, Sophie Chauveau, « Entreprises et marchés du médicament en Europe occidentale des années 1880 à la fin des années 1960 », *Histoire, économie et société*, 1998, n°1, p. 78 et s.

CHEMTOB-CONCE, Marie-Catherine, « Un cadre juridique unique pour les recherches impliquant la personne humaine », *Petites affiches*, 2012, n°168, p. 6 et s.

CHEVALLIER, Jacques, « L'état régulateur », *Revue française d'administration publique*, 2004, vol. 111, n°3, p. 473 et s.

CHIARONI, Davide, CHIESA, Vittorio, FRATTINI, Federico, « Investigating the adoption of open innovation in the bio-pharmaceutical industry. A framework and an empirical analysis », *European Journal of Innovation Management*, 2009, vol. 12, n°3, p. 285 et s.

COLLIN, Pierre, « Peut-on amortir les droits incorporels permettant la commercialisation d'une spécialité pharmaceutique ? », *RTD Com*, 2006, p. 235 et s.

COX, William E., « Product Life Cycles as Marketing Models », *The Journal of Business*, 1967, vol. 40, n°4, p. 375 et s.

CRISTOL, Danièle, « La responsabilité des autorités nationale et communautaire relative au contrôle de la mise sur le marché des médicaments », *RDSS*, 2004, p. 132 et s.

CZETTRITZ, Peter v., « Freier Zugang zu Informationen versus Schutz von Geschäfts- und Betriebsgeheimnissen », *PharmR*, 2014, n°1, p. 11 et s.

DANTHINE, Jean-Pierre, LAMBELET, Jean-Christian, HONKAPOHJA, Seppo, COHEN, Daniel, « The Swiss Recipe : Conservative Policies Ain't Enough ! », *Economic Policy*, 1987, vol. 2, n°5, p. 147 et s.

DARMON, David, BELHASSEN, Manon, QUIEN, Sophie, LANGLOIS, Carole, STACCINI, Pascal, LETRILLIART, Laurent, « Facteurs associés à la prescription médicamenteuse en médecine générale : une étude transversale multicentrique », *Santé Publique*, 2015, vol. 27, n°3, p. 353 et s.

DAVID, Guy, MARKOWITZ, Sara, RICHARDS-SHUBIK, Seth, « The effects of Pharmaceutical Marketing and Promotion on Adverse Drug Events and Regulation », *American Economic Journal : Economic Policy,* 2010, vol. 2, n°4, p. 1 et s.

DELAVEAU, Pierre, « Précieux allié de la santé : le Médicament », *Revue d'Histoire de la Pharmacie*, Supplément, 1995, n°306, p. 31 et s.

DELMAS, Jean-Luc, « Il faut protéger le médicament contre les pertes de crédibilité et les risques sécuritaires », *Propriétés intellectuelles,* 2016, n°59, p. 143 et s.

DENNINGER, Erhard, « Zur Veröffentlichungspolitik der Europäischen Arzneimittel-Agentur », *PharmR,* 2015, n°1, p. 7 et s.

DETTLING, Heinz-Uwe, « Studientransparenz und Redaktion – Umfang und Grenzen », *PharmR*, 2016, n°5, p. 170 et s.
DETTLING, Heinz-Uwe, « Schutz von Studienergebnissen : eine neue Kategorie geistigen Eigentums ? », *PharmR*, 2016, n°7, p. 271 et s.
DHALLA, Nariman K., YUSPEH, Sonia, « Forget the product life cycle concept ! », *Harvard Business Review*, 1976, consultable en ligne sur : https://hbr.org/1976/01/forget-the-product-life-cycle-concept
DIENEMANN, Susanna, WACHENHAUSEN, Heike, « Der Vorschlag für eine neue EU-Verordnung über klinische Prüfungen – Fortschritt oder Rückschritt ? » *PharmR*, 2012, n°10, p. 429 et s.
DIMASI, Joseph A., « Risks in new drug development : Approval success rates for investigational drugs », *Clinical Pharmacology & Therapeutics*, 2001, vol. 69, n°5, p. 297 et s.
DIMASI, Joseph A., FELDMAN, Lanna, SECKLER, Abraham, WILSON, Andrew, « Trends in Risks Associated With New Drug Development : Success Rates for Investigational Drugs », *Clinical Pharmacology & Therapeutics*, 2010, vol. 87, n°3, p. 272 et s.
DIMASI, Joseph A., GRABOWSKI, Henry G., HANSEN, Ronald W., « Innovation in the pharmaceutical industry : New estimates of R&D costs », *Journal of Health Economics*, 2016, n°47, p. 20 et s.
DOMANN, Carolin, « Innovationen bei der Guten Klinischen Praxis. Die rechtliche Bedeutung der ICH-GCP Leitlinie nach der neuen Verordnung 536/2014 über klinische Prüfungen mit Humanarzneimitteln », *PharmR,* 2015, n°9, p. 431 et s.
DOUSSET, Jean-Claude, « La part de l'inattendu dans la recherche pharmaceutique », *Revue d'histoire de la pharmacie,* 2003, n°338, p. 191 et s.
DOWLING, Graham R., COOPER, Joan A., « Simulation des systèmes. La simulation des cycles de vie des produits et services », *Recherche et Applications en Marketing*, 1990, vol. 5, n°4, p. 25 et s.
DREY, Fabien, « Point sur le plan d'épargne en actions (PEA) et la nouveauté de 2017 : le "CPI" », *Lexbase Hebdo – Edition Fiscale*, 2017, n°683
DUNLOP, Sir Derrick, « Use and Abuse of Drugs », *British Medical Journal*, 1965, n°2, p. 437 et s.
ECKERT, Jean-Blaise, DORASAMY, Rébecca, « Synthèse des évolutions majeures de la fiscalité suisse en 2016 », *Droit fiscal*, 2017, n°9, p. 187 et s.
EPINEY, Astrid, ZBINDEN, Patrizia, « Arbeitnehmerentsendung und Freizügigkeitsabkommen Schweiz-EG. Zur Tragweite und Auslegung der Dienstleistungsfreiheit im Freizügigkeitsabkommen Schweiz-EG », *Freiburger Schriften zum Europarecht*, 2009, n°8
FONTANELLAZ, Blaise, « Les partis helvétiques et l'Europe : de l'intégration à la désintégration », *Relations internationales*, 2018, vol. 175, n°3, p. 137 et s.
FRIEDEL, Jacques, « Quelles politiques de recherche ? Modes de financement et acteurs. Une politique de la recherche en crise ? Le cas de la France », *Revue internationale et stratégique*, 2004, vol. 55, n°3, p. 61 et s.
FULDA, Christian B., « EMA gefährdet Investitionen in die Arzneimittelentwicklung », *PharmR*, 2013, n°10, p. 452 et s.
GABAÏ, Karine, « Le rapport Gallois, des leviers de croissance en faveur des PME-ETI et de leur financement », *Bulletin Joly Bourse*, 2013, n°4, p. 204 et s.

GAÏA, Patrick, « La Charte des droits fondamentaux de l'Union européenne », *Revue française de droit constitutionnel*, 2004, vol. 58, n°2, p. 227 et s.

GAILLARD, Martine Gaillard, DUSSART, Christian, « Le marketing pharmaceutique est-il (encore) spécifique ? », *Décisions Marketing*, n°11, 1997, p. 81 et s.

GETZ, Kenneth A., « Improving Protocol Design Feasability to Drive Drug Development Economics and Performance », *International Journal of Environmental Research and Public Health*, 2014, vol. 11 n°5, p. 5069 et s.

GETZ, Kenneth A., « Assessing the Downstream Impact of Protocol Design Complexity », *Touch Briefings*, 2009, p. 93 et s.

GETZ, Kenneth, BROWN, Carrie, STERGIOPOULOS, Stella, BELTRE, Credi, « Baseline Assessment of a Global Clinical Investigator Landscape Poised for Structural Change », *Therapeutic Innovation & Regulatory Science*, 2017, vol. 51, n°5, p. 575 et s.

GHUELDRE, Richard, VANNESSON, François, « La Directive Solvency II », *Revue générale du droit des assurances*, 2010, n°3, p. 611 et s.

GIERL, Heribert, STICH, Armin, STROHMAYR, Marcus, « Einfluss der Glaubwürdigkeit einer Informationsquelle auf die Glaubwürdigkeit der Information », *Marketing ZFP – Journal of Research and Management,* 1997, n°1, p. 27 et s.

GÖNÜL, Füsun F., CARTER, Franklin, PETROVA, Elina, SRINIVASAN, Kannan, « Promotion of Prescription Drugs and Its Impact on Physicians' Choice Behavior », *Journal of Marketing,* 2001, vol. 65, n°3, p. 79 et s.

GRAMPP, William D., « The Third Century of Mercantilism », *Southern Economic Journal*, 1944, vol. 10, n°4, p. 292 et s.

GREIFENEDER, Stefanie, VEH, Andrea, « Ausgewählte rechtliche Aspekte bei klinischen Prüfungen mit Humanarzneimitteln nach der neuen EU-Verordnung », *PharmR,* 2014, n°8, p. 325 et s.

GUILLOT, Michel, « Les autorisations administratives de mise sur le marché », *Revue Lamy Droit des affaires*, 2017, n°127, p. 25 et s.

HAENLEIN, Michael, KAPLAN, Andreas M., SCHODER, Detlef, « Valuing the Real Option of Abandoning Unprofitable Customers When Calculating Customer Lifetime Value », *Journal of Marketing*, 2006, vol. 70, n°3, p. 5 et s.

HAFNER, Urs, « Vom Wissenschaftsrat zum Innovationsrat : Die historische Entwicklung des schweizerischen Wissenschaftsrates in der Aussensicht », *SWIR Schrift,* 2015, n°4, consultable sur : https://www.wissenschaftsrat.ch/images/stories/pdf/de/SWIR_Schrift_4_2015_D_Vom_Wissenschaftsrat_zum_Innovationsrat_web.pdf

HART, Dieter, « Heilversuch und klinische Prüfung. Kongruenz und Differenz. », *MedR,* 2015, n°11, p. 766 et s.

HAU, Michel, « France-Allemagne : chronologie d'un décrochage », *Revue française d'histoire économique*, 2014, vol. 2, n°2, p. 62 et s.

HENßLER, Thomas, IRMER, Franziska, « Die klinische Prüfung von Arzneimitteln im Lichte der 15. AMG-Novelle », *PharmR*, 2010, n°2, p. 45 et s.

HESSELMAN, Linda, « Trends in European Industrial Intervention », *Cambridge Journal of Economics*, 1983, vol. 7, n°2, p. 197 et s.

IAMMARIO, Simona, SANNA-RANDACCIO, Francesca, SAVONA, Maria, « The perception of obstacles to innovation. Foreign multinationals and domestic firms in Italy », *Revue d'économie industrielle*, 2009, n°125, p. 75 et s.

ICART, Jonathan, « Information promotionnelle. C'est mieux, mais ... », *Pharmaceutiques*, 2018, n°262, p. 12 et s.

IGES, CASSEL, Dieter, WILLE, Eberhard, WidO, « Steuerung der Arzneimittelausgaben und Stärkung des Forschungsstandortes für die pharmazeutische Industrie. Gutachten für das Bundesministerium für Gesundheit (Kurzfassung). » *PharmR,* 2006, n°10, p. 462 et s.

ITAGAKI, Yoichi, « State and Economy in Historical Perspective », *Hitotsubashi Journal of Economics*, 1964, vol. 4, n°1/2, p. 1 et s.

JACOBY, Jacob, « Perspectives on Information Overload, *Journal of Consumer Research*, 1984, vol. 10, n°4, p. 432 et s.

JANAKIRAMAN, Ramkumar, DUTTA, Shantanu, SISMEIRO, Catarina, STERN, Philip, « Physicians' Persistence and Its Implications for Their Response to Promotion of Prescription Drugs », *Management Science*, 2008, vol. 54, n°6, p. 1080 et s.

JANZEN, William P., « Screening Technologies for Small Molecule Discovery : The State of the Art », *Chemestry & Biology*, 2014, vol. 21, n°9, p. 1162 et s.

JOMINI, André, « Présentation du Tribunal fédéral suisse comme autorité de juridiction constitutionnelle », *Cahiers du Conseil constitutionnel*, 2005, n°18, consultable sur : https://www.conseil-constitutionnel.fr/nouveaux-cahiers-du-conseil-constitutionnel/presentation-du-tribunal-federal-suisse-comme-autorite-de-juridiction-constitutionnelle

JONES, Miren I., GREENFIELD, Sheila M., BRADLEY, Colin P., « A survey of the advertising of nine new drugs in the general practice literature », *Journal of Clinical Pharmacy and Therapeutics*, 1999, vol. 24, n°6, p. 451 et s.

JUNOD, Valérie, « Les médicaments génériques au regard de la LAMal », *AJP/PJA*, 2006, n°4, p. 396 et s.

KASERMAN, David L., MAYO, John W., « Regulation, Advertising and Economic Welfare », *The Journal of Business,* 1991, vol. 64, n°2, p. 255 et s.

KAY, Adrian, « A critique of the use of path dependency in policy studies », *Public Administration*, 2005, vol. 83, n°3, p. 553 et s.

KEYDER, Caglar, « State and Industry in France, 1750-1914 », *The American Economic Review*, 1985, vol. 75, n°2, p. 308 et s.

KNAUER, Jana, KELLERMANN, Andreas, « Arzneimittelwerbung mit wissenschaftlichen Studien. Zugleich Besprechung des Urteils des OLG Köln vom 22.3.2013, Az. : 6 U 12/13 », *PharmR,* 2013, n°7, p. 311 et s.

KOCH, Cora, APPEL, Andrea Susanne, LUBNER, Saskia Marieke, KÖLBEL, Ralf, LIEB, Klaus, « Sind Anwendungsbeobachtungen ein Marketing-Tool ? », *MedR,* 2018, n°4, p. 225 et s.

KOLLMER, Holger, DOWLING, Michael, « Licensing as a commercialisation strategy for new technology-based firms, *Research Policy*, 2004, vol. 33, n°8, p. 1141 et s.

KWONG, Winghan Jacqueline, NORTON, Edward C., « The Effect of Advertising on Pharmaceutical Innovation », *Review of Industrial Organization*, 2007, vol. 31, n°3, p. 221 et s.

LALANNE-GOBET, Catherine, « L'exploitation des marques pharmaceutiques. Quelques spécificités », *Propriétés intellectuelles*, 2016, n°59, p. 150 et s.

LAMBOUROUD, Alban, « Fiscalité particulière des entreprises exploitantes des spécialités pharmaceutiques », Fasc. 48-10, *FM Litec Droit pharmaceutique*, 2019

LAMBOUROUD, Alban, « Fiscalité spécifique des entreprises exploitantes de spécialités pharmaceutiques », Fasc. 48, *FM Litec Droit pharmaceutique*, 2019

LAMOUREUX, Philippe, « L'industrie pharmaceutique. Propositions pour accompagner l'innovation », *ADSP*, 2016, n°97, p. 46 et s.

LANCIANO-MORANDAT, Caroline, VERDIER, Eric, « Les politiques nationales de R-D et d'innovation (RDI) : pour une analyse comparée en termes de conventions d'action publique », *Cahiers de recherche sociologique*, 2005, n°40, p. 11 et s.

LAUDE, Anne, « Dans la tourmente du Mediator : prescription hors AMM et responsabilités », *Recueil Dalloz*, 2011, n°4, p. 253 et s.

LAUFS, Adolf, « Die klinische Forschung am Menschen nach deutschem Recht », *VersR* 1978, n°17, p. 385 et s.

LEE, W. R., « Economic Development and the State in Nineteenth-Century Germany », *The Economic History Review, New Series*, 1988, vol. 41, n°3, p. 346 et s.

LEEFLANG, Peter S. H., WIERINGA, Jaap E., « Modeling the effects of pharmaceutical marketing », *Marketing Letters,* 2010, vol. 21, n°2, p. 121 et s.

LEFFLER, Keith B., « Persuasion or Information ? The Economics of Prescription Drug Advertising », *The Journal of Law & Economics,* 1981, vol. 24, n°1, p. 45 et s.

LEHMBRUCH, Gerhard, « Consociational Democracy and Corporatism in Switzerland », *Publius : The Journal of Federalism*, 1993, vol. 23, n°2, p. 43 et s.

LEHU, Jean-Marc, « Les sources de la performance marketing chez Procter & Gamble : La fin d'un certain marketing … de masse », *Décisions Marketing,* Spécial Performance Marketing, 2005, n°40, p. 17 et s.

LEVEN, Wilfried, MÜLLER-HAGEDORN, Lothar, « Die einstellungsbezogene Werbebotschaft », *Marketing ZFP – Journal of Research and Management,* 1981, n°1, p. 11 et s.

LÜGENHAUSEN, Philip, « Auftragsforschungsagenturen als Auftragsdatenverarbeiter. Doppelte Verantwortung für den Datenschutz in der pharmazeutischen Forschung », *A&R*, 2017, n°5, p. 207 et s.

MALHOTRA, Naresh K., « Reflections on the Information Overload Paradigm in Consumer Decision Making », *Journal of Consumer Research*, 1984, vol. 10, n°4, p. 436 et s.

MALHOTRA, Naresh K., JAIN, Arun K., LAGAKOS, Stephen W., « The Information Overload Controversy : An Alternative Viewpoint », *Journal of Marketing*, 1982, vol. 46, n°2, p. 27 et s.

MANCHANDA, Puneet, WITTINK, Dick R., CHING, Andrew, CLEANTHOUS, Paris, DING, Min, STEENBURGH, Thomas, WIERINGA, Jaap E., WOSINKA, Marta, WIE, Ying, « Understanding Firm, Physician and Consumer Choice Behavior in the Pharmaceutical Industry », *Marketing Letters,* 2005, vol. 16, n°3/4, p. 293 et s.

MARITZ, Daniel, « Der Dienstleistungsverkehr im Verhältnis Schweiz-EU/EFTA », *CH-D Wirtschaft*, 2002, n°10, p. 6 et s.

MARKUS, Jean-Paul, « Aides des collectivités territoriales aux entreprises. Aides financières et aides à l'immobilier d'entreprise », Fasc. 728, *JurisClasseur Collectivités territoriales*, 2011

MASCRET, Caroline, « Les nouvelles règles du jeu en matière de prescription hors AMM et ses conséquences au regard du facteur économique », *Petites affiches*, 2012, n°244, p. 4 et s.

MASCRET, Caroline, « L'encadrement du hors AMM en France : Bilan juridique de la Recommandation Temporaire d'Utilisation deux ans après l'adoption de la loi de sécurité sanitaire », *Petites affiches*, 2014, n°70, p. 4 et s.

MATTOS, Olivier de, « Appel aux projets industriels d'avenir est ouvert », *Propriété industrielle*, 2015, n° 3, alerte 27

MEYER, Florian, « Das strenge deutsche Heilmittelwerberecht – ein Fall für den Europäischen Gerichtshof », *PharmR*, 2007, n°6, p. 230 et s.

MILLER, Greg, « Is Pharma Running Out of Brainy Ideas ? » *Science*, 2010, vol. 329, n°5991, p. 502 et s.

MINARD, Philippe, « Economie du marché et état en France : mythes et légendes du colbertisme », *L'Economie politique*, 2008, vol. 37, n°1, p. 77 et s.

MIQUEL, Jean-François, DORE, Jean-Christophe, « L'industrie pharmaceutique et la recherche de nouveaux médicaments », *Revue d'économie industrielle*, 1981, n°18, p. 237 et s.

MOGGACH, Douglas, « Freedom and Perfection : German Debates on the State in the Eighteenth Century », *Canadian Journal of Political Science*, 2009, vol. 42, n°4, p. 1003 et s.

MOTT, David A., SCHOMMER, Jon C., DOUCETTE, William R., KRELING, David H., « Agency Theory, Drug Formularies and Drug Product Selection : Implications for Public Policy », *Journal of Public Policy & Marketing*, 1998, vol. 17, n°2, p. 287 et s.

MOULLE, Valérie, « Visite médicale. Plus digitalisée, plus personnalisée », *Pharmaceutiques*, 2019, Supplément au n°268, p. 22 et s.

NOUEL, Christian, « La loi Macron assouplit les régimes des impatriés et des réductions d'impôt ISF-PME et « Madelin » », *Bulletin Joly Sociétés*, 2015, n°10, p. 551 et s.

NUSSER, Michael, GAISSER, Sibylle, « Stärkung der internationalen Wettbewerbsfähigkeit des Investitionsstandortes Deutschland am Beispiel der pharmazeutischen Industrie », *PharmR*, 2005, n°10, p. 409 et s.

OEHLRICH, Marcus, MARTIN, Sebastian, « Aktuelle Herausforderungen an die klinische Prüfung », *A&R*, 2010, n°6, p. 258 et s.

OFAS, « Zur Frage der Zulässigkeit der Vertraglichen Beschränkung des Wahlrechts auf Generika. KV 62 Entscheid des Bundesrates vom 7. Dezember 1998 in Sachen SWICA Gesundheitsorganisation gegen Eidgenössisches Department des Inneren und Bundesamt für Sozialversicherungen », *RAMA*, 1999, n° 1, p. 43 et s.

PIERRE, Jean-Luc, « Réforme du régime d'imposition des produits de cessions ou de concessions de brevets », *La Semaine Juridique Notariale et Immobilière*, 2019, n°3, dossier 1024

PIERRE, Jean-Luc, « Crédit d'impôt recherche », Fasc. 4965, *JurisClasseur Brevets*, 2019

POILLOT PERUZZETTO, Sylvaine, « Les stratégies coopératives entre laboratoires pharmaceutiques au regard du droit des pratiques anticoncurrentielles : le cas des accords de recherche et développement en commun et des accords de transfert de technologie », *Revue Lamy de la concurrence*, 2015, n°43, p. 169 et s.

POLLI, Rolando, COOK, Victor, « Validity of the Product Life Cyle », *The Journal of Business*, 1969, vol. 42, n°4, p. 385 et s.

PONTIER, Jean-Marie, « Les contrats de plan État-régions 2014-2020 », *La Semaine juridique Administrations et collectivités territoriales*, 2014, n°16, p. 2118 et s.

PULICANI, Muriel, « Loi Pacte : L'État mise sur les PME », *Pharmaceutiques*, 2018, n°262, p. 18 et s.

PULICANI, Muriel, « Production. Relocaliser et revaloriser », *Pharmaceutiques*, 2018, n°262, p. 32 et s.

PULICANI, Muriel, « Recherche clinique. Des années sombres ... avant l'embellie », *Pharmaceutiques*, 2018, n°262, p. 50

RABAULT, Hugues, « Droit et axiologie : la question de la place des « valeurs » dans le système juridique »

RAMBAUD, Thierry, « Les droits sociaux comme droits fondamentaux », *Revue internationale de droit comparé*, 2014, vol. 66, n°2, p. 605 et s.

RAMMOS, Thanos, « Die datenschutzrechtliche Zulässigkeit von Broad Consent für Forschungszwecke nach der Datenschutz-Grundverordnung », *A&R*, 2017, n°6, p. 243 et s.

Rédaction Lextenso, « Adoption des règles révisées sur les exigences de fonds propres des entreprises », *Gazette du Palais*, 2019, n°21, p. 47

REILLY, John. H. Jr., « A Welfare Critique of Advertising », *The American Journal of Economics and Sociology*, 1972, vol. 31, n°3, p. 283 et s.

RHINOW, René, « Der Grundrechtskatalog als Problem des Verfassungsrechts », *Schweizerisches Zentralblatt für Staats- und Gemeindeverwaltung*, 1969, vol. 70, n°11, p. 225 et s.

RIZZO, John A. Rizzo, « Advertising and Competition in the Ethical Pharmaceutical Industry : The Case of Antihypertensive Drugs », *The Journal of Law & Economics*, 1999, vol. 42, n°1, p. 89 et s.

ROUX, André, « Contrôle de constitutionnalité de la loi du 4 août 1994 relative à l'emploi de la langue française », *Recueil Dalloz*, 1995, p. 303 et s.

RÜTSCHE, Bernhard, « Das Recht der biomedizinischen Forschung am Menschen : Nationales Recht im Spiegel internationaler Prinzipien », *MedR*, 2014, n°10, p. 725 et s.

SANDER, Axel, « Zur Mitteilugspflicht des Sponsors einer klinischen Studie gemäß § 42b Abs. 2 AMG. Zugleich Anmerkung zu VG Köln, Urt. v. 12.01.2016 – 7 K 7443/13. », *PharmR*, 2016, n°3, p. 76 et s.

SANTOS PAULINO, Victor dos, TAHRI, Najoua, « Les obstacles à l'innovation en France : analyse et recommandations », *Management & Avenir*, 2014, vol. 69, n°3, p. 70 et s.

SAURON, Jean-Luc, « Le projet de loi sur la protection des données mérite-t-il bien son nom ? », *Gazette du Palais*, 2018, n°3, p. 15 et s.

SCHÄPPI, Hans, « Angriff der neoliberalen Ordnungspolitik : Bemerkungen zu neuen Programmschriften für die schweizerische Wirtschaftspolitik von Leutwiler, Schmidheiny, Borner et al. », *Widerspruch : Beiträge zu sozialistischer Politik*, 1991, vol. 11, n°22, p. 147 et s.

SCHMIDT, Stefan, « Fachkreiswerbung mit Informationen außerhalb der Fachinformation », *PharmR*, 2011, n°11, p. 450 et s.

SCHMIDT, Stefan, « Zulässigkeit von Informationen zu verschreibungspflichtigen Arzneimitteln im Internet außerhalb eines geschlossenen Fachkreisbereichs – Zugleich Anmerkung zum Urteil des EuGH v. 05.05.2011, Rs. C-316/09 », *PharmR*, 2011, n°8, p. 313 et s.

SILVAN, François, « Tendances. À la recherche du bénéfice d'image », *Pharmaceutiques*, 2018, Supplément n°1 au n°258, p. 6 et s.

SIMEON, Richard, « Studying Public Policy », *Canadian Journal of Political Science*, 1976, vol.9, n°4, p. 548 et s.

SMITH, Adam, « Screening for drug discovery : The leading question », *Nature Reviews Drug Discovery*, 2002, vol. 418, p. 453 et s.

SPRANGER, Tade M., « Die datenschutzrechtliche Einwilligung im Gesundheitskontext : zum Umgang mit genetischen, biometrischen und Gesundheitsdaten », *MedR*, 2017, n°11, p. 864 et s.

SPRANGER, Tade Matthias, SCHULZ, Tobias, « Auswirkungen der Datenschutz-Grundverordnung auf die pharmazeutische Forschung », *PharmR*, 2017, n°4, p. 128 et s.

STREISSLER, Erich, « Die gesamtwirtschaftlichen Funktionen der Werbung », *Zeitschrift für Nationalökonomie*, 1965, vol. 25, n°3/4, p. 243 et s.

STREMERSCH, Stefan, VAN DYCK, Walter, « Marketing of the Life Sciences : A New Framework and Research Agenda for a Nascent Field », *Journal of Marketing*, 2009, vol. 73, n°4, p. 4 et s.

SUEUR, Nicolas, « Les spécialités pharmaceutiques au XIXe siècle : statuts et fondements de l'innovation », *Le Mouvement Social*, 2014, vol. 248, n°3, p. 27 et s.

SUN, Baohong, « Technology Innovation and Implications for Customer Relationship Management », *Marketing Science*, 2006, vol. 25, n°6, p. 594 et s.

SUNDARAM, Ravi, « The German Enigma », *Economic and Political Weekly*, 1990, vol. 25, n°47, p. 2609 et s.

TABUTEAU, Didier, « Sécurité sanitaire et droit de la santé », *RDSS*, 2007, p. 823 et s.

TAUPITZ, Jochen, SCHREIBER, Marie, « Zulässige Maßnahmen im Rahmen von nicht-interventionnellen Studien », *PharmR*, 2015, n°12, p. 573 et s.

TCHEN, Vincent, « Contentieux constitutionnel des droits fondamentaux », Fasc. 1440, *JurisClasseur Administratif*

TILLMANNS, Christian, « Aufnahme von präklinischen Daten in die Fachinformation (« Pharamkodynamische Eigenschaften ») », *A&R*, 2018, n°1, p. 47 et s.

TITGEMEYER, Marion, « Zur steuerlichen Förderung von Forschung und Entwicklung (FuE) in Deutschland », *DStR*, 2019, n°24, p. 1274 et s.

Tufts Center for the Study of Drug Developments, « New Protocol Design Approaches Will Improve Clinical Trial Performance and Efficiency », *Impact Report*, 2013, vol. 8, n°2

Tufts Center for the Study of Drug Developments, « Drug Sponsors and Their External Service Partners Say Adjusting Relationship Models Offers a Path to Greater Performance and Efficiency », *Impact Report*, 2013, vol. 8, n°4

Tufts Center for the Study of Drug Developments, « Biotech Products in Big Pharma Clinical Pipelines Have Grown Dramatically », *Impact Report*, 2013, vol. 15, n°6

Tufts Center for the Study of Drug Developments, « Drug Companies Outline Ways Strategic Partnerships Can Boost Innovation », *Impact Report*, 2014, vol. 9, n°4

Tufts Center for the Study of Drug Developments, « Protocol Design Optimization Is Starting to Improve Clinical Study Performance », *Impact Report*, vol. 16, n°5, septembre/octobre 2014

Tufts Center for the Study of Drug Developments, « Innovation in Drug Development Process Remains a Key Challenge », *Impact Report*, 2015, vol. 10, n°4

Tufts Center for the Study of Drug Developments, « Personalized Medicine is gaining Traction, but Faces Multiple Challenges », *Impact Report*, 2015, vol. 17, n°3

Tufts Center for Study of Drug Developments, « Profiles of New Approaches to Improving the Efficiency and Performance of Pharmaceutical Drug Development », *White Papers*, 2015

Tufts Center for the Study of Drug Developments, « eClinical Data Volume and Diversity Pose Increasing Challenges and Delays », *Impact Report*, 2018, vol. 20, n°1

VANDAELE, Michel, « Le cycle de vie du produit : concepts, modèles et évolution », *Recherche et Applications en Marketing*, 1986, vol. 1, n°2, p. 75 et s.

VERPEAUX, Michel, « La loi NOTRe dans son contexte », *RFDA*, 2016, p. 671 et s.

WACHENHAUSEN, Heike, « Datentransparenz versus Datenschutz bei klinischen Prüfungen mit Arzneimitteln », *A&R*, 2016, n°4, p. 147 et s.

WACHSMANN, Patrick, « Inconstitutionnalité partielle de la loi du 4 août 1994 relative à l'emploi de la langue française », *AJDA*, 1994, p. 731 et s.

WAGNER, Walter O., « Trends in Pharmaceutical Advertising », *Journal of Marketing*, 1960, vol. 24, n°3, p. 65 et s.

WETTMANN, Reinhart W., « PME : le très envié 'Mittelstand' allemand », *L'Economie politique*, 2012, vol. 55, n°3, p. 67 et s.

WIERZBICKI, Julie, « Expérimentation animale. La lente progression des méthodes alternatives », *Pharmaceutiques*, 2018, n°260, p. 20 et s.

WILLI, Christoph, « Der informierte Patient ist der beste Patient », *PharmR*, 2007, n°10, p. 412 et s.

ZHANG, Jason Q., DIXIT, Ashutosh, FRIEDMANN, Roberto, « Customer Loyalty and Lifetime Value : An Empirical Investigation of Consumer Packaged Goods », *Journal of Marketing Theory and Practice,* 2010, vol. 18, n°2, p. 127 et s.

ZIMMERMANN, Yves-Charles, « Plans d'épargne en actions : un moyen de financement non négligeable pour les PME », *La revue fiscale du patrimoine*, 2017, n°7-8, étude 17

IV. Rapports, communications, documents officiels et working papers

(par ordre alphabétique des auteurs et par ordre chronologique)

Administration fédérale des contributions, *Circulaire n°27, Réduction d'impôt sur les rendements de participations à des sociétés de capitaux et sociétés coopératives*, du 17.12.2009

Administration fédérale des contributions, *L'imposition des personnes morales*, Informations fiscales éditées par la Conférence suisse des impôts CSI, Documentation et Informations fiscales/AFC, Berne, 2016

Administration fiscale cantonale, Information n°1/2017 sur les allégements fiscaux en faveur des entreprises du 12.05.2017, annulant et remplaçant l'information n°7/1999 du 17.06.1999

Amt für Wirtschaft und Arbeit des Kantons Zürich, Kantonales Steueramt, *Steuern im Kanton Zürich*, 2010, https://www.ub.unibas.ch/digi/a125/sachdok/2010/BAU_1_5326903.pdf

ARVANITIS, Spyros *et al.*, *Innovationsaktivitäten in der Schweizer Wirtschaft. Eine Analyse der Ergebnisse der Innovationserhebung 2011 : Studie im Auftrag des Staatssekretariats für Wirtschaft*, Berne : Seco, 2013

Assemblée nationale, *Projet de loi de finances pour 2013*, n°235, 28.9.2012

BAULINET, Chistophe, DURAFFOURG, Michel, VANACKERE, Simon, *La fiscalité spécifique applicable aux produits de santé et à l'industrie qui les fabrique*, Rapport IGF n°2012-M-013-03 et IGAS n°RM 2012-132-P, 2012

Bpifrance, *Mittelstand et performance allemande, que faut-il en retenir ?: Restitution des débats du 22 novembre 2012*, 2013, consultable sur : https://www.bpifrance.fr/A-la-une/Actualites/Mittelstand-et-performance-allemande-que-faut-il-en-retenir-2410

BRAS, Pierre-Louis, RICORDEAU, Pierre, ROUSSILLE, Bernadette, SAINTOYANT, Valérie, « L'information des médecins généralistes sur le médicament », Sénat Rapport n°RM 2007-136P

BR-Drs. 242/19

BT-Drs. 19/4455

BT-Drs. 18/11233

BT-Drs. 16/4841

BT-Drs. V/4335 : *Bundesbericht Forschung III*

Bulletin officiel des finances publiques-impôts, BOI-BIC-PDSTK-10-30-10-40 du 12.09.2012

Bulletin officiel des finances publiques-impôts, BOI-IS-BASE-20-20-30-10 du 11.03.2013

Bulletin officiel des finances publiques-impôts, BOI-IS-BASE-35-40 du 30.04.2014

Bulletin officiel des finances publiques-impôts, BOI-BIC-AMT-20-20-50, du 2.9.2015

Bulletin officiel des finances publiques-impôts, BOI-BICRICI-10-10-45-10, 2.03.2016

Bulletin officiel de finances publiques-impôts, BOI-BIC-CHG-20-30-30 du 1.03.2017

Bundesministerium für Bildung und Forschung, *Bundesbericht Forschung und Innovation 2018*, tableau 21 : Interne FuE Aufwendungen des Wirtschaftssektors sowie Anteil der eigenfinanzierten internen FuE Aufwendungen nach der Wirtschaftsgliederung, https://www.datenportal.bmbf.de/portal/de/bufi.html

Bundesministerium für Bildung und Forschung, *Rahmenprogramm Gesundheitsforschung der Bundesregierung*, consultable sur : https://www.bmbf.de/upload_filestore/pub/Rahmenprogramm_Gesundheitsforschung.pdf

Bundesministerium für Wirtschaft und Energie, *Handbuch über staatliche Beihilfen. Handreichung für die Praxis vom BMWi-EA6*, 2016

Bundesrat, *Botschaft über die Förderung von Bildung, Forschung und Technologien in den Jahren 2000-2003 du 25 novembre 1998*, BBL 1999, p.297 et s.

Bundesregierung, *Forschung und Innovation für die Menschen. Die Hightech-Strategie 2025*, consultable sur : https://www.bmbf.de/upload_filestore/pub/Forschung_und_Innovation_fuer_die_Menschen.pdf

CLAEYS, Alain, VIALATTE, Jean-Sébastien au nom de l'Office parlementaire d'évaluation des choix scientifiques et technologiques, « Les progrès de la génétique : Vers une médecine de précision ? Les enjeux scientifiques, technologiques, sociaux et éthiques de la médecine personnalisée », Sénat Rapport n°306, Assemblée nationale Rapport n°1724

Commission des affaires culturelles, familiales et sociales en conclusion des travaux de la mission d'évaluation et de contrôle des lois de financement de la sécurité sociale, « La prescription, la consommation et la fiscalité des médicaments », Assemblée nationale, Rapport n°848

Commission européenne, Communiqué de Presse. Programme de travail de la Commission pour 2021 – de la stratégie à la mise en œuvre, 19.10.2020, consultable sur : https://ec.europa.eu/commission/presscorner/detail/fr/ip_20_1940

Communautés européennes, Direction générale Politique d'entreprise, commerce, tourisme et économie sociale, Instituto Italiano di Studi comparativi « Luigi Luzzatti », *La législation en vigueur dans les pays de la Communauté européenne en matière d'entreprises coopératives dans la perspective du marché commun*, Luxembourg : Office des publications officielles des Communautés européennes, 1993

Communication de la Commission au Conseil européen de Printemps, « Travaillons ensemble pour la croissance et l'emploi. Un nouvel élan pour la stratégie de Lisbonne », COM(2005) 24 final du 2.2.2005

Communication de la Commission – Synthèse du rapport d'enquête sur le secteur pharmaceutique. Enquête sectorielle de la Commission du 8.7.2009

Communication de la Commission, « Europe 2020 – Une stratégie pour une croissance intelligente, durable et inclusive », COM(2010) 2020 final du 3.3.2010

Communication de la Commission au parlement européen, au Conseil, au Comité économique et social européen et au Comité des régions, « Initiative phare Europe 2020 – Une Union de l'innovation », COM(2010) 546 final du 6.10.2010

Communication de la Commission – Critères relatifs à l'analyse de la compatibilité avec le marché intérieur des aides d'État destinées à promouvoir la réalisation de projets importants d'intérêt européen commun, 2014/C 188/02, JO 188 du 20.6.2014

Communication de la Commission – Encadrement des aides d'État à la recherche, au développement et à l'innovation, 2014/C 198/01, JO 198 du 27.6.2014

Conclusions communes du Parlement européen, du Conseil de l'Union européenne et de la Commission européenne, Objectifs et priorités stratégiques pour 2020-2024, 2021/C 451 I/02 JO C 451I du 29.12.2020, p. 4-5

Conférence des gouvernements cantonaux, Communiqué de presse du 28.9.2012 concernant les négociations avec l'UE en vue de la conclusion d'un accord sur l'électricité, https://kdk.ch/fileadmin/files/Themen/Europapolitik/31_communique_de_presse_CdC_du_28_septembre_2012.pdf

Conférence des gouvernements cantonaux, « Prise de position. Les aides d'État dans les relations Suisse-UE », Assemblée plénière du 23.3.2018

Conférence des gouvernements cantonaux, Newsletter « Politique européenne : la reprise du droit de l'UE en matière d'aides d'État a de lourdes conséquences pour la Suisse », 1/2018, Rubrique « En ligne de mire », 23.3.2018, https://kdk.ch/fileadmin/files/Newsletter/Fokusbeitrag__staatliche_Beihilfen_Kantone-f.pdf

Conseil de l'Union européenne, *Conclusions du Conseil sur les relations de l'UE avec la Confédération suisse*, Communiqué de Presse 93/17 du 28.2.2017, consultable sur : https://www.consilium.europa.eu/fr/press/press-releases/2017/02/28/conclusions-eu-swiss-confederation/

Conseil des prélèvements obligatoires, *Les prélèvements obligatoires des entreprises dans une économie globalisée*, 2009

Conseil fédéral, Accord institutionnel: résultats des discussions entre la Suisse et l'UE sur les points à clarifier, à savoir la directive relative au droit des citoyens de l'Union, la protection des salaires et les aides d'État, conusultable sur : https://www.dfae.admin.ch/dam/europa/fr/documents/abkommen/20210526-mm-europapolitik_beilage-8-3_gespraeche_FR.pdf

Conseil fédéral, Lettre du Conseil fédéral au Président de la Commission européenne, Jean-Claude Juncker, Accord institutionnel entre la Suisse et l'Union européenne, 7.6.2021, consultable sur : https://www.dfae.admin.ch/dam/europa/fr/documents/bericht_konsultationen_insta/20190607_Lettre-CF-President-Commission-europeenne_fr.pdf

Conseil fédéral, Message relatif à la nouvelle Constitution fédérale du 20.11.1996, FF 1997, I, p.1

Conseil fédéral, Message concernant une loi fédérale sur les médicaments et les dispositifs médicaux (Loi sur les produits thérapeutiques, LPT) du 1.3.1999, FF 1999 III, p.3151

Conseil fédéral, Message sur la loi fédérale relative à la recherche sur l'être humain du 21.10.2009, FF 2009, p.7259

Conseil fédéral, Avis du 13.11.2013, https://www.parlament.ch/fr/ratsbetrieb/suche-curia-vista/geschaeft?AffairId=20133676

Conseil fédéral, « 40 ans d'adhésion de la Suisse à la CEDH : Bilan et perspective. Rapport du Conseil fédéral en exécution du postulat Stöckli 13.4187 du 12.12.2013 », FF 2014, p.353 et s.

Conseil fédéral, *Jeunes entreprises à forte croissance en Suisse. Rapport du Conseil fédéral donnant suite au postulat 13.4237 Derder du 12 décembre 2013*, du 29.3.2017, Berne, https://www.newsd.admin.ch/newsd/message/attachments/47728.pdf

Cour des comptes, « BpiFrance : une mise en place réussie, un développement à stabiliser, des perspectives financières à consolider », *Rapport public thématique*, 2016, consultable sur : https://www.ccomptes.fr/sites/default/files/EzPublish/20161116-rapport-BPIFrance.pdf

Cour des comptes, *Rapport sur l'application des lois de financement de la sécurité sociale*, 2017, consultable sur : https://www.ccomptes.fr/sites/default/files/2017-09/20170920-rapport-securite-sociale-2017-fixation-prix-medicaments.pdf

DANZON, Patricia M., NICHOLSON, Sean, PEREIRA, Nuno Sousa, *Productivity in pharmaceutical-biotechnology R&D : The role of experience and alliances*, National Bureau of Economic Research, NBER Working Paper Series, Working Paper 9615, 2003, consultable sur : https://www.nber.org/papers/w9615.pdf

DEA, *La Suisse et l'Union européenne*, Berne, 2e édition, 2016, consultable sur : https://www.eda.admin.ch/dam/eda/fr/documents/publications/EuropaeischeAngelegenheiten/Schweiz-und-EU_fr.pdf

DFAE, Communiqué de presse. Pas de conclusion de l'accord institutionnel Suisse-UE, 26.5.2021, consultable sur : https://www.dfae.admin.ch/eda/fr/dfae/dfae/aktuell/news.html/content/eda/de/meta/news/2021/5/26/83705.html

Dipartimento delle finanze e dell'economia, « Programma d'attuazione della politica economica regionale 2020-2023 del Cantone Ticino. Base di discussione per l'allestimento della Convenzione di programma tra il Cantone Ticino e la Confederazione », 3.7.2019, consultable sur : https://m3.ti.ch/CAN/cartellastampa/pdf-cartella-stampa-680439371112.pdf

Direction des affaires européennes, « Questions institutionnelles », octobre 2018, p.1, consultable sur : https://www.eda.admin.ch/dam/dea/fr/documents/fs/11-FS-Institutionelle-Fragen_fr.pdf

Direction générale du Trésor, analyse comparée réalisée à la demande de l'Inspection générale des Finances, *Système public d'aides à l'Innovation. Contributions des services économiques des pays suivants : Allemagne, Canada, Corée du Sud, États-Unis, Finlande, Israël, Japon, Royaume-Uni*, janvier 2018, consultable sur : https://www.tresor.economie.gouv.fr/Articles/57ebf299-f671-476e-a923-9ff7bb049432/files/20eef3bb-c596-40e8-bbd8-61588cfbe260

DUBOIS, Danier, Avis n°148 (Tome V) présenté au nom de la Commission des affaires économiques sur le projet de loi de finances pour 2019, 22.11.2018

European Medicines Agency, *Annual Report 2018. The European Medicines Agency's contribution to science, medicines and health in 2018,* 2018

GALIA, Fabrice, MANCINI, Sara, MORANDI, Valentina, Obstacles to innovation : what hampers innovation in France and Italy ?, Paper presented to DRUID Society, 2012, consultable sur : https://conference.druid.dk/acc_papers/d7g5i1of1kr49a3tbppo3d3hl1eq.pdf

Gouvernement de la République française, *La nouvelle France industrielle. Présentation des feuilles de route des 34 plans de la nouvelle France industrielle*, consultable sur :

https://www.economie.gouv.fr/files/files/PDF/nouvelle-france-industrielle-sept-2014.pdf

Gouvernement de la République française, *Vers une loi de programmation pluriannuelle de la recherche*, Dossier de presse, 1.2.2019

HERMANGE, Marie-Thérèse, PAYET, Anne-Marie, « Rapport d'information fait au nom de la commission des Affaires sociales sur les conditions de mise sur le marché et de suivi des médicaments », Sénat Rapport n°382

HÖLZL, Werner, JANGER, Jürgen, *Innovation barriers across firm types and countries*, WIFO Working Papers, n°426, Austrian Institute of Economic Research (WIFO)

Institut Montaigne, *Médicaments innovants : prévenir pour mieux guérir. Rapport 2019*, 2019

Instruction fiscale du 30.12.2005, BOI 4 A-13-05, « Incidences fiscales des nouvelles normes comptables en matière d'actifs », *Droit fiscal*, n°4, 2004, instr. 13449

Interpharma, « Pharmaceutical Hub Switzerland : Basel Region », *Faits et statistiques*, 2018

Interpharma, « Pharmaceutical Hub Switzerland : Zurich, Zug, Lucerne », *Faits et statistiques*, 2018

LAVIELLE-MALIFARGE, Stéphane, GILLET, Cécile (réal.), MARRAUD DES GROTTES, Cécile (dir.), « L'avenir de la visite médicale : vers une disparition de la profession ? », Etude Eurostaf - Echos, coll. Dynamique des marchés, 2012

LEBEC, Marie, Avis n°264 (Tome XII) présenté au nom de la Commission des affaires économiques sur le projet de loi de finances pour 2018 (n°235) sur les Investissements d'avenir, 9.10.2017, http://www.assemblee-nationale.fr/15/pdf/budget/plf2018/a0264-tXII.pdf

LHUILLERY, Stéphane, MARIANO, Marianna, PARROTTA, Pierpaolo, *Rapport pour le Ministère de l'Enseignement Supérieur et de la Recherche. Évaluation de l'impact des aides directes et indirectes à la R&D en France*, 2013

Ministère de l'Éducation nationale, de l'Enseignement supérieur et de la recherche, *Livre blanc de l'enseignement et de la recherche 2017*, 2017

Ministère de l'Éducation nationale, de l'Enseignement supérieur et de la Recherche, *Stratégie nationale de Recherche. France Europe 2020*, 2015

Ministère de l'Enseignement supérieur, de la Recherche et de l'Innovation, *Guide du crédit d'impôt recherche*, 2018

OECD, *Wissenschafts-, Technologie- und Industrieausblick*, 2000, consultable sur : https://read.oecd-ilibrary.org/industry-and-services/wissenschafts-technologie-und-industrieausblick_9789264024458-de#page1

OECD, *Reviews of Innovation Policy : Switzerland*, 2006, https://read.oecd-ilibrary.org/science-and-technology/oecd-reviews-of-innovation-policy-switzerland-2006_9789264029750-en#page1

OECD, *Science, Technology and Industry Outlook*, 2012, consultable sur : https://read.oecd-ilibrary.org/science-and-technology/oecd-science-technology-and-industry-outlook-2012_sti_outlook-2012-en#page1

OECD, *Reviews of Innovation Policy : France*, 2014, https://read.oecd-ilibrary.org/science-and-technology/oecd-reviews-of-innovation-policy-france-2014_9789264214026-en#page3

Office fédéral de la santé publique, *Médicaments : fixation du prix des préparations originales*, Fiche d'information du 1.2.2017, consultable sur : https://www.bag.admin.ch/bag/fr/home.html

Prager Dreifuss AG, *Memorandum an die Konferenz der Kantonsregierungen. Beihilfenkontrolle im Verhältnis Schweiz/EU*, 2017, consultable sur : https://kdk.ch/fileadmin/files/Newsletter/Gutachten_staatliche_Beihilfen-Prager-Dreifuss.pdf

Projet de loi de finances pour 2019 - Annexe Projet annuel de performance, « Investissements d'avenir », consultable sur : https://www.performance-publique.budget.gouv.fr/sites/performance_publique/files/farandole/ressources/2019/pap/pdf/PAP2019_BG_Investissements_avenir.pdf

Projet de loi de financement de la sécurité sociale pour 2020 – Rapport n°153 de VANLERENBERGHE, Jean-Marie, fait au nom de la Commission des affaires sociales, déposé le 27.11.2019, consultable sur : https://www.senat.fr/rap/l19-153/l19-1537.html

SERUSCLAT, Franck au nom de l'Office parlementaire d'évaluation des choix scientifiques et technologiques, « Génomique et informatique : L'impact sur les thérapies et sur l'industrie pharmaceutique », Sénat Rapport n°20, Assemblée nationale Rapport n°1871

Statistisches Bundesamt, *Zugang kleinerer und mittlerer Unternehmen zu Finanzmitteln*, 2011, consultable sur : https://www.destatis.de/DE/Themen/Branchen-Unternehmen/Unternehmen/Kleine-Unternehmen-Mittlere-Unternehmen/Publikationen/Downloads-Kleine-und-mittlere-Unternehmen/kmu-finanzmittel-5482101109004.pdf?__blob=publicationFile&v=3

THÜRER, Daniel, « Gutachten über mögliche Formen der Umsetzung und Anwendung der Bilateralen Abkommen », 2011, zuhanden des Bundesrates, consultable sur : https://www.eda.admin.ch/dam/dea/de/documents/studien/Gutachten-ueber-moegliche-Formen-Umsetzung-u-Anwendung-BA_de.pdf

WETTMANN, Reinhart W., « Le très envié Mittelstand allemand. Retour sur les raisons du succès des PME outre-Rhin », Friedrich-Ebert-Stiftung, Analyses et Documents, 2012

WÖRTER, Martin, SPESCHA, Andrin, « Innovationsaktivitäten in der Schweizer Privatwirtschaft : was sind hemmende und was förderne Faktoren : Teilergebnisse der Innovationsumfrage 2016 », *Soutien public à l'innovation en Suisse*, conférence annuelle 2019, 27 mars 2019, organisée par le Secrétariat de l'État à l'économie (SECO) et Innosuisse en collaboration avec la Conférence des Chefs des Départements cantonaux de l'Economie publique (CDEP), consultable sur : https://regiosuisse.ch/fr/soutien-public-linnovation-suisse-conference-annuelle-2019-mercredi-27-mars-2019-9h00-16h30

Züricher Steuerbuch, *Merkblatt zur Gewährung von Steuererleichterungen für neu eröffnete Unternehmen* du 8.4.1998, ZStB-Nr.62.1

INDEX

D

E

F

G

I

K

L

M

P

TABLE DES MATIÈRES

Structures éditoriales du groupe L'Harmattan

L'Harmattan Italie
Via degli Artisti, 15
10124 Torino
harmattan.italia@gmail.com

L'Harmattan Hongrie
Kossuth l. u. 14-16.
1053 Budapest
harmattan@harmattan.hu

L'Harmattan Sénégal
10 VDN en face Mermoz
BP 45034 Dakar-Fann
senharmattan@gmail.com

L'Harmattan Cameroun
TSINGA/FECAFOOT
BP 11486 Yaoundé
inkoukam@gmail.com

L'Harmattan Burkina Faso
Achille Somé – tengnule@hotmail.fr

L'Harmattan Guinée
Almamya, rue KA 028 OKB Agency
BP 3470 Conakry
harmattanguinee@yahoo.fr

L'Harmattan RDC
185, avenue Nyangwe
Commune de Lingwala – Kinshasa
matangilamusadila@yahoo.fr

L'Harmattan Congo
67, boulevard Denis-Sassou-N'Guesso
BP 2874 Brazzaville
harmattan.congo@yahoo.fr

L'Harmattan Mali
ACI 2000 - Immeuble Mgr Jean Marie Cisse
Bureau 10
BP 145 Bamako-Mali
mali@harmattan.fr

L'Harmattan Togo
Djidjole – Lomé
Maison Amela
face EPP BATOME
ddamela@aol.com

L'Harmattan Côte d'Ivoire
Résidence Karl – Cité des Arts
Abidjan-Cocody
03 BP 1588 Abidjan
espace_harmattan.ci@hotmail.fr

Nos librairies en France

Librairie internationale
16, rue des Écoles
75005 Paris
librairie.internationale@harmattan.fr
01 40 46 79 11
www.librairieharmattan.com

Librairie des savoirs
21, rue des Écoles
75005 Paris
librairie.sh@harmattan.fr
01 46 34 13 71
www.librairieharmattansh.com

Librairie Le Lucernaire
53, rue Notre-Dame-des-Champs
75006 Paris
librairie@lucernaire.fr
01 42 22 67 13

www.ingramcontent.com/pod-product-compliance
Lightning Source LLC
LaVergne TN
LVHW050636051026
849532LV00002B/409